Adolf Collenberg

DIE BÜNDNER PARTEIEN AUF DER SUCHE NACH IDENTITÄT UND MACHT 1880–1939

PARITÄTEN, DISSIDENZEN UND ALLIANZEN

EXKURS: DIE SCHWARZE LAWINE

Herausgegeben vom Institut für Kulturforschung Graubünden

Somedia Buchverlag

Der Text entstand im Rahmen eines Forschungsprojekts
des Instituts für Kulturforschung Graubünden.

Institut, Verlag und Autor danken allen, die das Buch
mit Beiträgen unterstützt haben:

SWISSLOS / Kulturförderung, Kanton Graubünden
Gemeinde Bonaduz
Regiun Surselva
GKB Beitragsfonds

© Somedia Production AG / Somedia Buchverlag, Ennenda / Chur
Edition Somedia, 2023
info.buchverlag@somedia.ch
www.somedia-buchverlag.ch

Gestaltung und Layout: GYSIN [Konzept+Gestaltung], Chur
Druck: communicaziun.ch, Ilanz

ISBN: 978-3-907095-79-9

Der Somedia Buchverlag wird vom Bundesamt für Kultur
für die Jahre 2021–2024 unterstützt.

kg

ZUM GELEIT 11

VORWORT 13

EINLEITUNG 15

TEIL 1
BIPOLARE POLITIK 21

1. **Politik ohne strukturierte Parteien** 21
    Fesseln für den Liberalstaat 24
    Das konservative Instrumentarium 25
    Die ersten Feuerproben 26
    1880–1892: das Jahrzehnt der Allianz 29
    Der Auftritt von Caspar Decurtins 30
    Das entscheidende Wahljahr 1881 32
    Nieder mit dem Schulvogt! 35
    Fest im Sattel 37
    Der Befreiungsschlag der Liberalen: die Gründung der kantonalen Partei 1891 ... 38
    Der äussere Schein trog 40

2. **Die Geburt der Kantonalparteien löste ein politisches Beben aus** 43
    Wer war dieser Mann, um den 1892 so viel Aufruhr entstand? 43
    Die Ausmarchung 45
    Die Ausgangslage 47
    Die «gewollte Niederlage» und ihre Folgen 50
    Lichte Zukunft für die Liberalen – fatal für die Konservativen? 53
    Ein Durchbruch für die Liberalen 53
    Ein Kampf um Kopf und Kragen 54
    Die «Confidentielle Broschüre» – der Sprengsatz 55
    Erstes Streitgespräch 56
    Zweites Streitgespräch: Schuld ist – wer? 61
    Zur Kandidatur der Liberalen 63
    Wie weiter? 65
    Die beiden Kurse im Vergleich 65

3. **Der Bruch** 67
    Wie weiter mit Partei und Programm? 69
    Der ‹alte Kurs› der Allianz 70
    Kritik von Seiten der Dissidenten 71
    Die Aussensicht zum Hausstreit der Konservativen 73
    Der ‹neue Kurs› von Plattner und Dedual 76
    Das Wahljahr 1893 sortiert die Lager 79

	Ohne die *Gasetta* auf verlorenem Posten	85
	Keine Stimmen den Dissidenten!	88
	Ein Sieg für den ‹alten Kurs›	90
	Der Stachel steckt weiterhin im föderalen Fleisch	91
4.	**Neuordnung der Exekutive und feste Paritäten**	93
	Die innere Opposition wird an die Wand gedrückt	94
	Die Nationalratswahlen vom Herbst 1893	96
	Paritäten sorgen für Stabilität trotz allen inneren Spannungen	100
	Die Allianz braucht eine stark konservativ-föderalistisch profilierte Presse	101
	Eine Parität auf dem Prüfstand	104
	Die Herbstwahlen von 1896	105
5.	**Die Zersetzung von innen**	108
	Der Auftritt der Spielverderber	110
	Es ächzt im Gebälk: die Bonaduzer Konferenz	111
	Ein erneutes Desaster kann vorerst vermieden werden	115
	Turbulente Nationalratswahlen 1899	116
	Die Spannungen entladen sich im Wahljahr 1902	118
	Der Frühlingssturm – die Regierungsratswahlen von 1902	119
	Entscheidung aufgeschoben	125
	Im zweiten Wahlgang gewählt – Vieli!	127
	Nationalratswahlen 1902 – erstmals im Einheitswahlkreis	128
	Neue Namen	129
6.	**Die Geburt der Konservativ-demokratischen Partei**	132
	Endloses Warten auf Statuten	133
	Die Konservativ-demokratische Partei (KDP) von 1903	135
	Ein später Sieg der Dissidenten	136
	Nachgeschobene Rehabilitierungen der Dissidenten	137
	Johann Joseph Dedual	138
	Placidus Plattner	139
	Und Decurtins?	140

TEIL 2
DIVERSIFIZIERUNG DER PARTEIENLANDSCHAFT ... 141

1.	**Die ersten Schritte der KDP – mit einem unerwünschten Regierungsrat**	141
	Ein aufschlussreicher Einschub	143
	Regierungsrat Vieli auf verlorenem Posten	143
	Personelle Flurbereinigung	148
2.	**Ein neuer Mitbewerber: die Sozialdemokratische Partei 1906**	149
	Graubünden bekommt sechs Nationalräte	150
	Boykottieren oder konkurrenzieren?	151

3. **Burgfrieden während der Kriegsjahre – aber viel innerparteiliche Bewegung** 152
   Warum keine Partei für die reformierten Konservativen und Föderalisten? 152
   Die SP im Spannungsfeld von proletarischer Revolution und bürgerlicher Demokratie ...153

4. **Nachholbedarf am Ende des Krieges** 154
   Proporz oder Majorz? 157
   Der Generalstreik – propagandistische Munition für die Bürgerlichen 159
   Braucht Graubünden eine Bauernpartei? 161

5. **1919 – Das Jahr der Weichenstellungen** 165
   Die Christlichsozialen 165
   Eine eigene politische Organisation? 166
   Konservative «Idealpolitik» gegen Sonderinteressen 167
   So nicht! Die Gründung der Demokratischen Partei 168
   Die jungfreisinnige Sezession 170

TEIL 3
EINE ZUKUNFT MIT VIER PARTEIEN 173

1. **Unklare Ausgangslage** 173
   Position beziehen und sich abgrenzen 173

2. **Das so nicht erwartete Resultat der ersten Proporzwahl** 179

3. **Eine neue agitatorische Dimension** 181
   Der Prügelknabe – der Demokrat 183
   Der Aussätzige – der Sozialist 183
   Die konfessionelle Positionierung der KDP 184
   Die Regierungsratswahlen von 1920 als Testfeld 184
   Ein Sozialist nach Bern, ein Demokrat nach Chur – vorerst! 186
   Rote Consumvereine – eine politische Bedrohung? 189
   Canova gewinnt das Rennen gegen die Demokraten 190
   Die Regierungsratswahlen von 1923 – die Gemüter beruhigen als Gebot der Stunde ... 191
   1925: Neues Personal für die Konservativen 191
   Konfessionelle Töne bei den Liberalen 193
   Das Wahlergebnis – ein zweiter Nackenschlag für die Liberalen 194
   Die Demokraten proben den Grossangriff 197
   Ein böser Absturz 203
   Zuviel gewollt und alles verloren 204
   Ein konfessionelles Zwischenspiel: Katholische Schulbücher
   für die katholischen Gymnasiasten 206
   Durchschlag auf die Nationalratswahlen von 1928 207

4. **Im Alleingang zum Erfolg?** 208
   Ein Wahlergebnis mit weitreichenden Folgen 209

5. **Die Demokraten leiden am Egoismus der Liberalen und an der eigenen Ungeduld** 211
   So schnell wird in der Politik Geschirr zerschlagen! 212
   Eine Zwischenbilanz nach zehn turbulenten Jahren 214

6. **Der Wahlkampf von 1931 im Zeichen zunehmender Not** 216
   So kann es nicht weitergehen! 222

7. **Vom ‹Märzsturm› von 1935 zur Neuordnung des freisinnigen Lagers** 223
   Das Unheil kündigt sich an 224
   Nur ein Strohfeuer? 225
   Die FDP kollabiert 225
   Die Demokraten machen den Sack zu 227
   Die linksbürgerliche Bewegung übernimmt das liberale Lager 232
   Die Christlichsozialen emanzipieren sich 234
   Die Ergebnisse von 1935 werden bestätigt 235

8. **Erste Wahl im Zeichen des Krieges** 237
   Die neuen Parteiverhältnisse werden zementiert 238

9. **Faschismus und Nationalsozialismus – nie ein kantonales Wahlkampfthema in Graubünden** 241

10. **Ausklang** 244

EXKURS
DIE SCHWARZE LAWINE 247
EINE ANNÄHERUNG

1. **«Schwarze Dampfwalze»/«Lavina nera» – eine Begriffsbestimmung** 248

2. **Die territoriale Dimension** 248

3. **Die katholisch-bäuerliche Dorfgemeinschaft als Grundlage der «Schwarzen Lawine»** 249
   Die Dorfgemeinschaft als Machtbasis der Konservativen 250
   Strukturelle Grundlagen 253

4. **Wer waren die Schöpfer der «Schwarzen Lawine»?** 253
   «Pro Deo et Patria» 255

5. **Kampffelder und Strategien** 257
   Die Durchsetzung der ultramontan-katholischen Orthodoxie 260
   Eliminierung der Katholisch-Liberalen als primäres politisches Ziel 263
   Die Eckpunkte der katholisch-konservativen Politik in Bünden um 1900 265

6.	Katholisch-konservative Weltanschauungspolitik nach 1920	265
	Die religiös fundierte Stigmatisierung konkurrierender Ideologien	269
	Der Liberalismus und die Freisinnigen	270
	‹Das satanische Dreieck›: Sozialisten, Juden und Freimaurer	271
	Der Sozialismus und die Sozialisten	272
	Die Juden	273
	Freimaurer – ‹die geheimen Wühler›	274
7.	«Als guter Katholik muss man konservativ sein»!	274
	Die inkludierende und exkludierende ‹cultura dil nies e dils nos›	275

ANHÄNGE ... 277

Schweizer Stimmen zur Wahlaffäre von 1892 ... 277

Quellen ... 281
Archivalien ... 281
Zeitungen und Zeitschriften ... 281
Parteienkürzel ... 281
Geographische Nomenklatur ... 282
Literatur ... 283

Register ... 285
Sachregister ... 285
Personenregister ... 286

ZUM GELEIT

Das vorliegende Buch von Adolf Collenberg untersucht die Strategien und Handlungsweisen der politischen Eliten in Graubünden und arbeitet über den langen Zeitraum seiner Betrachtung die katholische Bewegung in ihrem parteipolitischen Kontext heraus. Die spezifische wie minutiöse Beschäftigung mit den konservativen Kräften in Graubünden, unter besonderer Berücksichtigung der romanischsprachigen Surselva, füllt eine Forschungslücke, die nicht allein für den kantonsinternen Blick relevant ist, sondern, um den Historiker Prof. Dr. Simon Teuscher zu zitieren, auch zum Verständnis der christdemokratischen Bewegung in Europa beiträgt: «Die katholischen politischen Bewegungen, wie überhaupt die konservativen Kräfte des 19. und 20. Jahrhunderts, sind in der Geschichtsschreibung gerade zur Schweiz bisher meist zu kurz gekommen. Dabei bieten sie sehr wichtige Hintergründe zur Entstehung der christdemokratischen Bewegungen, die in der Zeit nach dem zweiten Weltkrieg in weiten Teilen Europas tonangebend wurden.»

Der Autor Adolf Collenberg (*1946) beschäftigt sich mit dem Thema seit seiner Dissertation zu Latour und dessen katholisch-liberaler Politik für die Surselva. Sein enormes Detailwissen, gepaart mit einer umfassenden Analyse von Originalquellen – dazu gehören etwa Zeitungsartikel, Leserbriefe, politische Reden und entsprechende Propaganda –, eröffnet der geneigten Leserin und dem geneigten Leser eine einmalige Nahsicht auf die Entwicklung der politischen Kräfte im Kanton. Was bei der Lektüre der zahlreichen Quellen auffällt, ist die schrille Kampfrhetorik, deren man sich bediente. Das politische Feld musste sich erst zwischen Weltanschauung, Religion und Moral konstituieren. Das zeigt sich nicht zuletzt an einer so unzimperlichen wie aggressiven Sprache, die das «Wir» einer Streitgemeinschaft für das jeweils Richtige und Gute beschwor.

Bei seiner Beschäftigung mit der Parteiengeschichte legt der Autor das Feld des Politischen eng aus und konzentriert sich auf den Machtkampf der Politiker. Dies hat zur Folge, dass etwa die Sichtweise der Frauen, ihr Erleben und ihre Wahrnehmung gesellschaftsrelevanter Konsequenzen eines patriarchal auftretenden politischen Handelns, keinen Platz findet. Umso bereichernder erscheint der Exkurs zur «Lavina nera», bei welchem sich Adolf Collenberg den Lesenden als Zeitzeuge zeigt, der die damit einhergehende, bis in die 1960er-Jahre dominante gesellschaftliche wie auch kulturelle Verengung am eigenen Leib miterlebt hat und umfassend darzustellen weiss.

Von Seiten des Instituts für Kulturforschung Graubünden sind wir überzeugt, dass mit *Die Bündner Parteien auf der Suche nach Identität und Macht, 1880–1939* für alle, die sich für Gesellschaft und Politik des dreisprachigen Graubündens interessieren, ein Werk vorliegt, das es über die Vielzahl der Quellen ermöglich, in die ‹politischen Gefechte› der damaligen Zeit einzutauchen. Darüber hinaus befördert die Publikation aber auch das Verständnis dafür, welche Seilschaften zwischen Politik, Religion und Presse die soziopolitische Landschaft des heutigen Graubündens geformt haben. Dem Autor Adolf Collenberg danken wir, dass er sein umfassendes Wissen und damit auch jenes seiner in die Auswirkungen der geschilderten parteipolitischen Machtkämpfe involvierten Generation mit diesem wichtigen Buch weiterträgt und so zum Weiterdenken und Weiterforschen anregt.

Cordula Seger und Thomas Barfuss

| VORWORT

Der Weg zu dieser Studie begann vor 50 Jahren an der Universität Freiburg i.Ue. mit der Wahl des Dissertationsthemas zur politischen Geschichte der katholisch-liberalen Latour von Breil/Brigels und deren Kampf mit den Katholisch-Konservativen um Redaktor Placi Condrau von Disentis. Dieser 50-jährige Richtungsstreit endete in den 1880er-Jahren mit dem Sieg der ultramontanen Konservativen über die Katholisch-Liberalen. In den nachfolgenden drei Jahrzehnten gelang den Siegern unter medialer Federführung der *Gasetta Romontscha* der Aufbau und bis 1939 die Vollendung der heute sogenannten «Schwarzen Lawine»/»Lavina nera», einer politisch geschlossenen, ideologisch einheitlichen und nach aussen abgeschotteten katholischen Sondergesellschaft. Die politische und ideologische Entwicklung dieser Gesellschaft im permanenten Zusammen- und Gegenspiel mit den anderen Parteien ist der zentrale Gegenstand des vorliegenden Werkes. Den Abschluss bildet ein Exkurs über die «Lavina nera», ihre innere Herrschaftsstruktur und ihre Strategien im ideologischen und politischen Kampf. Die Studie bildet damit gleichsam den Abschluss meiner Beschäftigung mit der Entwicklung der Bündner Parteien bis zum II. Weltkrieg und insbesondere mit dem spannungsgeladenen Verhältnis der katholischen Konservativen zum Liberalstaat.

Mein Dank gilt in erster Linie dem Institut für Kulturforschung Graubünden (ikg), das diese Studie ermöglicht und betreut hat. Dank gebührt auch dem Lektor Thomas Barfuss vom ikg sowie der Lektorin Antonia Bertschinger, Bettina Gysin Leutenegger für das Layout und der Communicaziun in Ilanz für den Druck. Folgenden Personen danke ich herzlich für sehr willkommenen Gedankenaustausch: Bernard Cathomas (Chur), Nicolaus Caduff (Lumnezia/Vella), Gion Tumasch Deplazes (Domat/Ems), Romano Plaz (Savognin) und nicht zuletzt Theo Haas (Domat/Ems) für die speziellen Informationen zu Gaudenz Canova.

Die Übersetzungen aus dem Romanischen stammen, wo nicht anders angegeben, vom Autor.

Adolf Collenberg

I   EINLEITUNG

Diese Parteiengeschichte beruht fast ausschliesslich auf Primärquellen. Der ihr entsprechende Raum ist die Öffentlichkeit: Wahlen, Abstimmungen, Manifestationen, Propaganda. Die Bündner Presse liefert den Hauptanteil der Quellen. Als besonderer Glücksfall für unser Vorhaben darf der Nachlass von Giusep Demont bezeichnet werden. Er enthält die Protokolle der Föderal-demokratischen Partei (FödP) und der Konservativ-demokratischen Partei (KDP) wie auch die persönlichen Aufzeichnungen dieses zeitweiligen Protokollführers der KDP und Redaktors des *Bündner Tagblatts* (BT/*Tagblatt*). Sie gewähren zusammen mit seinen persönlichen Bemerkungen zu den konservativen Führern und seinen Tagebüchern über mehrere Jahrzehnte hinweg Einblicke in alle Phasen und Facetten des politischen Handelns der KDP und ihrer Exponenten. Hinzu kommen die vom Staatsarchiv Graubünden betreuten Nachlässe verschiedener Akteure.

Die Geschichte der Bündner Parteien des 19. und 20. Jahrhunderts ist in groben Zügen bekannt. Den Rahmen setzten die *Geschichte des Kantons Graubünden* (Metz, Bd. II/1991 und III/1993) und die spezifischen Beiträge im *Handbuch der Bündner Geschichte* (Bd. III/2000). Parteimonografien oder Festschriften besassen vor der Jahrtausendwende nur die Demokraten, die Sozialdemokraten und die Christlichsozialen. Danach erschienen die Festschriften zur 100-Jahrfeier der Christlichen Volkspartei (2003), der Sozialdemokratischen Partei (2006), eine Geschichte des Liberalismus und des Freisinns (2007) und schliesslich die Jubiläumsschrift der Demokratischen Partei (2019). Wir wollen mithilfe von Originalquellen die einzelnen Entwicklungen im Zusammen- und Gegenspiel aller Parteien näher betrachten.

Graubünden zählt drei Amtssprachen und zwei Konfessionen. Deutsch war und ist die dominante Sprache. Die rätoromanischen Stammlande waren zur hier behandelten Zeit nur teilweise sprachlich durchmischt, und die italienische Sprache (die kleinste Gruppe) blieb auf die Täler Misox/Calanca, Bergell und Puschlav beschränkt (gemeinhin als Valli bezeichnet). Ein weiteres Merkmal Bündens ist, dass sich innerhalb dieses konfessionell durchmischten Kantons eine katholische Sondergesellschaft herausbildete, deren politische Macht sich ab 1920 und bis um 1970 als «Schwarze Dampfwalze» äusserte. Heute wird eher die Bezeichnung «Schwarze Lawine» verwendet. Ihr widmen wir ein besonderes Kapitel am Schluss des Werkes.

Die gemeinsame Geschichte der Katholisch-Konservativen und der reformierten Föderalisten bildet den ersten Hauptstrang unserer Darstellung. Betrachtet werden sollen die innere Entwicklung und die öffentlich-politische Auseinandersetzung dieser Allianz mit dem Freisinn bis zum I. Weltkrieg und mit den Liberalen, Sozialisten und Demokraten danach.

Wir setzen mit der Entwicklung am Vorderrhein ab 1830 ein, also mit dem katholischen Kerngebiet, in dem die Katholisch-Liberalen bis in die 1870er-Jahre die Politik bestimmten. Nach der Festlegung der dogmatischen Verbindlichkeiten durch das I. Vatikanische Konzil konnten die Ultramontanen, die sich ab dato als die einzigen Rechtgläubigen vor Gott und der Welt präsentierten, innert zwei Jahrzehnten die liberalen Katholiken von der politischen Macht verdrängen. Mithilfe des ab 1892 bestehenden faktischen Informations- und Deutungsmonopols der *Gasetta Romontscha (Gasetta)* konnte ein katholisch-konservativer Monolith rätoromanischer Sprache geschaffen werden. Dieser entwickelte ab 1920 im Kampf der (neu) vier Parteien sein volles politisches Sperrpotenzial gegen das Eindringen und die Einmischung der anderen Parteien in die von den Ultramontanen beanspruchten rätoromanischen Regionen Oberland/Surselva, Imboden/Sutselva, Albulatal (Val d'Alvra/Surmeir) und Oberhalbstein (Sursés). Am Ende dieser Entwicklung stand eine vom Klerus und der mit diesem sehr eng verbundenen säkularen Machtelite bevormundete katholische Gesellschaft rätoromanischer Sprache. Sie war in ein reformiertes Umfeld eingebettet mit deutschsprachigen reformierten Nachbarn im Osten und reformierten Ladinern am Inn. In ihrem Innern umfasste sie einige paritätische und reformierte Gemeinden der Gruob/Foppa (Kreis Ilanz) und die insulären reformierten Gemeinden Duvin im Lugnez und Waltensburg/Vuorz im Kreis Rueun. Zudem fanden sich in den Kreisen Rueun und Ilanz einige deutschsprachige katholische respektive reformierte Gemeinden.

Die Kämpfe um die Bundesverfassungsrevisionen von 1872/74 hatten eine stärkere programmatische Profilierung der Liberalen und Konservativen zur Folge, führten aber zu keiner organisatorischen Zusammenfassung der Anhängerschaft über lokale oder regionale Sammlungen hinaus. Diese erfolgte erst 1891 durch die Gründung der Liberalen Partei (LP) auf Kantonsebene und die anschliessende parteimässige Sammlung der katholischen Konservativen und reformierten Föderalisten in der FödP. In diesen Parteien und ihrem Umfeld etablierten sich flottierende Faktionen wie die Jungdemokraten und sozialpolitisch orientierte Grütlianer, vornehmlich Arbeiter. Die 1903 gegründete Konservativ-demokratische Partei war nie rein katholisch, beanspruchte aber für sich das Monopol der politischen Vertretung der Katholiken. Reformierte Konservative verblieben bei ihr als Verteidigerin des Föderalismus. Den Christlichsozialen war die Mutterpartei zu jeder Zeit ein schwer zu ertragender Vormund.

In den beiden ersten Jahrzehnten des 20. Jahrhunderts erleben wir den fliessenden Übergang der FödP zur KDP, die Gründung der Sozialdemokratische Partei (SP) 1906, den Bruch der Jungdemokraten mit der LP und die Gründung ihrer Demokratischen Partei (DP) 1919. Diese von Dissidenz gekennzeichnete Entwicklung und die Einführung des Proporzes bei der Nationalratswahl 1919 zwangen alle Parteien zur Schärfung ihres Profils und zur Suche nach Verbündeten.

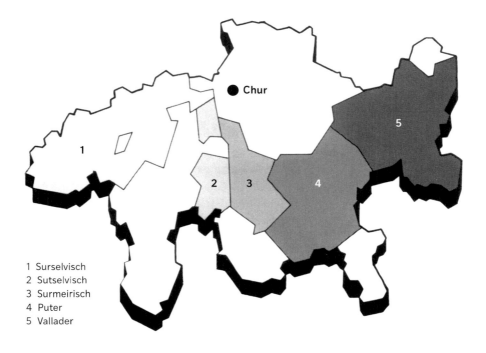

1 Surselvisch
2 Sutselvisch
3 Surmeirisch
4 Puter
5 Vallader

Die rätoromanischen Sprachgebiete um 1900 | Um 1850 unterschritt das Rätoromanische insgesamt die 50-Prozent-Grenze. Es blieb aber weiterhin die fast ausschliessliche Sprache innerhalb des katholischen Territoriums (siehe oben Nr. 1, 2, 3). Das war eine wichtige Voraussetzung für den erfolgreichen Auf- und Ausbau einer katholischen Sondergesellschaft. Die allgemeine Zweisprachigkeit setzte sich erst in der zweiten Hälfte des 20. Jahrhunderts durch und trug das Ihrige zur Aushöhlung und Auflösung des hermetischen Monoliths bei.

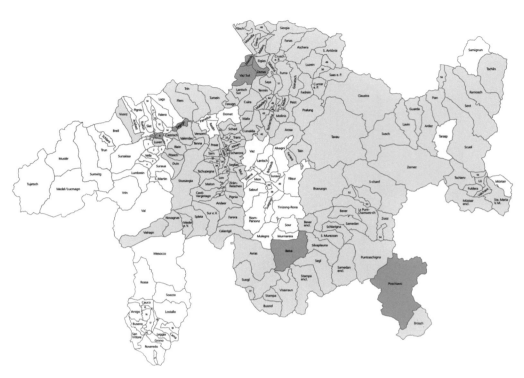

☐ Römisch-katholisch
☐ Reformiert/protestantisch
▨ Paritätisch

Konfessionskarte um 1900 | Die Karte zeigt die konfessionellen Verhältnisse im Zeitraum unserer Studie.

Wir schauen uns an, was sich dabei auf der politischen Bühne, also in der medialen Öffentlichkeit, abspielte. Unser spezielles Augenmerk gilt folgenden Fragen: Welche parteienspezifischen Informationen erreichen den Souverän? Und in welcher medialen und inhaltlichen Form kommen diese bei ihm an? Die Antworten darauf suchen wir vornehmlich in der parteipolitischen Leitpresse: *Gasetta Romontscha* und *Bündner Tagblatt* (katholisch-konservativ), Der *Freie Rätier* und die *Davoser Zeitung* (liberal), die *Neue Bündner Zeitung* (ab 1919 demokratisch). Daraus holen wir die Informationen über den Zustand der Parteien, ihr Profil, ihre Ziele, ihre Stellung zur Konkurrenz, ihre Entwicklung und ihre Strategien im Wettbewerb mit den politischen Gegenspielern.

Da Parteien in öffentlichem Wettbewerb stehen, interessieren wir uns besonders für die Frage: Über welche Information konnte der Souverän, also die gemeinen Wähler, aufgrund der Parteipresse verfügen? In welcher Form präsentierte sich diese Information vor Wahlen? Es handelt sich hier gleichsam um eine Darstellung der parteipolitischen Dramaturgie. Und die Zeit, die zur Darstellung gelangt – im Kern 1890–1939 – ist an Dramatik kaum zu überbieten. Diese Dramatik sicht- und nachvollziehbar zu gestalten, ist uns das wesentlichste Anliegen. Angesichts der schonungslosen Aggressivität der meisten Wahlschlachten erscheint der heutige Umgang mit dem politischen Gegner als überaus manierlich. Ein Grund für diesen Unterschied ist wohl, dass im von uns betrachteten Zeitraum die Gesinnungspresse der einzige mediale politische Meinungsmacher war. Das Radio eroberte erst im Lauf der 1930er-Jahre die Stuben der Eliten und erst in den 1950ern die Bauernstuben. Mit etlicher Verzögerung kam das Fernsehen.

Nicht um Theorie geht es uns, sondern um die konkrete Praxis, um die Darstellung der parteipolitischen Auseinandersetzungen und Entwicklungen von Wahl zu Wahl. Auf Abstimmungen wird nur punktuell eingegangen. Unsere Arbeit konzentriert sich auf Graubünden und beschränkt sich auf gelegentliche Hinweise auf vergleichbare ausserkantonale Entwicklungen. Ein permanenter Vergleich würde den Rahmen der vorliegenden Arbeit sprengen und unsere Intention verfehlen. Wir können aber allgemein festhalten: In Graubünden spielt sich inhaltlich dasselbe ab wie in der übrigen Schweiz. Politisches Handeln erfolgte hier jedoch, im Gegensatz zu anderen Kantonen, permanent in konfessioneller Gemengelage. Die Sprache wurde selten als politisches Argument ins Feld geführt, obwohl man im katholischen Milieu zwischen Lukmanier-/Oberalppass und Julier-/Albulapass zu etwa 90% Romanisch sprach und die *Gasetta* als Wochenblatt zwar nicht die einzige, aber die absolut dominante mediale Informationsquelle darstellte. Das konservative *Tagblatt* hatte – wohl auch aus sprachlichen Gründen – immer mit Abonnentenmangel zu kämpfen, und freisinnige oder gar sozialistische Zeitungen wurden von der katholischen Kirche heftig bekämpft und nur von der reformierten Minderheit in Ilanz und Umgebung abonniert. Wie politische und kirchliche Monopole eine Gesellschaft prägen können, zeigt sich in der Betrachtung der «Schwarzen Lawine» am Schluss des Werkes.

TEIL 1
BIPOLARE POLITIK

1. Politik ohne strukturierte Parteien

Parteipolitik im Sinne konzeptuell unterschiedlicher und öffentlich diskutierter Entwürfe zur Neugestaltung von Staat, Wirtschaft und Gesellschaft beginnt in Graubünden in den 1830er-Jahren. Dies hängt wesentlich mit dem Aufkommen der Gesinnungspresse und dem Aufbau einer steuernden kantonalen Administration zusammen. Um diese Zeit betraten Politiker eines neuen Typs die Bühne: universitär gebildet, fortschrittlich gestimmt und aufgeklärt-demokratisch in ihrem staatspolitischen Denken.

Liberalstaatliche Politik als gezielte und umfassende Applikation politischer und ökonomischer Konzepte zur Verbesserung von Staat und Gesellschaft gewann erst im vierten Jahrzehnt an Konturen. Reformvereine wie die beiden konfessionellen Schulvereine waren um 1830 in Graubünden die ersten Orte gesellschaftspolitischer Tätigkeit über die Nachbarschaften hinaus. Der Ideologisierungsgrad war noch nicht sehr ausgeprägt. Vorerst dominierte idealistischer Reformwille, weniger die weltanschauliche und religiöse Optik, aus der die Reformer agierten. Wer die Jahrzehnte 1830–1870 mit dem beliebten Klischee angeht, die Reformierten seien – im Zusammenhang der damaligen Bündner Normalitäten – reformeifriger gewesen als die Katholiken oder die Laien sozial fortschrittlicher gesinnt als die Kleriker beider Konfessionen, irrt sich. Modernisierung bedeutete in der Zeit um 1840 für Graubünden, einen Staat schaffen, der mehr sein durfte als die Summe seiner autonomen Gemeinden und eigenstaatlichen Gerichte (ab 1854 Kreise). Dieser Staat sollte liberal-demokratischen Zuschnitts sein, aber er konnte im Bündner Rahmen nur als ein föderalistischer Staat realisiert werden. Über die Notwendigkeit einer Verbesserung der Rechtspflege, der Infrastruktur für Gewerbe, Handwerk und Industrie (v. a. Strassenbau) sowie der landwirtschaftlichen Anbaumethoden war man sich allgemein einig. Zur Diskussion standen nur die Prioritäten und das Tempo – und bei allen Unternehmungen das Ausmass der Befugnisse des Kantons.

Die katholische Surselva schuf sich in den 1830er-Jahren ihre eigenen publizistischen Plattformen – sieben Jahre vor den reformierten Engadiner Romanen. Die rätoromanische katholische Presse hat ihren Ursprung im Hause Latour von Breil/Brigels: Alois Latour edierte 1836–1839 den katholisch-liberalen *Il Grischun Romontsch*, die Konservativen folgten 1838 mit *Igl Amitg della Religiun e della Patria*. Von da weg lösten sich die Zeitungen in schnellem Rhythmus unter jeweils neuem Namen ab.[1] Sie wollten ihre Leserschaft primär unterrichten und belehren.

---
1 Dazu e-LIR, «Pressa» (Adolf Collenberg).

Beim sich entwickelnden politisch-gesellschaftlichen Richtungskampf setzten sich die katholisch-liberalen Politiker um Alois und seinen jüngeren Vetter Caspar Latour für die Stärkung von Bund und Kanton ein.

Diese Institutionen sollten zu effizienten Werkzeugen der Reformer ausgestaltet werden. Dieser Kreis spielte in der kantonalen Politik der 1840er- und 1850er-Jahre eine dominante Rolle. Die liberale Grundsatzpolitik von Alois und sein erfolgreicher Einsatz für die Vereinigung der konfessionell getrennten Kantonsschulen bewirkten nach 1849 die Spaltung der Surselva in eine katholisch-liberale und eine konservativ-ultramontane Richtung. Die Dominanz der Katholisch-Liberalen nahm nach dem frühen Tod von Bruder und Nationalrat Caspar im Januar 1861 kontinuierlich ab.

Die Katholisch-Konservativen um Placi Condrau und seine *(Nova) Gasetta Romontscha* gewannen ab 1857 durch ihren unablässigen Kampf gegen liberalstaatliche Einmischung in die Gemeindeautonomie und für die ultramontane Orthodoxie stetig an Einfluss. Sie haben das Denken und das politische und kulturelle Handeln des rätoromanisch-katholischen Milieus über 100 Jahre hinweg entscheidend geprägt.

Der politisch-weltanschauliche Konflikt war an der Schulfrage entbrannt. Die Konservativen verloren den Kampf um konfessionelle Kantonsschulen[2], gewannen aber den, wie sich bald zeigte, viel wichtigeren um die konfessionell geprägte Dorfschule. Die Aufsicht über diese zog der Kanton 1838 zwar an sich. Es gelang aber den Konservativen beider Konfessionen, die Dorfschule der Gemeindeautonomie unterstellt zu halten und den Kanton auf das blosse Inspektorat zu beschränken. Erfolglos blieb indes der konservative Kampf gegen die neue Bundesverfassung (1848) und die Revision der Kantonsverfassung (1851/54).

Berther kennzeichnet die Jahrzehnte um 1850 als eine von Spannungen dominierte Latenzzeit mit offenem Ausgang. Den wesentlichen Unterschied zwischen liberalen und konservativen Katholiken sieht er darin, dass «die Liberalen, trotz gemässigter und aus heutiger Perspektive teilweise gar konservativer Ausrichtung, sich den Ideen der Moderne öffneten. In ihren Köpfen hatte gleichsam ein Bruch mit dem überlieferten Weltbild stattgefunden».[3] Wie die Konservativen verteidigten aber auch sie grundsätzlich die Rechte der Kirche und die Gemeindeautonomie. Das kann für ganz Bünden verallgemeinert werden. Die Reform von Staat und Gesellschaft war ohne Abbau althergebrachter Korporativrechte und Eingriffe in die sakrosankte altbündnerische Gemeindeautonomie nicht realisierbar. Dazu waren die Konservativen und Föderalisten nur sehr punktuell bereit.[4]

---

2 Die katholische Kantonsschule wurde 1842 vom Kloster Disentis nach St. Luzi/Chur transferiert und 1850 mit der reformierten Kantonsschule vereinigt. Sofort richtete das Bistum Chur im Kloster Disentis wieder ein katholisches Gymnasium ein, das 1856 nach Schwyz transferiert wurde (Kollegium Maria Hilf).
3 Berther, Die Welt steht Kopf, S. 162–166.
4 Dazu Collenberg, Latour, S. 101–102.

Alois Latour   Placi Condrau

Alois Latour (1805–1875) von Breil/Brigels | Gemeinsam mit seinem Schwager Caspar Latour (1827–1861) war Alois Latour zur Mitte des 19. Jahrhunderts politisch überaus erfolgreich. Die beiden verfolgten als Regierungs-, National- und Ständeräte eine grundsätzlich liberale politische Agenda. Ihr katholisch-liberaler Kurs verlor nach dem frühen Tod von Caspar seine absolute Dominanz am Vorderrhein und wurde in den 1880er-Jahren ein Opfer des ultramontan-katholischen Konservatismus. Biogr. s. HLS.

Placi Condrau (1819–1902) von Disentis | Condrau war der Prototyp eines katholisch-konservativen Politikers und Publizisten. Er war Besitzer der Stamparia Condrau und während 45 Jahren Redaktor der *Gasetta Romontscha*. Diese erschien von Januar 1857 bis 1996, bis 1952 einmal, dann zweimal wöchentlich. Condrau war die zentrale Figur im Kampf gegen den katholisch-liberalen Kreis der Latour. Portrait in: *Calender Romontsch,* 1902, S. 100. Biogr. s. HLS.

Fesseln für den Liberalstaat

Im Februar 1861 wurde der gemässigt-konservative Regierungsrat Johann Rudolf Toggenburg[5] als Nachfolger des an einer Grippe verstorbenen Nationalrats Caspar Latour erster katholisch-konservativer Bündner Vertreter in Bern. Obwohl er eine gewisse Distanz zum erzkonservativen Kurs der *Gasetta* hielt, kam diese Wahl für das konservative Lager doch einem Durchbruch gleich.

Der erste Anlauf zur Revision der Bundesverfassung erweckte 1866 heftigste Gegenwehr in der *Gasetta*. Sie forderte zur Wahrung der kantonalen Souveränitätsrechte die Rückweisung aller neun Vorlagen. Das Bundesparlament müsse stattdessen die Erweiterung der Volksrechte als Damm gegen eine Ausweitung der Bundeskompetenzen vorantreiben.[6] Einzig das Referendum erhielt in jener Volksbefragung die geforderten Mehrheiten. Dieses erwies sich als wirksame Waffe gegen liberalstaatliche Zentralisierung. Redaktor und Grossrat Placi Condrau forderte dieses Instrument auch auf Kantonsebene. Er berief sich dabei auf das altbündnerische Referendum: Wie in der alten Republik sollte der Souverän in allem das letzte Wort haben.[7] Die Forderungen nach Volkswahl aller Behörden, Verfassungsinitiative und Gesetzesreferendum wurden auch vom Liberalen Florian Gengel in seinen *Aphorismen über demokratisches Staatsrecht* von 1864 und in seinem Buch *Die Erweiterung der Volksrechte* (1868) erhoben. Als Gründer (1868) und Redaktor stellte er den *Rhätier* voll in den Dienst einer entsprechenden Revision der Kantons- und Bundesverfassung.[8] Die *Gasetta* reklamierte diese Errungenschaften aber immer wieder für sich.[9] Tatsächlich fochten die Konservativen und Liberalen hierbei für dieselbe Sache – aber mit gegensätzlichen strategischen Absichten und auf je anderem ideologischem Hintergrund.[10]

Als entscheidendes Instrument der Katholisch-Konservativen in Graubünden erachten wir den päpstlichen *Syllabus errorum* von 1864. Dabei handelt es sich um eine päpstliche Auflistung verdammungswürdiger Irrtümer der modernen Zeit. Darunter finden sich als die in unserem Zusammenhang wichtigsten: Rationalismus, religiöser Indifferentismus, Liberalismus, Sozialismus und Kommunismus. Die päpstliche Verurteilung eines den Katholiken verbotenen Denkens und politischen Handelns versetzte die Konservativen in die Lage, den liberalen

---

5   1818–1893. Biogr. s. HLS.
6   GR, Nr. 1, 5.1.1866; Berther, Die Welt steht Kopf, S. 374–382. Von 12½ Ständen angenommen, von Graubünden wuchtig abgelehnt; Schmid ortet als Begründung einen damals «zutiefst konservativen Grundzug der Bündner Bevölkerung» und das Fehlen eines programmatischen Führers, «der die liberalen Geister zusammengeführt hätte». Schmid, Davorn, S. 45–46.
7   Dazu Berther, Die Welt steht Kopf, S. 374–379. Zur Entwicklung des Referendums s. Pieth, Referendum, S. 137–153.
8   1834–1905. Biogr. s. HLS.
9   Z. B. GR, Nr. 8, 23.2.1893 im Artikel «Nossa partida federal-democratica»: Diese habe sich 1872 für den Kampf gegen die Zentralisierung des Bundesstaates gebildet, und «ihr hat unser Kanton die neue Verfassung von 1879 zu verdanken».
10 Dazu s. Schmid, Davorn, S. 64–65.

Staat aus religiös verbindlichen Gründen abzulehnen und ihre katholisch-liberalen Vertreter kirchlich legitimiert als unkatholisch oder als ‹Auchkatholiken› zu verfemen. Die entsprechenden Verbote und Gebote im religiösen und moralischen Bereich erhielten durch das I. Vatikanische Konzil ab 1870 eine umfassende Verbindlichkeit und prägten von da an immer stärker die katholische Gesellschaft. Die Ultramontanisierung, d. h. die Herstellung einer streng päpstlichen Gesinnung im Gefolge von 1870, ging mit einem neuen Papstkult einher. Die kirchlichen Organisationen wurden ausgebaut und gestrafft, die ‹Rechtgläubigen› in katholischen Vereinen gesammelt und (auch) politisch diszipliniert. Die idealisierte Einfachheit der Vorfahren diente als propagandistische Blaupause für religiösen, sozialen und moralischen Rigorismus. Die regionale katholische Gesellschaft wurde bis zum Ende des 19. Jahrhunderts erfolgreich auf orthodoxen Kurs gebracht.[11]

Das konservative Instrumentarium

Nach dem I. Vatikanischen Konzil erfolgte im katholischen Milieu Graubündens der Durchbruch von einer relativ geschlossenen Form des Antimodernismus zu einer «antimodernistischen Gegenwelt». Berther konstatiert in seiner tiefschürfenden Studie, dass zwischen 1870 und 1900 im katholischen Milieu in Politik, Religion, Wirtschaft und Sprache «ein fliessender, doch letztlich einschneidender Wandel» stattgefunden hat.[12] Die Katholisch-Konservativen auf der Suche nach einem Platz im neuen Bundes- und im erstarkten Kantonalstaat verpassten den Anschluss an die Moderne im Transitverkehr und Tourismus. Es kam zur schrittweisen «Konstruktion einer rückwärts orientierten Gegenwelt». Dabei erfolgte, gleichsam en passant, die Rezeption von modernen Elementen (Bundesstaat, Kantonalstaat) und Organisationsformen (z. B. Parteien und Vereine). Die zentrale Rolle spielten die religiös geprägte Ideologisierung und Moralisierung des politischen und gesellschaftlichen Handelns und die Mobilisierung durch die Presse. Das Referendum als altrepublikanisches Instrument wurde in seiner neuen Form propagiert und gegen alle unerwünschten Neuerungen eingesetzt. «Indem die konservativen Föderalisten weniger die Unterschiede als vielmehr die Gemeinsamkeiten zwischen vormoderner Landsgemeindedemokratie und den modernen direktdemokratischen Partizipationsmitteln betonten, konstruieren sie gleichsam eine Kontinuität zwischen der mittelalterlichen Befreiungstradition und der Gegenwart».[13] Die neuen Barone und modernen Aristokraten verortete man in Bern, das zu einem Reizwort stilisiert wurde, welches schliesslich zu reflexartiger Ablehnung von allem führte, was ‹von Bern› – und in vermin-

---

11 Die Studie von Berther, Die Welt steht Kopf, beschreibt am Beispiel der oberen Surselva diesen Prozess in allen Facetten.
12 Ebda., S. 372.
13 Ebda., S. 376.

dertem Masse ‹von Chur› – kam. Es fand eine Umdeutung der Tradition statt: Der Kampf zur Verteidigung der Gemeindeautonomie und Volkssouveränität (alte Prinzipien) wurde nicht mit den altrechtlichen Partizipationsmitteln geführt, sondern mit den neustaatlich definierten Instrumenten Referendum und Initiative auf Bundes- und Kantonsebene. Deren Erhalt und Ausbau wurde vehement, und mit Erfolg, gefordert.

Die ersten Feuerproben

Das Für und Wider bezüglich der Revision der Bundesverfassung hat 1872 in Graubünden die erste wirklich agitatorische Mobilisierung des Stimmvolkes generiert und die parteipolitische Ausscheidung stark vorangetrieben. Im Jahre 1872 gründete Anton Steinhauser den Verein der Katholisch-Liberalen, der sich für die Revision der Bundesverfassung stark machte und sich gegen den Kulturkampf einsetzte. Er war 1870–1892 als Redaktor oder Herausgeber der drei einander ablösenden katholisch-liberalen surselvischen Zeitungen *La Ligia Grischa*, *Il Patriot* und *Il Sursilvan* die einzige Alternative zur katholisch-konservativen *Gasetta* von Placi Condrau.[14]

Die sogenannten Revis (Befürworter der Revision) kamen vor allem im liberalen *Rhätier* des Florian Gengel, in der *Davoser Zeitung*, in der *Ligia Grischa* (LG) und im *Patriot* zu Wort, die Antis (Gegner der Revision) in der *Gasetta* und im *Tagblatt*. Das 1853 als liberal gefärbtes Blatt gegründete *Tagblatt* wurde ab 1871 unter Redaktion von Samuel Plattner[15] das deutschsprachige Sprachrohr der Konservativen.[16] Dessen Bruder Placidus Plattner[17] und Hermann Sprecher[18], die neuen Mitbesitzer von Druckerei und Verlag, wurden als Politiker und Journalisten ab diesem Zeitpunkt zentrale Figuren im konservativen und föderalistischen Lager. Sprecher wirkte dabei als einflussreiches Bindeglied zu den reformierten Föderalisten/Konservativen.

Für die politische Positionierung entscheidend war in Graubünden die grundsätzliche Einstellung zu Föderalismus und Zentralismus. Im sehr facettenreichen liberalen Lager sammelten sich die eher zentralstaatlich Orientierten beider Konfessionen, und im ebenfalls überkonfessionellen föderaldemokratischen (konservativen) Lager finden wir die Verteidiger tradierter föderalstaatlicher Strukturen bis hin zu extremen Gemeindeautonomisten.

Graubünden lehnte 1872 die Revision der Bundesverfassung ab – die Gemeinden am Vorderrhein und seinen Seitentälern mehrheitlich, die Cadi mit 1614 zu 6 Stimmen! Die Vorlage von 1874 wurde kantonal angenommen, aber

---

14 Steinhauser, 1840–1915. Biogr. s. HLS.
15 1838–1908. Biogr. s. HLS.
16 Foppa, Presse, S. 36–38.
17 Zu Plattner s. S. 43.
18 1843–1902. Schreibvariante: Hermann Sprecher von Bernegg. Biogr. s. HLS.

von den katholischen Gemeinden wiederum wuchtig verworfen. Sie stiess aber auch in vielen reformierten Gemeinden des Prättigaus und Unterengadins auf abermalige Ablehnung. Nach der verlorenen zweiten Abstimmung gab sich die *Gasetta* kämpferisch: «Wie müssen weiter auf dem Schlachtfeld bleiben und härter kämpfen denn je. Früher oder später werden unsere Anliegen den Sieg davontragen.»[19]

Eine Bildung von stabilen Parteien nach Konfessionen hat in Bünden im Gefolge dieser Abstimmungen nicht stattgefunden. Allerdings wirkte sich die jeweilige Stimmung sehr direkt auf das Wahlverhalten aus. So unterlag der Revi Alois Latour 1872 als Kandidat für den Nationalrat im (dannzumaligen) Wahlkreis 36 haushoch dem moderaten katholisch-konservativen Toggenburg und dem reformierten rechtsliberalen (auch: liberal-konservativen) Johann Anton Casparis[20]. Die Demarkationslinie zwischen Antis und Revis war auch 1874 sehr deutlich ausgeprägt. Aber das Pendel schwang nach Annahme der entschärften Vorlage wieder zurück, und der katholisch-liberale Revi Anton Steinhauser setzte sich 1875 gegen Casparis durch. Die Reformierten entzogen Letzterem die Unterstützung, und es wiederholte sich durch die abermalige Wahl von Toggenburg und Steinhauser die ideologische Teilung der Mandate in diesem Wahlkreis.[21]

Diese Aufteilung wurde vom Souverän offensichtlich einer kulturkämpferisch-konfessionellen Auswahl vorgezogen. Die Katholisch-Liberalen verfügten noch über einen schlagkräftigen Anhang, und die Liberalen konnten im Kantonsparlament (Grossrat) 1874–1881 ihre Mehrheit verteidigen. Am Vorderrhein übernahmen die Wähler indes immer häufiger den von der *Gasetta* vorgegebenen Takt. Sie eliminierten Schritt für Schritt die liberalen Elemente, die an den Landsgemeinden – vor allem im Kreis Disentis – noch bis in die 1890er-Jahre hinein für grosse Aufregung sorgten.

Der Kulturkampf war in Graubünden nur von punktueller Bedeutung.[22] Er beschränkte sich an der politischen Oberfläche auf die wuchtige Ablehnung der Zivilehe 1875 und die permanenten Klagen in den katholischen Medien über liberalstaatliche Einmischungsversuche in religiöse und konfessionelle Angelegenheiten. Gegen ‹Chur› setzte man im Kanton die Gemeindeautonomie und im Kampf gegen ‹Bern› den Föderalismus. Diese beiden Elemente spielten weit über 1874 hinaus die zentrale Rolle im politischen Kampf. Um die Auswirkungen von 1874 zu mildern, kämpften die konservativen Katholiken und föderalistisch (konservativ/rechtsliberal) gesinnten Reformierten fortan gemeinsam in einer

---

19   Zit. Berther, Die Welt steht Kopf, S. 382.
20   1854–1909. Biogr. s. HLS.
21   Zu den einzelnen Wahlen s. Schmid, Davorn, S. 55–62.
22   Kulturkämpferische Animositäten wurden zwar gepflegt, aber sie erschöpften sich in episodischen Rempeleien auf Märkten und an Festen. Was hinter den Kulissen diesbezüglich ablief, ist noch zu wenig erforscht, als dass man gesicherte Aussagen darüber machen könnte, in welchen Formen und in welchem Ausmass ein Bündner Kulturkampf stattgefunden hat, der im Vergleich zur Schweiz diesen Namen verdient. Vorerst spricht man mit guten Gründen von einem «verspäteten Kulturkampf» in den 1940er-Jahren. Dazu s. Gasser, Bündner Kulturkampf.

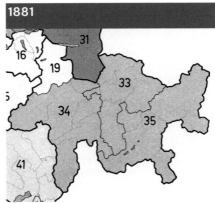
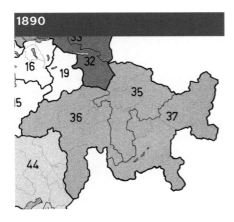

Wahlkreise 1872, 1881 und 1890 | Die Wahl der Nationalräte erfolgt seit jeher durch das Volk – in Graubünden zunächst in vier, ab 1863 in drei Wahlkreisen und ab 1902 in einem einzigen kantonalen Bezirk. Bis 1919 wurden die Sitze nach Majorz, dann nach Proporz vergeben. Die Amtsdauer betrug bis 1931 drei, danach vier Jahre. Das Amt wurde in der anschliessenden Dezembersession angetreten. Die Anzahl der Bündner Nationalräte variierte zwischen vier und sechs. Gruner, Nationalratswahlen, Bd. 3, S. 501–503.

überkonfessionellen Zweckallianz ohne formelle Basis gegen die liberalen und radikalen ‹Zentralisierer›. In der Regional- und Konfessionspolitik marschierten sie aber getrennt. Man wollte keinen offenen Kulturkampf vom Zaun brechen, der das politisch zunehmend erfolgreiche überkonfessionelle konservative Band zerrissen hätte. Beide Partner pflegten damals einen rigorosen Antizentralismus und verteidigten die konfessionelle Selbstbestimmung. Prinzipienpolitik anstelle konfessioneller Ausscheidung war der Kitt und das Erfolgsrezept ihrer Allianz.[23]

1880–1892: das Jahrzehnt der Allianz

Nach der entschiedenen Schlacht von 1874 drängte sich eine Revision der Kantonsverfassung auf. Die erste Vorlage wurde 1875 mit 66% abgelehnt, die revidierte Version von 1879 hingegen mit Unterstützung der Allianz aus katholischen Konservativen und reformierten Föderalisten sowie der Grütlianer und Jungdemokraten[24] mit 75% angenommen. Seither feierte die *Gasetta* die Erweiterung der Volksrechte als Verdienst der Konservativen. Das stimmt insofern, als diese ursprünglich liberaldemokratische Initiative ohne die kompakte Zustimmung der Konservativen und Föderalisten keine Chance auf Annahme gehabt hätte. Das hatte sich 1875 gezeigt.

Die neue Verfassung enthielt nebst der Reform des Gemeindewesens noch so bedeutende Neuerungen wie die Volkswahl der Ständeräte[25] sowie die Volksinitiative und eine Neufassung des Referendums.[26] Im Laufe der 1880er-Jahre formierten sich die Katholisch-Konservativen am Vorderrhein und an Albula und Julia zu einer schlagkräftigen politischen Einheit. Die katholische Politik erhielt unter der Regie von Remigius Peterelli, Placidus Plattner, Johann Joseph Dedual[27] und dem aufstrebenden Caspar Decurtins nach 1880 eine ins Grundsätzliche, ins Weltanschauliche gesteigerte Dimension. Ihre politischen und konfessionellen Anliegen wurden von der *Gasetta*, dem *Tagblatt,* der Kanzel und den religiösen und profanen Schriften aus der Stamparia Condrau dem Volk vermittelt.

In den 1870er-Jahren kämpfte eine «föderalistische Front gegen den modernen Bundesstaat». Die nachfolgenden Jahrzehnte standen im Zeichen der föderalistischen «Auseinandersetzung innerhalb des Bundesstaates» um die Kompetenzverteilung zwischen diesem und den Kantonen.[28]

---

23 Berther, Die Welt steht Kopf, S. 391–405. GR, Nr. 8, 23.2.1893: Ein historischer Rückblick auf Werdegang und Wirken der Föderal-demokratischen Partei.
24 Unter diesen Namen traten damals die in ihrem Wahl- und Stimmverhalten volatilen Linksbürgerlichen und die sozialistisch Gesinnten auf.
25 Graubünden führte diese nach OW, ZH, SO, TG, SH, NW und AR als 8. Kanton ein, Bern als letzter 1977.
26 Ab 1881 konnte der Grosse Rat eine Verfassungsrevision vorschlagen oder den Souverän fragen, ob eine solche erwünscht sei. Bei einer Zustimmung musste das Volk entscheiden, ob die amtierende oder die nächstgewählte Legislative den Revisionsentwurf ausarbeiten solle. Für eine Gesetzesinitiative waren 3000 Stimmen erforderlich. Dazu s. Rathgeb, Verfassungsentwicklung, S. 200–205.
27 Zu Dedual s. S. 49.
28 Freiburghaus, Föderalismus, S. 48.

Der Auftritt von Caspar Decurtins

Der erste politische Auftritt von Caspar Decurtins an der Landsgemeinde des Kreises Disentis war ein Ereignis. Der 22-Jährige besuchte 1877 als frisch promovierter Historiker und Staatsrechtler, von Heidelberg kommend, die ehrwürdige Versammlung beim Kloster Disentis. Die Abtei steckte damals in existenziellen Nöten. Decurtins hielt eine flammende Rede zugunsten ihrer Erhaltung – und wurde sogleich zum *mistral* (Landammann) gewählt. Das war der Beginn einer fulminanten Karriere. Sein Vater Cristian Luregn wirkte als Arzt in Trun und machte eine bescheidene politische Karriere als Landammann und Grossrat der Cadi. Seine Mutter Margareta Catrina war eine Latour von Breil/Brigels.[29] Caspar hatte eine katholisch-liberale Erziehung latour'scher Prägung genossen, ‹konvertierte› 1874 aber als Gymnasiast an der Kantonsschule in Chur zum Ultramontanen. Bereits 1878 macht er als Kandidat für den Nationalrat im Kreis Disentis die meisten Stimmen neben Toggenburg[30], und 1881 wurde er dessen Nachfolger. Seine dominante Natur, sein Ehrgeiz, die überragende Intelligenz und unerschöpfliche Schaffenskraft verschafften ihm schnell Einfluss bei den Katholisch-Konservativen in Bünden und Bern. Sein Engagement für die Erhaltung der Abtei Disentis hat ihn als ‹Retter des Klosters› bekannt gemacht, und im 20. Jahrhundert hat Kanonikus Fry ihn zum Säulenheiligen der katholischen Surselva stilisiert.[31]

Sein radikaler, intransigenter Föderalismus, seine linke Sozialpolitik über alle ideologischen Grenzen hinweg und sein als diktatorisch wahrgenommenes Gehabe provozierten schnell erheblichen, aber während 20 Jahren erfolglosen Widerstand. Der Universalität und den Widersprüchen seines Geistes und seiner Gelehrsamkeit wie seinem Charakter war damals, und ist noch heute, schwer beizukommen. «Er konnte im gleichen Atemzug die Scholastiker, Mazzini und Lassalle loben und Papst Leo XIII. verehren, für dessen Sozialenzyklika ‹Rerum novarum› (1891) er als Berater» nach Rom eingeladen wurde. Als Verfechter seiner Ideen war er von apostolischem Eifer beseelt und rücksichtslos gegenüber Freund und Feind. Seine Verdienste um die Rätoromanische Renaissance und als Mitgründer der Universität Freiburg sind unbestritten.[32] Seine widersprüchliche Person und seine von realitätsferner Prinzipienreiterei geprägte Politik verstörten sein persönliches Umfeld und wurden auch von der Wählerschaft von Wahl zu Wahl immer weniger goutiert. Auf diesen Weg begeben wir uns nun.

---

29 Siehe Genealogie auf S. 72.
30 GR, Nr. 43, 24.10.1878.
31 Fry, Decurtins, Bd. I. Zur Restauration des Klosters s. auch Berther, Die Welt steht Kopf, S. 406–412.
32 Nach HLS und e-LIR.

Caspar Decurtins (1855–1916) von Trun | Decurtins ist durch die Biographie von Fry als «Löwe von Trun» zum Säulenheiligen der surselvischen Konservativen geworden. Sein Beitrag als Schöpfer der sogenannten «Schwarzen Lawine» wird einer eingehenden Prüfung unterzogen. Sein herrischer Charakter, sein extremer Föderalismus und seine sozialpolitische Kooperation über alle politischen und konfessionellen Grenzen hinweg haben zunächst viele seiner politischen Weggenossen und schliesslich auch seine Wählerschaft verstört. Fry, Decurtins, I, S. 214.

Das entscheidende Wahljahr 1881

In den 1870er-Jahren hatten sich verschiedene regionale und politische Clubs gebildet, aber noch keine koordinierenden, kantonal agierenden Parteien. Bei Wahlen und Abstimmungen traten ausserhalb von Chur lokale politische Vereine und Honoratiorenclubs als Komitees in Erscheinung, und Gleichgesinnte bildeten im Grossen Rat lockere Gruppierungen. Diese politischen Aktivisten und Meinungsmacher instruierten und lenkten die Wähler mithilfe der Presse und durch persönlichen Kontakt etwa an Kirchweihfesten und Viehmärkten. Unbestritten, aber schwer greifbar ist die Häufigkeit und Heftigkeit direkter Einflussnahme des Klerus von der Kanzel und im Beichtstuhl.

Im Jahr 1881 konnte die Allianz bei der ersten Volkswahl der Bündner Ständeräte reiche Ernte einfahren. Mit dem katholisch-konservativen Oberhalbsteiner Remigius Peterelli und dem reformierten rechtsliberalen Oberengadiner Föderalisten Peter Conradin Romedi eroberte sie beide Mandate. Gegen Letzteren traten die Liberalen erfolglos mit Andrea Bezzola[33] an.

Diese Wahl war entscheidend für die Festigung der Allianz, die als «konservativ-demokratische Partei»[34] den Wahlkampf führte. Romedi musste zu einem zweiten Wahlgang antreten. Das verschaffte der Allianz die Möglichkeit, alle Kräfte zu bündeln, um dem dezidierten Zentralisten und amtierenden Ständerat Andrea Bezzola das Amt abzunehmen. Entsprechend eindringlich war der Aufruf der *Gasetta*: «Wir Katholiken sind in Graubünden in der Minderheit und gerade deshalb ist es auch in unserem eigenen Interesse, mit unseren gemässigten reformierten Mitbürgern ein gutes Einvernehmen zu pflegen, um so bei Abstimmungen die Mehrheit zu erlangen.»[35]

Romedi obsiegte, und die Allianz konnte ihren Siegeszug ungehindert fortsetzen. Der *Rhätier* beklagte die Zersplitterung des liberalen Lagers und bezeichnete das Resultat des ersten Wahlgangs mit drei liberalen Kandidaten als «nicht ganz unerwartet». Der katholische Teil sei «mit der ehrenvollen Ausnahme der Mesolcina bis auf Atome» ultramontan und so diszipliniert, «wie es der unfehlbare Papst nicht besser wünschen könnte». Peterelli sei der «Grossmogul», er gebe seine «ordre du Mufti», und alle Ultramontanen würden dieser «vollzählig bis auf den letzten Mann» folgen.[36]

---

33   1840–1897. Biogr. s. HLS.
34   Damalige Nomenklatur: «Die konservativ-föderalistische Partei, die bei uns [sc. am Vorderrhein] und in Graubünden auch demokratische Partei genannt wird» (GR, Nr. 42, 20.10.1881). Die Reformiert-Konservativen/-Rechtsliberalen um Romedi wünschten, nicht als ‹Konservative›, sondern als ‹Föderalisten› bezeichnet zu werden.
35   Zit. nach Berther, Die Welt steht Kopf, S. 397.
36   FR, Nr. 59, 11.3.1881. Zum liberalen Lager s. Schmid, Davorn, S. 68.

Remigius Peterelli   Peter Conradin Romedi

Remigius Peterelli (1815–1892) von Savognin | Der langjährige Ständerat (1864–1892 mit Unterbrüchen) war der erste Führer der Katholisch-Konservativen in Graubünden. Er leistete als gemässigter Konservativer nach 1872 durch die (informelle) Allianz mit den reformierten Föderalisten einen wesentlichen Beitrag zur Vermeidung eines Kulturkampfs in Graubünden. LIR II, S. 156. Bild: Portrait-Galerie, Verlag des Art. Institut Orell Füssli in Zürich, VI.

Peter Conradin Romedi (1817–1899) von Madulain | Romedi vertrat innerhalb der Allianz die reformierten Föderalisten. Er bildete als Ständerat 1881–1892 zusammen mit Remigius Peterelli den berühmten ‹Zweispänner› und war nach dessen Tod die Galionsfigur im Kampf von Decurtins gegen Plattner und Dedual. Biogr. s. HLS. Bild: Portrait-Galerie, Verlag des Art. Institut Orell Füssli in Zürich, IV.

Der katholisch-liberale *Patriot* stellte nach dem Sieg Romedis im zweiten Wahlgang fest: «Die Konservativen kooperieren wie ein Uhrwerk», und «Graubünden muss, koste was es wolle, schwarz werden wie der Rock des Pfarrers.»[37]

Organisatorisch beschränkte sich die Allianz auf Vorberatungen in der (informellen) Fraktion im Grossen Rat und anschliessende Bekanntgabe der Parolen namens eines Komitees im *Tagblatt* und in der *Gasetta*.[38]

Kurz nach den Ständeratswahlen wurde Decurtins zum dritten Mal Landammann der Cadi, und die Katholisch-Liberalen verliessen an diesem Tag den Ring als Verlierer. Und es kam für sie noch schlimmer. Die Nationalratswahlen im Herbst 1881 brachten den Bündner Liberalen insgesamt einen katastrophalen Rückschlag. Die *Gasetta* rechnete zu diesem Zeitpunkt mit etwa 12,5% Katholisch-Liberalen und griff deren Kandidaten Steinhauser unablässig als «radicalun» (Erzradikalen), «centralist» und Parteigänger der Schweizer Kulturkämpfer an. Um ihn aus dem Nationalrat zu vertreiben, setzte die *Gasetta* auf die geschlossenen Reihen der etwa 22 000 Katholiken im rheinischen Wahlkreis, auf die Föderalisten der Allianz und auf die Decurtins wegen dessen arbeiterfreundlicher Sozialpolitik gewogenen Jungdemokraten und Grütlianer.[39]

Der *Patriot* warb für eine weitere Amtszeit von Steinhauser. Sein Kontrahent, der sehr junge Decurtins, sei noch nicht reif für Bern. Grenzenloser Ehrgeiz und ein grosses Maul würden nicht genügen. Und es sei auch nicht damit getan, die Bauern glauben zu machen, dass ein Liberaler kein Katholik sein könne, wohingegen er der grosse Retter des Klosters Disentis und die Stütze der wahren Religion sei. Das Amt verlange u. a. gründliche Kenntnisse der wirtschaftlichen Verhältnisse und der Bedürfnisse des Landes. «Das fehlt dem Herrn Dr. Decurtins. Idealisten und Utopisten sind nie gute Politiker gewesen.» Deshalb wäre seine Nichtwahl weder für ihn selbst noch für das Vaterland ein Unglück. Er solle zunächst innerhalb des Kantons zeigen, dass er für die praktische Politik tauglich sei. Das habe er bisher nicht bewiesen. General sein zu wollen, bevor man Korporal gewesen sei, beweise doch etwas gar viel Ehrgeiz.[40]

Steinhauser unterlag seinem Verwandten knapp. Der von ihm redigierte *Patriot* war am Boden zerstört und stellte am 14. Januar 1882 sein Erscheinen ein. In der letzten Nummer klagte Seinhauser über die «unerhörte Boshaftigkeit und Passion», womit gegen den *Patriot* gehetzt werde. «In und ausserhalb der Kirche und sogar im Beichtstuhl wird dem Katholiken als religiöse Pflicht diktiert, diese böse liberale Zeitung ja nicht anzurühren, wenn er seiner Seele nicht schaden und sein Gewissen nicht beschweren wolle. [...] Das Volk soll in Dunkelheit gehalten werden, damit man mit ihm nach Belieben verfahren könne und das klerikale Regiment nichts von seiner Kraft und Autorität verliere. Dieser ‹heilige

---

37 *Il Patriot*, Nr. 16, 16.4.1881.
38 GR, Nr. 43, 27.10.1881.
39 Ebda.
40 *Il Patriot*, Nr. 44, 29.10.1881.

Krieg› wird selbstverständlich auch von allen grossen und frommen Herren und Magnaten unterstützt, die mit der gleichen Taktik und den gleichen Mitteln die Stufen der Dignität erklimmen.»[41]

Andrea Bezzola schaffte als einziger Liberaler neben den drei Konservativen Allianzkandidaten Hermann Sprecher, Decurtins und Johann Schmid[42] die Wahl. Der *Rhätier* schüttelte den Kopf: «Welche Mixtur von Feuer und Wasser ist [...] die Seelenverschreibung der HH. Sprecher (Wahlkreis 33) und Decurtins (Wahlkreis 34)? Der erste ist ein Aristokrat vom Scheitel bis zur Zehe [...]. Und Herr Decurtins, dessen grösster Ruhm bisher die Restauration des Klosters Disentis ist, wandelt Hand in Hand mit den Communarden und Petroleurs!»[43]

Nieder mit dem Schulvogt!

1882 war für die Konservativen der Moment gekommen, in die Arena zu steigen und dem Staat seine Grenzen aufzuzeigen. Am 26. November jenes Jahres fand die denkwürdige eidgenössische Abstimmung über die Regelung der Bundeskompetenzen im Schulbereich statt. Die Referendisten deklarierten die Abstimmung zum Kampf gegen den eidgenössischen Schulvogt. Die Schule war das Herzstück der regionalen katholisch-konservativen Machtentwicklung. Sie war der Fokus aller wesentlichen Elemente religiös-konfessioneller, erzieherischer und staatspolitischer Vorstellungen und Ziele. «Wer die Schule beherrscht», so die *Gasetta* 1879, «dominiert die Zukunft, denn die Prinzipien, welche die Jugend sich zu eigen macht, wird sie später im praktischen Leben zur Geltung bringen.»[44]

Das Blatt hisste die Kriegsfahne: «Freie Männer! Auf in den Kampf für Gott und Freiheit! [...] Hier die Referendisten, die für eine Schule mit Gott und für die Freiheit der Kantone, Gemeinden und Familien kämpfen – dort die Zentralisten mit ihrer Schule ohne Gott, mit den Baronen von Bern und ihrer Gefolgschaft von Bürokraten.» Das Disentiser Blatt bemühte sogar (was selten vorkam) die romanische Sprache als Argument. Die meisten Rätoromanen verstünden kein Deutsch, und da keine Übersetzung für sie bereitliege, müssten sie die Vorlage eigentlich schon aus diesem Grund verwerfen.[45]

Der ‹Schulvogt› wurde von insgesamt 18½ Ständen verworfen. Graubünden lehnte ihn mit 70% ab.

---

41 Ebda., Nr. 53, 31.12.1881. Die Redaktion empfahl ihrer Leserschaft ein Abonnement des *Bündner Volksblatts*. Ab 1. Januar erschien das von Alexander Balletta von Breil/Brigels betreute Nachfolgeblatt *Il Sursilvan*, ein Wochenblatt, das sich nur bis zum Jahresende 1891 halten konnte.
42 1850–1931. Biogr. s. HLS.
43 FR, Nr. 259, 4.11.1881. Der Schluss weist auf die ‹Pariser Kommunarden und Mordbrenner› von 1871 hin und zielt auf die sozialistischen Grütlianer, die für Decurtins stimmten.
44 GR, Nr. 16, 17.4.1879.
45 Ebda., Nr. 47, 23.11.1882. Die gleiche Nummer listet schlagwortartig sieben Gründe für die Ablehnung der Vorlage auf und enthält gar einen deutschsprachigen «Mahnruf an das Schweizervolk auf den 26. November 1882» in Gedichtform. Zusätzlich liegt dieser Ausgabe ein «Supplement» mit drei ablehnenden Einsendungen bei.

Der Dorfpfarrer füllt die Stimmzettel aus | Diese Karikatur aus dem *Nebelspalter* (1891) zeigt die Wahrnehmung der Katholisch-Konservativen in der Deutschschweiz.

Dieser «**Glorreiche Sieg!**» von 1882 nach einem «*combat sin veta e mort/ Kampf auf Leben und Tod*»[46] zur Verteidigung der weltanschaulich-konfessionellen Schule gegen liberalstaatliche Einmischung wurde von der *Gasetta* immer beschworen, wenn es um staatliche Eingriffe von religiös-weltanschaulicher Relevanz in die kantonale oder lokale Autonomie ging. «Die Föderalisten, die gläubigen Protestanten und Römisch-Katholischen haben glorreich über die Zentralisten, Reformer und Altkatholiken gesiegt», hält sie triumphierend fest.[47]

Solches Triumphgeschrei stiess dem katholisch-liberalen *Sursilvan* immer wieder sauer auf: Die Ultramontanen würden mit ihren üblichen religiösen und politischen Schreckgespenstern («baubaus», eigentlich «Kinderschreck») im Volk Angst verbreiten. Die *Gasetta* präsentiere sich stets, aber ohne jegliche Berechtigung, als Vertreterin «der wirklichen Interessen von Volk und Vaterland».[48]

Die Reduktion von Komplexität auf wenige und stets wiederholte Schlagworte (pro), *baubaus* und negativ konnotierte Reizworte (contra) erwies sich bei Wahlen und Abstimmungen über 120 Jahre hinweg tatsächlich als Erfolgsrezept der *Gasetta*. Zum Wohle von Volk und Vaterland?

Fest im Sattel

Die Nationalratswahlen von 1887 bestätigten die Vormacht der Allianz. Um die Wahl von Decurtins im 34. Wahlkreis abzusichern, «haben die Konservativen [den Liberalen] angeboten, in den anderen Kreisen keine Gegenkandidaten zu portieren».[49] Im Gegenzug mussten die Liberalen Steinhauser opfern. Das war der Todesstoss für die Katholisch-Liberalen, die sich vor allem im Lugnez für ihn und gegen Johann Schmid einsetzten.[50] Erfolglos. Der *Rhätier* stellte resigniert fest: Die Katholiken ziehen bei Wahlen «mit geschlossenen Kolonnen in den Religionskrieg». Sie hätten «eine Monarchie als Partei», was einer Entmündigung des Souveräns gleichkomme, und die Monarchen würden ihre gewonnenen Schlachten als Triumph des Volkswillens feiern.

Peterelli, Plattner, Dedual und Decurtins war es nach zehn Jahren gelungen, im Einklang mit dem *Tagblatt* und der *Gasetta* die konservativen Reihen zu schliessen und so weit zu mobilisieren, dass unerwünschte Konkurrenten erfolglos bleiben mussten. 1887 verliess mit dem amtierenden Regierungsrat Steinhauser der letzte hohe katholisch-liberale Amtsträger die grosse politische Bühne. Seine Anhängerschaft konnte marginalisiert und weitgehend neutralisiert werden. Nach

---

46 So feierte die GR, Nr. 48, 29.11.1882, den Sieg.
47 Ebda., Nr. 48, 29.11.1882.
48 *Il Sursilvan*, Nr. 43, 25.10.1884 (anlässlich der Nationalratswahlen). Bereits in einem Flugblatt zur Nationalratswahl von 1878 zugunsten von Steinhauser wurde dies angesprochen: «Wenn die Beschwörung der Religionsgefahr nicht zu helfen vermag (jener *baubau* wird inzwischen bald zu alt und verfängt nicht mehr), dann rütteln sie am Geldbeutel des Volkes, zaubern aus dem Nichts Kontingente und Steuern hervor, dass einem angst und bange wird.» StAGR, FamA Sprecher, A SP III 11 f.
49 *Il Sursilvan*, Nr. 43, 21.10.1887.
50 GR, Nr. 42, 20.10.1887.

den Ständeratswahlen von 1890 seufzte der *Rhätier:* «Die Stimmresultate ergeben, dass wie immer die katholischen Gemeinden Mann für Mann am Schnürli gestimmt haben» – im Gegensatz zu den zersplitterten liberalen Gemeinden.[51]

Die Liberalen warfen den Konservativen Aristokratismus, Volksverführung und Missbrauch der Religion zu politischen Zwecken vor. Die derart Gescholtenen beschuldigten die Liberalen ebenso stereotypisch der Irreligiosität und Missachtung der alten Volksrechte.

Der Befreiungsschlag der Liberalen: die Gründung der kantonalen Partei 1891

Die Liberalen besassen im Grossen Rat eine dünne, schwankende Mehrheit. Wegen der drückenden, exkludierenden Übermacht der Allianz hatte sich zwischen den konservativ und föderalistisch gestimmten Volksvertretern und den erfolglosen und in sich zerstrittenen Liberalen ein Graben aufgetan. Letzteren fehlte eine Leitfigur. Der Fortschritt in wesentlichen Fragen lebte allein von der nicht sehr ausgeprägten Kompromissbereitschaft der Frontmänner der Allianz.[52] Diese präsentierten sich als Stimme des Volkes, und sie genossen tatsächlich die überwältigende Unterstützung des Souveräns. Das Denken in spezifischen Parteikategorien setzte sich aber erst einige Jahre nach der Gründung der Kantonalparteien in den 1890er-Jahren durch. Königsmacherei und Wahlabsprachen in den Hinterzimmern waren beim gemeinen Mann unbeliebt, und dieser liess die Grossmächtigen sporadisch – und mit wahlpolitisch bescheidenem Erfolg – seinen Unmut spüren. Diesbezüglich gefährlicher waren die innerparteilichen Faktionen.

Die Bestimmung der politischen Linie erfolgte seit den 1870er-Jahren bei den Konservativen im kleinen Zirkel des Konservativen Vereins von Chur und bei den Liberalen damals fast im Alleingang durch die Grossratsfraktion, was auch innerhalb des liberalen Lagers für Unmut sorgte – vor allem angesichts der ununterbrochenen Niederlagen in den 1880er-Jahren. Deshalb beauftragte ihre Fraktion im Mai 1890 drei Mitglieder mit der Ausarbeitung eines Parteiprogramms.[53] Dabei musste vor allem versucht werden, alle liberalen Elemente von den unzuverlässigen Jungradikalen bis hin zu den Rechtsliberalen für ein gemeinsames Programm zu gewinnen. Das scheiterte zum einen daran, dass die Rechtsliberalen um Romedi dem Föderalismus zuneigten und dieser in der Allianz eingebunden war. Zum andern preschten die Radikalen vor. Sie hatten sich 1890 in Chur zu einer «Jungdemokratischen Gruppe» unter Nationalrat Matthäus Risch[54] und dem Churer Stadtrat Anton Versell zusammengeschlossen. Unter

---

51 Ebda., Nr. 55, 6.3.1890.
52 Metz II, S. 226, 342, 440–450.
53 Schmid, Davorn, S. 75.
54 1831–1908. Biogr. s. HLS.

Federführung von Friedrich Manatschal⁵⁵ gründeten sie am 15. Dezember 1890 den Radikal-demokratischen Verein – sehr zum Missfallen des (inzwischen) altliberalen Leaders Florian Gengel. Sie kamen dadurch der liberalen Mitte zuvor, die nun zur schnellen Gründung einer liberalen Kantonalpartei gezwungen war. Diese wurde im Januar 1891 aus der Taufe gehoben. Die Radikaldemokraten verstanden sich zwar als Teil dieser neuen Liberalen Partei (LP), setzten aber als sozial Engagierte andere Schwerpunkte als die Mutterpartei.⁵⁶

Das am 19. Januar 1891 vom «Centralkomité» der freisinnigen Partei zuhanden der Gesinnungsgenossen verabschiedete «Programm für die freisinnige Partei Graubünden's» legte viel Gewicht auf die weitere Stärkung des Bundesstaates, auf wirtschaftliche Förderung im Kanton (Fremdenindustrie, Landwirtschaft und Gewerbe, Ausbau des Eisenbahnnetzes, Förderung des Genossenschaftswesens) und strenge Wahrung der staatlichen Hoheitsrechte gegenüber der Kirche. Zudem sollte die Exekutive von drei auf fünf Mitglieder mit je einem Departement erhöht und die Standeskommission aufgehoben werden. Um zu verhindern, dass «der Staat eine Beute weniger Intriganten oder des organisierten Ultramontanismus» werde, müsse die obligatorische Stimmabgabe in Kanton und Bund gesetzlich verankert werden. Manatschal hielt dieses Programm, Annahme vorausgesetzt, für eine taugliche Basis für die Versöhnung der Liberalen mit dem radikal-demokratischen Flügel.⁵⁷

Der Partei fehlte zunächst ein für breite Meinungserhebungen geeignetes regionales und lokales Netz. Der junge Felix Calonder⁵⁸, der nachmalige Bundesrat, «entwickelte jetzt sein Organisationstalent sowohl bei der Verästelung der Partei in die Regionen als auch beim mühsamen Prozess des Zusammenwachsens der Grossratsfraktion mit der neu organisierten Partei und der skeptischen Altliberalen mit den vorwärtsdrängenden Radikaldemokraten».⁵⁹ Zentrale Streitpunkte waren vor allem die Sozialpolitik und die Frage, wie weit man die Zentralisierung treiben wolle.

Der unter Friedrich Manatschal ab 1892 radikal positionierte *Rätier*⁶⁰ und die 1892 von 32 Altliberalen neu gegründete *Neue Bündner Zeitung* (NBZ)⁶¹ brachten die Differenzen zu Papier – und bewiesen damit, dass die liberalen Faktio-

---

55 1845–1919. Biogr. s. HLS.
56 Details zur Gründung und Diskussion der Gründungsdaten (13., 19. oder 23. Januar 1891) s. Schmid, Davorn, S. 77–83, und zur schwankenden Terminologie der LP ebda., S. 84.
57 FR, Nr. 19, 23.1.1891. Als Centralcomité der freisinnigen Partei Graubündens signieren Andrea Bezzola, Richard Camenisch und Anton Steinhauser. Siehe auch FR, Nr. 27, 1.2.1891, Referat von Nationalrat Andrea Bezzola im Schoss des Liberalen Vereins von Chur über die Reorganisation des Regierungssystems. Bis März 1891 sollten die Rückmeldungen eintreffen. Zum Ganzen Schmid, Davorn, S. 85.
58 1863–1952. Biogr. s. HLS.
59 Schmid, Davorn, S. 103.
60 Der *Rhätier* erschien unter Verleger und Redaktor Friedrich Manatschal ab dem 23.9.1892 unter dem Titel *Der freie Rätier* mit den beiden Untertiteln Bündner Nachrichten und Organ der Bündner Freisinnigen, ab 1.1.1893 ohne Untertitel und ohne ‹h›. Dazu s. Schmid, Davorn, S. 95–96.
61 Florian Gengel verliess 1892 den *Rätier* nach dessen Radikalisierung unter dem neuen Redaktor Friedrich Manatschal. Zur NBZ s. Schmid, Davorn, S. 99–100.

nen sich nur schwer zur Geschlossenheit finden konnten. Der linksliberale Flügel scherte weiterhin nach eigenem Belieben aus und kooperierte auch mit den Grütlianern. Gemeinsam mit diesen brachte er die Initiative zur Herabsetzung der Unterschriftenzahlen bei Initiative und Referendum, die Volkswahl der Regierungsräte und das Departementalsystem auf den Weg.[62]

In Bünden zeigte sich das gleiche Problem wie bei den Liberalen allgemein. 1892 wurde in der Basler *National-Zeitung*, in der *Berner Zeitung* und in der *Neuen Zürcher Zeitung* die Bildung einer neuen fortschrittlichen eidgenössischen Partei diskutiert. Der *Rätier* referierte die Stellungnahme der NZZ und stimmte dieser gänzlich zu: «Wenn eine neue eidgenössische Partei mit Aussicht auf Erfolg ins Leben treten soll, wird es vor allen Dingen nöthig sein, dass die Kluft zwischen den Liberalen und Demokraten oder Radikaldemokraten verschwindet. Wenn das auch in den Kantonen geschehen könnte, so wäre es nur zu begrüssen.»[63]

Der äussere Schein trog

Die ununterbrochenen Erfolge der Konservativen deckten die wachsenden Spannungen zu. Als Wortführer der internen Opposition zum feurigen Jungspund Decurtins profilierten sich die beiden gestandenen Politiker Placidus Plattner und Johann Joseph Dedual, die ab 1881 Schritt für Schritt von Decurtins politisch kaltgestellt wurden. Ihr Konservativer Verein von Chur besass wegen der Wahlkreisgeometrie nur im Churer Nationalratswahlkreis Gewicht, aber ihre programmatische Kritik unter anderm am exzessiven Föderalismus von Decurtins fand auch am Vorderrhein ab Ende der 1880er-Jahre grossen Widerhall. Die dominierende Rolle des Konservativen Vereins Chur als politisches Forum und der ungenügende Einbezug der «Vertrauensmänner in den Wahlkreisen» in Beratung und Entscheidung schaukelte, den Erfolgen der Konservativen zum Trotz, personelle und programmatische Spannungen hoch.[64] Im Churer Verein sprach Dedual auch über die Gründung einer rein katholischen Partei. Decurtins stemmte sich erfolgreich gegen eine solche, um die das Feld beherrschende überkonfessionelle konservativ-föderalistische Allianz nicht zu gefährden, die ihm auch – allen Anfechtungen zum Trotz – das Nationalratsmandat des politisch und konfessionell stark durchmischten 34. Wahlkreises sicherte.

Programmatisch wurde innerhalb des konservativen Lagers um das richtige Mass an Föderalismus gestritten – und um die Führung. Die Spannungen zwischen Decurtins und dem eingeschworenen Duo Plattner und Dedual explodierten 1892 nach dem Tod von Peterelli und mündeten in politische Dissidenz.

---

62 Zu den internen Entwicklungen des liberalen Lagers um 1890/91 insgesamt s. Schmid, Davorn, S. 85–89. Das bisherige Drei-Häupter-Kollektiv und die Standeskommission wurden 1894 von einem fünfköpfigen Regierungsrat mit je einem Departement abgelöst. Rathgeb, Verfassungsentwicklung, S. 98–99.
63 FR, Nr. 64, 16.3.1892.
64 BT, Nr. 247, 22.10.1887.

Chur Mittwoch 8. Juli   Telephon: **Nr. 157** Anschluß.   1891. XXIV. Jahrgang.

Der freie Rhätier.

Anzeigeblatt für die Stadt Chur, für den Kanton Graubünden und die gesammte Schweiz.

ABONNEMENT ANNUAL FRANCO
pella Svizzera 3 fr. 60, pigl jester 6 ... 60.
    XXXV Annada.
PREZZI D'INSERAZIUN:
il spazi d'ina lingia pintga 10 ct.

GASETTA ROMONSCHA

Nr. 31   **Mustér** *(Disentis)*   **30 de Fenadur 1891**

Chur, Sonntag   **N° 51.**   1. März 1891

Bündner Tagblatt.

Neununddreißigster Jahrgang.

Cuera (Chur), 19 Mars   **N° 12.**   1891. — Novavl' annada.

IL SURSILVAN

Prezzi d'Abonnement: Franco tras l'entira Svizzera tier l'Expedizinn per in onn entir fr. 3. 60; per miez onn fr. 1. 80; tier ils ufizis postals per fr. 3. 70; fr. 2. — per miez onn. — Per l'Italia, Frontscha, Belgia, Germania ed Austria per onn fr. 6. 60. — Brevs e daners franco.
Prezzi d'Inserziun: Scadina lingia pintgia ed il spazzi de quella 10 cts.

1891.   Mittwoch, den 14. Januar.   **11.**

Davoser Zeitung
und
Bündner Volksblatt.

(15. Jahrgang des Bündner Volksblattes und 11. Jahrgang des Davoser Wochenblattes.)

Redaktion: Hugo Richter und Dr. jur. Dormann.   Druck und Verlag von Hugo Richter in Davos

Homogenität auf dem Weg zur – weiter unten gesondert behandelten – «Schwarzen Lawine» entwickelte sich erst ab 1908. Die im Jahr 1903 gegründete Konservativ-demokratische Partei (KDP) entstand aus einem verwirrenden Prozess mit Brüchen, Dissonanzen und Gegenstimmen zum konservativ-föderalistischen Hauptstrom.

Von eminenter Bedeutung ist dabei, dass die katholisch-liberale Presse gegen den permanenten Bannstrahl von der Kanzel und den konstanten Druck der *Gasetta* und der Schriften aus der Druckerei Condrau trotz langem Kampf schliesslich nichts ausrichten konnte. Ende 1891 musste der *Sursilvan* sein Erscheinen einstellen.[65] Ab 1892 besass die *Gasetta* das Informations- und Deutungsmonopol in den rätoromanisch-katholischen Kreisen vom Oberalp- bis zum Julierpass. Nach dem Scheitern der um 1870 von Gion Antoni Bühler konzipierten Einheitsschriftsprache für alle rätoromanischen Idiome war ein Lesen über die idiomatischen Grenzen hinweg nur einer kleinen Bildungselite möglich.[66] Das kam auch den Intentionen der *Gasetta* und ihrer Gefolgschaft um Decurtins zugute. Im von ihr medial und verlegerisch beherrschten katholischen Milieu romanischer Sprache, wo alles abgelehnt wurde, was vom *Syllabus errorum* (1864) und vom I. Vatikanischen Konzil (1870) als unkatholisches Teufelswerk verdammt werden konnte – und was bis in die 1970er-Jahre hinein in der Condrau-Offizin zensuriert wurde –, waren alternative geistige und politische Angebote je länger je weniger und schliesslich überhaupt nicht mehr vorhanden. Opfer dieser Entwicklung wurde auch der *Graubündner Allgemeine Anzeiger* von Plattner/Dedual, der später in unser Blickfeld gerät.

Die *Gasetta* konnte sich als Bannerträgerin der Orthodoxie präsentieren und aus dieser Warte das politische Verhalten durch den Appell an das religiöse Gewissen der Katholiken in die gewünschten Bahnen lenken. Und das tat sie unter Beschwörung der Religionsgefahr ausgiebig – und während 100 Jahren äusserst erfolgreich. Wohin der politische Weg führen sollte, machte die *Gasetta* 1891 klar: Sie begrüsste mit einem «Sche viva l'iniziativa!»/«Es lebe die Initiative!» das Ja zur Einführung der Verfassungsinitiative auf eidgenössischer Ebene. Redaktor Condrau betrachtete Initiativen und Referenden als effiziente Instrumente, die Stimme des konservativen Volkes «gegen das arbiträre Regime» der radikalen Herren in Bern und in Chur zur Geltung zu bringen. «Das Schweizer Volk hat nun eine Waffe in die Hand bekommen, um dem schädlichen Militarismus, der gefährlichen Zentralisation und Bürokratie etc. [sic!] einen resoluten Halt zu gebieten.»[67]

Auf dem Boden ultramontaner Prinzipien wurde ein katholischer Monolith errichtet, der nur sich selbst zu dienen und aller Diversität zu entsagen hatte.

---

65 Zur deutschen, rätoromanischen und italienischen Bündner Presse. s. e-LIR, S. 199–202.
66 Dazu Berther, Die Welt steht Kopf, S. 359–371; Cathomas, Sprachen fallen nicht vom Himmel, S. 128–129, über die Rolle von Casper Decurtins in diesem Zusammenhang.
67 GR, Nr. 16, 16.4.1891. Am 5.7.1891 wurde die eidgenössische Initiative vom Volk angenommen.

2. Die Geburt der Kantonalparteien löste ein politisches Beben aus.

Ständerat Remigius Peterelli aus Savognin, der grosse alte Mann der Katholisch-Konservativen, starb am 10. Februar 1892. Von 1846 bis zu seinem Tod war er die Leitfigur der katholischen Konservativen in Bünden. Im Ständerat bildete er seit 1881 mit Peter Conradin Romedi, seinem reformierten Allianzpartner und persönlichen Freund, den berühmten ‹Zweispänner›, der sich als Verteidiger von Föderalismus und Gemeindesouveränität einen Namen machte. Peterelli wird generell als ausserordentlich einflussreicher Volksmann beschrieben, als unbestrittener konservativer Führer mit vielen Gesinnungsgegnern, aber ohne persönliche Feinde.[68]

Aufgrund der Persönlichkeit und programmatischen Richtung sah die Öffentlichkeit in Placidus Plattner den prädestinierten Nachfolger von Peterelli. Als solchen portraitierte ihn auch die *Gasetta*, zumal er von der konservativen Grossratsfraktion als Kandidat aufgestellt worden war – allerdings gegen den Willen von Caspar Decurtins! Daraus schöpften die Liberalen die Hoffnung, dass ihr Kandidat von reformierten Überläufern aus der Allianz profitieren würde.[69]

Wer war dieser Mann, um den 1892 so viel Aufruhr entstand?

Placidus Plattner wurde im Jahr 1834 in Untervaz geboren und starb 1924 im damals biblischen Alter von 90 Jahren. Er besuchte zusammen mit seinem lebenslangen Kampfgefährten Johann Joseph Dedual das bischöfliche Gymnasium im Kloster Disentis und legte die Matura in Einsiedeln ab. 1854 begann er in Chur ein Theologiestudium und studierte nach dessen Abbruch ab 1855 Philologie und Geschichte in München und 1857/58 in Prag. Er war 1856 Mitgründer der Monatsschrift *Monat-Rosen* des katholischen Schweizerischen Studentenvereins (StV), 1858/59 deren Redaktor[70] und 1859 Mitgründer der *Schweizer Blätter für Wissenschaft und Kunst*. 1864–1870 wirkte er als Vizerektor der (paritätischen) Bündner Kantonsschule in Chur. Zusammen mit Hermann Sprecher und Emil Meyer-a Marca erwarb er 1870 das liberale *Bündner Tagblatt*, das unter der Redaktion seines Bruders Samuel Plattner zum konservativen Leitblatt mutierte. Seine politische Karriere startete Placidus Plattner 1859 als Grossrat seines Kreises, 1877–1878 und 1884–1887 war er Regierungsrat.[71]

---

68 Metz II, S. 328 beschreibt ihn kurzerhand als «ausgesprochene Führernatur», prinzipienfest, aber konziliant. In den 1850/60er-Jahren politisierte er neben seinen beiden katholisch-liberalen Neffen Alois und Caspar Latour.
69 Aufruf im FR, Nr. 60, 11.3.1892: «Also, protestantische und freisinnige Wähler alle an die Urnen!»; auch Schmid, Davorn, S. 91.
70 Ab 1857 erschien sie regelmässig unter dem Namen *Monat-Rosen*. HLS, «Civitas» (Urs Altermatt, 2005).
71 Nach HLS.

1892 bewarb er sich um den frei gewordenen Ständeratssitz. Der Wahlerfolg schien gesichert, da niemand innerhalb der Föderalen gegen ihn antrat. Aber hinter den Kulissen wurde mächtig gegen ihn intrigiert. Dedual, der engste Weggenosse von Plattner, hatte ein ungutes Gefühl. Er befürchtete zu Recht, dass das konservative Lager bei der bevorstehenden Ständeratswahl «aus den Fugen» geraten könnte. «Eine Ochlokratie mit Hermann Sprecher an der Spitze will die kath[olische] Wählerschaft dem Freimaurer Casparis überliefern um dann bei der nächsten Erneuerungswahl einem jungen Aristokraten den Weg zu ebnen. Durch die Unzufriedenheit, die innerhalb der Partei bereits entstanden u[nd] die weitere Folgen haben wird, entsteht die Gefahr der Auflösung nicht nur bei den Ständerathswahlen, sondern auch bei den nächsten Nationalrathswahlen. Ich wollte Ihnen das noch sagen. Verbrennen Sie uns nicht als Ketzer, wenn wir den Muth haben, einer Caballe zu Leibe zu steigen, was freilich auch die Zerstörung des Status quo zur Folge haben könnte.»[72] Hermann Sprecher habe «unter dem Vorwand eines Compromisses mit der liberalen Partei» Casparis ins Spiel gebracht, aber «in Wirklichkeit um mich oder Regierungsrath Placidus Plattner fern zu halten. Wir brachten es jedoch zustande, dass Plattner als Candidat aufgestellt wurde.»[73]

Aus einem Brief von Ständerat Romedi an besagten Hermann Sprecher erfahren wir Genaueres. Momentan hätten die Föderalen nur zwei Kandidaten: Oberst Theophil Sprecher[74] und Franz Peterelli[75]. «Gegen ersteren könnte event[uell] bei Katholiken die Konfession ins Gewicht fallen, weil ich als Protestant schon sitze; allein die kathol[ische] Partei hat zumeist betreffende Disciplin. Gegen letzteren spricht der Vorwurf der quasidynastie.» Von Casparis sei auch noch die Rede, aber die Zentralisten würden wohl Raschein portieren. «Alle übrigen Kandidaten imponieren weniger.» Oberst Sprecher lehne eine Kandidatur absolut ab. Der Föderalismus von Plattner und Dedual finde wohl wenig Anklang bei der konservativen Wählerschaft, und Franz Peterelli würde als Ständerat besser zu ihm [sc. Romedi] passen. Zudem spreche sein bekannter Name und seine Leistung als Politiker für ihn. Weiter fragte sich Romedi, ob es angezeigt sei, Konzessionen zu machen. So wenig solche in sachpolitischen Fragen zulässig seien, so könne man sie doch in personellen Fragen mangels Alternative in Betracht ziehen, fand er. Diese Frage müsse schnell geklärt werden. «Sie [Sprecher] waren bis dato der integre Grundpfeiler unserer föderalistischen Partei und ich beschwöre Sie, dieselbe nicht wegen unbequemlicher Dummheiten Dritter in Stich zu lassen.»[76]

---

72 StAGR, FamA Dedual, Kopialbuch I, D. an einen «Wertheste[n] Herr u. Freund», 28.2.1892 [sehr wahrscheinlich Placi Condrau als Redaktor der *Gasetta*].
73 StAGR, FamA Dedual, Tagebuch I, S. 488.
74 [von Bernegg], 1850–1927. Nachmaliger Generalstabstchef. Biogr. s. HLS.
75 1847–1907. Sohn von Remigius P. (s. Genealogie auf S. 72). Biogr. s. HLS.
76 StAGR, ASprecher, A SP III/11 f F 65. Romedi an Sprecher, Madulain, 22.2.1892.

Die Ausmarchung

Der *Rhätier* orakelte im Vorfeld der Wahl, dass es spannend zu werden scheine. Erst habe das *Tagblatt* einen katholischen Nachfolger für Remigius Peterelli gefordert, dann aber Miene zu einer Konzession an die Liberalen gemacht, da man bereits eine konservative Mehrheit im Regierungsrat besitze. «In letzter Stunde» hätten die Föderaldemokraten aber Plattner als ihren Kandidaten ausgerufen. An diesem Mann sei persönlich nichts auszusetzen; er sei «recht fortschrittlich» und für den Centralbahnkauf durch den Bund. Wären die Liberalen sicher, bei der ordentlichen Wahl von 1893 berücksichtigt zu werden, würden sie Plattner die Stimme geben. Dem sei aber nicht so. Der ultramontane katholisch-konservative Allianzpartner sei für den Proporz, wo die Allianz die Minderheit bilde, aber ohne Pardon, wo diese die Mehrheit besässe. Darum seien die Liberalen bereits jetzt zu einer Kampfwahl entschlossen. Nicht der Kandidat Plattner, sondern das Vorgehen der Partei missfalle den Liberalen. In beiden Lagern werde gestritten, aber die Konservativen würden sich schneller zu einer geschlossenen Kampfeinheit finden.[77]

Am 6. März 1892 tagte die kantonale Parteiversammlung der Liberalen im Hotel Drei Könige in Chur. Gut 100 Mann aus allen Tälern hatten den zur Winterszeit sehr beschwerlichen Weg in die Hauptstadt bewältigt. Nationalrat Andrea Bezzola gab als Präsident des liberalen Kantonalkomitees bekannt, dass die Anfrage bei der konservativen Parteileitung, ob sie zum Verzicht auf eine eigene Kandidatur bereit sei, trotz einiger Befürworter letztlich abschlägig beantwortet worden sei.[78] Darum hätten sich die liberalen Grossräte für einen Kampfkandidaten aus ihren Reihen entschieden: 26 stimmten für den Liberalen Luzius Raschein[79] anstelle des katholisch-liberalen Anton Steinhauser und zwei für Johann Anton Casparis. Die Versammlung stellte anschliessend Raschein als offiziellen Kandidaten der Liberalen auf und erhielt dafür auch die formelle Unterstützung der in Küblis tagenden Delegierten des kantonalen Grütlivereins. In deren Schreiben hiess es, sie würden aus Gründen der Billigkeit jeden liberalen Kandidaten unterstützen.[80] Jakob Vogelsanger, Nationalrat und ein enger Freund von Decurtins, schrieb dazu im *Bündner Volksmann* (BVM), dass die Grütlianer als kleine Minderheit stets für den Proporz sein müssten. Der Entscheid der Liberalen sei wegen der beiden etwa gleich starken Parteien zu begrüssen. Plattner sei auch ein fähiger Kandidat, aber es gehe hier um gerechten Ausgleich der Kräfte. Plattner möge sich bis zur Erneuerungswahl von 1893 gedulden; man werde ihm alsdann nicht im Wege stehen.[81]

---

77   FR, Nr. 56, 6.3.1892.
78   Ebda., Nr. 57, 8.3.1892.
79   1831–1899, Biogr. s. HLS.
80   BVM, Nr. 20, 9.3.1892.
81   Ebda., Nr. 21, 12.3.1892.

In derselben Nummer meldete sich «Ein Grütlianer» zu Wort. Seit letztem Sonntag [6.3.1892] seien die Grütlianer die Löwen: «Die Einen hätscheln uns, die Anderen kratzen uns. Die Liberal-Radikalen umarmen uns als verlorene, aber wieder gefundene Brüder, die Konservativen nennen uns verächtlich eine Sekte, die sich bald der einen, bald der anderen Partei an die Rockschösse hänge [...]. Wir dachten schon daran, dass der Proporz in Bünden in schönster und friedlichster Weise seinen Einzug gehalten. Aber
 Es wär zu schön gewesen
 Es hat nicht sollen sein!
 Die bösen Konservativen
 Verstopften ihre Pfifen
 Und brummten ein barsches ‹Nein›!»

Zur Profilierung der im Einzelnen doch recht schwer zu fassenden Grütlianer wollen wir dem unbekannten Dichter weiteren Platz einräumen. Dieser fährt in Prosa fort: «So, und jetzt schämen sie sich hintendrein und suchen einen Sündenbock. Wen anders als uns G r ü t l i a n e r. Wir hätten dem Wolf das Wasser getrübt und dem schrecklichen R a s c h e i n als Ständerathskandidat zugestimmt, den wir doch vor kurzer Zeit wegwählen geholfen. Nichts für ungut, ihr Herren! Die Sache verhält sich anders, als ihr sie darstellt. Für's Erste stellen wir fest, dass wir g r u n d s ä t z l i c h beschlossen, diesmal mitzuwirken, dass der liberalen Partei aus Billigkeitsrücksichten der erledigte Ständerathssessel überlassen werde, o h n e R ü c k s i c h t a u f d i e P e r s o n, welche dieselbe als Candidat aufstellt. Im Ferneren bringen wir in Erinnerung, dass die Grütlianer und Jungdemokraten schon im Jahre 1881 bei der ersten Ständerathswahl durch das Volk als selbständige Partei mit eigenen Candidaten (Caflisch und Risch) etwa 2000 Mann stark aufgetreten sind. Seither haben wir den einen dieser Candidaten bei jeder Nationalrathswahl wieder portiert, in der Meinung, dass es recht und billig wäre, uns von den 7 bündnerischen Abgeordneten in die Bundesversammlung einen zu überlassen. Endlich im Jahre 1890 halfen uns die Konservativen, und das sei ihnen nicht vergessen, unsern Candidaten auf den Sessel zu erheben. Nun dachten wir aber, was dem Einen recht, ist dem Anderen billig; es sollten die Konservativen bei jetzt gegebener günstiger Gelegenheit einmal auch den Liberalen einen von den bis anher innegehabten 4 Sesseln in Bern abtreten. Aber da hiess es von gewisser Seite, halt Bauer, das ist was anderes! Wartet bis zu den nächsten Nationalrathswahlen, da wollen wir euch Conzessionen machen, nur heute nicht!»[82]

Damit zielte der Korrespondent auf die Kritik des *Tagblatts* und der *Gasetta*. Letztere gab zu, dass mehrere Föderalisten zu einer Konzession an die Liberale Partei bereit wären. Sie selbst sei aber nicht ganz glücklich mit dem Zeitpunkt eines solchen Verzichts. Hätte man beide Ständeräte gleichentags nächsten März

---

82 Ebda., Nr. 21, 12.3.1892; Hervorhebungen gemäss Original.

wählen können, wäre das Problem leicht lösbar gewesen – man hätte sich einvernehmlich auf eine Mandatsteilung einigen können.[83]

Man befand sich also auch innerhalb der Allianz in einem Schwebezustand. Die Konzessionsfreunde operierten aus der Deckung heraus, und der Souverän kannte ihre Winkelzüge nicht. Es war niemand da, sie aufzudecken, da die *Gasetta* als romanisch-katholisches Monopolblatt diese vor der Wahl verschwieg. Und das unter den Romanen kaum verbreitete *Tagblatt* trug auch nichts zur rechtzeitigen Klärung der Sache bei.

Die Ausgangslage

Der radikal-liberale Luzius Raschein hatte in den 1880er-Jahren vom liberalen Zentrum erfolglos die Integration der Jungdemokraten als linken Flügel der Liberalen verlangt. Letztere befürchteten dannzumal allzu grosse Verluste auf ihrem rechten Flügel, der bereits seit Jahren mit den Konservativen gemeinsame Sache machte. Die verzögerte Umsetzung des Beschlusses der Grossratsfraktion vom Frühjahr 1890, aus dem gesamten liberalen Lager eine einheitlich strukturierte Partei zu formen, liess die Radikal-/Jungdemokraten bekanntlich im Dezember 1890 vorpreschen. Diese gliederten sich – wie oben dargestellt – ab 1891 als linker, teils selbständig agierender Flügel in die kantonale Partei ein.

Der *Rätier* war der Meinung, dass der Kanton «ungefähr in zwei Hälften geteilt» sei. Unter normalen Wahlumständen besässe das besser mobilisierte konservativ-föderalistische Lager etwa 1500 Stimmen mehr als sein liberaler Widerpart. Die Teilung der Ständeratsmandate würde die Kooperation in wirtschaftlichen und konfessionsneutralen Fragen fördern. Der Kompromiss sei darum «ein Zug der Zeit» und sollte sich auch in Wahlergebnissen niederschlagen. Warum nicht mit Raschein? Dieser sei entschieden liberal, «aber gemässigt».[84]

In einer Wahlanzeige für den 13. März bemerkte das *Tagblatt* bissig: «Wenn hitzig witzig ist, dann siegen am Sonntag die Liberalen» mit ihrem Herrn Obersten Raschein. Dieser habe das vom Bündner Volk «mit Wucht» abgelehnte eidgenössische Konkurs- und Pensionsgesetz angenommen. Zudem habe er in der vergangenen Woche den Grütlianern klargemacht, dass er das Volk nicht für fähig halte, den Regierungsrat zu wählen. Und überhaupt: Es habe schon genug liberale Obersten in Bern. Plattner sei der gegebene Nachfolger von Peterelli und müsse darum «mit aller Kraft» unterstützt werden, da auf gegnerischer Seite «ganz riesig» gegen ihn gearbeitet werde.[85] Kein aufklärendes Wort zu den Brandstiftern in den eigenen Reihen.

---

83 GR, Nr. 10, 4.3.1892.
84 FR, Nr. 59, 10.3.1892.
85 BT, Nr. 60, 11.3.1892.

Die *Bündner Nachrichten* (BN) vermuteten richtigerweise gewichtige Unstimmigkeiten hinter der konservativen Einigkeitsfassade. Dem Redaktor des *Tagblatts* sei der gerechte Ausgleich persönlich lieber, darum die offenkundig laue Propaganda für Plattner im Vergleich zur gewohnten Wahlmusik.[86]

Die beiden Kandidaten betreffend herrschte hüben und drüben die Ansicht, zwischen zwei honorablen und fähigen Persönlichkeiten wählen zu können. Darum handle es sich, so der *Rätier*, um «eine Wahl ohne kriegerische Erregung punkto Person der Kandidaten». Da kein Kompromiss zustande gekommen sei, gehe es um das künftige Verhältnis der Parteien, und darum müsse der freisinnige Kandidat gewählt werden. Bei der nächsten ordentlichen Wahl 1893 könne Plattner – nach dem Rückzug oder der Abwahl von Romedi – dem Liberalen Raschein zugesellt werden. «Also protestantische und freisinnige Wähler alle an die Urne! Zu lange schon seid Ihr jeder Vertretung in einem eidg[enössischen] Rathe beraubt, im andern zurückgedrängt. Ihr habt nicht, was euch gehört!»[87]

Auf dieser Linie argumentierte auch der oben erwähnte *Volksmann*. Im *Fögl d'Engiadina* wurde für Raschein geworben, und drei Engadiner Grossräte machten Stimmung gegen Romedi: Die Engadiner besässen eine liberal-progressive Tradition, und darum müsse man gegen Romedi stimmen, der mit der «ultrakonservativen Partei» gemeinsame Sache mache.[88] Wenn schon konservativ gewählt werden müsse, dann sei Plattner der richtige Mann.

Die *Gasetta* tat so, als hätte sie nichts gegen ein solches Szenario, aber die Liberalen trauten ihr nicht. Sie schrieb, dass viele der Meinung seien, dass man einen Katholiken durch einen Katholiken ersetzen müsse, während andere für einen Verzicht zugunsten eines gemässigten Liberalen bereits in diesem Jahr [1892] plädierten. Aber was sei geschehen? Mit Raschein sei «der grösste politische Gegner unseres unvergesslichen Peterelli» portiert worden. Das habe wie eine «veritable Bombe» ins föderalistische Lager eingeschlagen und alle Gedanken an irgendeine Konzession verunmöglicht. Nun gehe es nicht mehr um Personen, denn es sei ein Prinzipienkampf provoziert worden. Den Radikalen sei das Diktat von 1874 zu verdanken, die militärische Zentralisierung, die Zivilehe und die Absicht, die Schule zu entchristlichen. Raschein habe als Nationalrat auch den Schulvogt und andere vom Bündner Volk abgelehnte Gesetze unterstützt. Zudem sei er auch noch Oberst in einer verschwenderischen Armee. Sodann stellte Redaktor Condrau diesem nicht eben vorteilhaft gezeichneten Radikalliberalen, propagandistisch gekonnt, die konservative Lichtgestalt Plattner gegenüber. Dieser sei ein Mann der Wissenschaft und Literatur, Redaktor des *Tagblatts*, aktiver Bauer, «ein persönlich sehr sympathischer Mann, tolerant und seines guten Herzens, seiner Entschiedenheit und Kapazität wegen von Protestanten und Katholiken wohl gelitten und respektiert». Die *Gasetta* verzichtete selbstredend auch

---
86 BN, Nr. 60, 11.3.1892.
87 FR, Nr. 60, 11.3.1892.
88 *Fögl*, Nr. 11, 12.3.1892.

Placidus Plattner   Johann Joseph Dedual

Placidus Plattner (1834–1924) von Untervaz und Johann Joseph Dedual (1834–1911) von Parsonz | Sie wurden als gemässigte Föderalisten und Befürworter einer rein katholischen Partei von Caspar Decurtins und Hermann Sprecher im Interesse der überkonfessionellen Allianz heftig bekämpft. Gegen diese beiden Vertreter des ‹alten Kurses› unterlagen Plattner/Dedual 1892 mit ihrem ‹neuen Kurs›. Portrait Plattner: *Bündner Kalender* 1926; Portrait Dedual: *Ischi* 13/1911, S. 189.

nicht darauf, gegen die Liberalen zu sticheln, denen der gemässigte, von der Wahlversammlung der Liberalen des Hinterrheins vorgeschlagene Protestant Casparis nicht genehm gewesen sei.[89]

Am Vorabend der Wahl wetterten die *Bündner Nachrichten* gegen die «schnöde Ausschliesslichkeit» der Ultramontanen und forderten gerechten Ausgleich.[90]

Die «gewollte Niederlage» und ihre Folgen

Am 13. März fiel die Entscheidung zugunsten von Raschein. Für Plattner stimmten die vom *Fögl Ladin* als «Cumins ultramontans» bezeichneten Kreise Alvaschein, Belfort, Oberhalbstein, Brusio, Poschiavo, Lugnez, Ruis, Disentis und Fünf Dörfer. Der *Fögl* feierte die Wahl als Wende zu liberaler Stabilität. Ein zusätzlicher Liberaler in Bern tue gut, da die welschen Liberalradikalen häufig mit den konservativen Ultramontanen stimmten.[91]

Die *Bündner Nachrichten* sprachen von einem «Ehrentag für das Bündner Volk [...] und für die freisinnige Partei». Viele Gemeinden hätten zu null für Raschein gestimmt – auf protestantischer Seite eine Seltenheit.[92]

Das *Tagblatt* nannte das Ergebnis «eine gewollte Niederlage». Die Konservativen seien «gehörig unterlegen, wie man voraussehen konnte». Schuld daran seien sie selbst. Zum Sieg hätten 1000 katholische Nichtstimmende und 1200 protestantische Stimmen im Engadin, im Prättigau und am Hinterrhein gefehlt. In sachlichen und grundsätzlichen Fragen sei Graubünden trotz des Sieges von Raschein «gewiss nicht zentralistisch und nicht liberal geworden».[93] Der Sieg von Raschein sei den konservativen Protestanten und den Wechselwählern zu verdanken. Der Grütliverein, «das Gros der konservativen Protestanten» und viele Katholischkonservative seien bekanntlich «versöhnlich gestimmt» gewesen. Darum und wegen des lauwarmen konservativen Wahlkampfes sei der Sieg von Raschein zu erwarten gewesen.[94]

Für das *Tagblatt* war diese Wahl eine «reine Personenfrage», und es deklarierte den nicht gewählten Plattner zum situativ bedingten Pechvogel. Das Bündner Volk liebe den Wechsel von Personen und Parteien. Dies sei ein Element der alten rhätischen Demokratie und «tief im Blut» verankert. Nach 12 Jahren konservativem Monopol im Ständerat sei die Zeit für ein Duett mit den Liberalen reif gewesen. Strittig sei nur die Frage gewesen, ob eine Ersatzwahl der geeignete Zeitpunkt dafür sei. «Darüber ging man auseinander und konnte sich nicht eini-

---

89 GR, Nr. 11, 10.3.1892.
90 BN, Nr. 61, 12.3.1892.
91 *Fögl*, Nr. 12, 19.3.1892. Die paritätischen Gemeinden Brusio und Poschiavo dürfen wohl nur unter Vorbehalt als ultramontan bezeichnet werden.
92 BN, Nr. 63, 15.3.1892.
93 BT, Nr. 63, 15.3.1892.
94 Ebda., Nr. 64, 16.3.1892.

gen».[95] Die Ständeräte Peterelli und Romedi seien als Kämpfer für kantonale Freiheit gegen unnatürlichen bürokratischen Zentralismus zu historischen Figuren geworden. Dieser «Zweispänner» hätte zu Lebzeiten der beiden nicht aufgegeben werden können. Was nach ihrem Ausscheiden geschehen sollte, sei vorbedacht worden: eine Sitzteilung mit den Liberalen. Letztere hätten aber nicht bis 1893 warten wollen. Sie forderten sofort einen «Platz an der Sonne», d.h. einen ihnen zustehenden Anteil an der Macht. Dieses Ziel sei erreicht worden, und nun könne man sich in Personenfragen Flexibilität erlauben. «Sowohl die Billigkeit als die Klugheit empfahlen es also, dieses Mal den Liberalen den freigewordenen Ständeratssitz zu überlassen, und zwar nach ihrer freien Wahl, sonst wäre es keine richtige Konzession gewesen».[96]

Der Redaktor des *Tagblatts* druckte sogar integral einen Artikel aus der *Davoser Zeitung* (DZ) ab, weil dieser «fast durchgehend den hierseitigen Anschauungen entspricht». Darin war zu lesen, das Billigkeitsgefühl der Bündner habe Raschein zum Ständerat gemacht. Darum hätte die Föderal-demokratische Partei «von vornherein» auf eigene Kandidaten verzichten müssen. Aber in dieser Partei gebe es einige Männer, die meinten, sie würden immer beiseitegeschoben, weshalb sie auf einer Kandidatur beharrt hätten.[97]

Das war ein unfreundlicher Fusstritt in Richtung Plattner und seines Kampfgefährten Dedual. Immerhin war Plattner von der konservativen Fraktion zum Kandidaten erkoren und auch vom *Tagblatt* – wenngleich contre coeur – und von der *Gasetta* propagiert worden.

Redaktor Condrau von der *Gasetta* hatte zum Prinzipienkampf aufgerufen, aber auch er meinte, dass das Volk letztendlich doch «Personen wählt» und dabei programmatische und weltanschauliche Inkonsequenzen in Kauf nehme. Des Weiteren sei «unser früherer politischer Kampf zwischen dem demokratisch-föderalistischen und dem zentralistischen Prinzip in einen konfessionellen» umgeschlagen. Als Hauptgrund für die Niederlage nennt die *Gasetta* die verbreitete Ansicht, dass man auch der liberalen Partei einen Ständerat zugestehen müsse. Viele hätten indes bis März 1893 zuwarten wollen. Sei Graubünden nun ein radikaler Kanton, wie der *Rätier* jubiliere? «Aber nein!» Diese Wahl sei nicht von so grosser Bedeutung, wie viele annähmen. Das Abstimmungsverhalten sei wichtiger, weil stärker von Prinzipien geprägt als Wahlen, bei denen die Person stärker im Vordergrund stünde. Abschliessend drückt Condrau seinen Wunsch aus, dass der konfessionelle Friede, «das Fundament eines paritätischen Landes», durch die der konfessionellen Linie entlang erfolgte Wahl Rascheins nicht gefährdet werde. Es sei deshalb eine Mandatsteilung mit den Liberalen im Ständerat angebracht. Von solch freiwilligem Entgegenkommen sei in den meisten radikalen

---
95 Ebda., Nr. 65, 17.3.1892.
96 Ebda., Nr. 66, 18.3.1892.
97 Ebda., Nr. 78, 1.4.1892.

Kantonen nichts zu sehen!⁹⁸ Das liest sich wie ein Hoch auf die Grosszügigkeit der konservativen Bündner anstelle des Eingeständnisses eines absoluten Desasters der eigenen Kampagne mit Plattner, der nun noch die Schuld an der «gewollten Niederlage» auf sich nehmen sollte!

In seinem Brief an die Redaktion des *Vaterlands* in Luzern schrieb Dedual nach verlorener Schlacht: «Wenn einmal die Sprecher'sche aristokratische Camerilla ausgetobt haben wird, werden wir kommen (‹wir›: ich, Plattner und andere) [sic!]. Die Frage war einfach die, ob Compromiss oder nicht. Wir lehnten den Compromiss ab und schlugen Plattner vor.» Er war überzeugt: «Einen kath[olischen] Ständerath erhalten wir jedenfalls bei der nächsten Wahl – nur wollen wir keinen Sprecherianer. Wer uns übrigens in Stich gelassen hat, das sind die sogen[annten] föderalistischen Protestanten. Sprecher sagt es ja im heutigen Tagblatt ganz offen selbst. Das Phantom einer ‹föderalistisch-demokratischen› Partei ist gestorben.»⁹⁹

Dedual täuschte sich, wie er und Plattner bald schmerzlich erfahren mussten – sie wurden aus der Allianz verabschiedet, und ihre, nach allen Versprechungen berechtigte, Hoffnung auf 1893 wurde enttäuscht!

Im Nachhinein fragte sich die wohl etwas irritierte Leserschaft der *Gasetta* gewiss, warum Condrau dies alles nicht vor der Wahl mitgeteilt hatte, anstatt die Wahl von Plattner zu einer Gewissensfrage zu erklären? Aber die *Gasetta* hatte getan, was sie in Bedrängnis immer tat: ihren Wunsch kundtun und das Votum zu einer Gewissensfrage für Katholiken erklären. Ihre Haltung vor der Wahl war folgende: Die Wahl von Raschein bereits 1892 sei für die Katholiken «wegen der lobenswerten Pietät gegenüber dem hochverehrten Verstorbenen Peterelli eine grausame Zumutung».¹⁰⁰ Die Unterstützung von Plattner 1893 als [präsumtiver] Nachfolger von Romedi werde hingegen eine Frage der politischen Vernunft sein!

In Wirklichkeit hat der Kreis um Redaktor Sprecher und Decurtins – wie sich zeigen sollte – den von der *Gasetta* als «natürlichen Nachfolger von Peterelli» propagierten Plattner in eine Falle laufen lassen. Es ging ihnen nicht um Plattner 1892 oder erst 1893, sondern um dessen politische Kaltstellung durch das Volk in offener Wahl bereits 1892. Und es ging insbesondere darum, über den künftigen politischen Kurs der Allianz zu entscheiden und, wie der oben zitierte Romedi-Brief offenlegt, den Weg für Franz Peterelli freizumachen. Placidus Condrau wusste sehr wohl, was hinter den Kulissen gespielt worden war. Das lässt sich aus den nachgeschobenen Wahlkommentaren lesen. Nach der Wahl galt es, die katholische Wählerschaft nicht zu sehr zu verstören und schnellst-

---

98 GR, Nr. 12, 17.3.1892. Placi Condrau, der Redaktor der *Gasetta*, wusste sehr genau, wie er seine Schäfchen trösten und bei der Stange halten konnte, nämlich mit «dueivladad», wörtlich «das sich Gehörende, Geziemende, Angebrachte».
99 StAGR, FamA Dedual, Nachlässe I, Brief vom 16.3.1892. Unterstreichung gemäss Vorlage.
100 GR, Nr. 12, 17.3.1892.

möglich mit der von Decurtins und Sprecher orchestrierten neuen personellen und programmatischen Realität in der Allianz zu versöhnen. Das zeigte sich drastisch bei der ordentlichen Ständeratswahl von 1893.

Lichte Zukunft für die Liberalen – fatal für die Konservativen?

Die ausserkantonale Presse nahm, wie wir einer Presseschau des *Rätiers* entnehmen, die Wahl Rascheins mit Genugtuung, teils mit Begeisterung zur Kenntnis. Die Plattner freundlich gesinnte *Ostschweiz* meinte, zum Sieg hätten «eine überaus rührige Agitation der Radikalen und eine etwas lässige von Seiten der Föderal-Demokraten» beigetragen. Und sie orakelte: «Das Resultat wird für längere Zeit seine fatalen Nachwirkungen haben.» In derselben Ausgabe des *Rätiers* finden sich weitere «Pressestimmen» aus der Schweiz:

- *Der Bund* sei der Meinung, dass personelle, nicht programmatische Momente bewirkt hätten, dass man von Peterelli zu Raschein gewechselt habe. Es hätten sich Wählerströmungen und politische Wandlungen aus rein äusserlichen Umständen entwickelt. Ein Teil des Erfolges von Raschein sei der entschiedenen Haltung der Grütlivereine zuzuschreiben.
- Die *Neuen Glarner Nachrichten* bezeichneten Raschein als guten Kandidaten mit Gefühl für Billigkeit. Das Ende des Bündner Exklusivismus tue dem Ständerat gut.
- Die *Glarner Nachrichten* stellten erfreut fest, nun seien die Konservativen in den Senkel gestellt worden.
- Dieselbe Ansicht vertrete auch das *Winterthurer Tagblatt*.
- Die *National-Zeitung* hebe zu einem Hoch auf die Bündner an.
- Der *Bieler Anzeiger* jubiliere.[101]

Ein Durchbruch für die Liberalen

Die Wahl Rascheins in den Ständerat markiert nicht das Ende der konservativ-föderalistischen Allianz, aber das ihrer Dominanz. Und sie setzte der langen Durststrecke der Freisinnigen ein Ende. Der *Rätier* titelte: «Graubünden wieder freisinnig»! Die Liberalen hätten wieder siegen gelernt und seien nicht mehr vom guten Willen der Gegenpartei abhängig. Beide Parteien hätten geschlossen gestimmt. Plattner habe alle konservativen katholischen Stimmen auf sich vereinigt, «aber der protestantische Volksteil und die liberalen Katholiken, denen sich auch die Grütlianer anschlossen, haben diesmal ebenso kompakt [...] gestimmt. Das genügte». Im Restaurant Calanda zu Chur trafen sich die Liberalen zur grossen Siegesfeier.[102]

---

101   FR, Nr. 65, 17.3.1892.
102   Ebda., Nr. 63, 15.3.1892.

Selbstverständlich ist der interne Machtkampf zwischen Sprecher/Decurtins und Plattner/Dedual der, seiner unmittelbaren Konsequenzen wegen, wesentlichste Aspekt dieser Wahl. Den beiden Ersteren gelang die Rettung der Allianz, und Decurtins konnte inskünftig durch deren Kompromisse mit den Liberalen sein Mandat als Nationalrat absichern und seinen Kurs durchsetzen. Die Nichtwahl von Plattner trotz des geschlossenen Votums der Katholiken war der erste offene Schlagabtausch von Decurtins mit seinen innerparteilichen Gegnern, und dieser fiel zu seinen Gunsten aus. Aber ihm war bewusst, dass dem katholischen Wahlvolk erklärt werden musste, warum ohne Unterlass ein kompromissloses katholisches Bewusstsein und geschlossene Reihen gefordert wurden, aber der Katholik Plattner zugunsten eines Reformierten ins Abseits gestellt und eine von ihm und Dedual geforderte eigene Partei für die Katholiken scharf abgelehnt werden sollte.

Die Sieger gingen ohne Verzug ans Werk, und die Unterlegenen dachten über ihre nächsten Schritte nach. Zehn Tage nach der missglückten Wahl schrieb Dedual an Plattner: «Es kommt mir vor, Sprecher und Cons[orten] suchen uns [...] zu isolieren. [...] Wir müssten die Mehrheit bei unserer eigenen Partei haben, müssen jeden Schritt sorgsam beraten u[nd], wenn wir dann einig sind, ihn auch thun.»[103] Zwei Tage später teilte Dedual seinem «Liebe[n] Herr[n] und Freund» Placi Condrau mit, der Bruch mit Hermann Sprecher sei «ein vollständiger. Wir werden ihn nie mehr als Parteiführer anerkennen. [...] Der durch Sprecher ad absurdum getriebene ‹Föderalismus› ist für uns nicht das höchste, höher steht uns, freie kathol[ische] Demokraten zu sein. [...] Seine publizistischen Wahrheiten nach der letzten Wahl haben dem Fass den Boden ausgeschlagen».[104]

Ein Kampf um Kopf und Kragen

Bereits vor der Wahl munkelten die Zeitungsmänner von Unstimmigkeiten innerhalb der Parteien, aber Einzelheiten dazu fanden zunächst nicht den Weg an die Öffentlichkeit. Nach erfolgter Wahl entwickelte sich jedoch ein Riesenwirbel wegen eines angeblichen Kuhhandels der Föderaldemokraten mit den Liberalen auf Kosten des offiziellen Kandidaten Plattner. Dieser habe sich – so die Fama – gegen den Willen der beiden Königsmacher Decurtins und Sprecher als offizieller Kandidat der Föderaldemokraten durchgesetzt.

Bei der Wahl holte er über 7000 Stimmen für sich. Diese Wähler mussten beruhigt und die Gründe für die merkwürdige Rolle der Parteiführung erläutert werden. Damit nahm eine Entwicklung ihren Lauf, die den Konservativen Dissidenz und Spaltung bescherte. An deren Anfang steht der Versuch einer Rechtfertigung des verstörenden Spiels.

---

103 FamA Dedual, Kopialbuch I, Dedual an einen «Liebe[n] Freund» [zweifelsfrei Plattner], Chur, 22.3.1892.
104 FamA Dedual, Kopialbuch I, Dedual an einen «Liebe[n] Freund, Chur, 24.3.1892. Gemäss Empfängerindex Placi Condrau.

Die «Confidentielle Broschüre» – der Sprengsatz

Am Abend des 25. April 1892 wurde Plattner eine als «Confidentiell»[105] gekennzeichnete Broschüre (nachfolgend CB) zugespielt. Tags darauf bat Plattner den Redaktor des BT, Joseph Bächtiger, um Exemplare dieser Schrift, die wohl in der Offizin Sprecher, Vieli und Hornauer gedruckt worden sei. Würde das *Tagblatt* eine Entgegnung darauf publizieren? Wenn nicht, gehe er zu einer anderen Zeitung.[106] Am 27. übergab Bächtiger den beiden Grossratsmitgliedern Plattner und Dedual ein Exemplar der Schrift und bemerkte dazu, es hätte nach der missglückten Wahl Erklärungsbedarf bestanden. Da man die schmutzige Wäsche nicht vor dem Gegner habe waschen wollen, sei dies «confidentiell», d. h. vertraulich geschehen. Da die CB nicht im *Tagblatt* veröffentlicht worden sei, bestehe kein Grund für eine Replik in diesem Organ. Für die Konservativen sei die Sache aus parteitaktischen Gründen als erledigt zu betrachten. Sofern gewünscht, könne er eine Liste sämtlicher Adressaten der CB aushändigen. Mit der Broschüre habe man Klarheit schaffen und die «Gründe und Verantwortlichkeiten» für die Niederlage vom 13. März klären wollen. Dadurch sollten inskünftig «ähnliche schwere Fehler» vermieden werden, welche «die bisher so günstige Lage der föderal-demokratischen Partei durch eigene Schuld in das Gegenteil verkehren» könnten.[107]

Plattner und Dedual (P/D) waren nicht bereit, die Darstellung der CB einfach so hinzunehmen und schickten ihre Version des Geschehenen hinterher. Nach der Rückweisung durch Bächtiger fanden sie Aufnahme im liberalen *Rhätier*. Daraus entstand in rascher Folge ein öffentlicher Schriftenwechsel, der folgende Dokumente umfasst:
1. Die «Confidentielle Broschüre». Diese wurde zum Auftakt im *Rhätier*, Nr. 100 und 101, abgedruckt. Als Grund für ihre Publikation gab Plattner die in Umlauf gesetzten «theils unklare[n], theils ganz falsche[n] Anschauungen» an. Die Broschüre ist unterzeichnet von den Nationalräten Johann Rudolf Toggenburg, Johann Schmid und Caspar Decurtins, von Regierungsrat Franz Peterelli, Ratsherr N. Bass, Redaktor Joseph Bächtiger, Präs. G. Brügger-Vieli, Staatsanwalt Friedrich Brücker, Grossrat Janka, Hauptmann Peter Vieli und vom bischöflichen Verwalter G. D. Zala. Als Adressaten nannte Bächtiger in seinem Brief vom 27. April an Plattner alle «konservativen

---

105 Die verschiedenen Publikationen finden sich als Separatabdrucke in der KBGR unter den Signaturen: Bd 11.26 («Confidentielle Broschüre», paginiertes Druckexemplar – unsere Referenz); Bd 13.10 (Korrespondenz, «Offenes Wort», Dupliken Plattner und Dedual, paginiert – unsere Referenz – und «Confidentielle Broschüre»); Bd 11.27 (Replik, 2 gedruckte Seiten A3).

106 FamA Dedual, Nachlässe, I, Bf. an die Redaktion des BT, Chur, 26.4.1892. Die Genannten waren 1889–1895 Vorstände von Druckerei und Verlag, die dann in die «AG Bündner Tagblatt» überführt wurden mit Friedrich Brügger und Theophil Sprecher [v. Bg.] als Vorständen. Als Chefredaktoren wirkten in der hier behandelten Zeit Joseph Bächtiger (1890–95), Leonhard Flepp (1895–98) und Wilhelm Rust (1898–1913). Foppa, Presse, S. [1]–71.

107 Plattner/Dedual, «Offenes Wort», S. 5–6 und 8 (nachfolgend OW).

Grossräthe» und in jenem vom selben Tag an Dedual zusätzlich alle katholischen Pfarrherren sowie eine grössere Zahl von Vertrauensmännern im ganzen Kanton. Wir zitieren die paginierte Originalfassung.
2. «Ein offenes Wort. Nothgedrungene Erwiderung auf die ‹confidentielle› Broschüre. Von R.-R. Pl. Plattner und R.-R J. J. Dedual» (OW). Die Erwiderung erschien im *Rhätier* No. 102 bis 104. Sie enthält die Korrespondenz mit und von Redaktoren in causa und den Abdruck der CB mit deren Adressaten. Deduals Beitrag ist in den Ausgaben Nr. 105 bis 107 abgedruckt. Die CB sei, so Dedual, eine Überraschung gewesen und hätte sie zu einer Richtigstellung gezwungen. Darum werde das OW auch der Geistlichkeit zugestellt, «was wir lieber unterlassen hätten; aber ihr Urteil ist für uns nicht gleichgiltig».[108]
3. «Replik» auf OW. Gezeichnet: «Die Unterzeichner der [sc. confidentiellen] Broschüre. Mai 1892» (Replik). Im Archiv Sprecher A Sp III/11f F. 99 finden sich Sprechers Excerpta des OW und Handnotizen für die Replik.
4. «Duplik der Herren Plattner und Dedual auf die Replik der confidentiellen Broschure» (DP1 bzw. DDe), publiziert im *Rhätier* Nr. 116, 17.5.1892, S. 1–2. Gleich anschliessend (S. 2) findet sich eine Erklärung von Casparis.

Erstes Streitgespräch[109]

Plattner bezeichnet in seinem Begleitbrief zum OW an den Redaktor des *Rhätiers* (26.4.1892) die CB als einen «perfide[n] Angriff aus dem Hinterhalt» und fragt: Welches sind die Gründe für eure «Schleichwege» und die «Heimlichkeit» der Broschüre? (S. 3)
Replik: Solchermassen Vertrauliches «direkt an die katholischen Vertrauensmänner» zu senden, anstatt in den Zeitungen auszubreiten, ist ein «völlig korrektes Vorgehen» bei einer «grundsätzliche[n] Frage, welche zunächst nur die Katholiken anging». Es geht dabei ja um die Behandlung «eines Hausstreites».
OW/Plattner: Von wem seid ihr dazu legitimiert worden? Kein einziger der Unterzeichner ist Mitglied des Grossen Rates als «das eigentliche Landeskomite» der Föderaldemokraten! (S. 21) Völlig neu ist zudem die Zustellung an die katholischen Geistlichen – derartiges ist weder zur Sonderbundszeit noch 1872/74 vorgekommen. Den Geistlichen dürfte es kaum genehm sein, solcherart in politische Strudel hineingezogen zu werden, und Remigius Peterelli hätte dieses Vorgehen gewiss abgelehnt. (S. 7)

---
108 OW, S. 33.
109 Der besseren Lesbarkeit wegen werden die substanziellen Elemente der Streitschriften teilweise in Form von direkten Streitgesprächen der Kontrahenten vermittelt.

WER HAT DIE «CONFIDENTIELLE BROSCHÜRE» VERFASST?

Angesichts der Tatsache, dass Hermann Sprecher von Dedual unwidersprochen als Verfasser verdächtigt oder gar bezeichnet werden konnte, darf dieser, unter Vorbehalt, als Verfasser der «Confidentiellen Broschüre» angesehen werden. Fry bezeichnet ihn im Zusammenhang der Regierungsratswahlen von 1894 als «Kampfgenosse[n] und Freund» von Decurtins.[110] Er sei innerhalb der Allianz der «Generalstabschef» der protestantischen, Decurtins der katholischen Seite.

Der Erstunterzeichner Toggenburg kommt als Verfasser nicht infrage, ja, er kannte nicht einmal den Text. Am 4. Mai schrieb Toggenburg an seinen «lieben Freund» Hermann Sprecher: «Dass Dedual in der cofident. Broschüre so schlecht wegkommt, ist mir persönlich sehr unangenehm, weil er letzten Sommer bei Anlass meines Augenscheines in St. Bernardino, wo ich in der Nacht einen schweren Anfall hatte, mit freundlichster Dienstleistung mir beigestanden hat. Es sieht nun sehr undankbar aus, dass ich polemisch gegen ihn auftrete. Ich hätte deshalb, und freilich nur deshalb, die Broschüre nicht unterzeichnen lassen, wenn der Passus mir vorher bekannt gewesen wäre.»[111]

Dass er sich mit einer solchen Aussage an Sprecher wendet, ist ein weiteres Indiz für dessen Autorschaft. Beim betreffenden Passus dürfte es sich um den Vorwurf an Dedual handeln, er sei die treibende spalterische Kraft, und Plattner scheine sich lediglich dem Programm von Dedual «mehr oder weniger angeschlossen zu haben».[112] Aus dem Verhalten der katholischen Grossräte bei der Ersetzung von Dedual im Landeskomitee schliesst der *Rhätier*, Dedual habe «mehr Gegner erhalten durch den bekannten Streit als [Plattner]», über den dabei nicht gesprochen wurde.

Ein unbekannter Verseschmied verspottet Sprecher 1894 mit folgenden Zeilen:
«Ein Freund der Pfaffen,
Ein Feind der Waffen,
Ein Erzaristokrat,
Ist Hermann Sprecher, –
Bürgermeister u. Advokat!»[113]

---

110 Fry, Decurtins, I, S. 176.
111 StAGR, ASprecher, III/11 f F. 130.
112 CB, S. 10.
113 StAGR, A SP III/11 f F 121.

Confidentiell.

Tit.!

Nachdem über die Vorgänge bei der letzten **Ständeraths-wahl** noch immer im Lande herum theils unklare, theils ganz falsche Anschauungen vorhanden zu sein scheinen, deren Quelle und Ursprung für einstweilen ununtersucht bleiben mag; nachdem auch in der Presse (Luzerner „Vaterland" Nr. 70) versucht worden ist, den wahren Sachverhalt zu verwischen, sehen sich die Unterzeichneten veranlaßt und verpflichtet, ihren werthen katholischen Mitbürgern über jene Vorgänge wahrheitsgemäße Auskunft zu geben. Es ist durchaus nothwendig, daß die G r ü n d e und V e r a n t w o r t l i c h k e i t e n, die zu der bekannten Niederlage vom 13. März geführt haben, f e s t g e s t e l l t werden, auf daß in Zukunft ähnliche schwere Fehler, wo möglich, nicht mehr vorkommen, Fehler, welche die Wirkung haben müßten, falls sie sich wieder-

Die «Confidentielle Broschüre» und «Ein offenes Wort» | Diese beiden Schriften spielten eine Hauptrolle beim föderalen Wahldesaster von 1892.

Replik: Mit solcher Kritik wollt ihr bei den Liberalen konfessionellen Staub aufwirbeln. Wir haben die CB als eine rein katholische Angelegenheit den Geistlichen zur Orientierung zugestellt, nicht um politische Agitation zu betreiben. Peinlich ist, dass ihr beiden Matadoren einer «spezifisch ‹katholischen› Politik» uns deswegen in einer liberalen Kulturkampfzeitung anschwärzt. Was ihr vorbringt, sind nichts als «Rhetoren- und Advokatenkünste».

OW/Plattner: Wo sollten wir denn publizieren, nachdem Redaktor Bächtiger vom *Tagblatt* uns abgewiesen hat? Und was die Vaterschaft der «Confidentiellen» betrifft: Man «sagt allgemein», ein Protestant habe sie verfasst! Das nehmen auch wir an – ohne Beweise zwar, aber aufgrund einer Stilanalyse. Sollte dies zutreffen, würde es bedeuten: Ein Protestant belehrt die katholische Geistlichkeit über die katholischen Männer und ihre Politik und sät Angst vor dem Bruch mit den protestantischen Föderalisten! (S. 32). «Der bekannte Rathgeber, zu welchem die Unterzeichner der Broschüre zu wallfahren gewohnt sind», kann sich freilich, wenn die Sache unangenehm zu werden beginnt, in den weiten Mantel seiner Unverantwortlichkeit hüllen – wir aber stehen im Regen. (S. 7)

EIN PERFIDES SPIEL?

Aus der Sicht von Plattner/Dedual haben die Confidentiellen folgende Taktik angewandt:

Die unerwartete Situation wurde für einen Hinterhalt genutzt, um Plattner zugunsten von Franz Peterelli – Sohn des Remigius – aus dem Weg zu räumen.

Diese Intrige wurde still und leise unter Umgehung der Grossratsfraktion gesponnen.

Der Vorschlag dazu kam nicht aus der Fraktion, sondern aus dem Allianz-Gespann Sprecher/Decurtins, die weder beauftragt noch legitimiert waren, eine solche Aktion zu starten.

Nachdem Oberst Theophil Sprecher und Franz Peterelli (weshalb auch immer) nicht gegen Plattner antreten wollten, sassen Decurtins und seine Mitspieler in der Klemme.

Um sich aus der Peinlichkeit zu retten, schlugen sie den Liberalen einen Kompromiss vor und wollten diesen dem moderaten Casparis schmackhaft machen – eine für den liberal-radikalen Flügel inakzeptable Zumutung.

CB: Nach dem Hinschied von Peterelli im Februar 1892 sind «die sogenannten Führer der föderalen Partei» mit einer «fatalerweise etwas zu früh anberaumten Ersatzwahl» konfrontiert gewesen. Man hat angenommen, Konzessionsabsprachen mit der radikal-liberalen Gegenpartei würden erst 1893 bei der ordentlichen Ständeratswahl fällig. Selbige habe aber «die Konzession schon jetzt beansprucht». Unsererseits standen Plattner und Dedual als Kandidaten zur Diskussion, nachdem der amtierende Regierungsrat Franz Peterelli und Oberst Theophil Sprecher von vornherein eine «definitive Verzichterklärung» abgegeben hatten. (S. 1–2)

OW/Plattner: Na und? Waren wir euch nicht gut genug? Der wahre Grund für die CB liegt «in der Zukunft»: Der Angriff aus dem Hinterhalt sollte mich [Plattner] frühzeitig aus dem Weg räumen zugunsten einer anderen, «von langer Hand im Geheimen vorbereiteten und in petto gehaltenen aber noch immer verfrühten Kandidatur» [sc. Franz Peterelli]. (S. 25)

DPI: «Die Unterzeichner der CB haben selbst aus der Schule geschwatzt, dass sie, aber auch nur sie, nicht etwa die kath.-konservativen Grossräthe, die Kandidatur in erster Linie dem Herrn Reg.-Rath Franz Peterelli angetragen haben. Wir haben den Beweis Schwarz auf Weiss in Händen, dass Peterellis Vetter, Nat.-Rath Dr. Caspar Decurtins, in einflussreichen Kreisen des Oberlandes diese Kandidatur beliebt machen wollte.» Daraus ergibt sich die Frage: «Woher und vom wem erhielt nun Dr. Decurtins die Botschaft und den Auftrag, weiter und sogar bis nach Maienfeld auf die Suche zu gehen? Hat er etwa die Beglaubigung von den kath.-konservativen Grossrathsmitgliedern, denn diese bilden das Landes-Comite und die andern nur den Ausschuss desselben, schriftlich oder mündlich erhalten? Von alle dem keine Spur! Herr Oberst Sprecher liess sich begreiflicherweise auf ein solches Anerbieten nicht ein. Von all' diesen Vorgängen wurde den kath.-konservativen Grossrathsmitgliedern kein Sterbenswörtchen mitgetheilt.»[114] In seiner Not habe Decurtins Fliegen gefressen und den Kompromiss geschlossen. Aber nicht einen Kompromiss «pure et simple, sondern den sehr eigenartigen, als conditio sine qua non verstandenen mit Casparis [als gemässigt-liberalem Kandidaten]. Diesen Kompromiss empfahlen die Herren Dr. Decurtins und Dr. Joh[ann] Schmid vom Standpunkt ihres persönlichen und politischen Interesses mit seltener Ausdauer. Dadurch sollte nicht nur ein Keil in das liberale Lager getrieben, sondern auch die den ‹Confidentiellen› allein am Herzen liegende Kandidatur Peterelli für den künftigen März gesichert werden.» Sprecher habe dann auf der letzten konservativen Versammlung Casparis empfohlen, was beweise, dass man anfänglich keinen und anschliessend nur einen Scheinkompromiss wollte, «welcher der Scheindemokratie dieser Herren entsprochen hätte». Die Mehrheit der katholisch-konservativen Fraktion wollte dies aber nicht und habe an Plattner festgehalten. Nun wollten die Herren den Kompromiss und Plattner von der Kandidatur abbringen. «Anfang und Ende, das Eins und Alles seiner [Decurtins] politischen Weisheit aber ist der intransigente ‹Vetteralismus›.»

---

114   FR, Nr. 116, 17.5.1892.

Diesem Passus von Plattner fügt Hermann Sprecher eine Erklärung bei, in der dieser sich gegen den Vorwurf wehrt, seine Kompromissbestrebungen seien nur Faxen gewesen, wie die liberale Presse wiederhole. Ebenso wehrt er sich gegen den Vorwurf Plattners, alles habe nur dem Zweck gedient, ihn zu erledigen. Nun bezeichne Plattner, dem das Scheitern der Kompromisslösung zu verdanken sei, diese als ‹ekelhaft›. Für die Liberalen sei es nun günstig, durch Unterstützung von Plattner/Dedual einen Keil in die Föderal-demokratische Partei zu treiben.

Zweites Streitgespräch: Schuld ist – wer?

OW/Plattner: Diese politische Intrige hat das Volk mit 7092 Stimmen für Plattner beantwortet. (S. 25)

CB: Wir haben nichts Verwerfliches getan. In einer «freien Zusammenkunft» wurden Lage und Taktik vorbesprochen. Einige Parteigenossen waren anwesend, andere äusserten sich schriftlich. Plattner und Dedual wurden als «möglicherweise rivalisierende» Eventualkandidaten nicht an den Gesprächen beteiligt. Das ist allgemeine Usanz. Dass ihr euch schon vor diesem Treffen «unter einander verständigt» habt, war uns nicht bekannt und ist nicht Normalität. Und im Übrigen war unsere Vorbesprechung nur konsultativ, und später habt ihr genügend Gelegenheit gehabt, euch zur Kandidatenkür zu äussern. Das Ergebnis der Vorbesprechung war unsere Absicht, der radikal-liberalen Partei den vakanten Sitz «freiwillig» zu überlassen – unter der «Bedingung des Gegenrechts bei den Erneuerungswahlen von 1893». (S. 2–3)

OW/Plattner: Der sogenannte Kompromiss mit den Liberalen war «keineswegs aufrichtig gemeint». Uns Katholiken mutete man Casparis anstelle von Plattner zu. Casparis war auch für das liberal-radikale Lager unakzeptabel, und dieser Vorschlag präjudizierte zudem deren Kandidatenkür. (S. 22)

CB: Warum haben wir den freiwilligen Kompromiss vorgeschlagen? Seit 1881 hat die Allianz beide Ständeratssitze besetzen können. Die Billigkeit erforderte nun einen Kompromiss, umso mehr als der Gegner als Majoritätspartei im Grossen Rat uns bei Regierungs- und Richterwahlen «anerkennenswertes Entgegenkommen» gezeigt hat. Auch das Volk liebt «die Ausschliesslichkeit nicht» – davon haben wir bisher nicht wenig profitiert, und nun wollen wir uns dieses Odiums entledigen. Das ist zu bedenken, «ehe man einem durchaus nicht sicheren Erfolg zuliebe die günstige Situation aufs Spiel setzt, zu welcher die föderal-demokratische Sache durch lange und mühsame Arbeit hinauf gebracht worden ist». Einem Kompromiss das Wort geredet haben insbesondere «die Vertreter und Korrespondenten aus den protestantischen Gegenden». Das war für uns eine Vorgabe – leider zu Ungunsten eines eventuellen eigenen Kandidaten. Unsere reformierten Partner haben keinen Druck auf uns ausgeübt, sondern nur dringend appelliert, mit den «realen Faktoren zu rechnen». Auf diesem Hintergrund ist unser Kompromissbeschluss «einstimmig» gefasst worden. Für 1893 fordern wir

selbstredend Gegenrecht ein. Das Landeskomitee bestellte aus der Grossratsfraktion sieben Mann als geschäftsführenden Ausschuss der Föderal-demokratischen Partei. Bei der Ausschuss-Sitzung anwesend waren die Nationalräte Schmid, Hermann Sprecher, Decurtins und Regierungsrat Plattner. Zwei haben sich aus «triftigen Gründen» entschuldigt. Nicht erschienen ist Dedual. Von dessen Absprache mit Plattner haben die anderen Mitglieder des Ausschusses erst «einige Tage später» erfahren. Die Sitzung verlief folgendermassen: Schmid, Decurtins und Sprecher plädierten zugunsten des Kompromisses, Plattner erklärte sich, aus nicht absolut überzeugenden Gründen, dagegen. Für einen Kompromiss sei es zu spät, argumentierte er, und den Katholiken könne man nach Remigius Peterelli selig keinen liberalen Nachfolger zumuten. Die Mehrheit (3:1) wollte dem Gegner den Sitz überlassen. Einen endgültigen Entscheid hat der Ausschuss nicht gefällt. Anschliessend erbat der Ausschuss von den katholisch-konservativen Grossräten einen Mehrheitsentscheid zu folgenden Fragen:
1. Wollt ihr dem Kompromiss zustimmen?
2. Wollt ihr einen eigenen Kandidaten aufstellen?
3. Wenn ja, welchen?

Für eine Befragung auf breiter Basis war die Zeit zu kurz. Darum haben wir uns wegen der «grössten Stimmenkontingente» zunächst für eine Umfrage im Bezirk Albula entschieden. Zu unserer in letzter Minute in Ilanz einberufenen Besprechung erschien die Mehrzahl der Geladenen nicht. Das hiess für uns: «Eine, wenn auch nicht grosse Mehrheit der Angefragten» ist gegen die Konzession und für eine Parteikandidatur Plattner. Dasselbe Resultat erbrachte eine schlecht besuchte Sitzung des konservativen Lokalvereins von Chur, trotz «eindringlicher Warnung», dass Plattners Kandidatur bei Sieg oder Niederlage gleichermassen der ganzen Partei schaden könne. Dedual hat nochmals seinen Verzicht erklärt und Plattners Kandidatur betrieben, obwohl er selber «früher dem Kompromiss mit den Liberalen wiederholt das Wort geredet» hat. Die Konsultation verlief ohne Abstimmung. (S. 3–6)
OW/Plattner: Zur Aufstellung meiner Kandidatur kam also der hiesige Ausschuss des Landeskomitees – wie die Confidentiellen selbst zugeben – nach Einholung der Zustimmung der föderal-demokratischen Grossräte am Vorderrhein, an der Albula sowie in Chur und Umgebung. Dieses Vorgehen war absolut korrekt. (S. 21) Warum also diese Kabale gegen mich [Plattner]?
CB: Die angesprochenen Vertreter des Bezirks Albula haben sich den Argumenten für einen Kompromiss «nicht verschlossen». Der Hauptgrund für «die verunglückte Wahl-Campagne» ist in der Surselva zu suchen: Es «scheinen da und dort im Oberland unrichtige Anschauungen und selbst ein gewisses Misstrauen gegenüber dem Landeskomitee Platz gegriffen zu haben, Dinge, von denen die Mehrheit des Letzteren sich nicht hatte träumen lassen, und auf welche sie allerdings nicht gefasst war». Woher das kommt, lassen wir offen. «Tatsache

ist, dass in weiteren Kreisen sich die höchst unverdiente Anschauung Eingang zu verschaffen gewusst hatte, es entspringe der Kompromissgedanke lediglich der persönlichen, selbstsüchtigen Politik einzelner bisheriger Führer und ihrem Bestreben, die Herren Plattner und Dedual um keinen Preis zur Geltung kommen zu lassen.» Uns haben leider 14 Tage für eine rechtzeitige und alle überzeugende Erläuterung unseres Kompromisses gefehlt. (S. 5–6)

Zur Kandidatur der Liberalen

CB: Offenbar rechneten die Föderaldemokraten, oder zumindest der katholisch-konservative Teil davon, mit Casparis als liberalem Kandidaten. Von ihm war bei ihnen «Anfangs fast ausschliesslich die Rede gewesen». (S. 7) Aus dem *Bündner Volksmann* vernahm man, dass 26 liberale Grossräte aber für Luzius Raschein anstatt für den katholisch-liberalen Anton Steinhauser stimmten, zwei für Casparis. Auf ein ernstes Wort von Florian Gengel hin hätten sich diese beiden zur Vermeidung von Spaltung ebenfalls für Raschein erklärt. (S. 20)

Replik: Mit diesem Entscheid konnten wir leben. Einen Kompromiss-Vorbehalt müssten wir nur dann anbringen, wenn der «exceptionelle Umstand» eintreten sollte, dass die Liberalen «einen liberalen Katholiken» portieren sollten, weil dies 1893 die Wahl eines Katholisch-Konservativen verhindern würde.

OW/Plattner: Warum wollten die Katholisch-Konservativen «in drei Versammlungen nacheinander, ehe und bevor die Liberalen ihren Kandidaten aufstellen konnten, diesen die Kandidatur Casparis» aufnötigen? (S. 21)

CB: Haben wir nicht! Mit solchen Reden wollte man in eurem Lager den Eindruck erwecken, dass wir die Liberalen in ihrem Entscheid präjudizieren und den Katholiken einen angeblichen Freimaurer aufschwatzen wollten. Solches wurde nämlich an eurer Lokalversammlung in Chur herumgeboten. Bei internen Beratungen haben wir zur Abschätzung von Plattners Chancen auf Erfolg zwar verschiedentlich von Casparis als Wunschkandidaten für einen Kompromiss gesprochen – aber nur darum. Den Blick auf die Zukunft des Ganzen gerichtet, schreckte uns die Gefahr, eine «verhältnismässig günstige Gelegenheit» zum freiwilligen Kompromiss 1892 und Gegenrecht 1893 «unwiederbringlich zu verpassen» und damit die Chance, «eine noble, den Traditionen des Konservatismus angemessene und zugleich für das Land wie die Partei erspriessliche Rolle zu spielen». Wir hatten «Grund zur Annahme», Plattner sehe in Franz Peterelli einen künftigen Konkurrenten. Dieser erklärte seinen Vorausverzicht auf eine Kandidatur bei der Ständeratswahl von 1893 unter der Bedingung, dass Plattner im hohen Interesse der Partei diesmal nicht kandidiere und dadurch den Kompromiss ermögliche. Eine «ähnliche Versicherung» gab Theophil Sprecher ab. Doch Plattner, unterstützt von Dedual, gab nicht nach. Plattners Vorwurf von Clanpolitik und interfamiliärer Kronprinzenzucht ist eine völlig haltlose Volksverhetzung. (S. 7)

Replik: «Eher als eine Familienpolitik gibt es in Graubünden eine Personalpolitik, d. h. eine der persönlichen Ambitionen und der persönlichen Rivalitäten.»

CB: Wie ein roter Faden durchzieht eure Opposition die Beratungen des Föderal-demokratischen Komitees, und euch verdankt die Partei nun ihre erste Niederlage. Wegen Plattners Kandidatur musste die «offizielle Anfrage der liberalen Parteileitung» mit einem Nein beantwortet werden. Unser Eindruck post festum ist folgender: Die Liberalen hätten es begrüsst, waren aber nach der gewonnenen Wahl «sehr froh, dass es nicht dazu gekommen ist». (S. 7–8) Diese habe bewiesen, dass sie bei entsprechendem Zusammenhalt aus eigener Kraft siegen können. Die Loslösung der Katholiken von den protestantischen Föderalisten wäre darum eine «unbegreifliche Verblendung». Unsere Allianz ist ein «elementares Gebot der politischen Taktik»! Die Radikalen betreiben schon lange deren Spaltung in zwei konfessionelle Lager – sie allein würden davon profitieren. «Eine freiwillige Isolierung der konservativen Katholiken Graubündens wäre ein unverzeihlicher Fehltritt.» (S. 13) Aber eben: Euer Ziel ist bekanntlich die Auflösung der Föderal-demokratischen Partei. (S. 10) Der 13. März hat unsere Befürchtungen bestätigt: «Es trat, wenigstens dem äusseren Anschein nach, dasjenige ein, was unsere Gegner schon lange angestrebt hatten: die Ausscheidung des Volkes nach den Konfessionen.» Im Ergebnis bedeutet dies zwar keinen Umschwung, aber es hat die Position der Föderaldemokraten «merklich erschüttert», und uns steht viel Wiederaufbauarbeit bevor. «Anstelle früherer Disziplin und besonnener Mässigung» sind «allzugrosse Sicherheit und das Hervortreten persönlicher Aspirationen getreten». Am Wahldesaster sind nicht unsere protestantischen Parteigenossen und ihre Führer schuld, sie waren «durchaus loyal» und haben nichts für sich gesucht. Sie haben den Kompromiss ab initio als «richtigste und honorigste Politik» betrachtet. Eine Kampagne für Plattner war ihnen schon aus programmatischen Gründen nicht möglich, weil die liberale Presse Plattner wiederholt als «zentralistischen Anschauungen nicht unzugänglich» bezeichnet hat. Allgemein bekannt war beispielsweise Plattners Eintreten für den Ankauf der Centralbahn durch den Bund – entgegen der «entschlossenen Opposition» der Föderalisten. (S. 8–9)

OW/Plattner: Was meine Sonderstellung in der Eisenbahnfrage betrifft: «Unter den Unterzeichnern der CB befindet sich auch Nationalrat Decurtins. Es sind genug Zeugen vorhanden dafür, dass gerade dieser Herr in der Studentenverbindung Burgundia in Bern die jungen studierenden Katholiken in feuriger Rede für die Eisenbahnverstaatlichung zu begeistern suchte». Dass die Verstaatlichung wegen der internationalen Verkehrsentwicklung der Schweiz irgendwann kommen müsse, habe ich privatim mit Peterelli selig besprochen, und dieser war «gleicher Ansicht». Der Ankauf der Centralbahn ist ein besonderer Fall innerhalb eines eisenbahnpolitischen Gesamtkonzepts. (S. 23)

CB: Das mag sein, ist aber zweitrangig. Als für die Zukunft der Partei von «geradezu entscheidender Bedeutung» ist hingegen Dedualsʼ Votum an der Churer

Wahlversammlung des Konservativen Vereins. Dort hat er für die Auflösung der engen Verbindung mit den konservativen/föderalistischen Protestanten und für eine katholische «Politik der freien Hand mit Allianzen von Fall zu Fall» geworben. Solch «haltloser Opportunismus» ist seit Jahr und Tag Deduals Programm, und Plattner schwenkt zunehmend darauf ein. Und dieser Sonderpolitik haben wir «zum grossen Theil» die Niederlage vom 13. März zu verdanken. (S. 10–11)

OW/Dedual: Schon vergessen? – In bestimmten Fällen hatten sich demselben Programm früher auch mehrere Unterzeichner der Broschüre angeschlossen! (S. 27). Und bitte: Der 13. März war eine von euch gewollte Niederlage.

Replik: Wir rücken kein Jota von dem ab, was wir in der CB geschrieben haben.

Wie weiter?

OW/Dedual: Die Verständigung mit euch Unterzeichnern der CB hängt von der Beantwortung folgender Frage ab: Ist euch eine freie, selbständige, katholisch-konservative Partei in Bünden mit edlen Zielen sympathisch oder nicht? Eine Partei ohne aggressiven Charakter gegen andere bestehende Parteien, gegen dieselben loyal und zur Verständigung geneigt, aber stark, wenn sie angegriffen wird? Das wäre der Boden der Verständigung. Tut, was ihr wollt, «für uns ist die Sache entschieden». (S. 31)

Replik: Ihr stellt uns vor die Wahl, auf unserem erprobten Weg oder auf von wenigen geforderten unsicheren Pfaden zu marschieren? Wir haben abgeklärt und uns für den erprobten Weg entschieden.

Die beiden Kurse im Vergleich

CB: Wir Katholiken fordern für uns keine besonderen Rechte auf religiös-kirchlichem Gebiet, «bloss die allgemeine Freiheit für unseren Glauben und unseren Kultus». (S. 12)

Dedual: Das ist ein anerkannter Grundsatz, der in Graubünden unseres Wissens nirgends verletzt wird. (OW, S. 27)

CB: Politisch haben wir grundsätzliche Anschauungen und wichtige Interessen zu verteidigen, und diese decken sich mit dem föderal-demokratischen Programm, das da lautet: Wahrung der Gemeindefreiheit, Bekämpfung des Bureaukratenregiments im Kanton und in Bern, sparsame Finanzwirtschaft, Verteidigung der kantonalen Rechte und Freiheiten gegen die schweizerische Zentralisation. «Mit einem Worte, wir wollen gut=bündnerische Politik treiben. Das sind genau die gleichen politischen Ziele, welche auch die föderalen Protestanten verfolgen» und die wir nur mit ihnen erreichen. (S. 12–13)

OW/Plattner: Damit bin ich einverstanden, gestatte mir aber folgende Feststellungen: Ein so formuliertes föderal-demokratisches Programm «ist von der

Partei niemahls berathen, noch angenommen worden und verdankt seinen Ursprung einem Einzelnen [sprich: Decurtins], der sich selbst am allerwenigsten durch ein Parteiprogramm irgendwelchen Zwang auferlegen liesse und zur Abfassung eines solchen von kompetenter Seite auch nie beauftragt war». (S. 25) Aber gerade zur Verteidigung eines solchen ‹Programms› «brauchen wir das erwähnte Bündnis nicht». All das ist in Bünden wie in der Schweiz schon lange vor 1848 verwurzelt. Intransigenten Föderalismus zu betreiben ist somit politischer Unsinn. (OW/Dedual, S. 27)

CS: Mit eurem Ziel der Auflösung der überkonfessionellen Allianz zugunsten einer ausschliesslich katholischen Partei betreibt ihr den Umsturz unserer bisherigen parteipolitischen Verhältnisse.

OW/Dedual: Eine «katholische konservative Partei» würde die Katholiken vom «schweren Bleigewicht» des Kompromisse fordernden reformierten Partners befreien. Und nebenbei bemerkt: Eine solche «existiert schon, das weiss jeder Politiker in Graubünden», aber sie präsentiert sich auf Wunsch des reformierten Allianzpartners unter anderem Namen. (S. 29)

CB: Wir können zur Auflösung der Allianz niemals unsere Zustimmung geben und müssen dringlichst davor warnen, weil dies einer «beinahe mutwilligen Selbstschwächung» gleichkommt. Zudem ist die Grosszahl der Katholiken wegen des bewährten Banners der föderalen Demokratie absolut nicht empfänglich dafür. Es wäre in höchstem Masse unloyal, sich aus vermeintlichen Nützlichkeitsgründen von den langjährigen Partei- und Streitgenossen ab- und dem «bisher stets als prinzipiellen Gegner» bekämpften Liberalismus zuzuwenden. Die konservativen Protestanten hielten aus Toleranz und echtem Freisinn zu uns in den schlimmen Tagen, als der «Radikalismus, zum Theil gefolgt vom Liberalismus, den schweizerischen Kulturkampf in Szene setzte». Das Volk würde diesem diplomatischen Manöver zum möglichen Nutzen Einzelner und Schaden fürs Ganze, d.h. zum «Schaden an Widerstandskraft, und vor allem Schaden an Grundsätzlichkeit – das Palladium einer konservativen Partei –», nicht Folge leisten. Aus praktischer Sicht ist es unklug, uns als katholische Minderheit zu isolieren, wo wir oft zusammen mit den protestantischen Parteigenossen die Mehrheit bilden. (S. 10–11)

OW/Plattner: Genau dieser Versuch zu einer solchen freiwilligen Isolierung der konservativen Katholiken ist anlässlich der Wahl vom 13. März in Szene gesetzt worden, indem man mich als deren Kandidaten aus dem Hinterhalt abschoss. (S. 24)

Replik: Welchen Sinn hat es, «unter den gegenwärtigen Verhältnissen in Graubünden eine spezifisch ‹katholische› Partei mit einer eigenen Politik ins Leben zu rufen?» Eine solche würde zu unserem Schaden nur den «protestantischen Gegensatz» provozieren. Genau dieses Ziel habt ihr nun erreicht – Arm in Arm mit der radikal-zentralistischen Presse. (S. 12) Der *Fögl d'Engiadina* erwartet schon jetzt die Auflösung der kompakten bisherigen Einheit der Katholiken bei

Volkswahlen. Der hochradikale Berner *Bund* lobt euch in hohen Tönen. Gerade die Gegner beweisen uns nun, dass wir Recht haben.

OW/Dedual: Das sind Phantasmen! Wir suchen doch nicht Streit und Händel mit den Reformierten! «Das Streben nach Freiheit, Selbständigkeit und Gleichstellung und das Zerschlagen eines Ringes, in dem ja ein einziger Protestant thätig ist [sc. Hermann Sprecher] besagt dies nicht.» Übrigens: Wenn eine Partei von der Grösse, Stärke und Einheit der katholisch-konservativen nicht wagen würde, sich «auf eigene Füsse zu stellen», wäre ihr Untergang kein Schaden. Vor Jahren hat uns der heutige «Kompromissprotektor» [Decurtins] angefallen, als wir in Chur einen Modus Vivendi mit den Liberalen geschaffen haben. Haben Franz Peterelli und Theophil Sprecher von sich aus oder auf Anfrage auf eine Kandidatur verzichtet? Sprecher sicher nicht. Der Kompromissgedanke war zuerst – der Rest wurde arrangiert! (S. 30–31)

Damit war das Band zwischen Plattner/Dedual und den Föderaldemokraten zerrissen.[115]

3. Der Bruch

Der Bogen war nach allem, was da öffentlich und im Verborgenen vorgefallen war, offensichtlich überspannt. Nach so viel zerbrochenem Geschirr war ein Weiterleben in Einigkeit innerhalb der Föderal-demokratischen Partei nicht möglich.

Am 15. Mai abends erklärte Johann Joseph Dedual, inskünftig keiner Versammlung und keiner Sitzung des Landeskomitees mehr beizuwohnen, in welcher Hermann Sprecher mitwirken würde. Ihm schloss sich auch sein Sohn an.[116]

Am 20. Mai bat Dedual das Präsidium der Versammlung der katholisch-konservativen Grossratsdeputierten, ihn aus der Liste ihrer Fraktion zu streichen. «Katholisch-konservativ hoffe ich mein Lebtag zu bleiben, da aber meine Auffassung der Stellung der kath[olischen] Conservativen in Graubünden von der Ihrigen in einem sehr wesentlichen Punkt abweicht, so werden Sie meinen Entschluss begreifen. Gleichzeitig beehre ich mich, Ihnen anzuzeigen, dass nun ein ‹Kath.-conservativer Verein› gegründet werden wird, zu dem sich eine bereits genügende Mitgliederzahl aus verschiedenen katholischen Landestheilen angemeldet hat.»[117]

---

[115] In seinem Brief vom 28. April an die Redaktion des *Tagblatts* schrieb Pfarrer Vincenz Laim von Alvaneu, die «Confidentielle» habe im Albulatal einen «überaus guten Eindruck» gemacht und die Sachlage geklärt. Man wünsche da keine Opportunitätspolitik und habe keinen Bedarf nach einer exklusiv katholischen Partei. «Unsere Wünsche in politischen Dingen haben bisher im Bündner Tagblatt immer den besten Ausdruck gefunden. […] In kirchlichen Dingen brauchen wir keine Zeitung; da genügt uns der neue romanische Katechismus, wenn nur dieser fleissig gelesen wird.» Sprecher-Archiv, A SP III 11 f F 55.

[116] BN, Nr. 120, 21.5.1892. Sprecher publizierte 1872, zusammen mit Nationalrat Andreas Rudolf Planta (Samedan), die *Bündner Stimmen* gegen die Verfassungsrevision und wurde dadurch zu einer zentralen Figur der föderaldemokratischen Sammlung zunächst, und der Partei danach. Er war Mitbesitzer des *Bündner Tagblatt[s]*, Protestant und publizistische Stütze von Decurtins im Kampf gegen die Gründung einer rein katholischen Partei. Dadurch wurde er zum meistgehassten politischen Gegner von Plattner und Dedual.

[117] FamADedual, Kopialbuch I, S. 391, 20.5.1892.

Am selben Tag teilte Dedual einem «Lieben Freund» mit, dass die Gründung einer katholisch-konservativen Partei bereits ein «fait accompli» sei und die Zustimmung «sehr zahlreich». In der Cadi rechne er «mit folgenden 4 Herren: Regierungsstatthalter Tuor, Regierungsstatthalter [Christian] Latour, Dr. [Giachen Mihel] Nay[118] und Reallehrer Pfister von Schlans». Diese Zahl müsse vermehrt werden. Aber «unsere Kalamität ist, kein eigenes Blatt oder besser keine eigenen Blätter zu haben. Es fehlt uns ein romanisches u[nd] ein deutsches. [...] Die Gasetta Romontscha, so gut sie sonst in mancher Beziehung ist, wird sich vom Cadi-Sistem nicht trennen wollen». Neben ihr werde zu Lebzeiten von Placi Condrau kein weiteres Blatt bestehen können, da die katholischen Romanen «buchstäblich an diese gewöhnt [sind]. Das ist wirklich eine Calamität».[119]

Tags darauf erschien im *Tagblatt* der Artikel «Die Entscheidung». Darin wurde in Abwesenheit von Dedual Vater und Sohn sowie Plattner der Beschluss der Grossratsdeputierten bekannt gegeben: «Es solle die bisherige Politik auf Grund des föderal-demokratischen Programms und die Verbindung mit den föderalen Protestanten fortgesetzt werden. [...] Die kompetenten Vertreter des kath.-kons. Bündnervolkes scheinen also beim alten Kurs und beim alten Bedürfnisse verbleiben zu wollen. Jedes weitere Wort halten wir hier für überflüssig.»[120]

Details zur Reaktion der Fraktion erfahren wir aus einem Brief von J. J. Dedual an einen «Vetter Niclaus». Die Austritte und die Ankündigung der Gründung eines unabhängigen katholisch-konservativen Vereins habe «die Gegner aus dem Häusle gebracht». Die Kommission habe «unter höchstem Druck» entschieden. «Da waren Herm[ann] Sprecher, Oberst [Theophil] Sprecher, Dr. Schmid, Peterelli, Decurtins und Bächtiger erschienen, hielten Vorträge u[nd] entfernten sich dann, nachdem sie einen Entwurf zu einer Resolution zurückgelassen. Die Deputirten entschieden dann ohne ein Wort zu sagen, wie in einer Todtenversammlung, kein Einziger wagte über uns ein Wort zu sagen. Die Stimmung war also geradezu komisch. [...] Item, der Verein ist bereits wie gegründet – u[nd] der Ring wird doch noch geschlagen. Das Ministerium Sprecher-Decurtins [...] wird ohne uns nichts mehr anrichten können. Eine Fülle von Impertinenz lag darin, dass sie Plattner neben H. Sprecher in das Landeskomité gewählt, geradezu eine Beleidigung für Plattner. Er hat dann auch gehörig abgelehnt. Trennen wollten sie uns und dann befehlen. Das wird ihnen nicht gelingen.» Das Schlimmste sei, keine konservative Zeitung zu haben. Die *Ostschweiz* sei ihm [sc. Dedual] zwar gnädig gestimmt, aber es dürfte schwer sein, sie in Bünden zu verbreiten.[121]

---

118   1860–1920. Arzt und rätoromanischer Schriftsteller. Biogr. s. e-LIR.
119   Ebda., J.J. Dedual an NN, Chur, 23.5.1892.
120   BT, Nr. 119, 21.5.1892. In einer Handnotiz vom «1892. Mai» zur P/D-Affäre begrüsst Sprecher den Beschluss der Partei, beim bisherigen Programm der FödP zu verbleiben und die Verbindung mit den reformierten föderalistisch gesinnten Protestanten aufrechtzuerhalten. «Das Gros [davon] wird, naturgemäss, wenn das einigende Band des Föderalismus fehlt, dem Liberalismus zufallen.» ASprecher Sp III/11 f F 98.
121   FamADedual, Kopialbuch I, S. 393, Bf. an einen «Vetter Nicolaus», Kopialbuch, S. 393, 20.5.1892. Die *Ostschweiz* war die führende Zeitung im Kanton St. Gallen.

Wie weiter mit Partei und Programm?

Der Entschluss der Dissidenten zum Bruch zwang die Konservativen zu einer Flurbereinigung. In der Maisession sprachen sich deren Grossräte mehrheitlich für die Weiterführung der bisherigen Politik und Wahrung der Allianz aus. Sie bildeten aus ihrer Mitte ein Landeskomitee mit sieben Mitgliedern als geschäftsführenden Ausschuss der Kantonalpartei.[122] Diese verzichtete aber auf Statuten, Sektionen und verbindliches Programm. Als strukturell nicht integrierte Elemente wirkten regionale Aktionskomitees, bestehend in der Regel aus Mandatsträgern und Vertrauensmännern, die nur vor Wahlen und Abstimmungen aktiviert wurden. Das entspricht dem Typus einer reinen Kopfpartei. Erst am 2. Juni 1896 wurde dem Landeskomitee der Auftrag zur Ausarbeitung von Parteistatuten erteilt.[123]

Die vom Katholisch-konservativen Verein von Chur nunmehr abgekoppelte Partei gab sich in Anlehnung an bereits in den 1870/80er-Jahren gebräuchliche Bezeichnungen für die beiden bisherigen Allianzpartner den Namen «Föderaldemokratische Partei» (FödP). Ihr ordentliches Sitzungslokal befand sich in der Hofkellerei im bischöflichen Hofbezirk zu Chur.[124]

Die *Bündner Nachrichten* rapportierten über den Beschluss der Grossräte: Dedual Vater sei im Landescomitee durch [Kantonsschul-]Professor Benedikt Willi ersetzt worden. Als Präsident zeichne Nationalrat Johann Schmid und als Vizepräsident alt Nationalrat Hermann Sprecher. «Damit ist der Bruch mit den HH. Plattner und Dedual ein vollständiger geworden. Letzteren ist es vorläufig nicht gelungen, den ‹Ring› zu zerschlagen; konservative Katholiken und konservative Protestanten bilden nach wie vor e i n e e i n h e i t l i c h e Partei. Die Katholiken, selbst diejenigen Deputierten, welche die Kandidatur Plattners verlangt hatten, beugen sich wieder unter den ‹Parnellismus›. Abseits stehen die HH. Dedual und Plattner. Aber auch sie haben ihren Anhang und werden mit diesem wohl eine besondere, selbständige Fraktion innerhalb der konservativen Partei bilden und eine Politik der freien Hand führen. So stellt sich in unseren Augen die gegenwärtige Situation im Lager unserer politischen Gegnerschaft dar.»[125]

Nach der Spaltung fuhr die Allianz unter Führung von Decurtins den sogenannten ‹alten Kurs› weiter, und die Dissidenten traten als Katholisch-konservativer Verein mit ihrem ‹neuen Kurs› dagegen an.

---

122 Fraktionen existierten formalrechtlich erst ab 1919.
123 FödP, Prot., S. 6, 2.6.1896.
124 Legendär sind die dort in den 1940/50er-Jahren nach dem sonntäglichen Hochamt abgehaltenen Treffen der konservativen Prominenz mit Bischof Cristianus Caminada. Böse Zungen bezeichneten diese als bischöfliche Befehlsausgabe.
125 BN, Nr. 120, 21.5.1892. Parnellismus: Mit diesem damals in Mode gekommenen Ausdruck wurden die Prinzipien und Überzeugungen des irischen Nationalisten Charles Stewart Parnell bezeichnet. Hier wohl im Sinne der Diktatoren des ‹alten Kurses›.

Der ‹alte Kurs› der Allianz

Zu Beginn der 1890er-Jahre sahen sich die Föderalisten nach zwanzig Jahren Kampf am Ziel. Sie hatten sich eine ihrer Stärke entsprechende Beteiligung an der Macht erkämpft. Zu verdanken sei dies, so das *Tagblatt*, dem erfolgreichen Kampf um die Vermehrung der Volksrechte und um die Revision der Kantonsverfassung 1879. Trotz Unzufriedenheit mit dem «für Manche anstössigen Departemental-System», über das im Jahre 1892 abgestimmt wurde, habe sich die Situation noch verbessert. Dass es den Föderalen nicht zu wohl werde, dafür sorge inskünftig der ‹neue Kurs› der Dissidenten! Nach zwei Jahrzehnten «Kampfpolitik» könne die Zeit der Friedenspolitik eingeläutet werden.[126] Der Verfasser verzichtet auf die Nennung von Programmpunkten. Offenbar betrachtete man die grundsätzlichen Positionen als allgemein bekannt, und Änderungen waren keine vorgesehen. Es galt: rigider Föderalismus contra Zentralismus auf Bundesebene, konservativer Kommunalismus gegen liberalen Etatismus und Bureaukratie im Kanton, Kampf der militärischen Verschwendung und christliche Politik gegen Freisinn und Sozialismus, die der päpstliche Bannstrahl 1864 getroffen hatte.

Die grosse Mehrheit des föderalistischen Lagers vertrat unter der vielfach als diktatorisch bezeichneten Führung von Decurtins diesen Kurs und befürwortete auch das Festhalten an der überkonfessionellen Allianz. Sie unterstützte darüber hinaus auch das seit 1891 päpstlich gewürdigte sozialpolitische Engagement von Decurtins.[127] Dass der Heilige Vater dessen sozialpolitische Kooperation mit Sozialisten und gar Kommunisten kommentarlos goutierte, ist nicht anzunehmen. Aktenkundig ist hingegen, dass Decurtins diesbezüglich auch nach 1892 keine Hemmungen zeigte, um den Arbeiterschutz international und über alle politischen Grenzen hinweg zu verwirklichen.[128] Das ist wohl seine substanziell positivste Leistung als Politiker.

---

126 Ebda., Nr. 145, 1893, gez.*. Die GR, Nr. 1, 5.1.1893 spricht von einem von allen Parteien getragenen «ehrenvollen Kompromiss».

127 Er war von Papst Leo XIII. als Berater für die päpstliche Sozialenzyklika *Rerum novarum* von 1891 beigezogen worden. Wie die *Gasetta,* Nr. 19, 5.5.1892 berichtet, erhielt er im April 1892 Audienz beim Papst und überreichte diesem «den ersten Band seines Werkes über die soziale Frage, das er zu publizieren begonnen hat» [Titel unbekannt]. Das in der *Gasetta* in romanischer Übersetzung veröffentliche Dankesschreiben des Papstes (Breve) lautet: «Papst Leo XIII dem geliebten Sohn Caspar Decurtins mit Gruss und Apostolischem Segen. [...] Wir bezweifeln nicht, dass Deine geplante Bibliothek viele Unterweisung für solche bereitstellen wird, die sich bemühen, in aller Ruhe die Wahrheit zu dieser Frage zu ergründen. [...] Inzwischen wünschen wir Gottes Segen für Dein Unterfangen [Bibliothek] und für das Werk selbst [als Verfasser entsprechender Schriften] glücklichen Erfolg. Als Zeichen Unserer väterlichen Liebe erteilen wir Dir und den Deinen den Apostolischen Segen. Leo XIII.» Weitere Passagen finden sich in GR, Nr. 34, 24.8.1893. Weder die verfasste noch die angekündigten Schriften sind uns bekannt.

128 Auf nationaler Ebene hat er mit Ernst Feigenwinter und Joseph Beck die katholische (christlichsoziale) Sozialpolitik begründet.

Kritik von Seiten der Dissidenten

Zur Föderal-demokratischen Partei erlaubten sich die Dissidenten etliche Bemerkungen. Bereits in ihrer Kritik der «Confidentiellen Broschüre» hatten sie angefragt, ob das Bündnis mit den konservativen Protestanten irgendwo verbrieft sei. «Haben sich diese nicht von jeher Aktionsfreiheit vorbehalten?» Seit 1872 habe selbst unter den Grossratsmitgliedern beider Fraktionen keine einzige gemeinsame Versammlung und Vorberatung stattgefunden. Die konservativen Katholiken seien nie mit einer solchen Zumutung an die Reformierten herangetreten, und umgekehrt auch nicht. Wohl existierten gewisse «politische Gevatterschaften», sprich: Geheimbündnisse zwischen einzelnen Drahtziehern in den beiden Fraktionen zu rein persönlichen und Familienzwecken. Trotz fehlendem formalem Bündnis habe im Grossen Rat zwanzig Jahre lang ein «nie getrübtes» gutes Einvernehmen mit der protestantischen Fraktion geherrscht, insbesondere mit Andreas Rudolf Planta[129], Ständerat Peter Conradin Planta[130], Oberst Theophil Sprecher und den föderal-demokratischen Grossräten aus Davos, dem Prättigau und Engadin. Man habe politisch vieles gemeinsam betrieben, sei aber in konfessionellen Fragen getrennt marschiert. «Selbstverständlich war den konservativen Protestanten die Rücksichtnahme auf die Katholiken erleichtert in Fällen, wo die Liberalen keine wesentliche Opposition machten, wie z.B. in der Frage der Restauration des Klosters Disentis [1881]; erschwert hingegen für uns war die Zustimmung zum Niederlassungsgesetz mit der Einräumung eines weitgehenden Mitgenusses an den Gemeindeutilitäten. Von einem Bündnis auf der Grundlage eines gemeinsamen Programms, auf das sich beide Fraktionen verpflichtet hätten, war nie eine Spur vorhanden.»[131]

Diese Darstellung wurde von den «Confidentiellen» in ihrer Replik nicht bestritten. Es sei kein Bundesschwur geleistet und kein mit Brief und Siegel versehenes gemeinsames Programm verabschiedet worden – dieses lebe «in unseren Herzen». Der Vorwurf der Gevatterschaft sei «mala fides» und nur ein Phantom in den Köpfen der Opponenten.

In Anbetracht des Vorgefallenen und der spezifischen verwandtschaftlichen Vernetzung von Decurtins drängte sich ein solcher Vorwurf allerdings geradezu auf.[132]

---

129 1819–1895. Biogr. s. HLS.
130 1810–1902. Biogr. s. HLS.
131 OW/Plattner, S. 22–23.
132 Siehe Genealogie auf S. 72.

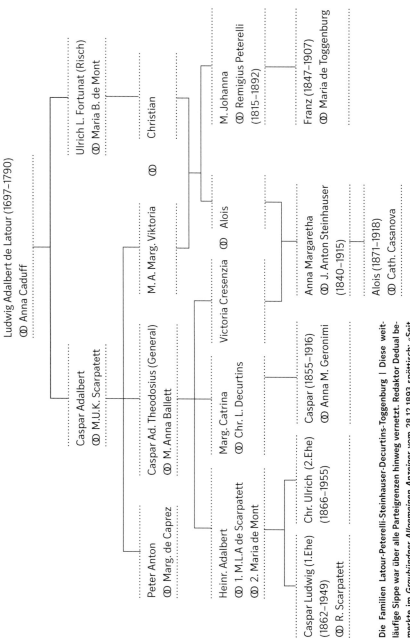

Die Familien Latour-Peterelli-Steinhauser-Decurtins-Toggenburg | Diese weitläufige Sippe war über alle Parteigrenzen hinweg vernetzt. Redaktor Dedual bemerkte im *Graubündner Allgemeinen Anzeiger* vom 28.12.1893 spöttisch: «Seit einigen Jahren hat der ‹Vetteralismus› in der politischen Welt Graubündens eine wichtige Rolle gespielt. Am 2. Januar wird unser Regierungspräsident [Franz Peterelli] mit dem Vetter ‹des Vetters› und dem Brudersohn [Caspar Latour], beide Departements-Sekretärs, in feierlichem Triumphe [...] ins graue Haus einziehen.» Die Genealogie gibt ihm Recht.

Die Aussensicht zum Hausstreit der Konservativen

Ein «Mitgetheilt» zum Zwist in der konservativen Partei nimmt in den *Bündner Nachrichten* die Dissidenten in Schutz. Der von der «Confidentiellen Broschüre» propagierte Kampf für die Gemeindefreiheit und gegen Bureaukratismus sei nicht zu beanstanden. Auf die Spitze getriebener Antizentralismus, wie er von den intransigenten Föderalisten propagiert werde, sei aber «politischer Unsinn». Religiöse Freiheiten? Diese seien gesetzlich abgesichert, und das konservative Programm komme diesbezüglich sehr schwammig daher. Zur Verteidigung eines solchen Programms bedürfe es wahrlich keiner konservativ-föderalistischen Allianz. Deduals Forderung nach Auflösung der Allianz, Freiheit für die katholische Partei und einer Politik der Freien Hand mit Parteiallianzen je nach Sachfrage könne keinesfalls als verwerflicher Opportunismus denunziert werden. Dass Dedual seine Politik auf christliche Basis stellen wolle: Was sei daran verwerflich? «Es ist deshalb nur Konsequenz, wenn er wünscht, dass wenigstens alle Katholiken Graubündens [...] eine homogene Körperschaft bilden auf gleicher Grundlage, in gleicher Atmosphäre, und von gleichartigen Ideen beseelt.» Das müssten auch die Unterzeichner der Broschüre ehrlicherweise zugeben?[133]

Anschliessend bemerkte die Redaktion, die konservative Schweizer Presse mache eine saure Miene, und sie [BN] präsentierte dazu anstatt eines eigenen Kommentars einen Leitartikel der konservativen *Ostschweiz*: Plattner und Dedual hätten es leicht gehabt, die Pfeile zurückzuschicken. Es sei lobenswert, dass sie der Allianzfähigkeit mit den konservativen Protestanten nicht alle Selbständigkeit opfern wollten. Die Niederlage vom 13. März sei «kein Glückstag» für die Föderalisten, und das Erscheinen der «Unglücksbroschüre» [sc. die «Confidentielle Broschüre»] eine Katastrophe gewesen. Ob man den Wagen wieder ins richtige Gleis bringen könne? Der Redaktor der BN äusserte seine Zweifel.[134]

Der Wahlausgang und der anschliessende Zwist bei den Föderaldemokraten wurden auch von den freisinnigen Blättern der Schweiz rege kommentiert. Der *Berner Bund* hielt nicht viel von den Dissidenten. Er lobte die historisch verankerte und gefestigte konfessionelle Toleranz in Bünden und bilanzierte hämisch: «Und so lassen wir auch Herrn Dedual mit seinen Priestern vorbeiziehen und hören, was er weiter zu sagen hat.»[135] Das *Eco dal Bernina* bemerkte zum Ganzen: «[...] ci pare che c'entrino piuttosto dei rancori personali che non questioni di principio. I sigg. Plattner e Dedual non ponno soffrire il sig. Sprecher, e il sig. S. da parte sua vorebbe che questi suoi avversari fossero in chiarenna.»[136]

133　BN, Nr. 105, 5.5.1892. Die BN bezeichnen sich als «Fortschrittlich-demokratisches Organ».
134　BN, Nr. 105, 5.5.1892.
135　Zit. nach BN, Nr. 110, 10.5.1892.
136　*Eco dal Bernina*, Nr. 21, 1892. «Es scheint sich hierbei eher um persönliche Rankünen zu handeln als um Prinzipienfragen. Die Herren Plattner und Dedual mögen den Herrn Sprecher nicht leiden, und Herr Sprecher seinerseits wünscht diese seine Gegner zum Teufel.»

Der *Bündner Volksmann* (BVM) bezweifelte in einem «Nachspiel» auf den 13. März, dass die ‹confidentiellen› Verunglimpfungen von Plattner und Dedual deren Ansehen im katholischen Volk zerstören könnten oder dass deswegen gar eine «Spaltung in eine gemässigte und eine intransigente» Partei erfolgen würde. Gewiss werde es aber zu einer parteiinternen Säuberung kommen.[137] In der darauffolgenden Ausgabe druckte er einen Artikel aus der liberalen *Davoser Zeitung* integral ab, der, seiner Meinung nach, den Kern der Sache sehr gut treffe. Darin steht: Beim Ultramontanen Dedual bilde das «konfessionelle Gepräge» bekanntermassen allzusehr die Grundlage. Er plädiere für Koalitionen von Fall zu Fall, was so viel bedeute wie politische Hurerei nach Opportunität und Gewinn. In letzter Zeit scheine sich auch Plattner «im Maschenwerk dieser Dedual-Konvenienz-Politik» verstrickt zu haben. Gegen diese ultramontane Kirchenfahne in politicis und zugunsten der altbewährten föderalen Demokratie sei die «Confidentielle» [Broschüre] angetreten. Das entspreche auch dem Credo des alten Peterelli, der von einer Herrschaft der Kirche über den Staat nichts wissen wollte.[138] Von konfessionalisierter Politik, so der BVM, halte man nichts und begegne solchen Politikern mit Misstrauen: «Jene Männer, die den konfessionellen Unterschied hier oder dort zur Förderung ihrer Politik ausbeuten wollen, verdienen unser Vertrauen nicht.»[139]

Dedual wurde offensichtlich als Ultrakatholik und Ideologe der Dissidenten wahrgenommen. Das war hier wohl Plattner und Dedual zugedacht, aber wohl auch ein Pfeil in Richtung der *Gasetta*.

Casparis distanzierte sich in einer persönlichen Erklärung im *Rhätier* vom 17. Mai 1892 in aller Entschiedenheit und umfassend von Missdeutungen, Andeutungen oder Unterstellungen in der kantonalen und ausserkantonalen Presse, die etwa darauf lauteten, er sei im Vorfeld der Ständeratswahl «mit der konservativen Partei, einer Fraktion oder Mitgliedern derselben in Verbindung getreten».

Die Redaktion setzte dazu keinen Kommentar.

Die *Gasetta* verzichtete darauf, ihre Leserschaft über die Affäre zu unterrichten. Erst im Vorfeld der Ständeratswahl von 1893 gab Placi Condrau einen Überblick über das Vorgefallene. Dies tat er ausdrücklich «für einen grossen Teil unserer verehrten Leserschaft, der keine deutschsprachigen Zeitungen liest und darum auch nichts darüber erfahren hat». Er habe in seinen alten Tagen diese Polemik und die Spaltung unter seinen intimen Freunden sehr schmerzlich bedauert, aber über alles in seiner Zeitung keine Mitteilung machen wollen. Dann erfuhren die Leser der *Gasetta*, wie zu erwarten, eine exklusive Version pro domo der «Confidentiellen» um Decurtins, welche die Unmöglichkeit der Wahl Plattners

---

137 BVM, Nr. 37, 7.5.1892.
138 Ebda., Nr. 38, 11.5.1892.
139 Ebda., Nr. 39, 14.5.1892.

demonstrieren sollte.[140] Inzwischen hatte Condrau, wie wir noch feststellen werden, die Front gewechselt und sich den Siegern angeschlossen.

Die *Ostschweiz* befasste sich sehr intensiv mit den Wirren im konservativen Haus und verteidigte die Dissidenten gegen die Anfeindungen. Eine «Korr. aus Graubünden» (wohl von Dedual selbst oder aus seiner Nähe) wagte eine Prognose: «Welche dieser zwei Parteien schliesslich siegen wird, kann gar keinem Zweifel unterliegen, und zwar deshalb nicht, weil die katholisch-konservative Partei, als Theil einer Weltpartei, auf ganz bestimmten Prinzipien ruht, während eine katholisch-konservativ-föderalistisch-protestantische Partei den Föderalismus als einziges Bindemittel besitzt, im Übrigen ein heterogenes Konglomerat ist, zusammengebracht mit dem Hauptzwecke, ‹schöne Wahlerfolge› zu erzielen.»[141]

Sieben Nummern später reagiert ein Korrespondent auf Meldungen, wonach die Gründung einer oppositionellen romanischen Zeitung geplant sei. Dafür bestehe, so der Unbekannte (Dedual?), kein Bedürfnis, und eine solche wäre zudem gegen die *Gasetta Romontscha* unter dem «greisen Patrioten und bewährten Demokraten» Condrau sinn- und chancenlos. Die ‹confidentiellen› Maulwürfe würden in Bern bei Katholiken und Protestanten gegen die Unerwünschten wühlen, «und doch weiss in Chur jedermann, dass die HH. Plattner und Dedual nur gegen einen einzigen Protestanten, Hrn. Herm. Sprecher, den Urheber des ganzen Skandals, Stellung zu nehmen förmlich gezwungen worden sind, sonst gegen Niemand».[142]

Aus der Urschweiz meldeten sich Verteidiger von Sprecher zu Wort. Das *Urner Wochenblatt* schrieb am 11. Juni, die überkonfessionelle Allianz habe nach dem Tod von Peterelli den ersten Angriff erlebt. «Auf uns hat es den Eindruck gemacht, dass die Herren längst vor der letzten Ständerathswahl ihr fertiges politisches Programm in der Tasche hatten und nur das Ansehen des verstorbenen Hrn. Peterelli sie verhinderte, ihren politischen Küchenzeddel an den Mann zu bringen. Sie wollen die Trennung der Katholiken von ihren protestantischen Bundesgenossen und die Bildung einer ausschliesslich katholischen Partei.» Warum das keine genügende Antwort sei? Religiöse Motive dafür könne man für Bünden nicht geltend machen, und darum wäre es unklug, bewährte alte Freunde gegen unzuverlässige neue Bundesgenossen auszutauschen. Gerade «der Führer der konservativen Protestanten, Hr. Hermann Sprecher» sei ein unentwegter Föderalist und hervorragender Verteidiger der religiösen Rechte. «Die Katholiken Bündens haben wahrlich keinen Grund, sich diesem Herrn undankbar zu zeigen.» Und zum jüngsten Beschluss des Bündner Grossen Rates, die Allianz weiterzuführen, könnten die Urner Föderalisten nur gratulieren.[143]

---

140 GR, Nr. 7, 16.2.1893.
141 *Ostschweiz*, Nr. 122, 28.5.1892.
142 Ebda., Nr. 130, 8.6.1892.
143 *Urner Wochenblatt*, Nr. 24, 11.6.1892

Als handle es sich um eine koordinierte Aktion, äusserte sich die *Schwyzer Zeitung* vier Tage später im selben Sinn und mit derselben Argumentation zur Affäre. Und auch sie hebt die besonderen Verdienste des angegriffenen Hermann Sprecher hervor. Neben dem verstorbenen Peterelli und Romedi stehe dieser Protestant bei den Katholiken der Urschweiz «in bestem Ansehen» als unbeugsamer Föderalist zur Zeit der Revisionskämpfe und als Verteidiger der katholischen Minderheit. Eine Scheidung nach Konfessionen würde eine katholische Partei ins sichere Verderben stürzen.[144]

Peter Metz bezeichnet Remigius Peterelli als Kitt im amorphen konservativen Lager der 1880er-Jahre. Die beiden Dissidenten hätten sich gegen den Machtwillen, die Eigenwilligkeit und den extremen Föderalismus von Decurtins aufgelehnt. Den unter Katholiken im *Rhätier* ausgetragenen Streit bezeichnet er als ein «wenig erbauliches Vergnügen». Unter dem Strich hätten je nach Standpunkt beide Seiten recht gehabt: Decurtins mit der These von der Notwendigkeit einer vereinten föderaldemokratischen Allianz, Plattner und Dedual mit ihrer Kritik am kompromisslosen Föderalismus als einer langfristig schädlichen Maxime.[145]

Fry verteidigt die Position von Decurtins. Politik nach Konfessionen sei in Bünden theoretisch vertretbar, gereiche aber wegen der Möglichkeit des konfessionellen Zusammenschlusses der Reformierten zum praktischen Schaden der Katholiken als einer kantonalen Minderheit.[146]

Der ‹neue Kurs› von Plattner und Dedual

Über eine parteimässige Organisation ihrer Anhängerschaft verfügten auch die Dissidenten nicht. Man traf sich vornehmlich im Katholisch-konservativen Verein von Chur. Plattner kaufte im Mai oder Juni 1892 den *Graubündner Allgemeinen Anzeiger (Anzeiger/GAA)* und machte diesen zu seinem und Deduals Sprachrohr.[147] Ein Korrespondent vom Vorderrhein hiess diesen «im obersten Oberlande» willkommen und warnte zugleich: «Du darfst freilich auch voraus-

---

144 *Schwyzer Zeitung*, Nr. 48, 15.6.1892. Nicht ausgeschlossen, dass beide Artikel (UW und SZ) vom selben Schreiber stammen.
145 Metz I, S. 457–460.
146 Fry, Decurtins, I, S. 203.
147 Der letzte *Prättigauer Allgemeine Anzeiger* (PAA) ist die Nr. 16 vom 4.6.1892, der erste *Graubündner Allgemeine Anzeiger* erscheint als Nr. 17 am 11.6.1892 und wird danach laufend durchnummeriert. Der PAA verstand sich als «Anzeigeblatt für das gesamte Prättigau bis Landschaft Davos, die Herrschaft und fünf Dörfer». Der GAA präsentierte sich übergangslos als «Anzeigeblatt für den Kanton Graubünden und die gesamte Schweiz», da der PAA auch ausserhalb des Prättigaus verbreitet war. Der GAA wurde «hauptsächlich» von Plattner mithilfe von bis zu 30 Korrespondenten redigiert. Dedual, Regierungsrat D., 1912, S. 98.
In seinem Tagebuch, S. 490, notierte Dedual: «Mitarbeiter Placidus Plattner, Samuel Plattner + seine Söhne Wilhelm und Dr. med. Anton, mein Sohn Julius Dedual, Dr. med. Jacob Scarpatetti + über 30 insgesamt.» StAGR, FamA Dedual, A SP III/13f I/Ii, sub 30.9.1894, S. 491. Aus dem Tagebuch erfahren wir gut zehn Seiten später: «Was andere geschrieben haben ist mit irgendeinem Correspondenz=Zeichen versehen. Was dieses Zeichen nicht trägt, habe ich allein geschrieben, bezw. auch aus anderen Zeitungen zusammengetragen. Nur sehr Weniges ist v. Hrn. Herm. Fiebig, dem Buchdrucker, beigebracht worden, nicht immer zu meiner Zufriedenheit namentlich Bücherempfehlungen.» Ebda., S. 503–504, sub «1898 Januar».

setzen, da und dort verschlossene Thüren zu finden, mit scheelen Augen angesehen und sogar etwa confidentiell angeschnarcht zu werden. Das soll Dich aber nicht irre machen. Wir wollen Dich gleich auf diese Eventualität aufmerksam machen, denn in der Cadi passiert das Jedem, der einen eigenen Willen hat, sich nicht willenlos duckt und seine Überzeugung nicht ohne Murren als Brandopfer auf den Altar irgendeiner Gottheit legen will. [...] Du wirst hier viele Gesinnungsgenossen finden.»[148]

Im *Anzeiger* vom 7. Juli 1892 wurde die Parteistellung des ‹neuen Kurses› unmissverständlich geklärt: «Wir sind Glieder einer katholisch-konservativen Partei, die bereits besteht und die alle katholisch-konservativen Graubündner umfassen soll. In dieser sollen die letztern selber Meister sein und nicht ein Ring oder dieser oder jener Protestant.» Die föderalistischen Protestanten wurden aufgefordert, bitte das Gleiche tun. Zu gleichen Zielen würden sich gleiche Parteien zusammenfinden, «ohne die Prinzipien zu opfern».[149]

Am 26. Oktober 1892 präzisierte der *Anzeiger* dann das Programm der Dissidenten. Dieses umfasste:
1. Die Abkehr vom zu keinen Konzessionen oder Kompromissen bereiten intransigenten Föderalismus der vergangenen zwei Jahrzehnte.
2. Die Gründung einer ausschliesslich katholischen Partei.
3. Die Gründung katholischer Arbeiter- und anderer Vereine, frei von Rücksichtnahme auf die Reformierten.
4. Eine klare Abgrenzung von den Sozialisten und deren Organisationen.[150]

Dieses Programm sollte einer katholischen Partei inskünftig eine unverfälscht katholische Politik ermöglichen. Die Punkte 3 und 4 grenzten die intendierte echt katholische Sozialpolitik gegen die Decurtins'sche Sozialpolitik über alle ideologischen und konfessionellen Grenzen hinweg ab.

Zum «intransigenten Föderalismus» von Decurtins bemerkte Dedual, damit werde in Bünden «geradezu Humbug» getrieben. Der Föderalismus sei da am richtigen Platz, wo es gelte, Rechte gegen Übervorteilung und Bevormundung durch Mehrheiten zu verteidigen. «Vom Bösen ist er aber immer, wenn durch ihn das Gedeihen des g a n z e n Staates beeinträchtigt wird, oder wenn er selber darauf ausgeht, andere Staatsglieder zu schädigen.» Solches könne den Staat zugrunde richten. In der Schweiz stehe der Föderalismus zwar dem Konservatismus näher als jeder anderen politischen Richtung, aber auch für die Konservativen sei

---

148 GAA, Nr. 20, 2.7.1892. Der GAA erschien als Wochenzeitung jeweils am Freitag.
149 Ebda.
150 GAA, Nr. 43, 26.10.1893. Unter Regie von Plattner wurde bereits 1893 in Chur die Gründung eines katholischen Männervereins beschlossen. Siehe auch Gruner, Nationalrats-Wahlen, Bd. 1 B, S. 736.

er kein unentbehrlicher Glaubenssatz und sollte deshalb nicht «zu Bauernfängerei missbraucht werden».[151]

Dieser Gedanke wurde in Erwartung des neuen Departementalsystems der Regierung in einem Nachtrag im *Anzeiger* konkretisiert. Nach einem kurzen Rückblick auf die noch vorhandenen strukturellen Reste aus der Alten Republik – Standeskommission, Schiedsgericht, Drei-Häupter-Regierung u. a. m. – heisst es: «Wer möchte die früheren Zustände zurückwünschen, wer die ehemalige Organisation der Verwaltung und des Gerichtswesens und die 28 [unterschiedlichen] Erbgesetze samt dem ganzen übrigen föderativen Plunder wirksam sehen? Wir wollen uns dabei jeder Anspielung auf die eidgenössischen Zustände enthalten, obschon wir auch auf diesem weiten Gebiete in der fortschreitenden Entwicklung zur Rechtseinheit kein Unglück erblicken. In der Gerichtsorganisation und Verwaltung jedoch und namentlich auf dem Gebiete des Schul- und Bildungswesens halten wir die föderative Gliederung in der Eidgenossenschaft für äusserst werthvoll, im Verkehrswesen und in der Militär-Organisation erscheint sie uns nicht so wichtig, dass die Entwicklung zu grösserer Einfachheit und Einheit als ungesund und verwerflich angesehen werden müsste.» Auch hier bleibe die Bahn offen. Fraglich sei, ob die Erweiterung der Abstimmungsrechte des Volkes im Kanton und im Bund lauter segensreiche Folgen zeitigen würde. «Die Initiative ist eine zweischneidige Waffe. Man kann mit derselben eine Frage nicht nur poussieren, sondern auch totreiten. In der Wahl der Bundesräthe durch das Volk vermögen wir ebenso wenig ein untrügliches Heilmittel zur Beseitigung bestehender Übelstände und Auswüchse zu erblicken. Die soziale Bewegung leidet an Überstürzung und Übertreibung, sie verirrt sich in das Masslose und Unerreichbare und reizt durch ihre Verirrungen und Begehrlichkeiten die besonnenen Elemente zum Widerstande.»[152]

Die Kontrahenten benutzten die Monate bis zur ordentlichen Ständeratswahl von 1893, um ihr Programm zu schärfen und über die beiden Parteien hinweg die personellen Fragen zu klären. Im Zentrum des öffentlichen Interesses stand dabei die Frage, ob die Liberalen tatsächlich Gegenrecht halten und einen Katholiken als Nachfolger von Romedi unterstützen würden. Aber aus welchem Lager sollte dieser genommen werden: ein Anhänger des ‹alten Kurses› oder abermals Plattner?

Eine Zerreissprobe war unvermeidbar, da der Sieg von 1892 zugunsten des Kurses von Decurtins und seines Allianzpartners Sprecher noch der Bestätigung bedurfte. Wollten diese die Zusicherungen des Gegenrechtes einhalten, musste ein Katholik portiert – aber Plattner verhindert werden.

---

151   OW, S. 31–32. Hervorhebung gemäss Vorlage. Im GAA, Nr. 47, 22.11.1895 formulierte Dedual es folgendermassen: «Politik ist keine Dogmatik. Die irdischen Dinge sind in fortwährendem Flusse […]. Wir Konservativen sollen kein politisches Wachsfigurenkabinett um den Götzen des intransigenten Föderalismus bilden», sich nicht auf eine «starre und tote Formel einschwören» und dadurch einen «Standpunkt systematischer Negation» festlegen.

152   GAA, Nr. 52, 28.12.1893.

In seinem Rückblick auf das Jahr 1892 schrieb Redaktor Condrau, Peterellis Tod habe traurige Folgen für die dominierende FödP gehabt. Diese habe nicht nur die Ständeratswahl verloren, sondern sei noch von wenig erbaulichem Zwiespalt und Spaltungen heimgesucht worden. Aber im Glauben, dass die Zeit alles heilen werde, habe er diese nicht öffentlich gemacht. Erfreut zeigte sich Condrau über die Wahrung der Allianz, und er tröstete sich damit, dass «die Nominierung der Kandidaten und die Machinationen im vergangenen März auch Disharmonie in die liberale Partei gebracht» hätten.[153] Schadenfreude als Trostpflaster auf den eigenen Wunden.

Das politische Jahr 1892 fand selbstredend auch ein Echo im Rückblick des *Tagblatts*. Dieses nannte den Druck der Radikalen, persönliches Machtstreben im Innern des katholischen Lagers und den gutbündnerischen Willen zur Machtablösung als Ursachen der Dissidenz. Im Bewusstsein, mit solch diffusen Aussagen nicht punkten zu können, versuchte auch Redaktor Hermann Sprecher die katholischen Wähler zu beruhigen. Was, fragte er sich, ändert die Wahl Rascheins in den Ständerat? Nichts! Bern sei ohne oder gar gegen die Konservativen und Altliberalen nicht handlungsfähig. Und auf kantonaler Ebene? Da wollten die Katholiken vor allem die Freiheit hochhalten, die Liberalen die gute Ordnung. Die Behandlung der Gemeindefreiheit werde als Gradmesser für die Differenzen dienen.[154]

Die Angst vor einer möglichen Spaltung ist hier spürbar. Das neue Jahr 1893 verhiess spannende Auseinandersetzungen um Programme und Personen.

Das Wahljahr 1893 sortiert die Lager

Die Dissidenten eröffneten am 11. Februar 1893 im *Anzeiger*, ihrem Hausblatt, den Wahlkampf um den Ständeratssitz. Sie nahmen, dem Kompromissgedanken entsprechend, diskussionslos Raschein als Vertreter des liberalen Lagers auf ihre Liste. Und was konnte Plattner erwarten? In Anbetracht der grossen Unterstützung für ihn 1892, des erklärten Willens zum Rücktritt von Romedi und der vielseitigen Vertröstung auf 1893 erschien die Kandidatur von Plattner geradezu zwangsläufig. Dessen war sich auch Decurtins bewusst. Am Rande der Grossratssitzung vom 17. November 1892 wurde Plattner deshalb von diesem und von Franz Peterelli zu einer Besprechung geladen. Sie setzten ihn unter massivem Druck. Dem Bericht von Plattner entnehmen wir, dass sie bereit gewesen wären, ihn als Kandidaten zu portieren, falls er nicht mehr im *Anzeiger* schreibe und den ‹alten Kurs› akzeptiere. Seine politische Grundgesinnung stünde einer Kandidatur für die Föderaldemokraten nicht im Wege. Er könne deren Unterstützung als Satisfaktion für die ‹confidentiellen› Vorwürfe betrachten! Decurtins habe

---

153 GR, Nr. 1, 5.1.1893.
154 BT, Nr. 280, 29.11.1892.

«speziell betont», ihn [sc. Plattner] im Fall einer Ablehnung «rücksichtslos» zu bekämpfen. Selbstredend habe er ein solches Ansinnen nicht akzeptieren noch sich solchen Drohungen beugen können. Nun seien diese Charakterköpfe so anmassend, «im Namen der gesamten katholischen Partei das grosse Wort zu führen und einen Kandidaten zu beseitigen, den sie vor einem Jahr derselben Partei offiziell empfohlen haben und der 7092 Stimmen auf sich vereinigte».[155]

In einem «Mitgeteilt» wird gut drei Wochen später berichtet, es werde «gewaltig» gegen den *Anzeiger* agitiert.[156]

In einem Aufruf «Al pievel romontsch»/«Ans romanische Volk» rekapituliert der *Anzeiger* das 1892 Vorgefallene und kritisiert die «schändlichen Intrigen» der Clique um die «Confidentielle Broschüre». Nachdem das *Tagblatt* den Dissidenten damals den Abdruck einer Antwort zur Verteidigung verweigert hätte, verlangten die Konservativen nun abermals vom katholischen Souverän, dass nicht ein Katholik die Katholiken repräsentieren solle, sondern ein Reformierter: «Das ist Selbstmord.» Die Wahlpropaganda der aktuellen *Gasetta* sei das genaue Gegenteil dessen, was diese vor einem Jahr geschrieben habe! «Ihr Katholiken solltet heuer das verdammen, was ihr im vergangenen Jahr mit solch bewundernswertem Enthusiasmus getan.» Nach Bern gehörten nun konsequenterweise Raschein und Plattner.[157]

Damit lag der Ball bei der *Gasetta*. Für Redaktor Placi Condrau war klar: Der Entscheid der Parteiführung gegen Plattner als Ständerat, der 1892 in seiner *Gasetta* ohne Widerspruch als für die Katholiken einzig wählbarer Kandidat propagiert worden war und über 7000 Stimmen auf sich vereint hatte, musste auf die treue Gefolgschaft niederschmetternd wirken. Diese Kehrtwende erforderte nach den peinlichen Ränken der ‹Confidentiellen› doch einigen propagandistischen Aufwand, um den Katholiken eine Nichtwahl von Plattner schmackhaft zu machen. Und ausgerechnet die *Gasetta*, deren Wahlkampf für Plattner 1892 von Decurtins und einem Teil des Landeskomitees hintertrieben worden war und die stets auf konfessionelle Parität pochte, musste nun Plattner als nicht mehr wählbaren Katholiken zugunsten eines Reformierten vernichten. Das wurde ihr insofern erleichtert, als es ab Ende 1892 keine mediale rätoromanische katholische Alternative zur *Gasetta* gab. Diese besass ab dato das Informations- und Deutungsmonopol. Condrau wusste, wie man solche Verlegenheiten propagandistisch meistern, Schaden von seiner *Gasetta* abwenden und sich eine (einseitig informierte) Gefolgschaft auch nach einer Kehrtwende sichern konnte.

Mittels eines «Communicau»/«Mitgeteilt» zur anstehenden Wahl liess Condrau zunächst die Position der Föderal-demokratischen Partei darlegen. Darin stand, das Landeskomitee habe den Liberalen den Vorschlag unterbreitet, dass jede Partei nur einen Kandidaten aufstelle und die andere diesen übernehme.

---

155 GAA, Nr. 6, 11.2.1893. Ein Korrespondent aus der Herrschaft bezeichnet im GAA, Nr. 7, 18.2.1893 den Vorschlag als «Diktat des Grossmoguls».
156 Ebda., Nr. 42, 4.12.1892.
157 Ebda., Nr. 6, 11.2.1893, Beilage.

Für den Fall, dass dies gelinge, habe das Komitee schon vor einiger Zeit Romedi aufgestellt. Der Grund: Unter den waltenden Umständen sei die Kandidatur Romedi die angemessenste, um dem konservativen Volk zu ermöglichen, seinen entschiedenen Willen zum Ausdruck zu bringen, beim sogenannten ‹alten Kurs› zu bleiben. Dieser bestehe darin, «Katholiken und Protestanten auf dem Boden des Föderalismus zu einen». Der Entscheid des Landeskomitees sei von der katholisch-konservativen Grossratsfraktion einhellig approbiert worden. Der zum Rücktritt entschlossene Romedi habe sich dadurch zu einer erneuten Kandidatur überreden lassen. Nachdem dieser Vorschlag auch von der katholisch-konservativen Fraktion einstimmig angenommen worden sei, dürfe man hoffen, «dass unsere politischen Freunde die Notwendigkeit eines solchen Vorgehens anerkennen werden und sich nicht von persönlichen Leidenschaften dazu verleiten lassen, die frühere Eintracht zu stören. Es gehe hier nicht um Personen, sondern *«um Prinzipien und um die Zukunft der Partei»*.[158]

Nur Letzteres trifft zu, denn die frühere Eintracht existierte nur äusserlich.

Nun lag es an Redaktor Condrau, zu seiner Ehrenrettung zu erklären, warum er seinen letztjährigen Helden und ehemaligen Schüler plötzlich zum nicht mehr wählbaren Paria stempeln musste. Er tat dies in einem redaktionellen «Per sclariment»/«zur Erläuterung» des obigen «Communicau». Die wenigen protestantischen Stimmen für Plattner im Vergleich zu Raschein hätten 1892 bei Plattner und Dedual «grosse Unzufriedenheit mit der Allianz» ausgelöst, woraus die «wenig erbauliche Polemik» entstanden sei. Dann erzählt er, explizit für seine romanischen Abonnenten, die keine deutschsprachigen Zeitungen lasen, seine Sicht der Ereignisse von 1892 und weist dabei selbstredend die Dissidenten Plattner/Dedual als die Schuldigen an der Spaltung aus. Die Versuche der föderal-demokratischen Grossratsfraktion, die Wogen zu glätten, seien gescheitert, da Plattner wie auch Vater und Sohn Dedual die Fraktion verlassen hätten und seither in ihrem *Anzeiger* gegen den von der ganzen Fraktion akzeptierten ‹alten Kurs› hetzten und ihren ‹neuen Kurs› propagierten. Mehrere Grossräte hätten bei der Novembersession 1892 gegenüber Plattner geäussert, sie wären bereit, ihn zum Kandidaten für 1893 zu küren, falls er sich für den ‹alten Kurs› erkläre und sich vom *Anzeiger* zurückziehe. Dieser habe das Angebot abgelehnt, woraufhin man sich auf Romedi geeinigt habe. Er, Condrau, habe in seinen alten Tagen diese Spaltung unter engen Freunden schmerzhaft bedauert und darauf verzichtet, in seiner Zeitung die Polemik um die «Confidentielle Broschüre» darzustellen, die allein zur Verteidigung der Allianz und der föderalistischen Prinzipien verfasst worden sei. Stattdessen habe er den beiden Dissidenten in privaten Schreiben wiederholt

---

158 GR, Nr. 7, 16.2.1893. Hervorhebung gemäss Vorlage. Im Oktober 1893 erinnerte das BT seine Leser nochmals daran: «Die ganze Kalamität wäre nicht eingetreten, und Herr Plattner sässe nach menschlicher Rechnung schon seit vielen Monaten auf dem ersehnten Ständeratssessel, wenn nicht die auf dortiger Seite beliebte Politik der Ungeduld und Ranküne alles verdorben hätte. Ein einziges Jährlein hätte er sich gedulden sollen. [...] Aber das Jährlein wurde nicht abgewartet, und folgte, wie vorauszusehen, die böse Niederlage vom 13. März 1892.» BT, Nr. 243, 17.10.1893.

seine Meinung dargelegt. Diese traurigen Erfahrungen würden erneut zeigen, «*dass man sich an Prinzipien und nicht an Personen halten solle*».[159]

Im Aufruf «Al pievel catolic dil Grischun»/«Ans katholische Volk Graubündens» beklagt die konservative Fraktion eine Woche später zunächst die «bedauerlichen Wirren», von welchen die Partei seit einem Jahr geplagt werde. Es sei jüngst eine überkonfessionelle föderal-demokratische Partei formell auf festen Boden gestellt worden. Diese wolle «mit der Waffe des Föderalismus die Überhand nehmende Bürokratie bekämpfen und die demokratischen Freiheiten von Volk und Gemeinden verteidigen». Mit diesem politischen Programm hätte man in den vergangenen zwanzig Jahren schöne Erfolge erzielt. Die Einigkeit der Allianz habe 1892 schweren Schaden erlitten, und die unmittelbare Konsequenz sei die schwere Niederlage bei der Ständeratswahl gewesen. «Wie es dazu gekommen ist, und wie die Zwietracht gewachsen ist, wollen wir an dieser Stelle nicht näher erläutern.» In der Folge habe sich eine «kleine, aber zu allem entschlossene Gruppe» abgespalten, die mit ihrer Zeitung rücksichtslos das Ziel verfolge, unseren bisher so bewährten ‹alten Kurs› zu bekämpfen und die Allianz zu spalten. Mit ihrem ‹neuen Kurs› möchten Plattner und Dedual bei unseren radikalen und zentralistischen Gegnern neue Freunde gewinnen. Nach diesen Ausführungen wird dem katholischen Volk die «seriusa damonda»/«ernsthafte Frage» gestellt, deren Beantwortung de facto über den weiteren Bestand der Allianz entscheiden würde: «Wollt ihr den *neuen* Kurs oder beim *alten* bleiben?» Die Fraktion kämpfe entschieden für den alten Kurs. Plattner und Dedual seien für diese nicht wählbar, da nicht mehr der Allianz angehörig. Inzwischen hätten sich die Komitees der Allianz und der Liberalen Partei auf den Kompromiss Romedi und Raschein geeinigt und weitere Kandidaturen ausgeschlossen.

Nach dieser Erläuterung der (unbestrittenen) Notwendigkeit der Parteienparität war es schlecht möglich, der Frage nach der konfessionellen Parität auszuweichen. «Unsere Antwort auf diese Frage», so die *Gasetta* weiter, «ist einfach: **Wir können Herrn Plattner unmöglich als Repräsentanten unserer Sache und unserer Partei anerkennen,** *obwohl er sich unter konservativer Fahne präsentiert.*» Plattner und Dedual hätten sich der angebotenen Versöhnung verweigert und würden nun in jeder Ausgabe ihrer Zeitung das bekämpfen und lächerlich machen, was auch sie ehedem hochgehalten hatten: das föderalistische Prinzip. Plattner habe sich seit seiner Niederlage von 1892 als erklärter Gegner der Partei erwiesen, «*und einen Gegner wollen wir nicht als unseren Vertreter zur Wahl vorschlagen.* Wenn er und sein Kumpane [sc. Dedual] sich nun als die berufenen Vertreter der *katholischen* Interessen und einer echt katholischen Politik präsentieren, so müssen wir in Erinnerung rufen, dass der bekannte ‹Kulturkampf› dank dem vernünftigen Empfinden der moderaten Liberalen und besonders unserer Allianz mit den konservativen Protestanten und den unabhängigen

---

159   GR, Nr. 7, 16.2.1893. Hervorhebungen gemäss Vorlage.

Demokraten einen weiten Bogen um unseren Kanton gemacht hat. Eine allfällige Nominierung von Plattner dürfte deshalb keineswegs als ein Sieg der Konservativen betrachtet werden, sondern als eine **zweite Niederlage**». Wer das bezweifle, den dürfe man auf die grosse Sympathie und Unterstützung hinweisen, welche die Dissidenten gerade bei der äussersten Linken der Liberalen Partei und ihrer Presse genössen. Unter den waltenden Umständen sei die Wiederwahl von Romedi die beste Lösung, umso mehr, als die gesamte konservative Schweizer Presse seine Kandidatur wärmstens begrüsst habe. Es sei darum eine «obligaziun d'honur»/«Ehrenpflicht», ihm durch ein möglichst einheitliches Votum Dankbarkeit zu zeigen.[160]

Die Finesse, um die oft bemühte «obligaziun religius-politica»/«religiös-politische Pflicht» zu umgehen: nur eine «obligaziun d'honur», keine [katholische] Gewissensfrage. Diese politische Vernichtung des Dissidenten Plattner ist ein propagandistisches Meisterstück, fürwahr.

Am 18. Februar, mitten in diesem Manöver der *Gasetta*, schoss der klassisch dichtende Dedual mit poetischen Giftpfeilen auf Decurtins.

«Mit langem Schweif und kleinem Kern
Erschien im Oberland ein Stern.
Er funkelte wie Karfunkelstein
Am Vorder- und am Hinterrhein.
Zum Bauer sprach er: ‹Lieber Mann!
Schaff' du noch mehr der Ziegen an,
Das Weit're überlasse mir –
Prämirt wird jedes Böcklein dir!›
Zum Pfarrer sprach er: ‹Frommer Herr!
Im Land geht jetzt der Bös'umher
Und fängt die Seelen zentnerweis
Wenn ich ihm nicht die Wege weis!›
Und Bauersmann und Pfarrer denkt:
‹Das ist ein Mann von Gott geschenkt!›
Man sprach von ihm und wählte bald
Ihn, statt des Mann's beim Flimserwald.[161]
Nach Freiburg und ins Bernerland
Erscholl sein Ruhm vom Rheinesstrand.
Heut sprach er da und morgen dort
Und nahm's genau nicht mit dem Wort!
Nur dass er von sich sprechen mach',
War Wunsch ihm, sowie Herzenssach'.

---

160   Ebda., Nr. 8, 23.2.1893. «Supplement». Hervorhebungen gemäss Vorlage.
161   Gemeint ist der katholisch-liberale Anton Steinhauser.

Im Norden ist er Sozialist,
Im Süden aber frommer Christ.
Und macht sein Glück im Norden Paus',
So ist er flugs in Rom zu Haus.›
Am Ende sagt das Volksgericht:
Solch' Doppelspiel gefällt uns nicht! (Sig. x)»[162]

Die Anspielungen dürften nach der bisherigen Lektüre leicht zu verstehen sein. Wir dürfen annehmen, dass der *Anzeiger*, wie Condrau oben berichtet, als deutschsprachiges Medium unter der Leserschaft der *Gasetta* kaum verbreitet war. Und dies bedeutet: Die *Gasetta* als Organ des ‹alten Kurses› hatte die publizistische Deutungshoheit in ihrem rätoromanisch-katholischen Verbreitungsgebiet endgültig errungen. Und sie behielt diese für viele Jahrzehnte. Was der *Anzeiger* da unter die konservative Wählerschaft streute, war für die Intentionen von Condrau zu viel des Bösen. Dieser habe «ina odiusa polemica»/«eine abscheuliche Polemik» gegen Peterelli und Decurtins eröffnet, so abscheulich, dass die Angegriffenen einen Verleumdungsprozess gegen Plattner einleiten würden. Die *Gasetta* erklärte nochmals ihre Kehrtwende und verriet dabei uns inzwischen bekannte, aber zumindest einem Grossteil ihrer Leserschaft noch unbekannte Vorkommnisse. Im vergangenen November hätten Peterelli und Decurtins einen letzten Versuch unternommen, Plattner in die Allianz zurückzuholen. Im Anschluss an eine Sitzung mit Plattner im Grauen Haus am 17. November 1892 hätten sie die Nominierung für den Ständerat angesprochen und dabei Herrn Plattner zugesichert, dass er als Kandidat der Allianz aufgestellt werde, falls er den ‹alten Kurs› akzeptiere und sich aus dem *Allgemeinen Anzeiger* zurückziehe. Diese Unterhaltung sei nicht protokolliert worden, aber im Ergebnis sei die Mediation gescheitert. «Hätte Plattner diese akzeptiert, wäre der Krieg beendet gewesen und dies hätte uns alle Skandale und Streitigkeiten erspart. Er wäre zum einzigen konservativen Kandidaten gekürt worden und seine Wahl wäre gesichert gewesen, da Herr Romedi zum Rücktritt bereit war. Zu denen, die [Plattner] zu diesem letzten Versöhnungsversuch geraten haben, gehört auch der Redaktor der *Gasetta* als guter Freund des Herrn Plattner und vormals sein Lehrer.»[163]

---

162   GAA, Nr. 7, 18.2.1893. Eine Korrespondenz aus der Herrschaft äussert sich zu den Ständeratswahlen: «Maulkrattenpolitik scheint ein Glaubenssatz der Föderaldemokratie zu sein. Lieber Anzeiger! und du bist schuld daran! Ein Dorn im Auge – für einen gewissen Ring, – solltest du vernichtet werden, wer dich liest ist nicht mehr koscher und waschächt, wer dir Korrespondenzen zuschickt, wird laut Dictat des Grossmoguls r ü c k s i c h t s l o s   v e r f o l g t. Ei, ei! und das soll offene, ehrliche Politik sein, mit freier Meinungsäusserung?» (Hervorhebungen gemäss Vorlage.) Romedi werde missbraucht, um Plattner erneut von Bern fernzuhalten und den Platz für den Nepoten [sc. Franz Peterelli] freizuhalten. Plattner werde von Seiten der Decurtins-Anhängerschaft vorgeworfen, er pflege regen Umgang mit dem katholisch-liberalen Anton Steinhauser und sei selber ein verkappter Liberaler.

163   GR, Nr. 8, 23.2.1893. Sowohl Plattner als auch Dedual waren ehemalige Schüler von Redaktor Placi Condrau am bischöflichen Gymnasium in Disentis. Die Aussagen zum 17.11.1892 decken sich mit denen von Plattner im GAA (s. o.).

Ohne die *Gasetta* auf verlorenem Posten

Bemerkenswert ist bisher Folgendes: Die *Gasetta* überliess die erste Runde dem Landeskomitee und den katholischen Grossräten. Es war im Kern dasselbe Komitee, das 1892 die Wahl von Plattner torpediert und Condrau bis auf die Knochen blamiert hatte. Die radikale Kehrtwende erforderte dann von diesem ein sehr schmerzhaftes Opfer. Es handelte sich um eine Mandatsteilung unter den Konservativen/Föderalisten und Liberalen, die auch von der *Gasetta* aus politischer Vernunft grundsätzlich befürwortet wurde. Aber diese wünschte sich als erzkatholische Zeitung dabei gewiss nicht zwei Bündner Protestanten im Ständerat und erwartete für 1893 den versprochenen Ausgleich, wenn nicht mit Plattner, so doch auf jeden Fall mit einem Katholiken, der anstelle von Romedi hätte portiert werden müssen. Das war der konfessionellen Parität geschuldet.

Mit Condrau in ihrem Boot durften Decurtins und Sprecher den persönlichen Macht- und politischen Richtungskampf als zu ihren Gunsten entschieden betrachten. Die *Gasetta* propagierte nun unerschütterlich die Kandidatur von Romedi und verteidigte in den nachfolgenden Jahren den Löwen von Truns – manchmal spürbar à contre coeur – gegen alle Anfeindungen. Sie war, wie der gegnerische *Anzeiger* zutreffend bemerkte, «Beschützerin» von Decurtins geworden.[164]

Die Dissidenten blieben auch nicht untätig. Eine «Mittheilung aus der Cadi» für ihren *Anzeiger* bezeichnet obiges «Communicau» als «offenbar von Decurtins selbst» verfasst und greift Redaktor Condrau frontal an: «Der Hr. Professor zeigt wieder einmal seinen Fuchs in schönster Gestalt in seiner Schlussbemerkung. Diese abscheuliche Falschheit verlässt auch den Greis nicht.» Dedual bemerkt zum Ganzen: «Decurtins und Gewaltthätigkeit sind absolut synonym.» Dieser Herr dulde «nur die a l l e r u n t e r t h ä n i g s t e n K r e a t u r e n neben sich.» Und nun bot sich auch die Gelegenheit zu einer weiteren Schelte: «Hören Sie einmal, Werkmeister der Gasetta, welche P r i n z i p i e n stehen da Persönlichkeiten gegenüber? Brauchen Sie doch nicht den Begriff Prinzip in einer Sache, die gar nichts anderes als etwelchen taktischen Werth hat. Nennen sie das Kind beim richtigen Namen. ‹Prinzipien›? – dass Gott erbarm! Die Gasetta, die Katholizismus in jeder Rockfalte hat, wendet sich mit einer Thräne im Auge von Reg.-Rath Plattner ab und verlangt, dass ihr ganzer grosser Leserkreis an die Kandidatur Plattners gar nicht mehr d e n k e n d ü r f e. Ist die Gasetta altersschwach geworden, dass sie alles, was sie seit über 36 Jahren beständig mit Leidenschaft gepredigt hat (die Empfehlung des Nationalraths Casparis C.M. einzig ausgenommen), mit nassem Finger durchstreicht? Wahrhaft, die freisinnigen Zeitungen sind lojaler als Sie, diese lassen uns doch noch – ‹w ä h l e n›.»[165]

---

164 GAA, Nr. 17, 29.3.1893. Den Übernamen verdankte Decurtins seiner imposanten Erscheinung, seinem kämpferischen Naturell und seiner an eine Löwenmähne erinnernde Haarpracht.

165 Ebda., Nr. 8, 25.2.1893. Hervorhebungen gemäss Vorlage. Im Kampf gegen die Dissidenten hielten die föderal-demokratischen Grossräte offensichtlich zusammen: Sie enthielten sich der Stimme bei der Wahl von Regierungsrat Dedual als Erziehungsrat, portierten aber keinen eigenen Kandidaten.

Drei Tage vor der Wahl klärte die *Gasetta* das konservative Wahlvolk über die «doppelte Bedeutung» des 5. März auf. Es gehe nicht nur darum, ob man Romedi oder Plattner nach Bern schicken wolle, sondern schlicht um die Fortdauer der Allianz, «der wir die neue Kantonsverfassung mit der grossartigen Erweiterung der Volksrechte zu verdanken haben, und die das Bündner Volk auf eidgenössischer Ebene zu glorreichen Siegen bei Wahlen und Abstimmungen geführt hat». Condrau erwähnte nochmals den eindringlichen Appell der Grossräte als «Landesväter», geschlossen für Romedi und keinesfalls für Plattner zu stimmen. Was man nach 20 Jahren segensreichen Wirkens der Allianz zu verdanken habe, sei bekannt. Was von den Dissidenten zu erwarten sei, liege hingegen noch im Dunkeln.[166]

Kein erläuterndes Wort zum politischen Programm der Allianz ausser der unermüdlichen Wiederholung der populistischen Schlagworte von den explodierenden Bürokratien, hohen Beamtenlöhnen, Ausgaben für Militär und Festungen und von Zentralisierern in Bern und Chur. Der Bund schwimme in seinen Zollgeldern, aber die Dissidenten vom *Anzeiger* wollten «den Bund mästen und die Kantone Hunger leiden lassen», anstatt einen Teil davon den darbenden Kantonen zukommen zu lassen. Diese Schlagworte wurden in der *Gasetta* unter Berufung auf die Prinzipien katholisch-konservativer Politik dogmatisch propagiert. Sie seien von Peter Conradin Planta, «einem ehrwürdigen Veteranen der föderaldemokratischen Partei», verfasst worden.[167]

Zwei Monate vor der Ständeratswahl nahm «+» (sc. Dedual) im *Anzeiger* Stellung zum Programm des «Herr[n] P[lanta]». Zunächst stellte er fest, dass die Föderal-demokratische Partei ein Bündner Unikum sei. Im Übrigen sei das betreffende Programm in der katholischen Presse unkommentiert publiziert worden. Der darin vertretene überlebte Föderalismus sei nicht akzeptabel und schon längst von der Realität überholt. Den Geltungsbereich des prinzipiell wünschenswerten Föderalismus betreffend müsse gelten: Was von den Kantonen nicht finanzierbar sei (die hohen Schulstufen, Eisenbahnen, Subventionswesen usw.), müsse zulasten des Föderalismus dem Bund überlassen werden. «Vor 1848 hatten wir einen armen Bund und zum Theil wohlhabende Kantone. Wollen wir zu diesen Zuständen zurück? Wir danken schön. Alles Ungemach, das wir vor 1848 erlitten, spielte sich auf föderalistischem Boden ab, sogar die Tagsatzung war sehr föderalistisch organisiert.» Vieles im Programm von Planta Enthaltene sei «gewiss recht hübsch», aber manches sei so beschaffen, dass man auch auf konservativem Standpunkt darüber verschiedener Meinung sein könne. Die Aargauer Konservativen seien bekanntlich nicht alle gegen Verstaatlichung der Eisenbahnen, und die Luzerner und St. Galler auch nicht sehr hitzig, «und in Bünden hätte wohl Niemand etwas dagegen, wenn der Bund uns Eisenbahnen bauen

---
166 GR, Nr. 9, 2.3.1893. Hervorhebung gemäss Vorlage.
167 Ebda., Nr. 2, 12.1.1893.

würde.» Gemäss Planta solle die soziale Frage so viel als möglich auf dem Boden der Freiheit gelöst werden, und vorläufig wolle man nichts vom Sozialstaat. «Weiss Herr P[lanta], auf welchem Boden die soziale Frage gelöst wird? Auf dem Boden des Christenthums und auf keinem anderen, was aber nicht ausschliesst, dass auch der Staat durch Gesetze nachhelfe. [...] Es kommt nur darauf an, wie weit dürfen wir im Sozialstaate gehen; dieser selbst ist schon da und Gott Lob! dass er da ist.»[168]

DAS PROGRAMM PLANTA VON 1893

Die *Gasetta* bemerkt einleitend zu diesem «föderalistisch-demokratischen Programm», es sei ein glücklicher Gedanke Plantas gewesen, auch für diese Partei ein Programm zu verfassen, nachdem die dominierende radikale Partei der Schweiz schon lange ein solches als Richtschnur für ihre Arbeit in den eidgenössischen Kammern aufgestellt habe. Planta sagt dazu, es sei ihm aufgefallen, dass die Föderaldemokraten «noch nie ein politisches Programm verfasst hätten». Ein solches müsse folgende Hauptpunkte enthalten:
1. Verteidigung des föderalistischen Prinzips. Kantonale Selbstregierung.
2. Einführung des obligatorischen Referendums zum Schutz der Volksfreiheit gegen die wachsende Macht der eidgenössischen Kammern.
3. Kampf gegen die fortschreitende Zentralisierung von Verwaltung und Politik. Keine eidgenössischen Eisenbahnen.
4. Neue Gesetze nur sofern wirklich notwendig und nur solche, welche die Zentralisierung der Rechtsprechung nicht fördern.
5. Gegen überbordende Militärausgaben und besonders gegen den Bau von Festungen.
6. Die sogenannte soziale Frage muss so weit als möglich auf dem Boden der Freiheit und nicht unter staatlicher Regie, sondern korporativ gelöst werden.
7. Kampf für eine Finanzpolitik der Sparsamkeit gegen staatliche Verschuldung.[169]

Das diese Hauptpunkte aufnehmende «föderalistisch-demokratische Programm» wurde erst im Dezember 1895 vorgelegt.[170]

---

168 GAA, Nr. 3, 21.1.1893. Zur Abstimmung über Erwerb, Organisation und Verwaltung der Eisenbahnen durch den Bund verfasste Decurtins eine ganze Seite in der *Gasetta* und forderte mit der Begründung, «die Zentralisierung der Eisenbahn [sei] der kürzeste Weg zum Einheitsstaat», ein entschiedenes Nein. GR, Nr. 7, 17.2.1898.
169 Es erschien zuerst im BT, Nr. 4, 5.1.1893 und dann in der GR, Nr. 2, 12.1.1893.
170 Siehe S. 101.

Keine Stimmen den Dissidenten!

Immer wieder bezeichnet die *Gasetta* die Dissidenten wegen ihrer programmatischen Kritik als verkappte Zentralisten. Der Plattner von 1893 sei keineswegs derselbe wie der von 1892. Damals sei er noch im föderaldemokratischen Landeskomitee gesessen, «und niemand hätte vermutet, dass er ein solcher Zentralist ist, als der er sich nun erweist». Die Radikalen und Zentralisten hätten die Trennung mit Applaus begrüsst, in freudiger Erwartung, «dass die Kraft der siegreichen föderal-demokratischen Partei gebrochen werde». Plattner sei «curdaus giud nossa partida»/«von unserer Partei abgefallen». Kein Wunder also, dass die 7000 konservativen Wähler nun nichts mehr von ihm als ihrem Kandidaten wissen wollten.

Ein weiterer Beitrag in der gleichen Ausgabe beschwört die Wählerschaft, ja nicht für Plattner zu stimmen, nur um Decurtins eins auszuwischen. Dafür sei diese Wahl zu wichtig. Wer diesem «jungen und berühmten Mann» eins auswischen wolle, weil er «mit den Sozialisten zu Mittag und mit den Papisten zu Abend esse», könne dies viel besser an der nächsten Landsgemeinde oder bei den Nationalratswahlen im Herbst tun. Das abschliessende Hohelied auf Romedi, als Beitrag eines «einfachen Bauern der Cadi» gezeichnet, verrät stilistisch und inhaltlich viel mehr Ratshaus- und Redaktorenwissen als Stallgeruch.[171] Ohne eine solche Stimme wäre das propagandistische Orchester für eine bäuerliche Gesellschaft aber unvollständig gewesen, weshalb sie für weitere 100 Jahre ihren festen Platz in der *Gasetta* behielt.

Solche breit angelegte Präsentation und Diskussion des Für und Wider bestimmter Kandidaten ist eine Seltenheit in den Spalten der *Gasetta*. Der propagandistische Aufwand, um ihren Helden von 1892 zum nicht wählbaren Abtrünnigen von 1893 umzuschreiben, ist äusserst bemerkenswert und verrät, unter welchem Druck Placi Condrau stand – und bei wem er für ein Jahrzehnt angeheuert hatte. Zum Vorteil beider, da Decurtins das Föderalismus-Dogma von Condrau und dessen religiöse Orthodoxie vertrat. Die eindringlichen Appelle verraten auch die grosse Unsicherheit bei den Konservativen über den Ausgang der Wahl, obwohl alle Zeitungen den Kompromiss befürworteten und – mit Ausnahme des *Anzeigers* – Romedi und Raschein wie konveniert zur Wahl empfahlen.

---

171 GR, Nr. 9, 2.3.1893. Der Ausdruck «curdaus giud nossa partida» findet seine Entsprechung im religiösen «curdaus giud la cardientscha»/«vom [richtigen] Glauben abgefallen».

Unmittelbar vor der Wahl versuchte es Plattner im *Anzeiger* mit einer Mischung aus Poesie und Ironie:

«Ihr lieben Leute, gebet Acht,
Dass ihr uns keine Böcke macht!
Thut immer, was der Sprecher spricht,
Dem Plazid Plattner stimmt nicht.
Und auch dem Luzi, dem Raschein,
Dürft ihr gar nicht gewogen sein.
Ihr müsst als brave Katholiken
Nur auf Romedi gläubig blicken.
Den Föderalismus ha, den hat er
Und wird am End noch Kirchenvater.
Herr Decurtins bereitet's vor.
Er findet leicht ein off'nes Ohr.
W i r sind dann recht im Element,
Und i h r habt, was ihr wünschen könnt.
Doch stimmt ihr nicht für Romedi,
Dann endet traurig die ‹Komedi›.
Und wer beschreibet dann die ‹Quala›
Von Sprecher, Decurtins und Zala!»[172]

Der Wahlkampf des *Tagblatts* war auf die deutschsprachige Wählerschaft ausgerichtet. Er wurde mit ebenso viel Emphase geführt wie in der *Gasetta*. Die allermeisten katholisch-konservativen Wähler lebten aber im Einflussbereich des Disentiser Blatts. Das *Tagblatt* beschäftigte sich besonders mit dem *Anzeiger* und mit der Rückweisung der Wahlpropaganda der Dissidenten. Es bringt substanziell aber nichts anderes als das, was wir bereits aus der *Gasetta* kennen. Der Tenor lautete: Plattner und Dedual sind keine Föderalisten, bekämpfen die Allianz, wollen eine Partei ohne protestantischen Partner und haben Freunde im zentralistischen Lager. Stärker als die *Gasetta* engagierte sich das *Tagblatt* in der Abwehr offener oder heimlicher liberaler und radikaler Propaganda für Plattner gegen Romedi. Romedi sei der einzige konservative Kandidat, und niemand solle deshalb für Plattner stimmen und dadurch von zwei abtrünnigen Parteigenossen Uneinigkeit in die Allianz tragen lassen.

Ein (in Ems ansässiger) «Korrespondent vom Lande» glaubte, Plattner und Dedual als «grobe Flegel» bezeichnen zu dürfen, weil sie in ihrem *Anzeiger* angeblich jammerten, tobten und schimpften und das katholische Wahlvolk als «Stimmvieh» bezeichneten. Dass sie «bereits vom Glauben abgefallen» seien, wie

---

[172] GAA, Nr. 9, 4.3.1893. Der GAA, Nr. 7, 18.2.1893 versicherte abermals, dass «sich Hr. Plattner punkto Grundsätze, Wissen und Charakter seit dem letzten Jahr um kein Haar geändert» habe.

in Ems herumgeboten werde, halte er aber für eine Erfindung und gar Beleidigung.[173]

Der *Anzeiger* war auch nicht zimperlich und bezeichnete das Wahlkomitee der Allianz als «feudal-demokratisches Komitee».[174] In der Hoffnung, das katholische Volk am Rhein, an der Albula und im Oberhalbstein werde sich von diesem nicht dressieren lassen, schritt der Kandidat Plattner zusammen mit dem auch vom *Anzeiger* empfohlenen Raschein ins Wahlwochenende.[175]

Ein Sieg für den ‹alten Kurs›

Zum 11. März titelt der *Anzeiger* schlicht: «Die Niederlage».[176] Das *Tagblatt* schreibt dazu: Der grosse Haufen der auf Plattner gefallenen Stimmen komme aus dem radikalen Lager: Davos, Bündner Herrschaft, Schanfigg und Chur. Hinter den Resultaten der Cadi aus Obersaxen und Sagogn «guckt ganz leicht erkenntlich der bekannte Generalstab hervor, der sich keine Mühe und keine Gänge gereuen liess, jetzt einmal zu beweisen, wie gut er es mit dem katholischen Volk meint und wie sehr es ihm daran liege, einen katholischen Vertreter im Ständerat zu haben. Im Herbst wird es den gleichen Leuten dann schon weniger auf katholische Gesinnung eines Kandidaten ankommen».[177]

Der *Rätier* staunte über den doch sehr bemerkenswerten Anhang Plattners auch in den katholischen Kreisen und zumal im Kreis Disentis [386 Plattner zu 326 Raschein], «wo er die heftigste und rücksichtsloseste Gegnerschaft hat».[178]

Die Stimmenverteilung zeigte: Der Souverän befürwortete den Kompromiss! Die im liberalen Lager geäusserte Befürchtung, Plattner könnte Raschein das Wasser abgraben, weshalb die Liberalen nur Raschein auf den Wahlzettel schreiben sollten, erwies sich als unbegründet.

Der *Anzeiger* war da anderer Meinung: Der ‹alte Kurs› sei auf eine «Sandbank» aufgefahren, denn die Allianz mobilisiere «nicht mehr» als 6000 Mann. Für Erfolge bedürfe sie der Hilfe der Liberalen, ihres «natürlichen Gegners» – ein «kläglicher Kompromissbettel».[179]

---

173 Ebda., Nr. 54, 4.3.1893. Der GAA, Nr. 11, 18.3.1893 berichtet, es werde herumgeboten, «Plattner sei der ärgste Zentralist und gar noch vom Glauben abgefallen».
174 GAA, Nr. 6, 11.2.1893.
175 Ebda., Nr. 9, 4.3.1893: Der Kreisrat des Oberhalbsteins konnte dem bei der Beratung der Wahlen anwesenden Plattner viele Stimmen in dieser Region in Aussicht stellen.
176 Ebda., Nr. 10, 11.3.1893. Gez. «+» [Dedual].
177 BT, Nr. 54, 7.3.1893.
178 FR, Nr. 56, 7.3.1893.
179 GAA, Nr. 10, 11.3.1993.

Der Stachel steckte weiterhin im föderalen Fleisch

Die Allianz durfte den Sieg ihres Kandidaten bejubeln, aber die Konservativen konnten damit nicht ganz zufrieden sein, weil Plattner in den katholischen Stammlanden doch eine schmerzlich grosse Anzahl Stimmen sammeln konnte. Die *Gasetta* kommentierte das Ergebnis der Wahl so, als wäre es auch um ihr eigenes Überleben gegangen. Wie wäre sie wohl bei einem Sieg Plattners dagestanden? So aber konnte sie entspannt die Siegesfahne schwenken. Die «ferma ed impurtontissima battaglia electorala»/«harte und eminent wichtige Wahlschlacht» sei vorbei und die Allianz wiederum um eine «splendida victoria» reicher. Das Gebrüll und die Umtriebe des geschlagenen Gegners hätten diesen Sieg umso grösser und ehrenvoller gestaltet. «Das Bündner Volk hat sich in seiner Mehrheit zugunsten des ‹alten Kurses› erklärt, und an diesem denkwürdigen Tag haben die konservativen Reformierten und Katholiken gezeigt, dass sie auch künftig Hand in Hand gegen die verderbliche Zentralisierung und Bürokratie ankämpfen wollen, dass sie gute Freunde und treue Verbündete sein und bleiben wollen, solange Berge und Täler stehen, genau so wie unsere glorreichen Ahnen am 16. März 1424 unter dem Trunser Ahorn geschworen haben.» So freuten sich die Sieger «sehr darüber, dass die föderal-demokratische Partei das Schlachtfeld gestärkt und geeint verlassen kann.»[180]

Solch siegestrunkenes Pathos lässt die Anspannung erahnen, die vor der Wahl geherrscht hatte. Für die Verlierer bedeutete dieser Volksentscheid mehr als nur eine abermals verlorene Wahl. Die Redaktion des *Anzeigers* hält zunächst fest, dass der alte Parteibann gebrochen sei und dass Raschein von der liberalen und konservativen Mehrheit gewählt worden sei. Nun könne dieser «als Vertreter des Kantons Graubünden im eigentlichen Sinne, als Erwählter des ganzen Bündner Volkes nach Bern gehen». Die respektable Stimmenzahl von Plattner sei aber eine Aufforderung zu weiterem Kampf für den ‹neuen Kurs›: «Bei Philippi sehen wir uns wieder».[181]

Bis dahin dauerte es allerdings noch ein Jahrzehnt. Die Ursache für die Niederlage ortete der *Anzeiger* zunächst bei den Föderaldemokraten, d.h. dem reformierten Teil der Allianz: «Die Kette, die uns hemmte, beginnt im Bundslandammann-Haus in Fideris, sie ist gespannt von da bis zum Schloss in Maienfeld, von da bis in die Bündte bei Chur und von da bis ins Schloss Rietberg.» Von der Bündte aus gehe ein Seitenstrang zum Churer «Oberthor», von dort ins «Paradis» und von dort in die Offizin der Neuen Bündner Zeitung. Ein zweiter Strang zweige in Reichenau ab und gehe über Truns nach Disentis.[182]

---

180 GR, Nr. 10, 9.3.1893.
181 GAA, Nr. 10, 9.3.1893.
182 Ebda.

Als Glieder dieser Kette erkennen wir, der Reihe nach, Peter Theophil
Bühler, Theophil Sprecher, Hermann Sprecher, Johann Anton Casparis, die Redaktoren des *Rätiers*, des *Tagblatts* und der *Neuen Bündner*, Andreas Rudolf
Planta-Reichenau, Caspar Decurtins und Placi Condrau.

Als zweiten Schuldigen machten die Dissidenten die Grütlianer aus. Diese
würden für ihr Verhalten Proportionalitätsgründe vorschieben, obwohl das
parteilich und konfessionell gerechte Verhältnis nur durch die Wahl von Plattner
neben Raschein wirklich erfüllt gewesen wäre. Der Grund sei de facto ein anderer: «Die Herren Nationalräthe Decurtins und Risch sitzen bekanntlich zusammen im Garantiekomite für den ‹Volksmann›.»[183]

Im gleich anschliessenden Artikel «Zur Situation» hält die Redaktion fest,
dass mindestens 2000 der 5000 Stimmen für Plattner von «leibhaftigen Katholiken» stammten. Für Raschein hätten deren 2000 gestimmt und für Romedi 3000
Nicht-Föderalisten. «Bemerkenswert sind die Erfolge in der Cadi. Gebt uns ein
konservatives, romanisches Wochenblättchen und die Baracke fällt schneller, als
ihr glaubt, zusammen. Wir wollen es darauf ankommen lassen, ob die Oberländer wirklich davon überzeugt sind, dass sie mit dem absolut gesetzten Föderalismus [prinzipial Federalismus] – der an sich nichts und wieder nichts ist und gar
keinen Inhalt hat – selig werden.»[184]

Von Seiten der liberalen Blätter, *Rätier* und *Neue Bündner*, gab es diesbezüglich nicht viel zu sagen. Der Kompromiss war honoriert worden und hat Bestand
bis auf den heutigen Tag [2023], indem seit 1892 keine Partei je beide Ständeräte
hat stellen können oder das je gefordert hat. Der *Rätier* betonte aber entschieden,
dass ein Kompromiss nach seiner Interpretation nur hinsichtlich der Partei verbindlich sei, nicht aber in Bezug auf die Kandidaten. Es seien die Liberalen demnach frei gewesen, für Romedi oder Plattner zu stimmen.[185]

Diese Interpretation bescherte den Konservativen im Kampf gegen Vieli als
Regierungsrat 1902–1908 sehr viel Ungemach.

Das parteipolitisch relevante Ergebnis war, dass der Machtkampf abermals
zugunsten des ‹alten Kurses› von Decurtins und den Föderalen entschieden worden war. Aber auf Dauer war die Allianz nicht zu retten, da ihre Notwendigkeit
und die autoritär durchgesetzten Kompromisse vom einfachen katholischen
Mann zwar jahrelang aus Mangel an alternativen Angeboten befolgt, aber nicht
verstanden wurden und weil das Erstarken der Liberalen und konfessionelle
Töne einen zunehmenden Sog auf die protestantischen Allianzpartner ausübten.
Nicht vergessen werden dürfen die Folgen der permanenten personellen Querelen im konservativen Lager auch nach dem Auszug der Dissidenten. Zu diesen

---

183 Ebda. *Der Volksmann* war das Organ der sozialpolitisch engagierten Grütlianer und wurde von beiden unterstützt.
184 Ebda. Eine ‹Korrespondenz› vermutet, dass die Grütlianer im Gegenzug bei der Wiederwahl von Risch als Nationalrat katholische Stimmen bekommen würden. Hervorhebung gemäss Vorlage.
185 FR, Nr. 58, 9.3.1893.

hielten weiterhin Protestwähler sowie Arbeiter- und Angestelltenkreise in Chur und den Fünf Dörfern. In der Cadi taten die verbliebenen Katholisch-Liberalen immer wieder ihren Unmut über die Bevormundung durch den autoritären Decurtins und seinen «Ring» kund. Ihre politische Kraft schien aber gebrochen.

4. Neuordnung der Exekutive und feste Paritäten

Die Kampagnen der Föderaldemokraten zielten nach der Annahme der revidierten Kantonsverfassung 1892 auf die Sicherung eines ihrer Stärke entsprechenden Machtanteils in der (neu) fünfköpfigen Regierung[186] und die Verhinderung von politischen Erfolgen der Dissidenten. Dazu schrieb Hermann Sprecher an Decurtins: «[...] vergiss nicht, die ganze Entwicklung unserer zukünftigen Politik hängt von dem Ausfalle der Regierungsratswahlen ab. Wenn diese nach unserem Plane gehen, wird der Einfluss der Herren Dedual und Comp. auf Null reduziert. Im Oberlande werden die liberalen Katholiken zur absoluten Ohnmacht verurteilt. Im Kanton scheiden sich die Liberalen und Radikalen, und das Tischtuch zwischen ihnen wird entzweigeschnitten.»[187] Und an Franz von Segesser schreibt Decurtins: «Es ist eine gerechte Fügung des Schicksals, dass die Herren Dedual und Plattner, die immer gegen die Extremen und Hyperkatholiken zu Felde zogen, nun von den konservativen Protestanten bekämpft werden. Was uns in so manchen Kantonen zugrunde richtet, die prinzipielle Verwässerung und Verschleierung, blieb dank ihrer Einheit den Bündner Katholiken erspart.»[188] Als noch immer dem liberalen Gedankengut anhängend und seiner Politik feindlich gesinnt bezeichnete Decurtins «Latour, Disch und tutti quanti» [sic!].[189]

Diese beiden und der Trunser Arzt Giachen Michel Nay sollten ihm tatsächlich noch die Suppe versalzen und einen bitteren politischen Abgang bescheren.

Wahlabsprachen für die anstehenden Regierungsratswahlen boten die beste Aussicht auf Erfolg im Kampf gegen Abweichler und unsichere Kantonisten, die den Platzhirschen in die Quere kommen konnten. Das *Tagblatt* vermeldete die Wahlallianz zwischen den Föderaldemokraten und Liberalen und betonte, dass die Initiative dazu von den Liberalen ausgegangen sei. Die beiden Parteileitungen hätten sich auf eine gemeinsame Liste mit zwei Konservativen und drei Liberalen geeinigt. «Nachdem das neue Verfassungswerk durch friedliches Ein-

---

186 1881–1893 wurde die aus drei Mitgliedern bestehende Kantonsregierung frei und ohne konfessionelle Vorbehalte gewählt. Für deren Neuordnung hat sich u. a. auch Decurtins in verschiedenen Volksversammlungen im Vorfeld entschieden eingesetzt. Zur Volksversammlung in Vella/Lugnez, wo er als Hauptredner auftrat, s. GR, Nr. 40, 29.9.1892. Nach der erfolgreichen Annahme bemerkte die GR, Nr. 1, 5.1.1893: «Unserem Kanton hat das Jahr 1892 eine neue Verfassung beschert, keine von nur einer Partei diktierte, sondern ein ehrenvoller Kompromiss der verschiedenen Parteien.» Ab 1894 bestand sie aus fünf Mitgliedern, die am 1. Januar nach der Wahl ihr Amt antraten (maximal 3 x 3 Jahre). Neu war auch das Departementalsystem.
187 Fry, Decurtins, I, S. 176.
188 Ebda., S. 178.
189 Zit. nach Fry, Decurtins, I, S. 178. Gemeint sind Landammann Christian (Ulrich) Latour von Breil/Brigels (sein Cousin) und Schulinspektor Jochen Disch von Disentis.

verständnis der Parteien ohne jeglichen Kampf zu Stande gekommen ist, schien es angemessen, [...] den Weg gegenseitigen Entgegenkommens zu suchen».[190]

Drei Tage später berichtete das *Tagblatt* von einem teilweisen Widerstand gegen das Vorschlagsprocedere und die Nominierungen am Volk vorbei, stellte aber mit Erstaunen fest, dass der Konservative Verein von Chur sich völlig ruhig verhielt.[191] Da die Dissidenten nicht zur Wahl antraten, konnten die Konservativen ohne interne Fehden Wahlkampf betreiben und ihre beiden Kandidaten wie geplant durchbringen.

In Umkehrung des Bisherigen erlebte Bünden diesmal die Selbstzerfleischung der Liberalen vor einem föderal-demokratischen Publikum. Metz bemerkt dazu, der Erfolg des offiziellen Kandidaten Romedi als Ständerat habe die Wahlstrategen zu Überheblichkeit und Fehlern verleitet. Die Regisseure hätten fünf Juristen am Volk vorbei durchwinken lassen wollen. Das habe den Volkszorn provoziert.[192] Die Föderalen brachten problemlos ihre beiden Kandidaten Franz Peterelli und Johann Schmid ins Graue Haus. Im zweiten Wahlgang waren Andrea Vital[193] und Peter Theophil Bühler[194] erfolgreich und im dritten der wild kandidierende liberale Kandidat Thomas Marugg[195]. Dieser war als Landwirt aus Fläsch gleichsam der vom Souverän geforderte ‹Mann aus dem Volk›.

Die Paritätsformel mit zwei konservativen zu drei liberalen Regierungsräten konnte sich bis 1919 halten.

Die innere Opposition wird an die Wand gedrückt

Die in der Cadi sehr zahlreichen Anhänger des ‹neuen Kurses› bekamen alle zwei Jahre ihre grosse Bühne an der Mai-Landsgemeinde in Disentis. Die Übermacht der Decurtins-Faktion nahm ihnen 1893 aber jede Chance auf einflussreiche Repräsentanz. Christian Latour fiel als Landammann durch, machte aber beachtliche 400 Stimmen (ca. 25%). Die zu Wählenden, insbesondere Pieder Antoni Vincenz von Trun als Landammann und die Grossräte, wurden, wie von Decurtins vorgegeben, durchgewinkt. Giachen Michel Nay hielt eine Brandrede gegen solchen Exklusivismus und wurde mit der Nichtwahl als Grossrat bestraft. Fry weiss zu berichten, dass Regierungsstatthalter Gion Antoni Tuor von Sumvitg nach einer ebensolch scharfen Attacke den Platz mit dem Ausruf «E viva il Panama» verlassen habe.[196] Der *Anzeiger* bemerkte zu diesen Wahlen: «Eher wäre der erst beste Karrenschieber gewählt worden, als von den Unabhängigen Einer.»[197]

---

190   BT, Nr. 129, 6.6.1893.
191   Ebda., Nr. 132, 9.6.1893.
192   Metz II, S. 464–465.
193   1855–1943. Biogr. s. HLS.
194   1841–1913. Biogr. s. HLS.
195   1846–1907. Biogr. s. HLS.
196   Fry, Decurtins, I, S. 199–201. Gion Antoni Tuor ist der Vater des Dichters Alfons Tuor, dem wir später begegnen werden.
197   GAA, Nr. 20, 20.5.1893.

Chur, Samstag   N° 145.   24. Juni 1893

Bündner Tagblatt.

Einundvierzigster Jahrgang.

Vorschlag
für die
Regierungsrathswahlen.

Die Parteileitung der föderal-demokratischen (konservativen) Partei, bestehend aus den Großrathsdeputirten und dem Landeskomite, nach Einholung der Volkswünsche aus allen betheiligten Landesgegenden,
und
Die Leitung der freisinnigen Partei Graubündens, im Auftrag der Versammlung freisinniger Großräthe und nach Einvernahme von Gesinnungsgenossen im Kanton haben sich vereinbart, für die bevorstehenden Regierungsrathswahlen einen gemeinsamen Wahlvorschlag aufzustellen und denselben der verehrlichen Wählerschaft zur Annahme zu empfehlen.

Nachdem das neue Verfassungswerk durch friedliches Einverständniß der Parteien, ohne jeglichen Kampf zu Stande gekommen ist, schien es angemessen, auch bei der Ausführung der Verfassung, besonders bei der Wahl der neuen Regierung, den Weg gegenseitigen Entgegenkommens zu suchen.

Die vereinbarte gemeinsame Liste enthält — alphabetisch geordnet — folgende Namen:

Hr. Nat.-Rath P. Th. Bühler in Fideris,
„ Großrath Dr. F. Calonder von Trins in Chur,
„ Reg.-Rath F. Peterelli in Savognino,
„ Nat.-Rath Dr. J. Schmid von Vals in Chur,
„ Reg.-Statth. A. Vital in Fetan.

Der Vorstand der Versammlung konservativer Großrathsabgeordneter.
Das Landeskomite
der föderal-demokratischen Partei.
Der Vorstand der freisinnigen Partei Graubündens.

Der gemeinsame Wahlvorschlag für die Regierungsratswahl 1893 | Der «Wahlvorschlag» ist das Basisdokument der ‹Zauberformel› der Föderal-demokratischen und der Liberalen Partei für die Mandatsverteilung der National-, Ständeund Regierungsräte. Sie galt bis 1919, als sie dem Druck der Sozialdemokraten und Demokraten nicht mehr standhalten konnte. BT, Nr. 145, 24.6.1893.

Decurtins durfte diesen Wahlerfolg trotz der vielen Proteststimmen in der Cadi als erneutes Votum für seinen Kurs deuten. Er hatte nun seine Majoritäten fest im Griff. Aber hinter dem Aufbegehren vor allem in Disentis, Trun und Breil/Brigels steckte eine gefährliche, von Decurtins als katholisch-liberal wahrgenommene Opposition, die ihn ständig unter Druck hielt.

Grund zur Freude hatte er auch wegen der Nichtwahl von Dedual im Kreis Chur. Der Geschlagene notiert in seinem Tagebuch sub 6. Mai 1893: «Der heutige Tag wird in meinem Leben in polit. Beziehung eine Haltestelle bedeuten. Die Kreisgemeinde Chur hat mich nicht mehr in den Grossen Rat gewählt. Die Katholiken standen noch für mich ein, 500 Stimmen für mich, aber das Gros der Liberalen versagte mir seine Stimmen.»[198]

Die Nationalratswahlen vom Herbst 1893

Diese setzten im reich befrachteten und richtungsweisenden Wahljahr 1893 den Schlusspunkt. Das *Tagblatt* warf den Dissidenten spalterische Agitation vor. Sie wollten die Allianz zugunsten einer «ausschliesslich ‹katholischen› Politik und Partei» sprengen. Dabei würden sie merkwürdigerweise vom radikalliberalen Flügel unterstützt, der sonst «gewerbsmässig gegen alle ‹konfessionelle› Politik zu donnern pflegt. So eine konsequente Dame ist die Politik». Plattner und Dedual würden einen zentralisierungsfreundlichen Kurs fahren und liessen keine Gelegenheit aus, «dem Föderalismus, diesem Schutzwall unserer Volksfreiheit, am Zeug zu flicken».[199]

Die konservative Opposition bekam eine letzte Möglichkeit, ihre Anhängerschaft zur Rettung des ‹neuen Kurses› zu mobilisieren oder zumindest ein Zeichen ihres ungebrochenen Widerstandes zu setzen. Unterstützung kam vom Grütliverein. Dieser hatte bereits im Juni im *Anzeiger* in einer offiziellen Verlautbarung die Übereinkunft zwischen den Liberalen und Föderalisten als eine «schwere Beschränkung der freien Volkswahl» beklagt. So sei die jungdemokratische Linke von ihrer Partei bei der Aufstellung der Kandidaten «von vornherein ferngehalten worden».[200] Im September empfahlen die Grütlianer nach dem angekündigten Rücktritt des Konservativen Johann Schmid den Juristen, Richter und Bauern Conrad Franz (von Baldenstein) als Kandidaten – das Hinterrheintal habe Anspruch auf eine Vertretung.[201]

Der *Anzeiger* warf der *Neuen Bündner* und dem *Tagblatt* vor, sie hätten sich verheiratet und die Katholiken müssten die Kosten des Hochzeitsmahles tra-

---

198 FamA Dedual, Tagebuch I, S. 483.
199 BT, Nr. 243, 17.10.1893.
200 GAA, Nr. 24, 17.6.1893: «Resolution» der Delegiertenversammlung der bündnerischen Grütlivereine vom 4.6.1893. Die Trennlinie zwischen Grütlianern, Jungdemokraten und Sozialisten war damals noch kaum sichtbar, entwickelte aber seit der Gründung des ersten Arbeiterbunds in Chur 1892 allmählich deutlichere politische Konturen. Der GAA war als Publikationsorgan bei der damaligen ‹linken› Opposition beliebt.
201 Ebda., Nr. 38, 23.9.1893.

gen und den Hauptaktionär der *Neuen Bündner* zum Nationalrat machen. «Den Hr. Plattner konnte man nicht ertragen, den Hr. N-R Schmid liess man fallen, gegen Hr. Dedual wird der Kreisrath seines heimatlichen Thales aufgeboten! [...] Die alten Parteien haben den grössten Teil ihrer früheren Bedeutung verloren und sind zum Tummelplatz persönlicher Interessen und Belletäten herabgesunken.»[202]

Die konservative Delegiertenversammlung der Surselva vom 15. Oktober 1893 in Ilanz entschied sich nach langen Diskussionen für eine freiwillige Mandatsteilung im 36. Wahlkreis. Sie nominierte – nach dem Verzicht des frisch zum Regierungsrat gewählten Johann Schmid – nur Decurtins. Neben ihm wurde der gemässigt-liberale Johann Anton Casparis (jun.)[203] auf eine gemeinsame Liste genommen. Dieser sei «nicht speziell unser Vertreter», schrieb das *Tagblatt*. Er sei «liberal, ausgesprochen liberal», darüber solle man sich nicht täuschen, aber als Regierungsrat habe er sich gegen zu bureaukratische und zu weitgehende Forderungen aus Bern gewehrt.[204] Das sprach immerhin nicht gegen ihn. Eine warme Empfehlung des Listenpartners tönt aber anders. Darum betonte das *Tagblatt*, dass Casparis nach zwölf Jahren katholisch-konservativem Monopol eine «freiwillige Konzession» an die liberale Konkurrenz sei.

Am 22. Oktober fanden sich 50 Mann des Konservativen Vereins von Chur in der Hofkellerei zu einer Wahlversammlung ein. Plattner amtete als Tagespräsident. Der Verein stellte Johann Joseph Dedual gegen Matthäus Risch als Kandidaten im 35. Wahlkreis auf. Zudem beschloss man die Gründung eines katholischen Männervereins, um die Katholiken wieder zusammenzuführen «unter dem gemeinsamen Panner der katholisch-konservativen Prinzipien».[205]

Bemerkenswert an dieser nationalen Wahl sind wiederum die Aktionen im Vorfeld. Der *Anzeiger* äussert in einem langen Artikel seinen Unmut über die Empfehlung von Bühler und Risch durch Franz Peterelli im Oberhalbstein. Dieser habe Dedual als einen ebensolchen Zentralisten wie Plattner bezeichnet und betont, beide wünschten den Ruin der Allianz. Ein entsprechendes Schreiben sei am 22. Oktober im Kreisrat Sursés verlesen und am Wahlsonntagmorgen sei ein Flugblatt zugunsten von Bühler und Risch verteilt worden.[206]

Dieses Flugblatt «Zur Erinnerung» rekapituliert die Frühjahrs-Kampagne gegen Plattner, bezeichnet den *Anzeiger* als ein Hetzblatt und wirft Plattner und Dedual Kontakte mit Radikalen vor. Dann wird Dedual direkt angegriffen. Es gelte dasselbe wie im März: Dedual sei als Kandidat der Allianz nicht tragbar, weil er dieselbe Linie vertrete wie Plattner und Mitschuld an der Zwietracht unter den Konservativen trage. Risch sei der Mann der Allianz, Bühler deren Konzession an

---

202 Ebda., Nr. 43, 26.10.1893.
203 1854–1909. Biogr. s. HLS
204 BT, Nr. 249. 24.10.1893.
205 GAA, Nr. 43, 26.10.1893.
206 Ebda., Nr. 45, 9.11.1893.

die Liberalen. Die Stimme für diese beiden sei auch eine für den politischen Kurs der Allianz.[207]

Decurtins konnte im 36. Wahlkreis den Wahlkampf als frisch vom Vatikan kommender, mit päpstlichem Segen und Dankesbrief ausgestatteter «geliebter Sohn» zusammen mit Johann Anton Casparis führen. Letzterer sei, so die *Gasetta*, «liberal, aber als Mitglied der Regierung hat er sich als ein Moderater gezeigt». Beide schafften als offizielle Kandidaten problemlos die Wahl. Auffällig: Casparis machte in Breil/Brigels mehr Stimmen als Decurtins (152:130), der selbst in seiner Bürgergemeinde Trun nur drei Stimmen vor Casparis lag (263:260).[208] Ein lauter Nachklang der Landsgemeinde!

Dedual stand in seinem Wahlkreis 35 mit 1010 Stimmen (erwartungsgemäss) gegen Risch (4641) und Bühler (4947) auf verlorenem Posten, obwohl Risch wegen seiner Nähe zu den Grütlianern vom *Rätier* bekämpft wurde.[209]

Trotz der klaren Ergebnisse konstatierte die *Neue Bündner*, dass sich die Spannungen innerhalb der beiden Parteien in allen drei Wahlkreisen «auf eine unerquickliche Art fühlbar» machten. Gewisse Leute wollten sie einfach pflegen. «All das geschieht aber jeweilen, was man nie genug betonen kann, nur unter den Führern der Parteien, besser gesagt, unter den Wahlmachern derselben.» Das Volk kümmere dies nicht, der Souverän wähle den Mann, dem er vertraue.[210]

Dagegen kann man berechtigte Zweifel anmelden. Nach allem, was uns die Wahljahre 1892 und 1893 an manipulativer Propaganda und Kehrtwendungen offenbart haben, lässt sich diese Aussage schwer nachvollziehen – und schon gar nicht verallgemeinern. Worauf gründete der gemeine katholische Mann ohne Zugang zu alternativer Information das Vertrauen zu einem Kandidaten, der weit ausserhalb seines geografischen Horizonts, seiner Bildungs- und Lebenswelt tätig war? Er musste de facto einem Propagandisten aus seinem Umkreis oder – im katholisch-konservativen Zusammenhang – einem medialen Meinungsmonopolisten wie der *Gasetta* glauben, nach deren Wunsch stimmen, Stimmenthaltung üben oder für einen nicht gesetzten, unerwünschten Kandidaten stimmen und sich anschliessend von der *Gasetta* als Abweichler an den Pranger stellen lassen.

Dedual hatte am 24. November 1893 ein Schreiben von Bischof Johannes Fidelis Battaglia erhalten. Darin bat der Bischof: «Lassen Sie mit nächstem Neujahr den Anzeiger eingehen und bieten Sie die Hand zur Versöhnung.» Dedual antwortete darauf: «Mit Bezug auf die Versöhnungsfrage constatiere ich Folgendes: 1. Seit dem Erscheinen der ‹confidentiellen› Broschüre u. unserer Antworten hat mir kein Gegner auch nur angedeutet, dass er zu einer Versöhnung bereit wäre.

---

207 Ebda., Nr. 46, 16.11.1893. Der Vorwurf der radikalen Sympathien basierte wohl darauf, dass auch die Grütlianer und die Radikal-/Jungliberalen sich gelegentlich im GAA zu Wort meldeten.
208 GR, Nr. 44, 2.11.1893.
209 FR, Nr. 253, 28.10.1893.
210 NBZ, 253, 27.10.1893.

2. Kein katholischer Geistlicher hat einen Schritt gethan, um eine Versöhnung einzuleiten; im Gegentheile, es standen kath. Geistliche in der ersten Reihe, um uns politisch zu vernichten, während wir im Anzeiger <u>wiederholt</u> auf eine Versöhnung hindeuteten. Worüber ich Euer Gnaden aber um einen Antwort bitte, und was ich als dringend bezeichnet habe, das ist der Satz: ‹Lassen Sie mit nächstem Neujahr den Anzeiger eingehen›. Ist das ein Befehl oder ist das ein Rath? Ist es ersteres, so ist die Sache erledigt – ich werde gegen meinen Bischof nie ungehorsam sein. Ist es dagegen ein Rath, so muss ich die Frage meinen Freunden vorlegen.»[211]

Am 30. November liess Dedual den Bischof wissen, die Versammlung der Freunde habe am Abend davor stattgefunden. Er bedankte sich für die Bemühungen um die Versöhnung. In Bezug auf die Anträge, die der «Hochwürdigste gnädige [...] Herr Bischof» am 25. ihm unterbreitet habe, hätte sich Folgendes ergeben: Der *Anzeiger* könne erst eingestellt werden, wenn die Versöhnung nagelfest besiegelt sei und Plattners Kandidatur für den Regierungsrat nächstes Jahr von den Konservativen umfassend unterstützt werde. Und weiter: «Es muss der Ausdruck ‹föderal-demokratisches Landescomité› wegfallen und an seine Stelle ‹conservatives L[andes]comité› treten. Unter diesem Mantel haben alle Platz, die der Partei angehören wollen.» Er sei kein Föderalist nach der Schule des Herrn Hermann Sprecher, habe aber gar nichts dagegen, wenn ein katholisch-konservativer Mann Föderalist sei, «aber ich perhorresziere die Absicht, alle Conservativen in diese Zwangsjacke stecken zu wollen».[212]

Seinem Tagebuch vertraute er an: «Ein verbohrter conservativer Aristokrat war ich nimmer u[nd] ebenso wenig ein intransigenter Föderalist à la Hermann Sprecher.»[213]

Zum Abschluss des Jahres 1893 gab sich der *Anzeiger* unter Hinweis auf den gescheiterten Versöhnungsversuch vom 11. November 1892 kämpferisch: Im Kampf geboren, werde der *Anzeiger* nur nach Beendigung desselben sterben. «Vielleicht!»[214]

Man fragt sich, worauf die Zuversicht der Dissidenten nach allen Wahlschlappen gründete. Wohl auf der Überzeugung, dass die gesamtpolitische Entwicklung gegen die intransigenten Föderalisten arbeite und der Allianz ihren Boden entziehen werde. Zudem konnte man nicht ausschliessen, dass das konfessionelle Moment sich zum Nachteil der Allianz verstärken könnte, sobald es darin nicht wunschgemäss lief. Aber die nächsten Jahre gehörten allen Spannungen und Kritiken zum Trotz der Allianz. Das Unbehagen vieler Konservativer und der machtlos gewordenen Katholisch-Liberalen entwickelte erst gegen Ende des

---

211 FamA Dedual, Kopialbuch I, S. 469, Dedual an Bischof Battaglia, Chur, 24.11.1893. Präzisierungen zur Vorlage an die Freunde ebda. S. 471, sub 25.11.1893: Entfernung von Sprecher aus dem Landeskomitee und ungehinderten und jederzeitigen Zugang zur *Gasetta Romontscha*. Unterstreichung gemäss Vorlage.
212 Ebda., S. 473–474, Dedual an Bischof Battaglia, Chur, 30.11.1893.
213 Ebda., S. 490.
214 Ebda., Nr. 52, 28.12.1893.

Jahrzehnts seine Sprengkraft. Äusserlich verlief bis dahin, was die Wahlerfolge betrifft, mandatsmässig und personell alles wie gewünscht und den friedlichen Wahlkompromissen mit den Liberalen entsprechend. Die Allianz und das liberale Zentrum beherrschten das Feld.

Paritäten sorgen für Stabilität trotz allen inneren Spannungen

Nach den harten Wahlschlachten, der Sortierung der Parteien und ihrer Flügel sowie der Neuordnung der Regierung in fünf Departemente wurden Ende 1893 die Machtstrukturen der nachfolgenden 27 Jahre zementiert. Die Paritäten wurden von den Parteispitzen ausgehandelt und mithilfe von Einheitslisten durchgesetzt. Das liberale Lager stellte drei Regierungsräte, einen Vertreter im Stände- und drei im Nationalrat (bei zeitweilig sechs Vertretern deren vier), die Föderaldemokraten – ab 1903 die Konservativdemokraten als deren Nachfolger – zwei Regierungsräte, einen Ständerat und zwei Nationalräte. Diese fest gefügten Paritäten boten keinen Anlass zu Hader zwischen den Lagern. Die Spannungen waren innerparteilich begründet und betrafen das Personal mehr als die Programme. Man verzichtete auf Ausnutzung fremden Hausstreits und respektierte die ausgehandelten Paritäten, goutierte aber nicht immer die vorgesetzten Kandidaten.

Darin lag viel Sprengstoff. Die liberale Mitte musste von Wahl zu Wahl schauen, wie sie ihre labilen Flügel zufrieden stellen konnte und ob sie gegen konservative Kandidaten Vorbehalte anmelden oder gar wilde Kandidaturen unterstützen wolle.[215]

Die Konservativen hatten ihre Probleme mit den Dissidenten. Die Landsgemeinde der Cadi von 1895 vermittelt einen Eindruck von der Entwicklung im Inneren der Partei. Der *Anzeiger* freute sich über Erfolge von bekannten Antipoden von Decurtins. «Muffti» habe die Wahlliste bereits bereinigt, aber seine Zudiener hätten die Liste in der Vergangenheit zu wenig studiert, weshalb Caspar Latour gleich zweimal zum Grossrat gewählt worden sei [1887 und 1891], und «der fatale Dr. [Giachen Michel] Nay ward [heuer] sogar mit beinahe noch mehr Stimmen als Muffti selbst in das Kreisgericht gewählt»![216] Schulinspektor Giochen Disch sei zwar erst im zweiten Wahlgang nach dem Rückzieher von Salvator Monn von Sumvitg zum Grossrat gekürt worden, dafür aber «gegen den Willen der gleichen Magnaten, die Jahrzehnte hindurch [...] seine Wahl verhindert haben».[217]

---

215   Dazu Schmid, Davorn, S. 95–109.
216   GAA, Nr. 18, 3.5.1895.
217   Ebda., Nr. 20, 17.5.1895. Diese Informationen stammen wohl von Caspar Latour. Dedual war sehr überrascht von Dischs Wahl und hatte Latour um einen «ganz authentischen Bericht» für den *Anzeiger* gebeten. «Wie ist Disch gewählt worden? War Decurtins mit der Wahl einverstanden? Hat sich irgendjemand bekehrt? Decurtins und sein Stab? Das Volk? Disch?» StAGR, FamA Dedual, A SP III/13f I/Ii, Kopiabuch II, S. 1, Dedual an Latour, 7.5.1895.

Schulinspektor Disch galt als Anhänger des ‹neuen Kurses› von Plattner/ Dedual und wurde, wie Latour und Nay, als einer von der besiegt geglaubten katholisch-liberalen Sorte angefeindet. Die *Gasetta* nahm ihn trotzdem ungeniert für den ‹alten Kurs› in die Pflicht!

Die Allianz braucht eine stark konservativ-föderalistisch profilierte Presse

Die Dissidenz, die schleichende Abwanderung der Reformierten und die andauernde Auseinandersetzung um den richtigen konservativen Kurs erforderten ein neues finanzielles Fundament und eine inhaltliche Neujustierung der konservativen Presse. Es machte sich eine zunehmende politische Umgruppierung nach Konfessionen bemerkbar, und dies brachte das *Tagblatt* in finanzielle Bedrängnis. Im Parteiprogramm «für das föderal-demokratische Landeskomitee» vom 28. Januar 1895 wurden die Probleme zur Sprache gebracht. Dieses nahm (endlich) die Hauptpunkte von P. C. Planta aus dem Jahre 1892 auf und erläuterte sie.[218]

Für eine erfolgreiche Vertretung der Prinzipien und deren Durchsetzung bedürfe es eines «kräftig unterstützten, gut geleiteten Presseorgans». Als solches hätten die Föderalen bisher «mit Recht das Tagblatt betrachtet». Die steigenden Kosten für eine Zeitung auf der Höhe ihrer Aufgaben seien inzwischen für private Verleger nicht zu stemmen. Das Eingehen des konservativen Zentralorgans als der publizistischen Klammer der Allianz sei aber nicht hinnehmbar. Es müssten die Redaktion verstärkt und neue Korrespondenten rekrutiert werden. Das Landeskomitee schlug den Besitzern des *Tagblatts* die Übergabe von Zeitung und Druckerei an eine kapitalkräftige Aktiengesellschaft vor. Entsprechende Verhandlungen seien bereits eingeleitet. Der grundsätzlichste konservative Kampf werde gegen «die materialistische, irreligiöse oder freigeistische Denkweise» geführt, und zwar auf dem Boden der christlichen Weltanschauung und im Geiste des Christentums. «Die Hauptwaffe in diesem Kampf ist und bleibt wohl noch auf lange Zeit hinaus d i e P r e s s e.»

Als wichtigste Kampffelder wurden genannt:
- «Die c h r i s t l i c h e S c h u l e und deren F r e i h e i t.» Um sie werde «die nächste grosse Schlacht entbrennen». Keine intellektuelle Exklusivität; es müsse auch die Bildung von Gemüt und Herz «wieder zu ihrem Recht kommen».
- Der F ö d e r a l i s m u s. Nur dieser könne den verschiedenen Interessen von Bund und Kantonen, Stadt und Land, Industrie und Gewerbe, Tiefland und Alpenraum gerecht werden.
- Dem Kanton und den Gemeinden lassen, was diese selbst bewältigen können.
- Kampf dem Zentralismus. Einigkeit ja, erzwungene Einheit nein!

---

218 Es ist von Dr. Friedrich Brügger und Landammann Theophil Sprecher unterzeichnet.

- Nein zur Erweiterung der staatlichen Rechte. Der nach radikalem Rezept ausgebildete Einheitsstaat «ist die Negation aller Freiheit und der Gedanke, aus dem die sozialistische Tyrannis herauswächst – Ihm gilt unsere schärfste Opposition».
- Auf unsere Fahne schreiben wir: «Schutz der persönlichen Freiheit und der Gemeindeautonomie – Dezentralisation – Erhaltung der Kantone – Kampf gegen die Vermehrung der Bureaukratie und gegen die Staatsallmacht.».
- Keine sprunghafte Entwicklung, sondern die Weiterentwicklung des geschichtlich Gewordenen.
- Freiheit für alle christlichen Kirchen, ihre inneren Angelegenheiten ohne den Staat regeln zu dürfen.
- Unterstützung der Armen bei materieller Schädigung wegen Krankheit.
- Unterstützung der Landwirtschaft als «sicherste Quelle unseres Wohlstandes».[219]

Die Verhandlungen mit den Besitzern waren erfolgreich. In einer Sonderbeilage verkündete das *Tagblatt* am 24. Dezember 1895 seine Umwandlung in eine Aktiengesellschaft bei gleichzeitiger Verstärkung der Redaktion. Es rief zur Aktienzeichnung auf, und im Auftrag des Landeskomitees veröffentlichten Brügger und Sprecher in den Spalten dieser Zeitung abermals das obige Programm.[220]

EIN GLÜCKSFALL – DIE «PROTOKOLLE DES FÖDERAL-DEMOKRATISCHEN LANDESCOMITEES»

Die Bildung eines gemeinsamen Landeskomitees war in den 1870er-Jahren nur in Form einer von den konservativen Grossräten abgesegneten Übereinkunft zwischen den Führern der Allianz erfolgt. Es wurde, wie oben dargestellt, weder ein formaler Allianzvertrag unterzeichnet noch ein gemeinsames politisches Programm formuliert. Im Mai 1892 wählten die konservativen Grossräte aus ihrer Mitte ein Landeskomitee mit sieben Mitgliedern als geschäftsführenden Ausschuss der Kantonalpartei.[221]

Ab dem 19. Dezember 1895 wurde – wohl kein Zufall – erstmals ein förmliches Protokoll des Landeskomitees erstellt, das uns fortlaufend wertvolle Informationen zu den Veränderungen innerhalb des konservativen Lagers liefert. Erstaunlich ist allerdings die Tatsache, dass darin nur katholisch-konservative Mitglieder namentlich auftauchen. Das steht im Widerspruch zur Bezeichnung des Protokolls und des Landescomitees als «föderal-demokratisch», was die Allianz mit

---

219 Ex. in KBG, BR 10510. Es ist «P C» betitelt (Parteicomitée?). Beim zweiten Unterzeichner handelt es sich um Oberst Theophil Sprecher von Bernegg. Die *Gasetta* kommentiert die zentralen Punkte dieses Programms in GR, Nr. 1, 2.1. und Nr. 3, 16.1.1896.
220 BT, Nr. 301, 24.12.1895.
221 GR, Nr. 7, 16.2.1893.

einschliesst. Aber in den Protokollen ist nirgendwo die Rede von Verhandlungen zwischen einem konservativen (katholischen) und einem föderalistischen (reformierten) Komitee. Hingegen werden immer wieder Kompromissverhandlungen mit den Liberalen erwähnt. Der reformierte Teil der Allianz ist nach Stand unserer Kenntnisse vorerst ein Phantom, das sich nur bei Wahlen und Abstimmungen in Zahlengrössen zeigte und vom katholisch-konservativen Komitee gesteuert wurde, ohne protokollarische Spuren von Verhandlungen zu hinterlassen. Bisher sind jedenfalls keine Protokolle eines reformierten Komitees oder eines gemeinsam konferierenden Landeskomitees aufgetaucht. Fest steht, dass der bei den Dissidenten so verhasste Redaktor Hermann Sprecher 1893 als mediales Bindeglied zu den reformierten Föderalisten bei den Beratungen des Landeskomitees anwesend war.[222] Die Allianz als solche bedurfte offenbar keiner besonderen gemeinsamen Strukturen und wurde zu dieser Zeit von Redaktor Sprecher via *Tagblatt* mobilisiert.

Giusep Demont (1884–1975) von Sevgein | Dermont war Redaktor beim *Bündner Tagblatt* und langjähriger Beobachter und Protokollist des konservativen Lagers.

---

222 FamA Dedual, Kopialbuch I, S. 471: In seinem Brief vom 25.11.1893 an Bischof Battaglia zum Versöhnungsversuch verlangte Dedual als eine Vorbedingung den Austritt von Hermann Sprecher aus dem Landeskomitee.

Eine Parität auf dem Prüfstand

Die Regierungsratswahlen vom April 1896 wurden mit einer gemeinsamen Liste paritätskonform und ohne öffentliche Misstöne durchgezogen. Der *Rätier* meinte dazu: «Chi sta bene non si muove.»[223] Bemerkenswert ist dabei nur das Aufflammen des Schulbücherstreits. In ihrer Neujahrsnummer von 1896 kritisierte die *Gasetta* den materialistischen, religionslosen und libertinen Zeitgeist. Sie zeigte sich entschlossen, dessen Zugriff auf die «christliche Schule» zu verhindern.[224] Wenige Monate später empfahl sie ihren Lesern wohl die Kompromissliste für den Regierungsrat, meldete dabei aber Vorbehalte gegen den Erziehungsrat Andrea Vital an. Dessen Unterrichtsplan für die Grundschule (1894) werde «wegen Überlastung der Schüler mit Unterrichtsstoff» von allen Seiten bekämpft. Neuerdings wolle Vital auch allen Schulen den «Robinson» und die «Nibelungensaga» vorschreiben, diesen von Mord und Liebeleien («murems») triefenden Lesestoff für das Heidenvolk («quella lectura da paganaglia»). Und zudem solle inskünftig ab der 4. Klasse obligatorischer Deutschunterricht gelten, was der Germanisierung der Romanen Vorschub leiste.[225]

Der kritisierte Regierungsrat machte in der Cadi prompt nur ein Viertel der Stimmen im Vergleich zu den anderen, einvernehmlich gewählten Kandidaten.[226]

Da wir ex post vom 1899 erfolgten Aufstand der Surselva gegen den Robinson als obligatorische Schullektüre Kenntnis haben, wissen wir, dass dieser Artikel der *Gasetta* ein deutliches konfessionelles Zeichen an die Adresse der Reformierten war, die den Robinson gehorsam hinnahmen. Hier äusserte sich die zunehmende (auch) politische Konfessionalisierung der Katholisch-Konservativen. Das gefährdete die Allianzpolitik von Decurtins, der den Katholiken im Namen der Allianz und des Kompromisses die Wahl auch von Vital empfahl. Aus diesem Grunde dürfte das schlechte Abschneiden von Vital in der Cadi – wie die zahlreichen Stimmen der Cadi für Plattner 1893 – auch von Decurtins als Wink an seine Person wahrgenommen worden sein. Dieser wollte wohl verhindern, dass seine Katholiken von den Liberalen als unsichere Konkordanzpartner wahrgenommen werden konnten. Unter diesem Gesichtspunkt war die anstehende Wahl für Demonstrationen nicht geeignet.

---

223 FR, Nr. 82, 18.4.1896. Innerhalb der LP wurde Bühler, wie drei Jahre zuvor, angefochten, aber «mit kleinem Mehr» doch bestätigt.
224 GR, Nr. 1, 2.1.1896.
225 Ebda., Nr. 15, 9.4.1896. Die Lehrerkonferenz in Malans hatte Mitte März 1896 eine Revision des Unterrichtsplans und die Reduktion des Pflichtstoffes gefordert. Die *Gasetta* verlangte, dass der Entscheid über die Einführung des Deutschen als Fremdsprache den Gemeinden überlassen werde. GR, Nr. 13, 26.3.1896.
226 Ebda., Nr. 17, 23.4.1896.

Die Herbstwahlen von 1896

Sowohl die *Neue Bündner* als auch der *Anzeiger* orteten 1893 in allen Wahlkreisen unerquicklichen Hausstreit unter den Königsmachern der noch sehr jungen Parteien. Diese seien bereits in die Fänge persönlicher Interessen geraten. Erich Gruner, der Altmeister der Wahlforschung, spricht von unerwartet heftigen Kämpfen wegen interner Dissonanzen unter den Konservativen. Nachdem schon bei den Ständeratswahlen 1892 und 1893 gegen parteiübergreifende Arrangements Sturm gelaufen worden war, hätten die Nationalratswahlen einen «förmlichen Wirrwarr sich überschneidender und sich durchkreuzender Ansprüche» offenbart.[227]

Der heftigste Kampf tobte jeweils im 36. Wahlkreis (Vorder- und Hinterrheintäler). Dort befand sich Decurtins in heftiger Abwehrschlacht gegen die Dissidenten.[228]

Sein «eigenwilliger und despotischer» Stil verärgerte und verminderte zunehmend seine Gefolgschaft.[229] Dank der Stimmengewinne aus dem Lager der sozialpolitisch links positionierten Grütlianer und der Radikalen schlug die Allianz erfolgreich den Ansturm von Liberalen auf ihren jeweils schwächsten Kandidaten ab. «Im nördlichen Kreis war dieser gegen Risch, im Vorder- und Hinterrheintal gegen Decurtins gerichtet.»[230]

Die Nominierung von Decurtins für diesen Wahlkreis war trotz vieler Anfechtungen unbestritten, denn er war der einzige katholische Vertreter für die fünf Graubünden zustehenden Sitze. Ausser ihm schickte die Allianz den Reformierten Alfred Planta-Reichenau[231] ins Rennen. Planta war, um Metz zu zitieren, «ein Konservativer ausgesprochener Prägung, ein Gefolgsmann Theophil Sprechers, dem Föderalismus gleich verpflichtet wie Decurtins».[232] Plantas Kandidatur war gegen Casparis gerichtet, weshalb wider Erwarten ein Kampf ausbrach.

Der *Anzeiger* echauffierte sich mächtig: 1893 hätten die Katholiken im 36. Wahlkreis einen eigenen Vertreter geopfert, um Risch im 35. durchgehen zu lassen, und heuer liessen sie Casparis zugunsten von Planta fallen – just jenen Mann, mit dem man zunächst den Katholiken Plattner hatte ausschalten wollen. Planta und Decurtins in Bern als Kämpfer gegen linken Staatssozialismus – wie sollte das funktionieren?[233] Und das Dissidenzblatt doppelte nach: Mit dem Verzicht auf einen zweiten Katholiken würden die Katholiken aus föderaldemokratischer Idiotie mutwillig einen zweiten Sitz verschenken, während kein anderer

---

227 Gruner, NR-Wahlen 1 B, S. 736.
228 Fry, Decurtins, I, S. 204.
229 Metz II, S. 476–477.
230 Gruner, NR-Wahlen Bd. 1 B, S. 749.
231 1857–1922. Biogr. s. HLS.
232 Metz II, S. 473.
233 GAA, Nr. 43, 23.10.1896. Zu Matthäus Risch (1831–1908) s. HLS.

Kreis der katholischen Minderheit einen Vertreter zugestehe. Jede Gruppe brauche wegen Uneinigkeit im 35. Kreis die Katholiken. Diese seien zwar auch uneins, aber da sie dort keine Aussicht auf einen eigenen Vertreter hätten, würden sie einem Protestanten zum Sieg verhelfen, ohne dass die Evangelischen auf sie Rücksicht nehmen müssten.[234] Im 37. Wahlkreis trat die Allianz gar nicht an.[235]

Die wahlpolitische Machtlosigkeit der Dissidenten zeigte sich darin, dass sie nirgendwo zur Wahl antraten. Aber ihre aggressiven Tiraden sagen einiges über das Voranschreiten der Konfessionalisierung und weisen den Kreis um Dedual als deren mediales Propagandazentrum aus. Die *Gasetta* musste sich diesbezüglich aus Rücksicht auf die Allianz (widerwillig) mässigen.

Die Liberalen des 36. Kreises hielten zu Casparis, aber Planta wurde dank der geschlossenen Unterstützung aus den Kreisen Lugnez, Ilanz und Rueun haushoch gewählt. Nach Bern gingen dann vier Reformierte und Decurtins.[236]

In seinen Ausführungen zur Systematik von Koalitionen kommt Gruner auch auf diese Wahl zu sprechen. «Förmliche Koalitionen», heisst es da, «können im Hinblick auf eine geplante Wahlkreisrevision in Betracht gezogen werden, oder sie werden geradezu als Voraussetzung für eine solche betrachtet und im Sinne eines ‹gentlemen's agreement› abgeschlossen […].[237] Klassisch [für den letzten Fall] ist der Kanton Graubünden. Hier führt die ausschliesslich gegen die Freisinnigen gerichtete Allianzpolitik der Föderaldemokraten und [Radikal-]Demokraten 1896 dazu, dass jene überhaupt keine Vertretung mehr im Nationalrat besitzen. Der freisinnige Vorschlag, die drei Bündner Wahlkreise zu einem einzigen Wahlkreis zu vereinigen, hätte den Freisinnigen möglicherweise die absolute Mehrheit und damit sämtliche 5 Bündnersitze eingebracht. Um ihre Gegner für die Wahlkreisrevision zu gewinnen, bieten die Freisinnigen Hand zu einem freiwilligen Proporz auf der Grundlage von 3 Freisinnigen und von einem evangelischen und katholischen Föderaldemokraten.»[238]

Sollte die Strategie von Decurtins darin bestanden haben – wogegen nichts spricht –, 1892 die innere Opposition kalt zu stellen und 1893 vom Wahlvolk endgültig von der politischen Bühne fegen zu lassen, ist ihm das gelungen. Er hielt sich weiterhin, weil die Dissidenten und die Opposition innerhalb der Allianz zu schwach waren, um erfolgreich gegen seine Heerscharen antreten zu können. Von ‹Bern› erwartete man nichts ausser Zentralisierungen, und darum hielten genügend Wähler den Trunser Ultraföderalisten noch für den richtigen Mann im eidgenössischen Parlament.

---

234 GAA, Nr. 45, 6.11.1896.
235 BT, Nr. 242, 15.10.1896; GR, Nr. 42, 15.10.1896.
236 Alfred Planta-Reichenau, Peter Theophil Bühler, Matthäus Risch, Thomas Albertini.
237 Gruner, NR-Wahlen, Bd. 1 A, 410 und 413. Ausser den Vertretern der Allianz (Decurtins und Alfred Planta-Reichenau) gingen der in der liberalen Mitte angesiedelte Regierungsrat Thomas von Albertini (37. Wahlkreis), der föderalistisch angehauchte Rechtsliberale Peter Theophil Bühler und der liberal-radikale Raschein nach Bern.
238 Ebda., S. 413.

«Pertgei han Els buca votau per mei?»/«Warum haben Sie nicht für mich gestimmt?» | Der Pluralis Majestatis «Els» wird im Romanischen nur für Geistliche und allenfalls höchste Magistraten gebraucht. Die Wahl von Decurtins zum Nationalrat war auch nach 1892 real nie gefährdet, aber angesichts der von Wahl zu Wahl abnehmenden Stimmenzahl wurde er von Wahlängsten geplagt, die ihn zu – für einen Mann seines Ranges – grotesken Auftritten verleiteten und zu einem dankbaren Sujet für spitze Federn machten. Karikatur von Karl Bümling. Fry, Decurtins, I, S. 204.

5. Die Zersetzung von innen

Plattner und Dedual genossen stets die Unterstützung flottierender Wähler, von Protestwählern aus dem föderaldemokratischen Lager, aus katholischen Arbeiterkreisen in Chur und – teilweise aus rein taktischem Kalkül – von Gruppen aus dem freisinnigen Lager. Für beflügelnde Erfolge reichte das aber nicht, und so verlor die Dissidenz schliesslich ihre Zugkraft, und Dedual musste wegen Abonnentenmangels Ende 1897 den *Anzeiger* eingehen lassen.[239] Näheres dazu finden wir in seinem Tagebuch. «Mit Neujahr liess ich den Graub. Allg. Anzeiger eingehen. Da ich im Chorus der föderalistischen (föderaldemokratischen) Partei nicht mitmachen und dem Liberalismus nicht huldigen wollte, so war ich zwischen den zwei grossen Landesparteen isoliert. Den Föderaldemokraten war ich zu wenig föderalistisch und den Liberalen zu katholisch. Das Blatt fand deshalb nicht die nötige Unterstützung. Der G. Allg. Anzeiger repräsentiert mein politisches Tagebuch während der letzten fünf Jahre. Aus ihm mag man mich beurteilen.» Er fühle sich nun sehr erleichtert und werde von nun an «mehr Bücher als Zeitungen lesen».[240]

Zu diesem Zeitpunkt war das für Decurtins bereits kein Grund mehr zum Jubilieren. Hinter der Fassade föderaldemokratischer Einheit formierte sich eine innerparteiliche Opposition gegen seinen von der eidgenössischen, kantonalen und konfessionspolitischen Entwicklung ad absurdum geführten intransigenten Föderalismus und gegen seinen als diktatorisch wahrgenommenen Führungsstil. Die Dissidenten waren zwar erfolgreich in Schach gehalten worden, aber die alte Garde um Decurtins wurde inzwischen von der Angst beherrscht, diese würden eine Wiederauferstehung erleben und erneute Spaltung provozieren – die schlimmstmögliche Vorstellung. Und genau diese wurde innert kurzer Zeit Wirklichkeit. Die Allianz konnte auch nicht durch die angebahnte Reorganisation gerettet werden. Sie machte im Gegenteil den Weg frei für die Auflösung der FödP.

In diesem Zusammenhang ist ein Artikel im *Anzeiger* aufschlussreich. Am 12. August 1894 jenes Jahres trafen sich die konservative Fraktion der Bundesversammlung und Delegierte aus den Kantonen in Luzern, um einen nationalen Zusammenschluss der Katholiken zu realisieren. Als Parteiname wurde «Katholische Volkspartei» vorgeschlagen. Decurtins als Bündner Delegierter und vier weitere plädierten für «Konservative Partei».[241] Dieser Name war auf seinem spezifischen Bündner Hintergrund weniger provokativ – Decurtins lehnte daheim bekanntlich eine eigene Partei für die Katholiken ab. Aber diese Ablehnung war angesichts seiner Befürwortung einer solchen auf nationaler Ebene – und dazu

---

239 Die letzte Nummer erschien am 30. Dezember 1897. Anstelle eines Abschiedswortes druckte die Redaktion ein Gedicht von Martin Greif (1839–1911) ab und bemerkt dazu, dieser sei «der grösste der katholischen Sänger der Gegenwart».
240 FamA Dedual, Tagebuch I, S. 503–504, sub «1898 Januar».
241 GAA, Nr. 33, 17.8.1894.

noch mit ihm als Mitglied des Komitees und Vorstand der konservativen Fraktion im Nationalrat! – für den einfachen Bündner Katholiken doch schwer verständlich.

Dedual verteidigte den Namen «Katholische Volkspartei» als ein ehrliches Bekenntnis zur Konfession, wollte dieses aber nicht als sonderbündisch und kulturkämpferisch missverstanden wissen. Er plädierte für die gebotene Treue zum Staat und Erfüllung der bürgerlichen Pflichten: Steuern zahlen, seine militärische Pflicht erfüllen, Sorge zur Volkswohlfahrt tragen. Katholisch solle diese Partei sein, «soweit es die Erhaltung ihrer religiösen Prinzipien betrifft, […] Volkspartei, soweit politische und wirthschaftliche Interessen in Frage stehen». Sie müsse ein Bollwerk gegen Sozialismus und Anarchismus sein. «Ist eine solche Partei für das öffentliche Leben der Schweiz nicht ungleich werthvoller als eine konservative und engherzig und intransigent föderalistische Winkelwirthschaft in ihren alten ausgetretenen Geleisen?» Über eine Katholikenpartei für die Schweiz «freuen wir uns herzlich, denn sie wäre die Erfüllung unserer Forderung für Bünden». Aber deren Einfluss auf Graubünden schätzte Dedual, wohl aufgrund der Einstellung von Decurtins als Bündner Vertreter, als «nicht allzutief» ein.[242]

Das *BT* zitiert dazu die *Schweizer Blätter*: «Dass die Bezeichnung konservativ fallen gelassen worden ist, hat uns nicht gefreut, und dass die Bezeichnung ‹katholisch› mehr in den Vordergrund gestellt worden ist, halten wir für einen verhängnisvollen Schritt im gegenwärtigen Augenblick, wo der Radikalismus jede Gelegenheit mit Lust wahrnimmt, die konfessionelle Leidenschaft zu reizen und die Protestanten von der Mitbetheiligung bei der Zollinitiative wegzuscheuchen.» Das *BT* bezeichnet diese Ausführungen als «besonnen» und «ziemlich zutreffend».[243]

Die Katholische Volkspartei wurde Nachfolgerin der Konservativen Union von 1881. Wegen der föderalistischen Aufsplitterung der Kantone und der unterschiedlichen Interessen der ultramontanen, der christlichsozialen und der föderalistischen Faktionen kam sie nicht recht in die Gänge. Decurtins stellte nämlich als Schlussredner der Jahresversammlung der Katholischen Männer und Arbeiter in Schaffhausen 1898 fest: «Wir befinden uns heute an einem Punkt, wo sich eine neue, grosse schweizerische katholische Partei bilden sollte.»[244] Hintergrund dieser Forderung war seine Stellung zur vorgesehenen Vereinheitlichung des eidgenössischen Zivil- und Kriminalrechts, die von der föderalistischen Presse sehr übel aufgenommen wurde, weil man in der Vereinheitlichung des Rechts

---

242 Ebda., Nr. 34, 24.8.1894. Zur Gründungsversammlung s. auch GAA, Nr. 33, 17.8.1894. Diese war eine Reaktion auf den Vorstoss der Liberalen. Die verschiedenen liberalen Gruppierungen und Parteien beschlossen am 25. Februar 1894 die Gründung einer Freisinnig-demokratische Partei der Schweiz (FDP).
243 BT, Nr. 203, 1.9.1894. In Nr. 210, 9.9.1894 kam das *Tagblatt* nochmals darauf zurück: «Ist es denn so schwer einzusehen, dass in einem Staate, in welchem, wie in der Schweiz, vom Staate unabhängig und die Freiheit des Glaubensbekenntnisses garantiert ist, die Politik so wenig k a t h o l i s c h   a l s   p r o t e s -
t a n t i s c h sein soll?» Hervorhebungen gemäss Vorlage.
244 GR, Nr. 41, 13.10.1898. Vierzehn Jahre später (1912) wurde dann die Konservative Volkspartei als Landespartei gegründet (direkte Vorgängerin der CVP von 1970).

das Ende des Föderalismus erblickte, so wie Peter Dürrenmatt, Redaktor der *Berner Volkszeitung*. Decurtins erklärte sich in einer «Klarstellung» zu seiner Schaffhauser Rede gegen eine generelle Vereinheitlichung, befürwortete aber partielle Reformen. Da diese Revision aus sachlichen Gründen weder verhindert werden sollte noch könnte, müssten die Föderalisten an dieser Revision mitarbeiten, um ihre Stimme zur Geltung zu bringen: «Um ihre Ideen im neuen Zivil- und Kriminalrecht einbringen zu können, müssen [auch die Katholiken] sich über ihre Meinungen und Wünsche einigen, und das heisst: Sie müssen ein den aktuellen Bedürfnissen entsprechendes neues Programm aufstellen.»[245]

Decurtins wollte hier eine (kleine) zentralisierende Konzession machen – und wurde sogleich von Placi Condrau in seiner redaktionellen «Klarstellung zur Klarstellung» in den Senkel gestellt: «Warum Herr Decurtins wegen der anstehenden Zentralisierung des Zivil- und Kriminalrechts urplötzlich den Föderalismus aufgeben will [«fierer il federalissem dil tempel en»], ist für uns und die weitaus meisten katholischen Zeitungen der Schweiz absolut nicht nachvollziehbar.» Vor allem für die Bündner Katholiken sei es nicht ratsam, den Föderalismus aufzugeben wegen der Allianz, mit deren Hilfe man in der Vergangenheit so viele schöne Siege errungen habe.[246]

Solche öffentliche Zurechtweisung seines grossmächtigen Schützlings ist bemerkenswert. Die Aufweichungen des «föderalistischen Prinzips als solches» konnte Placi Condrau nicht akzeptieren, und sein Hinweis auf die Ansicht des konservativen Leitblatts *Vaterland* verlieh der Schelte noch mehr Gewicht.[247] Das konservative Prinzip wurde von der *Gasetta* stets wie ein Dogma behandelt. Wer daran rüttelte, gefährdete das Gesamtgebäude und fiel in Ungnade, wenn er nicht sofort den Weg zurück zur föderalistischen Tugend fand.

Der Auftritt der Spielverderber

Im Frühjahr 1899 bot die Allianz ein ganz anderes Bild als noch drei Jahre zuvor. Romedi, inzwischen 82jährig, zog sich altershalber nach 18 Jahren aus dem Ständerat zurück. Die Föderalen und Liberalen empfahlen Regierungsrat Franz Peterelli als Nachfolger. Gegen diesen portierten Wähler aus dem Kreis Fünf Dörfer ihren Nachbarn Placidus Plattner als wilden Kandidaten. Das Wahlergebnis – Raschein und Peterelli wurden haushoch gewählt – zeigt, dass das Volk den friedlichen Kompromiss bei Ständeratswahlen begrüsste. Aber Plattner machte auf Kosten von Peterelli eine beachtliche Anzahl Stimmen, die der *Rätier* als Protest gegen das als bevormundend kritisierte föderale Landeskomitee deutete.[248] Zudem sei Peterelli als «streng föderalistisch» bei den Liberalen weniger beliebt

---
245 Ebda., Nr. 43, 26.10.1898. Decurtins zitiert in seiner «Klarstellung» Dürrenmatt.
246 Ebda.
247 Ebda.
248 FR, Nr. 59, 2.3.1899. Diese aussichtslose Aktion am Schlusse der Kampagne hatte – so der FR – «keinen Sinn».

als Plattner, der im Übrigen, «wie uns versichert wird», spät und ohne sein Wissen aufgestellt worden sei.[249] Schwer zu glauben, da er sich nicht medial dagegen wehrte.

Obige Kritik wegen Bevormundung wurde immer wieder vorgebracht, aber solche Proteststimmen waren letztlich immer folgenlos geblieben. Die Stimmen für Plattner stammten zu einem sehr geringen Teil aus den katholischen Gemeinden, und die *Gasetta* stellte fest, dies sei «die bis anhin friedlichste und ruhigste» Ständeratswahl gewesen.[250]

Kein Grund also zur Beunruhigung. Oder doch?

Es ächzt im Gebälk: die Bonaduzer Konferenz

Als Regierungsräte schlug die Allianz zwei Monate später wie konveniert neben Johann Schmid und Friedrich Brügger aus den eigenen Reihen auch die Liberalen Peter Theophil Bühler, Andrea Vital und Johann Anton Caflisch vor.[251]

Die *Gasetta* erwartete einen ruhigen Wahlkampf, aber eine «Correspondenza» berichtet gleichzeitig, dass eine konservative Versammlung in Bonaduz Regierungsstatthalter Balthasar [Anton] Vieli[252] gegen Friedrich Brügger[253] aufstellen wolle. Beide seien zwar «vers umens conservativs»/«echte Konservative», aber das Procedere sei peinlich, verrate einen Mangel an Disziplin und sei fatal für die Partei.[254]

Besagte Bonaduzer «redunonza populara»/«Volksversammlung» wurde von 100 Mann besucht.[255] Die *Neue Bündner* stocherte zunächst im Nebel: «Volksversammlungen sind auf konservativer Seite unseres Wissens etwas Neues. Was sagt das Centralkomite zu denselben? Unbekannt ist uns auch, was die konservativen Herren Kantonsräte für eine Haltung einnehmen.»[256]

Was war geschehen?

Ein Entwurf für ein «Termessen»/«Eingesandt» zu obiger «Correspondenza» nimmt Bezug auf die beiden «vers umens conservativs» der *Gasetta* und moniert einige falsche Behauptungen. Der einzige Unterschied zwischen den beiden Vorgeschlagenen: Brügger sei, wie die *Gasetta* richtig bemerke, offizieller Kandidat der Partei, Vieli jener der Volksversammlung in Bonaduz. Die Frage sei nun, wie der eine und nicht der andere zum offiziellen Kandidaten erkoren worden sei. Es treffe nicht zu, dass nur gewählte Mitglieder des föderal-demokratischen Komitees die Kandidaten aufgestellt hätten, da ausser dem Wahlmann Oberst

---

249   FR, Nr. 58, 9.3.1899.
250   GR, Nr. 10, 9.3.1899; FR, Nr. 58, 9.3.1899 nannte sie «ruhig und kampflos».
251   Ebda., Nr. 13, 30.3.1899.
252   1848–1926. Biogr. s. e-LIR.
253   1854–1930. Nachmaliger Generalstabschef. Biogr. s. HLS.
254   Ebda.
255   Diese Zahl wird übereinstimmend von ihrem «Comite» (GR, Nr. 15, 13.4.1899) und von der NBZ, Nr. 51, 1.3.1899 genannt.
256   NBZ, Nr. 51, 1.3.1899.

Theophil Sprecher noch einer oder gar zwei weitere seiner Cousins mitentschieden hätten. Es seien die Parteideputierten nicht um ihre Meinung und ihre Vorschläge gefragt worden, sondern das Landeskomitee habe in seinem Wahlzirkular vom 10. Februar einfach Brügger vorgeschlagen. Ohne dieses Manöver wäre vielleicht, wie bereits davor von den Deputierten des Kreises Rhäzüns und mehreren anderen gewünscht, Vieli vorgeschlagen worden. Der Volkswille sei also mitnichten berücksichtigt worden, aber dem Landeskomitee gehe es bekanntlich nur um die Disziplinierung der Partei, nicht um deren Meinung.[257]

Das *Tagblatt* äusserte in spöttischem Ton Verständnis für den Wunsch der Rhäzünser nach einem «privaten Regierungsrath». Tatsache sei aber, dass Vieli in einem, Brügger aber in 15 Kreisen portiert worden sei.[258]

Im *Rätier* fragte sich ein «Einsender vom Lande», welchen Kandidaten die Liberalen wählen sollten? Was Herrn Brügger besonders nachgerühmt werde, gelte «noch in viel höherem Masse» für Vieli, den Mann der Praxis auf allen Stufen und darum zurzeit der richtige Mann für das neu zu besetzende Bau- und Forstdepartement.[259]

Ein «Eingesandt» im *Rätier* warb für den Praktiker Vieli gegen den Theoretiker Brügger, dem auch «religiöser Fanatismus und junkerliche Anwandlungen» vorgeworfen wurden. Gut katholisch und ein guter Konservativer sei auch Vieli, «aber er ist ein toleranter loyaler Mann von wohlwollender Gesinnung, mit welchem auch unsere Partei sehr wohl auskommt, wie er schon öfters bewiesen hat, während Herr Brügger zu den unversöhnlichsten Gegenfüsslern [Gegnern] gezählt hat».[260]

In einem anderen Beitrag im *Rätier* heisst es: «Dem Hrn. Brügger muss auch der politische Gegner unumwunden das Zeugnis eines noblen Charakters, eines geschulten Juristen und erfahrenen Verwaltungsmannes und, worauf besonders Wert zu legen ist, eines tüchtigen, fleissigen und pünktlichen Arbeiters zuerkannt werden.»[261]

Am 8. April lancierten die ‹Bonaduzer› im *Rätier* und in der *Neuen Bündner* einen «Aufruf an das Bündnervolk», der im Anschluss an eine redaktionelle Richtigstellung einiger «Unwahrheiten» auch im *Tagblatt* und in der *Gasetta* publiziert wurde. Darin ritten die Vielianer eine volle Attacke gegen das föderale Landeskomitee und insbesondere auf die drei reformierten Sprecher: Regierungssekretär Peter, Oberst Theophil und Nationalrat Hermann als Schwergewichte im Hintergrund. Sie und die drei anderen Mitglieder hätten die Auswahl getroffen. «Schon lange lag uns diese Diktatur des Landeskomitees und der genannten einflussreichen Herren schwer auf dem Herzen. Allein es fehlte uns immer an Mut

---

257 FamA. Vieli A SP III/1 1I Nr. 20, Ms., o.D. [Anf. April 1899].
258 BT, Nr. 81, 7.4.1899.
259 FR, Nr. 78, 2.4.1899.
260 Ebda., Nr. 81, 7.4.1899.
261 Ebda., Nr. 76, 30.3.1899.

und Macht, dagegen offen Front zu machen. Endlich hat eine stattliche Volksversammlung von 100 Mann in Bonaduz gegen dieses Regiment Protest erhoben. [....] Die konservative Partei besteht nicht mehr aus dem konservativen Volk, sondern wir Katholiken waren gerade gut genug, um für die reaktionären Pläne der alliierten Aristokraten zu stimmen. Das soll und muss aber einmal aufhören!» Und weiter: «Liberale! Euer Grundsatz ist Freiheit und Selbstbestimmungsrecht! Wir haben das nicht in unserer Partei, sondern alles ist von oben herab befohlen worden. Helft uns daher, uns von diesem Regiment los [zu] machen. Für die Volksversammlung in Bonaduz: Das Komite.»[262]

Für das *Tagblatt* waren die ‹Bonaduzer› nichts als ein Häuflein Dissidenten und Lokalgrössen, die ihr eigenes Süppchen kochen wollten. Es zitierte einen Artikel des *Rätiers*[263] und bemerkte dazu: «Was aber diese Korrespondenz noch interessanter macht, das ist das Bekenntnis, dass die Kandidatur Vieli gleichsam das Mittel bilden soll, um eine Sonderpartei zu schaffen mit einem Programm, das demjenigen des verblichenen *Allgemeinen Anzeigers* gleicht wie ein Ei dem andern.» Diese Leute befänden sich in voller Aktion, und das «Triumvirat, das die Bonaduzer Versammlung inszenierte und die gegenwärtige Bewegung trägt, ist so ziemlich von der gleichen politischen Couleur» wie die Dissidenten des ehemaligen *Anzeigers*.[264]

Dem war tatsächlich so, und deren tot geglaubtes Programm trieb nun gefährliche Blüten. Dedual vertraute seinem Tagebuch an, Brügger sei vom «junkerhaften Landeskomitee» aufgestellt worden. Das habe die Bonaduzer Konferenz provoziert. «Das Vorgehen des Landescomitees, in welchem drei Herrn Sprecher mitgewirkt haben sollen, ist zu undemokratisch, zu autokratisch. In geradezu überraschender Weise hatten sich ganze kath. Gemeinden Vieli zugewendet. Ich machte gar nicht mit und schrieb kein Wort, freute mich aber der Teilnahme für Vieli. ‹Wir verfechten die Gedanken der Allgem. Anzeigers von ehedem›, sagte mir ein Führer der Opposition. Darin liegt für mich eine Satisfaktion.» Brügger und Vieli seien aber beide «sehr geeignete, präsentable Männer». Er glaube nicht, dass das Ganze nur ein Strohfeuer sei.[265]

Inzwischen konnte die *Gasetta* (zusammenfassend[266]) von bedenklicher Propaganda berichten. Der in Thusis praktizierende Trunser Arzt Nay[267], der

---

262 FR und NBZ, Nr. 82, 8.4.1899; BT, Nr. 83, 8.4.1899 und romanisch in der GR, Nr. 15, 13.4.1899. Das *Tagblatt* hielt fest: 1. Das Landeskomitee habe von sich aus keinen Kandidaten aufgestellt. 2. Es sei, Brügger ausgenommen, vollständig anwesend gewesen. 3. Nachträgliche Einholung von Zustimmungen sei nicht erfolgt und infolge Einstimmigkeit für Brügger nicht notwendig gewesen. 4. Die Fraktionsmitglieder hätten völlig frei entscheiden können. Die *Gasetta* bedauerte diesen traurigen parteiinternen Kampf, verteidigte die Angegriffenen und zweifelte nicht daran, dass diese Proklamation bei vielen Wählern Entrüstung hervorrufen werde.
263 FR, Nr. 78, 2.4.1899, «Korrespondenz vom Lande».
264 BT, Nr. 80, 6.4.1899. Im BT, Nr. 86, 13.4.1899 werden sie als «Fronde» bezeichnet.
265 FamA Dedual, Tagebuch I, S. 516–17, sub 12.4.1899.
266 Zur Erinnerung: Die GR erschien damals nur einmal wöchentlich (am Donnerstag).
267 Julius Dedual über Nay: «einer der energischsten Gegner des Landeskomités, [...] ein temperamentvoller, eigenwilliger und guter Volkstribun, seine Reden waren kräftig, sein Aussehen das eines kräftigen Bauern.» Erinnerungen an Balthasar Vieli, von seinem Sohn Joseph Vieli-Weinzapf, S. 16. StAGR A SP III/11e VII I.

Bonaduzer Gemeindepräsident Maron und Landammann Thomas Willi von Ems hätten an ihrer separaten Bonaduzer Konferenz für Balthasar Vieli anstelle von Friedrich Brügger geworben. Nun habe das Wahlvolk die Wahl zwischen ‹Bonaduz› und dem Kandidaten des wegen fehlenden Kontaktes zum Volk kritisierten Landeskomitees. Redaktor Condrau teilte seiner Leserschaft mit, dass seine Zeitung als offizielle Plattform der Allianz nicht für Vieli werben könne.[268]

Auf eine Proklamation der ‹Bonaduzer› an die Adresse der Liberalen reagierte die *Gasetta* mit Untergangsszenarien und Diffamierung von Opponenten. Bei der Kandidatur von Vieli handle es sich nicht nur um eine Misstrauenskundgebung gegen das Landeskomitee der Partei. Das verdeckte Ziel der Vielianer sei die Auflösung der Föderaldemokratischen Partei, «und auf deren Ruinen wollen sie dann glorreich die Flagge einer liberal-katholischen Partei wehen lassen». Das gehe unmissverständlich aus ihrem Aufruf hervor, mit dem sie sich in den deutschen Zeitungen an die Liberalen gewandt und mit dem sie in den letzten Tagen die romanischen Täler geflutet hätten.[269]

Eine schreckliche Vision für die *Gasetta*, ein solcher Phönix aus der Asche, nachdem sie in publizistischem Gleichschritt mit Decurtins in den 1880er-Jahren die katholischen «liberaluns und radicaluns» als politische Macht am Vorderrhein und anderswo ausgeschaltet hatte und nun auch die Dissidenten mit ihrem ‹neuen Kurs› längst kraftlos am Boden liegend wähnte.[270]

Interessant ist hierbei die Erwartung einer liberal-katholisch dominierten Partei mit dem Bonaduzer Triumvirat (Nay, Maron und Willi) an der Spitze. Erblickte sie in diesen Kreisen tatsächlich wieder genügend Potenzial, um Decurtins und die Allianz auszuspielen? Oder malten die *Gasetta* und das *Tagblatt* nur den katholisch-liberalen Teufel an die Wand, um ihre Wähler aus dem Busch zu klopfen? Es ging ihnen in diesem Zusammenhang wohl auch darum, ein möglichst negativ konnotiertes Reizwort zu platzieren, das an das gutkatholische Gewissen appellierte.

Die Möglichkeit, dass sowohl der offizielle Kandidat Brügger als auch der vom Landeskomitee abgelehnte Vieli als Kandidat der ‹Bonaduzer› zur Wahl stehen könnten, wurde Wirklichkeit. Damit drohte nach der machtpolitisch erfolgreichen Bewältigung der Plattner/Dedual-Affäre eine neue Sezession.

Das *Tagblatt* meinte am Tag vor der Wahl, dass Schmid, Bühler und Vital glatt durchgewinkt würden und wohl auch Caflisch. Angefochten werde Brügger, der aber wohl gewählt werde. Interessant sei nur die Stimmenzahl für Vieli nach

---

268 GR, Nr. 14, 6.4.1899. In dieser Nummer erschien das letzte Inserat für Vieli.
269 GR, Nr. 15, 13.4.1899. Vieli erscheint erstmals 1896 auf der Wahlbühne, als die beiden Deputierten des Kreises Imboden ihn (erfolglos) als Regierungsratskandidaten vorschlugen. GR, Nr. 16, 16.4.1896. Besagtes Flugblatt erschien in Deutsch und Romanisch, in der rätoromanischen Version lautete die Anrede: «A nos Umens romonschs». Beide wurden von Dr. Nay verfasst. Erinnerungen an Balthasar Vieli, von seinem Sohn Joseph Vieli-Weinzapf, S. 16. StAGR A SP III/11e VII I.
270 Die Ausdrücke «Erzliberale» resp. «Erzradikale» wurden von der *Gasetta* häufig und immer als sehr negativ konnotierte Verdiktegegen missliebige politische Gegner eingesetzt.

dem grossen «Tam-Tam» und der «Phrasendrescherei» der Bonaduzer vom «unterdrückten Volk», von der «Herrschaft einiger Weniger» und der «Unterdrückung des freien Willens».[271]

Ein erneutes Desaster kann vorerst vermieden werden

Die Wahl selbst verlief «ohne viel Geräusch» und vom Ergebnis her wie von den Konservativen erhofft. Brügger und Schmid von der Allianz und die drei Liberalen Vital, Bühler und Caflisch wurden wie konveniert gewählt. Der «wild» kandidierende Vieli habe aber erstaunlich viele Stimmen der sonst «so folgsamen Schafe» auf sich gezogen, wie der *Rätier* hämisch kommentierte.[272]

Auch die *Neue Bündner* konnte sich einen Seitenhieb nicht verkneifen: «Die Herren Oberländer waren sogar bezüglich des Erziehungschefs [Andrea Vital] ganz zahm und weniger oppositionslustig als noch vor kurzem. Ob diese Wunder der hl. Sigisbert zu Stande brachte, der an die Stelle von Robinson in die Oberländer Schulen einziehen wird, wissen wir nicht.»[273] Eine ironische Anspielung auf den Schulbücherstreit.

> Der Hl. Sigisbert wird als Gründer des Klosters Disentis gefeiert. Nach heftigen Protesten 1898 und einer ausserordentlichen Landsgemeinde der ganzen katholischen Surselva in Ilanz um 1900 musste die Bündner Regierung für die Unterstufe der katholischen Schulen der Surselva den *Sigisbert in Rezia/Sigisbert in Rätien* von Pater Maurus Carnot anstelle des als «heidnisch» zurückgewiesenen *Robinson* und der *Nibelungen*, («quella lectura per paganaglia»/«Lesestoff für das Heidenvolk»), zulassen. Istorgia Grischuna, S. 251–253. Die Einführung der *Nibelungen* als Lesestoff für die 3. und 4. Klasse als erzieherisch-bildende Lektüre (Gesinnungsunterricht) nach Herbart-Ziller anstelle der biblischen Geschichte wurde schon an der Lehrerkonferenz Vorderrhein in Trun 1893 kontrovers diskutiert und vom katholischen Pfarrer Wellinger (Vals) und Präsident Nold (reformiert, Pitasch) entschieden abgelehnt. Die Schulbücher waren immer ein zentrales Kampffeld katholischer Politik gegen staatliche Eingriffe. Placi Condrau, der Redaktor der GR, hatte als Schulinspektor 1858 sogar ein eigenes Schulbuch (*Cudisch instructiv*) für die zwei oberen (katholischen) Klassen verfasst. Der Regierungsrat lehnte es ab, konnte aber seine sehr erfolgreiche private Verteilung nicht verhindern. Dafür verweigerte er Condrau 1863 die Wiederwahl als Schulinspektor.[274]

---

271 BT, Nr. 82, 8.4.1899.
272 FR, Nr. 86, 13.4.1899.
273 NBZ, Nr. 86, 13.4.1899.
274 Berther, Die Welt steht Kopf, S. 305–309. Zur damaligen Schulpolitik der Surselva um 1850 auch Collenberg, Latour, S. 119–142. Zum Kampf um konfessionelle Schulbücher für die sogenannten Gesinnungsfächer an der Kantonsschule Ende der 1920er-Jahre s. unten S. 206

Das *Tagblatt* fasst sich bezüglich Vieli kurz: «Der Mühe werth war's nicht, und genützt hat's auch nichts, und gefallen hat's auch Niemandem – oder?» Es wünscht sich, «dass die böse Saat, die da gesät wurde, im gesunden Graubündner Boden nicht keimen möge».[275]

Die «böse Saat» fiel nicht auf Bündner Steine und gedieh prächtig.

Turbulente Nationalratswahlen 1899

Ein gutes halbes Jahr später standen Nationalratswahlen an. Das Protokoll des Landeskomitees vom 5. September 1899 notiert, dass Regierungsstatthalter Augustin Condrau[276] seine Kandidatur für den Oberländer Wahlkreis angemeldet habe. Das Komitee holte mittels eines Zirkulars weitere Vorschläge ein. Aus der Surselva wurde Kritik laut. Am 24. September trafen sich «alle Abgeordneten [sc. die Grossräte], alle Gemeindepräsidenten [und] einige weitere Vertrauensmänner des Bezirks Glenner» in Ilanz. Sie erklärten sich für Decurtins und Planta. Alois Steinhauser[277] liess das Landeskomitee im Namen der Versammlung noch Folgendes wissen: «Die heutige Versammlung spricht ihren Unwillen aus über das politische Verhalten innert der föderal-demokratischen Partei, das die Existenz derselben gefährdet & das Gebaren, das gegen die Grundsätze jeder Taktik verstösst & direkt den Bestimmungen unserer Parteistatuten entgegengeht.»[278]

Das Landeskomitee sprach sich am 7. Oktober «aufgrund der eingegangenen Antworten» für die Bisherigen aus. Regierungsstatthalter Balthasar Vieli stellte den Antrag, Augustin Condrau zum Rückzug zu bewegen. Sei dieser dazu nicht bereit, solle er zusammen mit Decurtins oder mit Planta portiert werden. Für das Komitee war das undenkbar, und es kam nur der Verzicht von Condrau infrage. Verschoben wurde vorerst der Entscheid, ob man die liberalen Kandidaten offiziell unterstützen wolle oder ob diese bloss ohne eigenen Gegenkandidaten akzeptiert werden sollten.[279]

Diese letzte eidgenössische Wahl nach Wahlkreisen bot eine verwirrende Vielfalt an Wahlmöglichkeiten. Die *Gasetta* empfahl im 35. Wahlkreis (mit Unterstützung der Grütlianer) Bühler und Risch, während die Liberalen dort mit Walser gegen Risch antraten. Im 36. Kreis liess die Allianz Decurtins und Planta gegen die Liberalen aufmarschieren.[280] In diesem Kreis erklärten sich die Grütlianer nur für Decurtins und wiesen dabei auf dessen Verdienste als Sozialpolitiker der Arbeiterschaft hin.[281]

---

275 BT, Nr. 87, 14.4.1899.
276 1846–1928. Dr. med. Er war ein Neffe von Placi Condrau.
277 1871–1918. Biogr. s. HLS.
278 FödP, Prot. LC, S. 26–27, 7.10.1899.
279 FödP, Prot. LC, S. 28–29. Condrau zog seine Kandidatur zurück (GR, Nr. 43, 26.10.1899).
280 GR, Nr. 43, 26.10.1899; FR, Nr. 253, 29.10.1899; NBZ, Nr. 252, 27.10.1899.
281 NBZ, Nr. 245, 19.10.1899.

Die Versammlung der liberalen Vertrauensmänner wollte nur Planta unterstützen und mit Franz (Dietegen) Conrad (von Baldenstein) gegen Decurtins antreten. Das liberale Zentralkomitee wollte hingegen nur für Conrad stimmen lassen.[282] Schliesslich übernahmen die Freisinnigen von der föderalen Liste Planta, stellten aber Conrad gegen Decurtins auf. Dem Trunser wurde vorgeworfen, dass er «in den Wolken herumschweif[e], keine direkten, praktischen Ziele verfolg[e], unstät bald da und bald dort sich einsetz[e] und infolgedessen keine praktischen Erfolge» erziele. Deshalb sollten die Anhänger des in der Bonaduzer Delegiertenversammlung unterlegenen Casparis bitte für Conrad stimmen.[283]

Das wollte ein «Termess en»/«Eingesandt» nicht gelten lassen und unterstrich in der *Gasetta* die Verdienste von Decurtins um die Landwirtschaft und seine «bedeutende Rolle» bei der Gründung des Bauernbundes und der Formulierung von dessen Programm.[284]

Die *Gasetta* erwartete eine grosse Wahlschlacht im ganzen Kanton und rief ihre Leser auf, «für den einzigen Katholiken» und Vertreter der katholisch-konservativen Ideen unter den sieben Bündnern im Bundeshaus zu stimmen.[285]

Redaktor Manatschal vom *Rätier* hielt dagegen: Der «ultramontansozialistische» Decurtins sei zwar hinreichend katholisch, aber gleichzeitig stärke er energisch die von den Schwarzen als gott- und glaubenslos stigmatisierten Sozialdemokraten. Und sarkastisch an die Adresse von zwei «Einsendern» im *Tagblatt*: «Die Religion ist so wenig in Gefahr, wenn der 36. Wahlkreis Hrn. Conrad wählt, als wenn er Hrn. Planta erkieset.»[286]

Gewählt wurden schliesslich die Föderalen Planta und Decurtins, im 35. Wahlkreis setzten sich Bühler und Risch gegen Walser durch, im 37. gewann Vital. Auffällig ist das schlechte Abschneiden von Decurtins. Er machte in allen vier katholisch-konservativen Kreisen der Surselva – Cadi, Rueun, Ilanz und Lugnez – insgesamt 239 Stimmen weniger als der liberale Föderalist Planta, und in den rein reformierten Gemeinden der obigen Kreise zog er nur 82 Stimmen auf sich, Planta hingegen 286 und Conrad sogar 377. Noch hielt sich der Löwe, aber er musste erkennen, dass ihm nur das Gnadenbrot gereicht worden war. Seine politische Zeit war abgelaufen, seinen Pranken fehlten nun die Krallen.[287]

---

282 Ebda.
283 FR, Nr. 253, 28.10.1899.
284 GR, Nr. 42, 19.10.1899.
285 Ebda., Nr. 43, 26.10.1899.
286 FR, Nr. 253, 28.10.1899.
287 Decurtins machte in den genannten Kreisen 3540 Stimmen, Planta 4656 und Conrad 2797. Auffällig sind die (blamablen) 202 von Tavetsch und die 125 von Breil/Brigels im Vergleich zu Plantas 225 und 194. Das Stimmentotal der vier Kreise im Vergleich Decurtins zu Planta: Cadi: –90, Rueun –46, Ilanz –187, Lugnez –15.

Die Spannungen entladen sich im Wahljahr 1902

Zunächst lief alles wie vereinbart. Bei den Wahlen in den Ständerat besetzten die liberalen Katholiken und Reformierten von 1848 bis 1880 beide Sitze, die sechs Jahre des katholisch-konservativen Remigius Peterelli[288] ausgenommen. 1881 bis 1891 hielt die konservativ-föderalistische Allianz mit Peterelli und Romedi beide Sitze. Die Wahlniederlage von 1892 provozierte bekanntlich die Dissidenz von Plattner und Dedual. Ab 1893 schlugen die Liberalen und Föderalen je einen Kandidaten vor, der aus Gründen der Parität von der anderen Seite übernommen wurde. Aber beide waren reformierten Glaubens. Gegenkandidaturen konnten dagegen nichts ausrichten. Zur Wahl von 1896 meinte der *Anzeiger* angesichts fehlender Konkurrenz zu den Kompromisskandidaten Raschein und Romedi, dass es eigentlich genügen würde, «wenn die Herren des freisinnigen Zentral- und des föderaldemokratischen Landes-Komitee's zur Urne schritten».[289]

Tatsächlich verlief alles in Minne wie abgesprochen, und das *Tagblatt* notierte 1899 zufrieden: «In sachlicher Hinsicht besteht heute keinerlei Kluft innerhalb der konservativen Partei.»[290] Das ist nicht ganz zutreffend, denn in ihr steckten sowohl der sachpolitische als auch der personelle Wurm. Dessen unter einer noch kräftigen Rinde verborgene Gänge wurden trotz eklatanter Erfolglosigkeit der Dissidenten immer zahlreicher. Das Bekenntnis zum politisch inzwischen völlig überlebten intransigenten Föderalismus Decurtin'scher Prägung allein vermochte die Allianz nicht mehr zu kitten. Die Eidgenossenschaft und die Kantone befanden sich in raschem Modernisierungsprozess, und die Bereitstellung der dazu notwendigen Infrastrukturen war nur mit materieller Hilfe und koordinierender Mitsprache des Staates und gesetzlicher Rahmensetzung möglich. Darauf hatten die Dissidenten deutlich und lautstark hingewiesen. Zudem waren die konfessionellen Kräfte in Bünden keineswegs verstummt, und auch diese kamen im *Anzeiger* zu Wort. Dem *Tagblatt* warfen die Dissidenten vor, es anerkenne keinen Unterschied zwischen Katholiken und Protestanten, «wenn die Mitglieder nur ‹föderalistisch› sind. Dagegen haben wir immer gekämpft. Wir hielten die katholische Bevölkerung von Graubünden für so zahlreich und so qualifiziert, dass sie ganz gut eine katholische Partei bilden und ganz gut getrennt marschieren könnte, ebenso hielten wir die positiven Protestanten für so qualifiziert, dass sie das gleiche thun könnten. Ob beide Theile dann ‹gemeinsam schlagen› werden, müssten die jeweiligen sich gebenden Anlässe entscheiden. Das wäre Grundsätzlichkeit und Freiheit. Und wir kämen aus erheblichen Widersprüchen heraus. Der Katholik bräuchte nicht um das föderaldemokratische Landeskomitee herum anderen Anschauungen zu huldigen als im katholischen Männerverein

---
288 1864/65, 1866–68, 1869–71 und 1872/73.
289 GAA, Nr. 9, 28.2.1896.
290 BT, Nr. 251, 27.10.1899.

oder im Piusverein oder im Conciliaculum der Gasetta, und der positive Protestant könnte die gleiche Ansicht aussprechen in seinem Landeskomitee, wie in Schiers».[291]

Im Frühjahr 1899 wurden Franz Peterelli und Luzius Raschein als Kandidaten aufgestellt und erfolgreich durchgebracht. Placidus Plattner, der von seinem Kreis (Fünf Dörfer) in den Deutschbündner Zeitungen portiert wurde, errang eine beachtliche Stimmenzahl auf Kosten von Peterelli. Aber diese gemäss der *Gasetta* «bisher friedlichste und ruhigste Ständeratswahl» erwies sich im Nachhinein als ein weiterer Vorbote der kommenden Ereignisse, auch wenn sie noch nichts über deren Heftigkeit verriet!

Auf die Ständeratswahl von 1902 verschwendeten die Zeitungen so wenig Druckerschwärze wie kaum je zuvor. Franz Peterelli und Parteipräsident Felix Calonder, der starke Mann der Liberalen und künftiger Bundesrat, wurden oppositionslos und mit Glanz gewählt.[292]

Der Frühlingssturm – die Regierungsratswahlen von 1902

Im Vorfeld der Wahlen fiel Balthasar Vieli etwas Sonderbares auf: Man fragte ihn plötzlich nach seinem politischen Bekenntnis – als ob er nicht katholisch und konservativ wäre. «Das lässt sich nur durch die heillosen Hetzereien erklären, welche neuerdings von Konservativen – spezifisch katholischen – gegen mich losgelassen [werden], um meine gewissen Herren ungelegene Kandidatur unmöglich zu machen.» Nach dem, was er bei seiner letzten vorgebrachten Kandidatur erfahren habe, falle es ihm schwer, nicht satirisch zu werden.[293]

Der Zweck dieser Frage wurde bald enthüllt, und ebenso, dass er die verdeckten Prüfungen nicht bestanden hatte. Ende November 1901 fand in der Hofkellerei in Chur eine Aussprache der konservativen Fraktion über den Nachfolger von Johann Schmid als Regierungsrat statt. Fünf Kandidaten wurden besprochen: Oberst Christian Anton Solèr von Vrin[294], Dr. Augustin Condrau und Präsident Giachen Giusep Condrau von Disentis[295], Alois Steinhauser und Julius Dedual.

Gleich zu Beginn der Sitzung wurde festgehalten, dass vom fünften Aspiranten, dem Regierungsstatthalter Balthasar Vieli, absolut nicht die Rede sein könne,

---

291 GAA, Nr. 2, 8.1.1897. Der Piusverein wurde 1857 gegründet. Er kämpfte für die Freiheit der (kath.) Kirche, katholisches Handeln in Familie und Staat, propagierte die Wohltätigkeit und die Pflege katholischer Wissenschaft und Kultur im religiös indifferenten Liberalstaat. Der Verein wurde seit Beginn intensiv von der *Gasetta* gefördert, hatte in Bünden aber nur wenige Sektionen. Dazu s. e-LIR. Was es mit dem Landeskomitee der positiven Protestanten in Schiers auf sich hatte, konnten wir nicht eruieren. Existierte ein solches als selbständiges Gremium ausserhalb der Allianz?
292 NBZ, Nr. 56, 7.3.1902.
293 FamA Vieli, A SP III/13 f I/Ii, Vieli an einen «Vetter», Chur, 5.10.1901, Entwurf.
294 1856–1932. Biogr. s. e-LIR.
295 1864–1922. Jurist, Inhaber und ab 1902 Redaktor der *Gasetta Romontscha*. Biogr. s. HLS.

«weil derselbe infolge Verweigerung der Jahresbeiträge ... u[nd] auf Grund von bestimmten Äusserungen als aus dem Parteiverband ausgetreten zu betrachten sei». Es könne nicht erwartet werden, «dass die Partei Herrn Vieli nachlaufe. Je nach dem sei eine ehrenvolle Niederlage gegen ihn vorzuziehen». Gegen Solèr wurde angeführt, seine Kandidatur sei «eine gar nicht zügige», weil sowohl liberale Führer als auch «grosse konservative Gruppen im Oberland» sich gegen ihn ausgesprochen hätten. Die beiden Condrau seien grundsätzlich akzeptabel. Alois Steinhauser[296] sei «wohl noch zu jung», und Julius Dedual werde vom Albulatal und von den Fünf Dörfern portiert werden. Das Protokoll notiert weiter, Steinhauser habe bereits seinen Verzicht auf die Kandidatur erklärt, Dedual hingegen Annahme. Decurtins wurde beauftragt, Solèr zum Verzicht zu bewegen, und Steinhauser sollte den Oberländern den Kandidaten Dedual anstelle von Solèr schmackhaft machen. Eine Umfrage «an die Parteigenossen» sollte Klarheit schaffen.[297]

Ein Brief aus Disentis lässt aufhorchen. Giochen Disch bestätigt am 14. Januar 1902 einem «Präsidenten» den Eingang von dessen Bitte um Wahlvorschläge. Ein solches Schreiben habe er auch vom Landeskomitee erhalten. Diese Wahlvorschläge, so Disch, «werden jedenfalls nicht nach Wunsch ausfallen, indem ich im Sinne habe, diesen Herren meine Meinung einmal so verständlich als möglich zu sagen. Es liegt in der That für Herrn Reg. St. Vieli kein Grund vor, die Candidatur abzulehnen. Ich hoffe zuversichtlich, dass wir dieses Jahr mit der Candidatur des Herrn Reg. St. Vieli auch reussieren werden». Er habe aus der Gruob und auch aus Obersaxen günstige Berichte für Vieli erhalten. Er werde Christian Latour um die Organisation einer Versammlung in Trun angehen, um die Kandidatur Vieli schon vor der in Ilanz vorgesehenen Versammlung zu proklamieren, um letztere «vielleicht» beeinflussen zu können. Wenn Latour nein sage, lade er einige Vertrauensmänner zu einer Besprechung ein. «Man hört gegenwärtig noch nicht viel, aber ich weiss, dass im Geheimen gewaltig gewühlt wird.» Sehr aufschlussreich in Bezug auf die allgemeine Stimmung ist die Anspielung auf das beliebte Diffamierungsvokabular der *Gasetta*: «Die ‹Radicaluns›, ‹Ketzer› und dergleichen mehr verfangen nicht mehr stark. Diese Baubaus sind ordentlich veraltet.» Gegen Schluss der Kampagne müsse je nach Verhältnissen ein Flugblatt in romanischer Sprache gestreut werden.[298]

Die Trunser Versammlung hat, sofern sie stattfand, in der Presse keine Spuren hinterlassen.

Bei einer konservativen Wahlversammlung vom 26. Januar in Ilanz waren 70 Vertrauensmänner aus den Gemeinden der Umgebung anwesend. Sie portier-

---

296 Alois ist der bei den Konservativen politisierende Sohn des Katholisch-Liberalen Anton.
297 FödP, Prot., S. 38–39, 30.11.1901.
298 FamA Vieli, A SP III/1 1I VII 22. Beim angesprochenen Präsidenten dürfte es sich um einen Gemeindepräsidenten aus dem Kreis Disentis handeln. Als «Baubaus» werden Kinderschreckgestalten bezeichnet. NB: Diese haben erst ab den 1960er-Jahren ihre Wirkung verloren!

ten Solèr. Da spontane Versammlungen in den Statuten nicht vorgesehen waren, so die *Gasetta*, sei der Vorschlag für das Landeskomitee unverbindlich.[299]

Das *Tagblatt* nahm Bezug auf diesen Bericht der *Gasetta* und kommentierte: Bei 17 Enthaltungen hätten 45 für Solèr und 8 für Vieli gestimmt. «Man halte doch auch ein wenig an und Einkehr und frage, was aus all' der Konfusion werden soll! Oder will man den kompletten Zusammenbruch?»[300]

Am 8. Februar 1902 besprach das Landeskomitee – Julius Dedual, Brügger, Decurtins, Schmid und Willi – die eingegangenen Vorschläge. Brügger war als amtierender Regierungsrat gesetzt. Für den zweiten Sitz der Allianz wurden Dedual, Solèr und Vieli vorgeschlagen und erhielten 8:8:6 Stimmen, d.h. keiner erreichte das notwendige Mehr. Das Protokoll hält in Betreff der weiteren Ausmarchung von vornherein fest: «Mit Bezug auf die Kandidatur des Herrn Vieli einigte sich das Komitee wiederum dahin, dass derselbe angesichts der Vorgänge der letzten Jahre und des politischen Verhaltens des Herrn Vieli nicht in Betracht fallen könne.»[301]

Der Gleichstand von Solèr und Dedual erforderte eine zweite Umfrage. Diese ergab wiederum keine absolute Mehrheit: Dedual erhielt 10 Stimmen, Solèr 7, Vieli 7. Nun musste das Landeskomitee entscheiden. Decurtins und Schmid gaben ihre persönliche Stimme zugunsten von Dedual ab, und Schmid steuerte die entscheidende Stimme für Dedual bei, nachdem ihn Christian Latour – dieser stimmte bei der Umfrage für Vieli – ermächtigt hatte, bei eventuellem Gleichstand über seine Stimme zu verfügen. Das Komitee teilte am 15. Februar den Freisinnigen den Entscheid zugunsten von Dedual mit.[302]

Der *Rätier* kommentierte das «konservative Bienenhaus». Er äusserte seine Verwunderung und Enttäuschung über die Nichtberücksichtigung von Vieli durch das Landeskomitee – trotz des guten Resultats von 1899.[303] Der *San Bernardino* zweifelte nicht daran, dass alle echten Mesolciner und Calancasker für Vieli stimmen würden.[304]

Nun hätte der Wahlkampf mit Brügger und Dedual, Caflisch, Stiffler und Ganzoni als gemeinsamen Kandidaten eigentlich lanciert werden können. Aber am 17. Februar teilte Parteipräsident Calonder dem Landeskomitee mit, die Delegierten der LP überliessen der Allianz zwei Sitze, hätten aber einen förmlichen Kompromiss mit den Konservativen abgelehnt. Sie würden nur die liberalen Kandidaten auf einer «gebrochenen Liste» empfehlen.[305]

---

299 GR Nr. 8, 20.2.1902.
300 BT, Nr. 48, 26.2.1902.
301 FödP, Prot., S. 46–47.
302 FödP, Prot., S. 48–49, 15.2.1902. Die Surselva stellte nur ein Drittel der Partei-Delegierten und konnte deshalb Solèr nicht eigenmächtig durchdrücken.
303 FR, Nr. 49, 27.2.1902.
304 *San Bernardino*, Nr. 9, 1.3.1902.
305 FödP, Prot., S. 50, 17.2.1902. Die entsprechenden Deliberationen innerhalb der liberalen Wahlversammlung in: FR, Nr. 41, 10.2.1902.

Erst am 7. März besprach das föderale Landeskomitee – Dedual, Brügger, Schmid, Peterelli und Steinhauser – die neue Lage und die weiteren Schritte, um angesichts zu erwartender wilder Kandidaturen ihre offiziellen Kandidaten Brügger und Dedual im Alleingang zum Erfolg zu führen. «Insbesondere wird beschlossen, Herr Solèr solle ersucht werden, eine Erklärung abzugeben, dass er nicht kandidieren werde und die offiziell vorgeschlagenen Kandidaten zur Wahl empfehle.»[306] Aber Solèr fügte sich dem Wunsche nicht,[307] und im Hintergrund drohten auch noch die aufsässigen ‹Vielianer› mit einer eigenen Kandidatur.

Ein «Einsender» präsentierte sich in der Gasetta als alter konservativer und an Ämtern uninteressierter Kämpfer. Dann holte er in echter Gasetta-Manier zum pathetischen Rückblick auf die glorreichen Zeiten aus, um die nach den internen Wirren unsicher gewordene konservative Wählerschaft zu mobilisieren: «Die konservative Partei hat während Jahrzehnten, von ihren Gegnern heftig beneidet («per gronda scuidonza da ses adversaris»), dank ihrer beispielhaften Disziplin und Solidarität eine starke und respektable Position errungen, ihrem Banner die Krone aufsetzen und ihren Kämpfern mit beträchtlichen Erfolgen und schönen Siegen Mut machen können. Und diese Armee, diese Männer, die seit Jahren Schulter an Schulter in die verschiedenen Schlachten gezogen sind und durch ihre Disziplin und Einheit Kopf an Kopf mit einem gefährlichen Feind gekämpft haben – diese Armee sollte nun über einige wenige Dissidenten stolpern und dadurch völlig aus der Schlachtreihe fallen und sich auflösen?!» Solche Schmach dürfe nicht auf das Banner fallen. Dann gab der Einsender zu bedenken, dass die anstehende Wahl über den Fortbestand der Allianz entscheiden könnte und beschwor die Wählerschaft: «Leis vus, umens conservativs, terrar domengia proxima vossa partida?»/«Wollt ihr, konservative Männer, nächsten Sonntag eure Partei zu Boden schmettern?» Wenn ja, dann sollten sie auf die Gegner hören, wenn nicht, dann müssten Brügger und Dedual gewählt werden.[308]

In den Zeitungen erschienen, sehr zum Unmut der Allianz, eine Flut von Artikeln, Einsendungen und Stellungnahmen für und wider Dedual, Vieli und Solèr. Ein «Einsender» bezeichnete Solèr als juristisch zu wenig bewandert und machte sich für Vieli stark. Ein anderer verurteilte die Ansicht, dass offenbar nur die akademisch Gebildeten fürs Regieren taugten, als pure Arroganz und warb für Solèr.[309]

Ein erster Korrespondent vertrat im Tagblatt die Meinung, dass die waltenden Zerwürfnisse in der konservativen Partei «effektiv überschätzt» würden. Ein zweiter Schreiber nannte die Gründe für den «Wirrwarr»: «Egoismus ist die Triebfeder der verschiedenen Machinationen, nach dem Wohle der Partei wird

---

306 FödP, Prot., S. 51, 7.3.1902.
307 FödP, Prot., S. 52, 20.3.1902.
308 GR, Nr. 14, 3.4.1902. Der «Einsender» bedient sich mehrmals des Lateins (non serviamus; non volumus), zitiert den Hl. Nikolaus von Flüe und lateinische Verse aus der Karwochenmatutin (ne quisquam …) und stellt weitere religiöse Bezüge her. Das deutet auf einen Geistlichen hin.
309 FR, Nr. 77, 3.4. und Nr. 78, 4.4.1902.

nicht gefragt. [...] Nach den letzten Regierungsrathswahlen hätte wohl Mancher die Kandidatur Vieli erwartet und wohl, um ihm die Wege zu ebnen, hat man ihn damals ins Landeskomitee gewählt. Die Partei hätte ihn wohl nicht zur Seite geschoben, wenn er sich in diesen 3 Jahren auch n u r e i n B i s s c h e n um deren Wohl gekümmert hätte und nicht immer mit den Gegnern Arm in Arm gegangen wäre. [...] Der Umstand, dass Hr. m [Redaktor Manatschal] ihn im ‹Fr. Rh.› auf den Schild erhebt, ist k e i n e Empfehlung.»[310]

Drei Nummern später stellte ein Korrespondent im *Tagblatt* klar: Jeder Konservative muss sich an den offiziellen Vorschlag des Landeskomitees halten, «wenn er zur Partei gehören will». Vieli und Solèr täten es nicht. Das sei unverantwortlich und stelle «geradezu den Bestand der Partei in Frage».

Der *Rätier* lieferte eine ergänzende Begründung für das schlechte Bild, das die Konservativen abgaben: «Es mag diese tiefe Zerrissenheit der Partei zum grossen Teil aus blossen personalfraglichen Differenzen herausgewachsen sein, die sich leicht wieder beilegen lassen. Daneben muss aber auch eine starke politische, demokratische Unterströmung in der Partei bestehen, eine Gegenströmung gegen die bisherige Komiteeherrschaft, die von Personen unabhängig ist und nur durch Berücksichtigung beseitigt werden kann.»[311] Vieli und Solèr seien nicht als Abtrünnige, sondern als Vertreter des konservativen Volkes zu betrachten, denn die Kreise Imboden und das Lugnez seien bekanntlich konservative Hochburgen. Und das solle wegen personeller Differenzen mit dem Landeskomitee plötzlich nicht mehr gelten? Es dürfe also jeder Freisinnige die konservativen Vertreter nach seiner Überzeugung wählen – oder nur für die drei Liberalen stimmen und die Konservativen ihre Suppe allein auslöffeln lassen. Und der *Rätier* schob noch einen Ratschlag nach: Die Konservativen seien vor einigen Jahren statutarisch «von der absoluten Monarchie» zum «Repräsentativsystem übergegangen statt zur reinen Demokratie. Solche halben Schritte sind in unruhigen Zeiten die gefährlichsten. Sie erschüttern die Disziplin ohne die Völker innerlich zu gewinnen». Und an die Adresse des konservativen Landeskomitees: Die Zeiten des persönlichen Regiments seien auch in Graubünden vorbei, «und sie sollen vorbei sein!».[312]

In der *Neuen Bündner* sprach ein konservativer «Einsender» Klartext. Es gehe nun um die «Grundsäulen» der föderal-demokratischen Allianz. Die Parteichefs wollten Vieli in die Ecke stellen, weil er rebelliere. Systematische «Sesselpolitik» sei ihr oberstes Prinzip, nicht das Wohl der Partei oder gar demokratische Usanzen. Abhilfe schaffe nur eine Säuberung der Partei, welche auf eine demokratische Basis gestellt werden müsse. So wie im Augenblick könne es nicht weitergehen. Der «Einsender» erlaubte sich noch die bissige Bemerkung, «dass es uns als sonderbare Fügung des Schicksals vorkommen will, dass nun gerade der

310 BT, Nr. 70, 23.3.1902.
311 FR, Nr. 81, 8.4.1902.
312 FR, Nr. 74, 28.3.1902.

Hr. Dr. Jul[ius] Dedual [als Präsident des Landeskomitees] derjenige sein muss, welcher die s[einer] Z[eit] von seinem Vater, Hr. Regierungs-Rat Dedual, an der Seite Plattners so sehr bekämpfte Parteidiktatur der gleichen Parteihäupter in Schutz nehmen und dadurch die inzwischen von seinem Vater ebenfalls, wie es scheint, aufgegebene Politik nachträglich desavouieren muss». Im konservativen Lager herrsche Wirrwarr wegen Egoismus auf Kosten der Partei. Drei Kandidaten aus derselben Partei für einen einzigen Sitz sei Unsinn! Die (wilde) Vieli-Kandidatur sei zu erwarten gewesen, da dieser bekanntlich Arm in Arm mit dem Gegner systematisch gegen die eigene Partei arbeite. Er betreibe deren Zusammenbruch.[313]

Diesen Analysen kann man aufgrund der bisher gewonnenen Kenntnisse grosso modo beipflichten. Vieli und seine Entourage nahmen die Auflösung der Föderal-demokratischen Partei im augenblicklichen Zustand zumindest in Kauf. Aber «Gegner» waren in diesem Zusammenhang nicht die Liberalen. Nicht diese, sondern die eigene Parteileitung manövrierte die FödP ins Verderben. Die Liberalen profitierten seit Jahren von den Kompromissen und Paritäten mit der Allianz und hätten mit diesen sehr gut weiterleben können. Mithilfe der Allianz konnten sie zudem ihren radikalen Flügel je nach Bedarf in die Schranken weisen. Deshalb auch der Rat der *Neuen Bündner* an die Liberalen: Stimmfreigabe und die Konservativen ihren Hausstreit allein ausfechten lassen.[314]

Nun meldete sich auch der bekannte Dichter Alfons Tuor[315] mit einer Satire zu Wort.

Al comité della tiara

Ti féderals senumnas, – senumnas democrats.
Mo ord tiu miez enqueras adin'ils candidats.
E dapertut possedas scarvons, spiuns, trabans,
Per regier sur il pievel, – ch'ei libers, suverans.

Quei um ch' a ti oppona ei schliats, ei liberals,
Quel ha negins principis e meritass cun pals. –
Encunter quel lavuras cun tent' e cun scarvun,
Per el catschar empaglia, il liber um grischun.

Tei comité de cliccas, – tei lein nus buca pli.
Ti has uss fatg avunda tgei ch'ha plischiu a ti.
Partiu has ditg ils sessels, partiu els dis ed ons,
Ed eunc cul dretg dil pievel sefatg dasperas grons.

Dem Landescomitee

Du nennst dich föderal – nennst dich demokratisch,
Aber Kandidaten suchst du immer aus deinem Teig,
Und überall hast du Schreiber, Spione und Trabanten,
Um über das Volk zu herrschen – das freie, souveräne.

Der dir opponierende Mann ist schlecht, ist liberal,
Ist prinzipienlos und verdient Schläge.
Diesen bekämpfst du mit Tinte und Druckerschwärze,
Um ihn zugrunde zu richten, diesen freien Bündner.

Dich Cliquencomitee – dich wollen wir nicht mehr.
Lange genug hast du nach deinem Gusto regiert,
Jahrelang die Sessel verteilt,
Und dazu noch mit dem Volksrecht dich gebrüstet.

---

313 NBZ, Nr. 71, 25.3.1902.
314 Ebda., Nr. 69, 23.3.1902; ebenso Nr. 74, 28.3.1902.
315 1871–1904. Biogr. s. HLS.

Fai ussa penetienzia cun tschendr' e renta-mogn.	Tue jetzt Busse, Asche aufs Haupt und Büsserschlinge.
Navent sto tiu domini, finir per nies gudogn.	Enden muss, zu unserem Besten, deine Herrschaft.
Il pievel ditg avunda has ti pil nas menau,	Lange genug hast du das Volk am Nasenring geführt;
Lez drova bein menader, mo vul negin ugau.	Dieses braucht wohl Führer, will aber keinen Vormund.
Sco nos babuns serimni il pievel mintga mai,	Wie weiland unsere Ahnen versamle sich das Volk,
Per sez sur las fitschentas concluder sco ei plai.	Um selber zu beschliessen nach seinen Wünschen.
Il liber pur decidi – per tgi el vul votar:	Der freie Bauer entscheide, wem er die Stimme gibt,
El suni sez la gigia e ti doveis saltar.	Soll selber die Geige spielen, und du sollst dazu tanzen.[316]

Entscheidung aufgeschoben

Der Souverän konnte schliesslich die offiziellen föderalen (katholischen) Kandidaten Brügger und Dedual und die Liberalen (Protestanten) Caflisch, Stiffler und Ganzoni wählen oder auch Brügger und Dedual gegen Solèr und Vieli eintauschen.

So dramatisch fiel die Wahl allerdings nicht aus, obwohl zunächst nur Brügger und die drei Liberalen gewählt wurden. Vieli, Dedual und Solèr erreichten das Quorum nicht, wobei Vieli die weitaus meisten Stimmen erhielt. Die *Gasetta* stellte mit Befriedigung fest, dass Dedual «nach allen bekannt gewordenen subtilen und schändlichen Angriffen auf unser verdienstvolles Landeskomitee» von den dreien immerhin die meisten katholischen Stimmen erhalten habe.[317]

Redaktor Condrau hatte viele Stimmen aus dem Hinterrhein für den Rhäzünser Vieli erwartet. «Aber umso bemerkenswerter ist das Resultat vieler Oberländer Gemeinden, wo Sympathien und Antipathien, Verwandtschaften und Allianzen die praktische Klarsicht getrübt zu haben scheinen.» Das geschlossene Votum im Lugnez für Solèr habe aber gezeigt, dass die Ilanzer Wahlversammlung vom 26. Januar doch «ein gehöriges Quantum vox populi» repräsentiert habe.[318]

Die Schuld am Scheitern von Julius Dedual wies die *Gasetta* nicht nur den in den eigenen Reihen «Zwietracht säenden» Vielianern, sondern auch den Liberalen zu, explizit dem *Rätier* als deren Sprachrohr. Doch nun musste den Geschlagenen sofort Mut für die nächste Schlacht gemacht werden. «Die konservative Partei kann und muss wieder so stark und respektiert werden wie früher, was nur aus Einheit erwachsen kann, und dann können gewisse radikale Magnaten Bäche schwitzen, bevor sie die konservative Partei auf der Schlachtbank haben! Und genau diese Magnaten wollen in der gegenwärtigen Wahlkampagne uns einen anderen als den von der konservativen Partei aufgestellten Kandidaten aufdrängen. Nein, konservative Männer, wir wollen keine Repräsentanten von Gnaden der Radikalen («per grazia radicala»), sondern solche, die wir selbst aus-

---

316 Caduff, Tuor, S. 338. Das Gedicht ist datiert April 1902. Dem Vater des Dichters sind wir bereits an der Landsgemeinde von 1893 als entschiedenem Gegner von Decurtins begegnet.
317 GR, Nr. 17, 24.4.1902.
318 Ebda., Nr. 15, 10.4.1902.

gewählt und gewählt haben. Darum schreite jeder konservative Mann unbedingt zur Urne und helfe, den Grundsatz und den Ruf der konservativen Partei zu bewahren, indem er auf seinem Zettel [...] den Namen von Herrn Dr. Julius Dedual, eines fähigen und gelehrten jungen katholischen Mannes, schreibt.»[319]

Bemerkenswert ist, dass die penetrant militärkritische *Gasetta* zur Mobilisierung der Getreuen für den zweiten Wahlgang, wie der «Einsender» zwei Wochen davor, das ganze militärisch-martialische Vokabular aufbot. Die konservative Partei habe «trotz der vielen Dissidenten in dieser Schlacht eine respektable Armee vereinigt. Zu dieser werden die meisten von ihnen wieder zurückkehren, um wiederum zu Wort kommen und Ratschläge erteilen zu können, wie unsere Kohorten neu organisiert werden müssten, um allen Interessen gerecht zu werden».[320]

Die *Gasetta* beherrschte auch das martialische propagandistische Handwerk!

Solèr gab in Kenntnis des Wahlergebnisses – etwa 3000 Stimmen hinter Vieli und 800 hinter Dedual – eine Erklärung ab: Seine vielen Stimmen zeigten, dass die Surselva einen eigenen Repräsentanten wünsche. Da er aber im 2. Wahlgang keine Aussicht auf Erfolg habe, ziehe er seine Kandidatur zurück. An die Adresse «gewisser Oberländer Führer» richtete er den Wunsch, sie mögen inskünftig aus eigenem Interesse die Bedürfnisse und Nöte der Sursilvans besser kennenlernen, und dies bitte nicht nur in Wahlzeiten.[321]

In einem Flugblatt «Per sclarimen e defensiun»/«Zur Klärung und Verteidigung» von Vieli weist das «beauftragte Komitee» den Vorwurf der konservativen Presse zurück, Vieli habe viele liberale Stimmen bekommen. Brügger habe in vielen katholischen Gemeinden schrecklich wenig Stimmen erhalten, und von seinen 10 000 seien ein Drittel liberale. Na bitte! Warum ziehe man nun nur über Vieli als Liberalen her? «Es ist eine einfache Art und Weise, einen Gegner zu erledigen, indem man dem Volk vorgibt, dieser sei ein Liberaler. Diese Hinterlist wird seit Jahr und Tag vor allem in der Cadi praktiziert.» Das Komitee verteidigte, unter Hinweis auf die 1890er-Jahre, das Recht auf eine Alternative zum vorgeschlagenen Kandidaten.[322]

Den Rückzieher von Solèr nutzte ein «Eingesandt» für einen Angriff auf Vieli. Dieser habe zu dürftige juridische Kenntnisse für das frei gewordene Departement, während Dedual als promovierter Jurist in Theorie und Praxis jede Menge davon besitze. Und den Lugnezern, denen nun ein eigener Repräsentant in der Regierung verwehrt blieb, empfahl er, Dedual zu unterstützen. Als zusätzliches Argument gegen Vieli bemerkte der «Einsender», dieser sei ein langjähriges Mitglied im Splügenbahn-Komitee, das «direkt gegen die Interessen der Sursilvans gerichtet ist». Mit Solèr hoffe man, ein andermal zu reüssieren.[323]

---

319 Ebda., Nr. 17, 24.4.1902.
320 Ebda., Nr. 15, 10.4.1902.
321 Ebda., Nr. 17, 24.4.1902.
322 FamA Vieli, A Sp III/11 I, Nr. 23, Flugblatt o.D. [1902].
323 GR, Nr. 17, 24.4.1902.

Vertröstungen solch unverbindlicher Art sind bei Parteilenkern beliebt, um die Verlierer auf die gewünschte Seite zu ziehen. Ein propagandistischer Dauerbrenner, aber nicht immer erfolgreich, wie sich nun zeigte.

Im zweiten Wahlgang gewählt – Vieli!

Für die *Gasetta* kam dieses Resultat «nicht unerwartet», da die Liberalen schon im ersten Wahlgang für Vieli gestimmt hätten. Schuld daran sei Redaktor «m» [Manatschal] vom *Rätier*, ihm gehöre die Siegespalme. Überraschend sei nur die hohe Zahl der Vieli-Stimmen (ca. 66%). Dass die liberalen Täler für Vieli gestimmt hätten, sei nicht zu tadeln. Verständlich sei nach dem Rückzug von Solèr auch die geringe Wahlbeteiligung im Lugnez. Zu beklagen sei hingegen der beträchtliche und unerwartete Zuwachs für Vieli aus gut konservativen Gemeinden.[324]

Wie beurteilt Vater Johann Joseph Dedual die Niederlage seines Sohnes? Anders als wir hätten erwarten können! In einem Brief an einen Herrn Caviezel in Chur stellt er trocken fest: «Dr. Vieli ist gewählt. Wir wollen das Resultat ohne Aerger und Hass hinnehmen.» Dann bittet er besagten Herrn: «Bleiben sie meinem Julius treu. Wenn nicht alles trügt, so ist er [Vieli] doch ein Mann der conservativen Partei Bündens. Am meisten bin ich besorgt um die verschwundene Einigkeit in derselben. Wie ist sie wiederherzustellen, das müssen wir uns fragen.» Und dann beantwortet er die unausweichliche Frage nach der Legitimität von Vielis Revolte. «Nach meiner Meinung war die Opposition gegen das Landescomité 1892 sehr begründet, heute war sie es nicht. Damals hat die protestantische Junkerschaft getan, was ihr beliebte; heute that sie es nicht.» Das Landeskomitee habe ganz demokratisch die eingelaufenen Vorschläge registriert. «Das Bonaduzer Comité handelte also komplett revolutionär – mit Erfolg. Es wird sich nun zeigen, ob diese letzteren selbst eine neue und andere Organisation zu Stande bringen. Wenn ja, um so besser! Ich glaube daran nicht.»[325]

Er täuschte sich.

Der *Rätier* liess offen, wie viel die Person Vieli «und wieviel das ehrliche Bestreben auf der liberalen Seite, dem konservativen Volk das Komiteejoch zerbrechen zu helfen», zu Vielis Sieg beigetragen habe. Das konservative Landeskomitee werde nun wohl «sofort, wie es versprochen hat, an eine demokratischere Organisierung der Partei gehen».[326]

Diesen Schlag ins Kontor hat der Kreis um Decurtins dem Rhäzünser Vieli nie verziehen. Dessen Sieg besiegelte in mehrfacher Hinsicht das politische Ende

---

324   Ebda., Nr. 18, 1.5.1902. Die Daten aus den drei grössten konservativen Wahlkreisen lassen diese Aussage als insgesamt übertrieben erscheinen. 1. Wahlgang: Kreis Disentis 692 Dedual : 511 Vieli; Kreis Lugnez 108:251; Kreis Oberhalbstein 422:112. 2. Wahlgang: Kreis Disentis 851 Dedual : 468 Vieli; Kreis Lugnez 365:307; Kreis Oberhalbstein 418:110. Im direkten Vergleich hat Dedual im ersten Wahlgang gut 58% der Stimmen dieser drei Kreise auf sich gezogen, im zweiten knapp 65%.
325   FamA Dedual, Nachlässe, I., Bf. an Herr Caviezel, Chur, 28.4.1902.
326   FR, Nr. 99, 29.4.1902.

des Löwen von Trun. Eine jüngere Generation hatte sich von ihm emanzipiert und – im zweiten Anlauf nach 1899 – erfolgreich seine herrische Autorität zerstört. Nun konnte sie die Vision der Dissidenten verwirklichen und an die Auflösung der Allianz denken. Nach diesem Desaster war eine Standortbestimmung nämlich unausweichlich geworden. Das Fraktions-Protokoll der «Aussprache über die Parteilage» vermerkt unter dem 23. und 27. Mai 1902 Folgendes: Die Solèrianer bedauern, dass sie die Parteidisziplin nicht einhalten konnten, und halten eine Demokratisierung der Partei für «absolut erforderlich». Die Vielianer klagen über die Rückweisung des frisch gewählten Regierungsrates Vieli und befürworten ebenfalls eine Reorganisation der Partei. Das Landeskomitee seinerseits beklagt den desolaten Zustand als Ergebnis mangelnder Parteidisziplin und eines lauen Einsatzes der Delegierten in ihren Kreisorganisationen. Die Partei wäre demokratisch genug, wenn die Statuten von 1899 befolgt worden wären und die Kreisdelegierten dort mehr Einsatz bewiesen hätten. Vieli sei dank den Freisinnigen gewählt worden, und das schliesse die Annahme aus, «dass innert der Partei eine Dissidentengruppe gesiegt habe». Um wieder auf die Füsse zu kommen, sei die Revision der Statuten beschlossen worden.[327]

Das inzwischen offensichtlich gewordene Abrücken von Decurtins und seiner Allianz und die in den vergangenen Jahren begangenen Fehler der Parteiführer durften nicht eingestanden werden. Die Schuld musste bei den Abtrünnigen liegen.

Nationalratswahlen 1902 – erstmals im Einheitswahlkreis

Am 2. Dezember 1901 fragte der Bundesrat die Kantone wegen der Revision der Wahlkreise an. Die Bündner Regierung gelangte daraufhin mit einem Memorial ans Bundesparlament. Ihrer Meinung nach müsse ein Einheitskreis geschaffen oder die Wahlkreise von drei auf fünf mit je einem Nationalrat erhöht werden.[328]

Die Liberalen befürworteten die Reform, die Konservativen bekämpften sie aus Angst vor willkürlicher Majorisierung durch die liberale und reformierte Mehrheit im Kanton. Die Föderaldemokraten hielten eine eigene Eingabe für unzweckmässig, wiesen aber Decurtins, Peterelli und Planta an, ihre Stimme dagegen zu erheben. Jedes Mitglied des Landeskomitees bekam eine Agitations-Region zur Unterschriftensammlung gegen die Reform zugewiesen. Begründet wurde die Ablehnung u.a. damit, dass der Einheitswahlkreis die differenzierte Vertretung von Interessen der wirtschaftlich sehr unterschiedlichen Regionen unmöglich mache.[329] A part: Mit diesem (Haupt-)Argument wurde in den nächsten 120 Jahren erfolgreich gegen die Neuorganisation der Wahlkreise für den Grossen Rat und dessen Wahl nach Proporz argumentiert – bis das Bundesgericht eingriff.

---
327   FödP, Prot., S. 54–57, Zitat S. 56.
328   GR, Nr. 3, 16.1.1902.
329   FödP, Prot., S. 40–44, 25.1.1902.

Nach Annahme der Vorlage im April 1902 sprach die *Gasetta* von politischer Vergewaltigung. «Die radikale Fraktion des Nationalrates hat [...] mit brutaler Mehrheitsgewalt uns, unseren Protesten zum Trotz, einen Einheitswahlkreis aufgezwungen. Und mittels Machinationen hat sie es so weit gebracht, dass die konservative Partei schlussendlich noch zufrieden sein musste, nicht eine noch weit terroristischere Einteilung zu bekommen, die uns Hände und Füsse gefesselt hätte.» Ziel sei dabei gewesen, wie die *Ostschweiz* schreibe, die konservative Partei zur Schlachtbank zu führen.[330]

Bei der Behandlung der neuen Einteilung im Nationalrat im April 1902 hatten Planta und Risch sich lange für die bestehende Einteilung eingesetzt, dann aber doch für den Einheitswahlkreis gestimmt, nachdem ihre Bündner Ratskollegen Calonder und Vital den Konservativen zwei der fünf Sitze im Nationalrat zugesichert hatten. Von den insgesamt sieben Bündner Vertretern in Bern übte nur Decurtins Stimmenthaltung.[331]

Neue Namen

Zur Wahl standen im Herbst 1902 wiederum Decurtins und Planta. Dieser Wahlkampf wurde von den Konservativen mit einem organisatorischen Provisorium geführt. Ihre Grossräte vom Vorderrhein hatten zwar im Frühjahr bei der Beratung der Statuten grossen Druck ausgeübt, um die Kampagne mit den neuen Statuten organisieren zu können, waren aber damit nicht durchgedrungen.[332] Stattdessen musste man mit einem von der Delegiertenversammlung zu erstellenden Provisorium den Kampf um die konservativen Sitze aufnehmen.[333]

Am 12. Oktober 1902 fanden sich in Bonaduz 60 Delegierte zur konservativen Nominierungsversammlung ein. Einige Teilnehmer fallen uns besonders auf. Zunächst der Präsident des Landeskomitees und Tagespräsident Julius Dedual.[334] Waren die Wunden der Spaltung gänzlich verheilt, oder brachte sich der dissidenz-konservative Nachwuchs in Position für den Anschlag auf die Allianz und einen Neubeginn unter rein katholischer Flagge? An der Seite von Dedual bemerken wir den 31-jährigen Alois Steinhauser. Er ist der Sohn des letzten katholisch-liberalen Nationalrates Anton. Sein Vater war bekanntlich vom politischen Konvertiten Decurtins ausgeschaltet worden – und nun begegnen wir Alois als konservativem Steuermann des Bootes seines Cousins. Und noch ein Dritter tritt erstmals in Erscheinung: der frisch promovierte Jurist Pieder Tuor. Er führte das Tagesprotokoll und wurde als nachmaliger schweizweit bekannter Rechtsprofessor eine gewichtige Stimme im konservativen Lager. 1919 verpasste er um wenige Stimmen die Wahl in den Nationalrat.

---

330 GR, Nr. 17, 24.4.1902.
331 Ebda., und Nr. 18, 1.5. 1902.
332 FödP, Prot., S. 58, 31.5.1902.
333 Ebda., S. 72–73, 4.6.1902.
334 1864–1939. Biogr. s. HLS.

Die Delegierten erklärten sich für zwei Kandidaten der Allianz. Paul Vieli forderte im Namen des Kreises Rhäzüns zwei Katholiken, was Franz Peterelli als mit den bestehenden Statuten nicht vereinbar erklärte. Diese erlaubten keine Ausscheidung nach Konfession. Unterstützt wurde er von Johann Schmid auch mit der Begründung, dass der prinzipielle Ausschluss von Protestanten als Nationalratskandidaten «die Katholiken für immer zur Minderheit verurteilen würde». Placidus Plattner warf dagegen ein, «man solle den neugeschaffenen Verhältnissen gebührende Rechnung tragen, [denn] die konservativ-protestantischen Wähler bilden nunmehr im Kanton eine quantité négligeable». Deren Vertreter Planta gehöre in Bern nicht der Rechten, sondern dem Zentrum an. Gerecht und billig wäre, dass die 49 000 Katholiken [zu 55 000 Reformierten] im Kanton beim Nationalrat durch mehr als einen katholischen Abgeordneten vertreten wären «und dass insbesondere auch die Kreise Rhäzüns und Fünf Dörfer die verdiente Berücksichtigung» fänden. Damit liess Plattner die offensichtlich noch nicht tote Dissidenten-Katze aus dem Sack. Regierungsrat Balthasar Vieli ritt einen Frontalangriff auf die Allianz. Er erklärte sich nach dem Motto «die katholische Partei den Katholiken» für den Antrag des Kreises Rhäzüns auf zwei Katholiken. Die Protestanten seien nicht berufen, die Interessen des katholischen Volkes zu wahren. Die Verteidigung des föderalistischen Prinzips sei nur mehr sekundärer Parteizweck, der primäre sei die «Förderung der Volkswohlfahrt auf positiv-katholischem Boden». Damit legte er die Axt an die konfessionelle Parität und an den Decurtins'schen Föderalismus, die beiden Stützpfeiler der Allianz. Auch der Davoser Delegierte Dr. Schnöller plädierte angesichts des Einheitswahlkreises für zwei Katholisch-Konservative, um die verschiedenen Landesteile gebührend berücksichtigen zu können. Für zwei Katholiken sprach sich auch der uns bereits bekannte Giachen Michel Nay aus. Nach einem Schlusswort von Franz Peterelli schritt man zur Abstimmung. Die Anträge auf zwei katholische Nationalräte wurden bei zwei Enthaltungen mit 48:10 abgelehnt und Decurtins mit 40, Planta mit 37 Stimmen zu offiziellen Kandidaten gekürt. Stimmen erhielten auch Plattner (19!), Nay (7), Schmid (5) und Steinhauser (4).[335]

Die Mehrheit der katholischen Delegierten hat damit dokumentiert, dass sie (noch) keine konfessionell gesonderte, sondern eine gemeinsame, auf konservativ-föderalistischen Prinzipien gegründete Politik wünschte. Die Voten offenbarten aber, dass der innere Druck auf Decurtins massiv geworden war. Dieser scheint in Bonaduz nicht anwesend gewesen zu sein – oder er hat sich als Kandidat nicht zu Wort gemeldet.

---

335   FödP, Prot., S. 78–83, 12.10.1902. Bünden zählte um 1900 gut 104 000 Einwohnerinnen und Einwohner.

Der freisinnige Parteitag mit 250 Mann aus 71 Gemeinden tagte in Chur. Aus dem *Rätier* erfahren wir die Einzelheiten dazu. Das Wahlprocedere erfolgte im Einheitswahlkreis wie bei den Stände- und Regierungsratswahlen, d.h. die Delegiertenversammlung allein entschied erst- und letztinstanzlich über die Kandidaten. Nicht das kantonale Komitee besass das Recht auf Vorschläge, sondern die Gemeindeorganisationen. Von konservativer Seite kam der Vorschlag für eine gemeinsame Liste mit Decurtins und Planta herein. Dieser wollte man zustimmen, falls die Allianz Gegenrecht halte und keinen liberalen Kandidaten bekämpfe. Parteipräsident Calonder plädierte für eine gemeinsame Liste. Er und Vital hätten den Konservativen bei der Abstimmung über die Wahlkreise im Nationalrat versprochen, für eine solche einzustehen. Dies sei als Konzession an die Gegner des Einheitskreises zur Sicherstellung einer ruhigen Wahl zu verstehen und «weil dieser noble Akt des freiwilligen Entgegenkommens bei der Inauguration des Einheitskreises im Volk einen guten Eindruck machen wird». Manatschal plädierte für eine gebrochene Liste: Die Liberalen seien nicht dazu da, Decurtins und Planta «zu einer glanzvollen Wahl zu verhelfen». In der konservativen Partei existiere eine demokratische Strömung, und es sei nicht Aufgabe der Liberalen, «dieselbe offiziell unterdrücken zu helfen». Die freisinnigen Kandidaten würden auch ohne die konservativen Stimmen sicher gewählt. Mit 124:113 Stimmen wurde die gemeinsame Liste angenommen. Aber gleich anschliessend liess Redaktor Manatschal («m») die Wählerschaft wissen: «Wie unpopulär, ja verhasst die gemeinsame Liste und die Kompromisslerei mit den Konservativen bei den Freisinnigen ist, beweist klar der Umstand, dass viele von den 124, ja man darf wohl sagen f a s t a l l e für den Antrag Calonder gestimmt haben e i n z i g a u s R ü c k s i c h t für das obenerwähnte Versprechen, das Calonder und Vital den Gegnern gegeben haben. Ohne diesen leidigen Umstand wäre die gemeinsame Liste h o c h i m B o g e n verworfen worden. Möge sie nun zum a l l e r l e t z t e n m a l in Funktion treten.» Die Bonaduzer Minderheit dürfte gemäss Manatschal nach diesem Entscheid wohl keine Lust auf einen eigenen aussichtlosen Kandidaten haben. «Das Nebenhinaus Stimmen wird also keinen Zweck haben, aber wenigstens wird's den Freisinnigen erlaubt sein, nur für i h r e 3 Kandidaten zu stimmen. Wir halten es p o l i t i s c h s o g a r f ü r g e b o t e n, die Stimme nur auf diese drei zu beschränken.»[336]

Der Aufstand im konservativen Lager wurde vertagt. In Absprache mit den Liberalen wurden Caflisch, Vital und Walser zusammen mit Decurtins und Planta auf die offizielle Liste gesetzt. Ein wildes Initiativkomitee portierte aber neben den drei Liberalen nur Plattner, «einen Mann, der im Ganzen Kanton einen guten Namen hat».[337] Plattner nahm das Angebot an! Das habe schon längst «in der Luft» gelegen, schrieb das *Tagblatt* dazu, und nun werde die Chance von radi-

---

336   FR, Nr. 247, 21.10.1902. Alle 71 reformierten und paritätischen Gemeinden werden namentlich aufgeführt. Hervorhebungen gemäss Vorlage.
337   FamA Vieli, A Sp III/11 I, Nr. 20, Flugblatt o.D.

kaler Seite schleunigst aufgegriffen, um den Konservativen mithilfe des «Festredners» Plattner ein Bein zu stellen.[338] Offenbar hatte dieses Komitee auch Regierungsrat Franz Conrad gegen dessen Wissen und Willen empfohlen.[339] Auf der Resultatentafel erscheint er aber nicht.

Die Wahl verlief so problemlos wie erwartet und fiel zugunsten der offiziellen Liste aus, da die Liberalen sich (offiziell) nicht in den Hausstreit der Föderalen einmischten.[340] Für Decurtins wurde es knapp – «nur der von den meisten Wählern gehaltene Kompromiss hat ihn gerettet», meinte die *Neue Bündner* und zitierte noch die NZZ: «Persönlicher Beliebtheit erfreut sich dieser Herr eben nicht.»[341] Dem ebenfalls gewählten Planta hat Plattner kaum geschadet. Das *Tagblatt* berichtet von Frondeuren aus der radikalliberalen Ecke, die für Plattner votiert hätten. Dieser habe schliesslich 4500 freisinnige und 1000 konservative Stimmen erhalten. Solange bei den Konservativen Dissidenz herrsche, würden Frondeure versuchen, mit Unterstützung von Manatschal und seinem *Rätier* der Allianz zu schaden. «Wir glauben indessen, dass sich nunmehr so ziemlich in allen konservativen Kreisen die Überzeugung Bahn gebrochen hat, dass es auf diesem Wege nicht mehr weiter gehen kann, und dass man es geradezu seiner Ehre schuldig ist, die Reihen wieder enger zu schliessen.»[342]

Die erste Wahl im Einheitskreis hatte nichts an der Parität der beiden Parteien (3 Liberale zu 2 Konservativen) verändert. Aber Decurtins musste nach dem erneut mageren Resultat im eigenen Lager erkennen, dass seine politische Zeit abgelaufen war. Er lag politisch kraftlos am Boden, und die Konservativen zogen nun mit einer Nachfolgepartei an ihm vorbei. Nach Ablauf seiner letzten drei Jahre im Nationalrat ging er als Professor für Kulturgeschichte an ‹seine› Universität nach Freiburg.

6. Die Geburt der Konservativ-demokratischen Partei

Ein zentraler Punkt des konservativen Programms von 1895 war die christliche Schule und ihre Freiheit. Um diese werde «die nächste grosse Schlacht entbrennen», hiess es da.[343] Der Streit um gut katholische Schullektüre anstelle des als heidnisch abgelehnten *Robinson* musste von der überkonfessionellen Allianz als Gefahr für den Zusammenhalt empfunden werden. Die FöDP musste ohne Verzug stabilisiert werden.

---

338 BT, Nr. 250, 28.10.1902. Der «Festredner» ist eine Anspielung auf die offizielle Festrede Plattners an der Calvenfeier 1499–1899 in Chur.
339 FR, Nr. 253, 28.10.1902. Vgl. dessen Erklärung ebendort, S. 2.
340 Ebda., Nr. 253, 28.10.1902.
341 NBZ, Nr. 258, 3.11.1902.
342 BT, Nr. 255, 31.10.1902.
343 Dazu S. 101.

Endloses Warten auf Statuten

Am 2. Juni 1896 erging die Aufforderung der föderal-demokratischen Grossratsfraktion an das Landeskomitee, Statuten auszuarbeiten und «nächstes Jahr vor[zu]legen».[344] Diese sollten der Partei festeren Halt geben und durch verbindliche Kompetenzregelungen und Paritätsregeln den permanenten Klagen über Nominierungen am katholischen Wahlvolk vorbei den Boden entziehen.

Im Mai 1897 hiess es, der Entwurf sei noch nicht bereit. Sehr bemerkenswert ist der Vermerk im entsprechenden Protokoll (der keine anderen Namen erwähnt), dass Regierungsrat Placidus Plattner erstmals seit 1892 zur Fraktionssitzung erschienen sei![345] Wenn wir im Weiteren unter den Fraktionsmitgliedern des 1. Juni 1897 auch die als katholisch-liberal abgestempelten Giochen Disch und Christian Latour finden, so darf angenommen werden, dass die Dissidenten und die noch vor wenigen Jahren so verfemten Katholisch-Liberalen zu diesem Zeitpunkt von der FödP als ihre Fraktionsmitglieder betrachtet wurden.[346]

Es war eine ziemlich desperate Mannschaft, die nun das konservative Boot ruderte. War die Integration der Dissidenz schon so weit fortgeschritten? Hatten die Ungeliebten faktisch bereits Zugang zum Machtzirkel gefunden? War ihre Anhängerschaft wieder ein Machtfaktor innerhalb der Konservativen geworden, weshalb sie nicht mehr aussen vor gehalten werden konnten? Das Protokoll schweigt dazu, und die Medien liefern zu 1897 zu wenig Konkretes.

Am 24. Mai 1899 konnte im Weiss Kreuz in Chur (endlich) eine erste Tranche der Statuten durchberaten werden. Zur Delegiertenfrage (Artikel IV) wünschte Decurtins «eine starke, principientreue Partei, die sich weniger durch ihre Zahl denn durch die Qualität ihrer Mitglieder auszeichne». Darum solle man «nicht zu grosses Gewicht auf die Kreise mit kleinen föderaldemokratischen Minderheiten legen». Dedual (Sohn) pflichtete ihm bei. Regierungsrat Brügger hielt dagegen: Katholische Prinzipientreue in Ehren, aber wir bedürfen der Protestanten, um «erfolgreich wirken zu können». Darum verlangte er eine Vertretung auch für Kreise mit einer kleinen föderaldemokratischen Wählerschaft. Diese müsse man pflegen und stärken. Er wurde hierbei von Pieder Antoni Vincenz, Alois Steinhauser, Giochen Disch und Nationalrat Planta unterstützt. Disch, Landammann Gion Darms und (damals noch) Regierungsstatthalter und Kantonsrichter Balthasar Vieli plädierten für die Schaffung konservativer Kreisorganisationen (Art. V). Keine Verpflichtung dazu wünschten Brügger, Decurtins, Planta und Schmid. Am Ende der Beratung erhielt die Parteileitung den Auftrag zu deren Gründung «überall wo solche möglich sind». (Art. VI). Neben den Mandatsträgern (ex officio) sollten Lehrer, Dorfautoritäten und Pfarrherren als Vertrauensmänner

---

344 FödP, Prot., S. 6, 20.5.1897. Diese Formulierung bestätigt uns, dass die Partei noch keine schriftlich fixierten Parteistatuten besass. Dafür spricht auch die Tatsache, dass während der Statutenberatung 1899 nie alte Fassungen, sondern ausschliesslich der vom Landescomitee vorgelegte Entwurf als Referenz diente.
345 Ebda.
346 FödP, Prot., S. 7–8, 20.5.1897.

rekrutiert und auch durch Rundschreiben formal in die Entscheidungsfindung des Komitees einbezogen werden. Das Landeskomitee als nur mehr vorberatendes Organ wurde zur Exekutive für Entscheidungen der Delegiertenversammlung und besorgte die Umsetzung von Umfrageergebnissen. Am 24. Mai 1899 trat dieser «einstimmig angenommene» Teil der Organisation in Kraft.[347] Die Schaffung von Lokal- und Kreiskomitees wurde in den Statuten postuliert, und ab dem 4. September 1899 machte sich das Landeskomitee daran, Vorschläge für deren Organisation und Stellung innerhalb der Kantonalpartei auszuarbeiten und Vertrauensmänner und Organisatoren für die Kreiskomitees zu rekrutieren.[348]

Noch überwog der Wille zum Erhalt der Allianz. Diese sollte durch eine umfassende organisatorische Erfassung der katholischen Wählerschaft gestärkt werden. Eine trügerische Hoffnung! Die Kandidatenwirren und Fronden bei den Regierungsrats- und anderen Wahlen und der massive Adhärenzverlust von Decurtins um die Jahrhundertwende verzögerten die Umsetzung der Beschlüsse. Dem Löwen waren aber bereits viele Zähne gezogen worden, und seine verbindliche Autorität schwand sichtbar dahin.

Am 17. Oktober 1901 referierte Alois Steinhauser in der Hofkellerei in Chur vor der konservativen Grossratsfraktion über eine in Ilanz abgehaltene Konferenz zur Schaffung einer konservativen Kreisorganisation für die untere Surselva. Diese stellte folgende Anträge: «Namensänderung der Bezeichnung der Partei. Ausschliessliche Stellungnahme der Partei in katholisch-konservativem Sinne. Dementsprechende Reorganisation der Partei mit der Einladung an die konservativen Protestanten, eine Mittelpartei zu gründen und zu bilden.» Nach längerer Diskussion wurde das Landeskomitee mit der Prüfung dieser Anträge beauftragt. Bis Mai 1902 sollte es Bericht erstatten.[349]

Nach der für die FödP ebenso peinlichen wie verstörenden Wahl Vielis in den Regierungsrat im April 1902 war eine vertiefte Diskussion unausweichlich geworden. Die Grossratsfraktion stellte in ihrer Aussprache vom 23. und 27. Mai 1902 zur Lage der Partei die «gegenwärtige Parteizerfahrenheit» fest. Die ‹Solèrianer› forderten eindringlich die Demokratisierung der Partei, und das Landeskomitee beauftragte auf Antrag der ‹Vielianer› hin Augustin Condrau, Steinhauser und Solèr mit der sofortigen Begutachtung eines von Steinhauser vorbereiteten Statutenentwurfs zur «Einteilung des Landes in lokale Komitees».[350]

---

347 FödP, Prot., S. 11–17, sub 24.5.1899. Unter diesem Datum erschien das gedruckte «Statut der föderal-demokratischen Partei [von Graubünden]», signiert von Julius Dedual als Präsident der föderal-demokratischen Grossratsfraktion und Friedrich Brügger, Präsident des föderal-demokratischen Landes-Comites.
348 Ebda., S. 19, 4.9., S. 21, 5.9. und S. 22–24, 16.9.1899.
349 Ebda., S. 36–37, 17.10.1899.
350 Ebda., S. 54–57.

Das Ergebnis wurde vier Tage später von der Grossratsfraktion sofort durchberaten, um die Herbstwahlen auf neuer Grundlage organisieren zu können. Grössere Diskussionen provozierten der Parteiname, die Nominations- und Abstimmungsmodalitäten sowie die Delegiertenfrage.

Nach langem Hin und Her obsiegte zunächst dank Stichentscheid des Sitzungspräsidenten Augustin Condrau der Parteiname «Konservative Partei Graubündens» über die beiden Vorschläge «Konservativ-demokratische Partei» und «Konservative Volkspartei Graubündens».[351]

Die Grossratsfraktion kam am 3. und 4. Juni darauf zurück und befürwortete auf Antrag von Grossrat Paul Balthasar Vieli mit 7:5 Stimmen die Bezeichnung «Konservativ-demokratische Partei». Die Grossräte aus den Rheintälern wollten auf Antrag von Christian Latour hin die Statuten «sofort in Kraft setzen», um auf dieser neuen Basis die Nationalratswahlen 1902 organisieren zu können. Sie drangen damit aber nicht durch, weil Brügger und Dedual dies «entschieden» ablehnten.[352]

Ein Jahr lang harrten die ausgearbeiteten Statuten der zweiten Lesung. Am 6. Mai 1903 lagen Berichte und Anträge der Kreisversammlungen von Ilanz, Rueun und Chur vor, und ein weiterer Bericht aus der Cadi wurde «in Aussicht gestellt». Die Eingänge wurden ohne Beschlussfassung an die Grossratsfraktion weitergeleitet.[353]

Die Konservativ-demokratische Partei (KDP) von 1903

Was ursprünglich als strukturelle Zusammenfassung und Organisation des katholisch-konservativen Lagers zur Stärkung der Allianz gedacht war, endete mit der Überführung der Föderal-demokratischen Partei in eine von den reformierten Föderalisten formal unabhängige Partei der Katholiken.

Am 19. Mai 1903 trat die katholische Grossratsfraktion in der Hofkellerei in Chur zur Beratung der Statuten zusammen. Als anwesend wurden die folgenden Herren namentlich aufgeführt: Präsident Dedual (Sohn), Regierungsrat Brügger, die Nationalräte Schmid und Decurtins, Ständerat Peterelli, Standespräsident Condrau, Oberst Solèr, die Kreispräsidenten Thomas Mirer, Caspar Schwarz, Joseph Thalparpan, Thomas Willi, Joseph Laim, Christian Caminada, Christian Latour, Grossrat Capeder und Alois Carigiet.

Die Statuten wurden schliesslich «mit allen Stimmen bei einer Enthaltung definitiv angenommen», unter dem Datum vom 22. Mai 1903 als «Statuten der konservativ-demokratischen Partei Graubündens» in Kraft gesetzt und gedruckt

---

351 Ebda., S. 57–64.
352 Ebda., S. 65–74. Zitate S. 66, 69 und 70.
353 Ebda., S. 87.

ediert.[354] Die neue Partei wurde mit allen Elementen einer modernen Kantonalpartei ausgestattet: Grossratsfraktion, Delegiertenversammlung, Kreisversammlung, Lokalkommitees. Ein Zentralkomitee aus acht Mitgliedern fungierte als leitendes und koordinierendes Organ der Partei.

ZUM VERGLEICH: DIE STATUTEN DER LP

Die endgültige Entscheidung über die offiziellen freisinnigen Kandidaten liegt bei der Delegiertenversammlung der LP. Deren Mitglieder sind die Gemeindedelegierten, Amtsträger von Kanton und Bund sowie die Redaktoren der Parteiblätter. Jede freisinnige Gemeinde oder Gemeindefraktion hat, unabhängig von ihrer Grösse, Anspruch auf zwei Delegierte (maximal 20). Die Wahl der Delegierten erfolgt durch Lokalkomitees oder -versammlungen.

Ein später Sieg der Dissidenten

Placidus Plattner und Johann Joseph Dedual wurde eine späte Genugtuung zuteil, indem ihre Forderung nach einer formal unabhängigen konservativen Partei nach langem Kampf doch realisiert wurde. Dass sie im Namen nicht als eine exklusiv katholische definiert wurde, tut dem keinen Abbruch. Decurtins hatte zur Verteidigung seiner Allianz die Gründung einer unabhängigen Partei für die Katholiken für Graubünden stets abgelehnt. Er spielte denn auch bei der Gründung der KDP keine fassbare Rolle. Bei allen Diskussionen über die Statuten verzeichnet das Protokoll eine einzige Wortmeldung von ihm.[355]

Die KDP ist aus den Kreisen der Dissidenz um Plattner/Dedual und der der katholisch-liberalen Tradition nahestehenden inneren Opposition gegen die Person und/oder das politische Programm von Decurtins hervorgegangen. Die Dissidenten verschafften sich 1899 auf der Bonaduzer Konferenz eine sehr wirkungsmächtige Bühne. Von Alois Steinhauser stammt der Statutenentwurf, Plattner steuerte die Präambel bei und Vieli und Christian Latour traten bei den Beratungen aktiv in Erscheinung. Am Ende stellten sich die Erfolge der vergangenen zehn Jahre für Decurtins als Pyrrhussiege heraus. Die vereinte innere Opposition ehemaliger Dissidenten und Überbleibsel der Katholisch-Liberalen um Nay beendeten seine Ära. Dieses Ende taugt schwerlich dazu, ihn zum Schöpfer der (nachmaligen) Schwarzen Lawine zu küren.

354　Ebda., S. 88–92, 19.5.1902: Beratung der ersten acht Paragraphen; ebda., S. 95–98, 22.5.1902 Schlussberatung und -abstimmung.
355　Ebda., S. 11, 24. Mai 1899.

Nach der Annahme der Statuten 1903[356] und dem Abschluss der Organisation 1904 endete die 30-jährige Geschichte der konservativ-föderalistischen Sammlung, und es begann der Siegeszug der Konservativ-demokratischen Partei als einer Partei der Katholiken mit dem kleinen, aber sehr einflussreichen reformierten, altaristokratischen Flügel um die Sippen der Sprecher. Dieser Flügel wurde während der folgenden knapp zwei Jahrzehnte von Nationalrat Planta nach aussen repräsentiert. Er hat Aufforderungen zur Bildung einer reformiert-konservativen Mittelpartei unter seiner Führung stets abgelehnt.

Am 14. Oktober 1903 bekam das Zentralkomitee, bestehend aus Regierungsrat Schmid (Vorsitzender), Julius Dedual (Vize) und Alois Steinhauser (Aktuar und Kassier), den Auftrag, die neuen Statuten zur Ausführung zu bringen.[357] Mit der Zuteilung der Delegiertenstimmen an die Kreise im März 1904[358] und der Wahl der Kreiskomitees am 27. Mai 1904[359] kam die Reorganisation zum Abschluss. Das Protokollbuch des Föderal-demokratischen Landeskomitees wurde geschlossen.

Nachgeschobene Rehabilitierungen der Dissidenten

In der KDP spielten Placidus Plattner und Johann Joseph Dedual, die beiden Galionsfiguren der Dissidenz, keine fassbare Rolle. Aber für sie kam die Gründung der KDP nach so vielen persönlichen Anfeindungen einem späten Sieg über Decurtins und die ihm während zehn Jahren zudienende *Gasetta* gleich. Er und seine Gefolgschaft mussten 1903 geschehen lassen, was sie nicht verhindern konnten. Die KDP ist das Werk der Leute um Balthasar Vieli, Steinhauser, Solèr, Latour und weiteren seit Jahren offen auftretenden Antipoden von Decurtins, wie Nay und Disch. Die beiden Cousins Alois Steinhauser und Caspar Decurtins verband nicht viel mehr als die Tatsache, dass beide in katholisch-liberalem Haus aufwuchsen und im katholisch-konservativen Lager politisierten. Nach den unablässigen und diffamierenden Kampagnen, welche die *Gasetta* seit jeher gegen die Katholisch-Liberalen und in serviler Gefolgschaft von Decurtins ab 1892 gegen die katholisch-konservativen Dissidenten gefahren hatte, war mit der Gründung der KDP – aus der von ihr propagierten Sicht – der schlimmstmögliche Fall eingetreten. Wie wand sie sich nun aus der Bredouille, nachdem sie seit der Nichtwahl von Plattner 1892 von Wahl zu Wahl die für ein orthodoxes katholisches Kampfblatt bitteren Allianz-Vorgaben geschluckt hatte?

---

356 Ein gedrucktes Exemplar findet sich in der KBG, Sign. Bd 56.24.
357 Ebda., S. 105. Im Verlaufe des Jahres 1904 wurden die Kreis- und Lokalkomitees organisiert. Beinahe vergessen wurde die Festsetzung von Mitgliederbeiträgen. Mit Ausnahme von Franz Peterelli (Savognin) gaben die Repräsentanten aus der Surselva und Sutselva (Imboden/Domleschg) den Ton an.
358 Ebda., S. 113–114.
359 Ebda., S. 119–120.

In ihrem «Rückblick auf 1902» ging sie mit keinem Wort auf die Palastrevolten ein, sondern wünschte der konservativen Partei die «so notwendige Einheit und Solidarität».[360] Sie musste sich von Decurtins abwenden, um im Dienste der neuen Machthaber ihr publizistisches Monopol ausüben zu können. Dies bewältigte sie in gewohnter Manier.

Johann Joseph Dedual

Am 16. November 1911 starb Dedual. Im liberalen *Rätier* zeichnet Manatschal den Verstorbenen als einen eifrigen Katholisch-Konservativen in schroffer und geradezu kulturkämpferischer Opposition zum Freisinn. Das habe seine Karriere vorerst gehemmt. Als der schweizerische Kulturkampf abflaute, sei seine Zeit gekommen, und er habe dann auch seiner eigenen Partei die Zähne gezeigt. Als Regierungsräte seien Dedual und er [Manatschal] «die beiden damals wohl schärfsten politischen Gegner» gewesen, aber Dedual habe sich trotzdem absolut kollegial verhalten und, ausser in konfessionellen Belangen, loyal. «In allen übrigen Fragen merkte man vom Konservativismus des Kollegen sehr wenig.» Der scharfe politische Gegner Dedual sei ihm ein persönlicher Freund geworden.[361]

Julius Dedual bemerkt in der Biographie seines Vaters, dieser habe sich «im Alter mit der gegebenen Sachlage ausgesöhnt». Seit 1881 habe er Remigius Peterelli als Ständerat unterstützt, und er sei – nebst Plattner – als dessen «gegebener Nachfolger» betrachtet worden. Inhaltlicher Kernpunkt des Streits sei zum einen die Ablehnung des intransigenten Föderalismus durch die beiden Dissidenten gewesen und zum andern: Ab 1894 seien Initiativen zur Gründung einer gesamtschweizerischen Katholischen Volkspartei unternommen worden. Deshalb sei für sie nicht nachvollziehbar gewesen, warum der Gedanke an eine solche für Graubünden schändlich und schädlich hätte sein sollen.[362]

In der *Gasetta* übernahm «-r-», – der Disentiser Pater Maurus Carnot, während dreier Jahrzehnte ein fleissiger Kommentator katholischer Politik – die Würdigung des Verblichenen aus streng konservativer Sicht. Er feiert diesen als «einer unserer besten Mitbürger». Und weiter: «Kein Zweifel: Dedual wäre als Repräsentant der Bündner Konservativen auch in Bern eine Zierde gewesen.» Dieser Weg sei ihm «wegen gewisser Umstände» und «wegen der offensichtlichen Dekadenz innerhalb der konservativen Partei» versperrt gewesen. Das habe den «energischen und manchmal aufbrausenden Dedual» in die «heftige, aber glücklicherweise nicht dauerhafte Opposition zur konservativen Partei» getrieben. In den 1870/80er-Jahren sei er ein tapferer Verteidiger der katholischen Religion

---

360 GR, Nr.1, 1.1.1903.
361 FR, Nr. 272, 18.11.1911.
362 Dedual, S. 95–99, Zitate S. 95 und 96. 1912 erfolgte die Gründung der (formal) überkonfessionellen Konservativen Volkspartei der Schweiz.

und der konservativen Partei «gegen den falschen Liberalismus» gewesen. Carnot bemerkt (unter Verweis auf Manatschal), Dedual sei ein Mann von «konservativer Prinzipientreue» gewesen, und bedauert, dass sein Einsatz für Religion und Heimat «teilweise übel vergolten» worden sei.[363]

Zu einer Konkretisierung dieser letzten Aussage wollte sich der Pater – wohl aus Rücksicht gegenüber dem noch lebenden Caspar Decurtins – nicht durchringen! Er stellte die protestantischen Führer der Allianz als Schuldige hin, aber der vom Trunser zu Lebzeiten hart bekämpfte Verstorbene durfte nach diesem Nekrolog aus der Feder des Disentiser Gottesmannes als rehabilitiert betrachtet werden.

Placidus Plattner

Im Nachruf auf den am 25. August 1924 verstorbenen Placidus Plattner kommt die *Gasetta* nicht umhin, auch diesen prominentesten Dissidenten, den sie seinerzeit – nach Vorgaben von Decurtins – so heftig als Spaltpilz, Zentralisten, verkappten Liberalen u.a.m. verunglimpft und bekämpft hatte, nachträglich zu rehabilitieren. Im Rückblick auf die Ereignisse in den 1890er-Jahren schreibt «M» (wiederum P. Maurus Carnot): «Igl ei stau igl onn 1892, in onn empau fatal.» Placidus Condrau habe in diesem «ziemlich fatalen Jahr» Plattner gegen Raschein empfohlen. Plattner hätte «den alten Peterelli oder Romedi würdig vertreten. [...] Heute, nach 32 Jahren, da gewisse Aspirationen, Unterstellungen und persönliche Aversionen sich überlebt haben, würde wohl der Grossteil des [katholischen] Volkes sich für das Programm von Plattner und Dedual und gegen die ständigen Kompromisse erklären, welche die katholischen Söhne der Cadi und die konservativen Bauern des Prättigaus bei Regierungs-, National- und Ständeratswahlen zwangen, fast immer Namen von Freimaurern einzutragen, die dem Volk ebenso fremd waren wie die chinesischen Kulis». Wenn Plattner die höchste Stufe der politischen Karriere nicht erreicht habe, so sei das «nicht seine Schuld gewesen».[364] Zwei Wochen später präzisierte Carnot: «Ist die politische Karriere – der politische Karren gleicht oft jenen sonderbaren Karren der Vaganten – eher mit Steinen und Dornen gesegnet gewesen, und hat sie ihn aus geographischen Gründen und aus solchen der Ehrlichkeit auch nicht auf die Höhe eines Mussolini und comp. [sic!] gebracht», so habe er doch mit Grillparzer sagen können: «Wenn ich nichts werde, so bleibe ich was ich bin.»[365]

Mussolinis Höhe als Massstab des Erfolgs? Da bewegt sich unser Pater bereits auf gefährlichem Terrain. In seiner Würdigung wird der inzwischen verstorbene Decurtins nicht namentlich erwähnt, aber die explizite Schuldzuweisung

---

363 GR, Nr. 47, 23.11.1911.
364 Ebda., Nr. 35, 28.9.1924, gez. «M».
365 Ebda., Nr. 37, 11.9.1924. Der Ausdruck «parler»/«Vagant» zur Bezeichnung des fahrenden Volkes ist im Surselvischen moralisch negativ als ‹Leute schlechten Charakters› konnotiert.

an die Adresse der von Decurtins autoritär geführten Allianz, die zu Wahlkompromissen zugunsten von Freimaurern zwang, und das ausdrückliche Lob für das politische Programm der beiden Dissidenten, das seine Karriere behindert hat, darf im Sinne des *sapienti sat* als Kritik an Decurtins interpretiert werden. Solch lautes Verschweigen gehörte bereits 1911 (s. o.) zu den Finessen der *Gasetta*.

Kein Wort zur Rolle der *Gasetta* an der Seite von Decurtins, dessen Macht auf diesem ihm bis zur Selbstverleugnung dienenden Sprachrohr basierte, solange er das Sagen hatte.

Das *Tagblatt* bestätigte, dass Plattner «kein intransigenter Föderalist» gewesen sei und dass er auf Ebene der eidgenössischen Politik auf der Linie des Bundesrats Joseph Zemp, des Nationalrats Johann Joseph Keel, des Ständerats Adam Herzog und des Churer Bischofs Franz Konstantin Rampa (eines Jugendfreundes) politisiert habe, u. a. für die Verstaatlichung der Eisenbahnen und gegen die sogenannte Beutezuginitiative. Als Kantonspolitiker sei er ein Gefolgsmann von Remigius Peterelli und Andreas Rudolf Planta gewesen.[366] Auch das war eine endgültige politische Verabschiedung von Decurtins.

Die liberale Presse würdigte Plattner als prinzipienfesten und im Volk hoch angesehenen Politiker, Dichter und Historiker.[367]

Und Decurtins?

Ein realistischer Zugang zur Person und zur politischen Gesamtleistung von Decurtins kann wohl erst nach gründlicher Beseitigung des hagiographischen Schutts in Frys Biographie des ‹Löwen von Trun› (Bd. I) und gründlicher Aufarbeitung der Quellen und Literatur zu seinem sehr widersprüchlichen Wesen und Wirken gefunden werden. Ein Korrespondent der *Neuen Bündner* verwies 1902 auf die heftigen Kampagnen pro und contra Decurtins in der Schweizer Presse und zitierte die *Ostschweiz*. Diese berichtete von der «mässigen Begeisterung» in konservativen Kreisen Bündens über die Wiederwahl von Decurtins – im Gegensatz zur katholischen Schweiz. Und weiter: Man könne manche Punkte seiner Politik ablehnen, aber «vielleicht ist es besser, Decurtins überhaupt nicht vom Standpunkt des praktischen Politikers zu nehmen, sondern vom Geistig-Idealen».[368]

Das scheint uns ein fruchtbarer Neuansatz für die künftige Forschung zu sein! Von Interesse wäre auch eine wissenschaftlich fundierte Charakterstudie.

---

366 BT, Nr. 200, 26.8.1924, gez. «G»; FR, Nr. 200, 26.8.1924 (gez. «Dr. V.»), bringt einen lobenden, aber trockenen Lebenslauf ohne Allusion an 1892. In einem langen Artikel in der *Gasetta* Nr. 7 vom 7.2.1898 hatte sein Antipode Decurtins das Wahlvolk inständig beschworen, die Initiative für den Ankauf der Eisenbahnen durch die Eidgenossenschaft abzulehnen. Man müsse Monopole in staatlicher Hand verhindern.
367 Auf den Poeten und Historiker können wir in unserem Zusammenhang nicht eintreten.
368 NBZ, Nr. 251, 26.10.1902.

| TEIL 2
DIVERSIFIZIERUNG DER PARTEIEN-
LANDSCHAFT

1. **Die ersten Schritte der KDP – mit einem unerwünschten Regierungsrat**

Die Gründung der Konservativ-demokratischen Partei als Nachfolgerin der Föderal-demokratischen brachte keinen Umsturz im Gefüge der föderalistischen Partnerschaft. Den Kern der neuen Partei bildeten die katholischen Gemeinden am Vorderrhein, der Kreis Imboden, das Albulatal, das Oberhalbstein und vereinzelte Gemeinden im Churer Rheintal und in Italienischbünden. Zu ihr gehörte wie bis anhin ein im Hintergrund sehr einflussreicher reformierter Flügel. Die Zukunft musste zeigen, in welchem Ausmass dieser Teil der formal aufgelösten Allianz zu den Liberalen abwandern würde. Das war schwer abschätzbar, weil die reformierten Föderalisten mit Nationalrat Planta vorerst einen gewichtigen Repräsentanten besassen, der von der KDP getragen wurde. Planta war bekanntlich nicht bereit, dem wiederholten Wunsch katholischer Exponenten zu folgen und die reformierten Föderalisten in einer neuen Partei unter seiner Führung zusammenzufassen. Die Abkehr vom intransigenten Föderalismus Decurtins'scher Prägung wurde schon seit mehr als einem Jahrzehnt von dessen Opponenten gefordert und 1903 geräuschlos durch die Doktrin eines gemässigten Föderalismus auf Bundesebene abgelöst. Diese sachgerechte Anpassung, die Verteidigung der tradierten Autonomie der Gemeinden und die Betonung der Überkonfessionalität der Partei boten keinen Grund für eine sofortige Abwanderung der Reformierten. Eine solche hätte eine gravierende Verschiebung der Gewichte zugunsten der Liberalen bewirken und eine unerwünschte Diskussion über die Revision der eingespielten Paritäten entfachen können. Darum wurde kein harter konfessioneller Schnitt gemacht. Die KDP behielt Planta als Leader des reformierten Flügels im Boot und nahm mit ihm als Nationalrat ohne Verzug Fahrt auf. Strukturelle Stärkung erfuhr sie durch die Gründung des Kantonalverbandes des Schweizerischen katholischen Volksvereins am 10. März 1907. Noch unklar war aber nach den inneren Unruhen und Agitationen der vergangenen Jahre die parteiinterne Machtverteilung.

Die Surselva, und besonders die Cadi, war bis 1902 Brennpunkt zunächst der katholisch-liberalen, dann der katholisch-konservativen Politik. In der Cadi war auch deren Presse angesiedelt. Die segregative Opposition um Plattner/Dedual und Vieli kam vornehmlich von ausserhalb des Vorderrheintals. Sie waren das Ergebnis des parteiinternen und medialen Dominanzverhaltens von

Decurtins und Redaktor Hermann Sprecher. Gespannt blickte man deshalb nach dem Abgang von Decurtins auf den Freisinn. Die Liberalen wurden seit 1891 von Nationalrat Felix Calonder präsidiert. Zunächst mussten beide Parteien einen Entscheid darüber treffen, wie sie mit dem neuen Regierungsrat Balthasar Vieli umgehen wollten. Dieser hatte sich 1902 nur dank substanzieller Unterstützung der liberalen Wählerschaft als ‹Wilder› gegen die offiziellen Kandidaten der (zum Wahlzeitpunkt noch) Föderaldemokratischen Partei durchgesetzt und wurde deshalb von den Parteioberen wie ein Aussätziger behandelt. Er konnte aber wegen der breiten Unterstützung im liberalen Lager und in der konservativen Basis nicht einfach vom Gleis geschoben werden, sondern musste 1905 sogar anstelle von Julius Dedual auf die Kompromissliste genommen werden.

Es zeigte sich schnell, dass beide Parteien die bisherigen Paritäten beibehalten wollten. Sie bekräftigten dies laufend und zogen die Wahlen weiterhin im Zeichen des freiwilligen Proporzes mit Kompromisslisten durch. Für die friedliche Koexistenz entscheidend war, dass die Liberalen daran festhielten und der KDP zwei der fünf Regierungssitze überliessen. Freie Hand behielten sie nur bei der Unterstützung einzelner Kandidaten. Vieli war ein durch und durch konservativer Politiker, wodurch die Parität als solche nicht verletzt wurde.

Das zentrale Thema der Vorkriegsjahre war der Ausbau der Eisenbahnen. Die Parteinahme für die Splügen- oder die Greina-Bahn spielte während einiger Jahre bei Wahlkämpfen eine bedeutende Rolle und entschied sogar über das politische Schicksal von Kandidaten. Konkrete regionale wirtschaftliche Interessen wogen in dieser Frage mehr als ideologische Prinzipien. Daraus ergab sich eine personalpolitische Zwickmühle für die KDP mit ihren Stammlanden sowohl am Vorder- wie am Hinterrhein.

Angesichts der Brisanz der Eisenbahnfrage gingen die beiden grossen Parteien frühzeitig aufeinander zu. Brügger wurde gebeten, die Splügenfrage an der konservativen Delegiertenversammlung zu behandeln. Von der Surselva könne man, so Calonder in einer Rede zugunsten der Splügenbahn, nicht die Bejahung der Splügensubvention erwarten, aber sie solle sich auch nicht dagegen aussprechen, «wenn man nicht die Regierungsrathswahlen und den Bau der Oberländerbahn gefährden will». Ihr solle, wie bereits von ihren Vertretern im Grossen Rat praktiziert, Stimmenthaltung empfohlen werden.[369]

Am 9. Februar 1907 trafen sich die Delegierten der Konservativen. Im Sinne Calonders äusserte sich Parteipräsident Brügger gegen die Behandlung der Ostalpenbahn als einer parteipolitischen Frage. Das sei eine Landesfrage, weshalb die Oberländer sich bei der Abstimmung vom 1. März im Landesinteresse nicht

---

369 A SP III/8e 3, Prot. ZK KDP, S. 6-7, sub 19.1.1907.

querstellen sollten. Diejenigen, die nicht aus Überzeugung für den Splügen seien, sollten Stimmabstinenz üben und «ruhig Gewehr bei Fuss halten».[370]

Ein aufschlussreicher Einschub

Giusep Demont schrieb 1952 seinem ehemaligen Berufskollegen J. S. Rusch anlässlich des Todes von Calonder einen sehr aufschlussreichen Brief. Darin erzählt er, dass er als Student in Freiburg seinen Professor Caspar Decurtins zu dessen Stellung zu Calonder befragt habe. «Er ist Splügianer», habe Decurtins gesagt, «ich Greinianer. Wir sind politische Antipoden, doch in kulturellen Belangen unserer Bündner Heimat kann ich mich mit ihm gut verständigen.» Im Politischen habe Calonder sich wie Jürg Jenatsch entwickelt: «Calonder trug das Banner des Protestantismus in die Politik und hatte damit, wie Jenatsch, Erfolg. Er ist der typische Vertreter des politischen Protestantismus in Graubünden. Da liegt das Geheimnis der neuen freisinnigen Partei von Graubünden, deren Organisator er war. Es gelang ihm, die Protestanten politisch zu sammeln, die an sich ja z.T. konservativer waren als unsere [katholischen] Konservativen.»

Demont präzisierte dazu: Der KDP verblieben eine Anzahl Aristokraten, z.B. Nationalrat Planta, welcher Oberst Theophil Sprecher «für das konservative Banner rettete. Es waren tüchtige Köpfe und als traditionsstarke Bündner auch Föderalisten ersten Ranges». Oberst Sprecher, «der organisatorische Kopf der Bündner Konservativen», habe einen anderen Weg eingeschlagen als Calonder, nämlich den der konfessionellen Neutralität der KDP, und er habe dies mit der zeitweiligen Einsetzung eines katholischen und eines reformierten Redaktors beim *Tagblatt* zum Ausdruck gebracht.[371]

Der katholische Redaktor war Demont selbst, in dessen Nachlass u. a. auch die Parteiprotokolle der Föderaldemokraten und der KDP gefunden wurden!

Regierungsrat Vieli auf verlorenem Posten

Die Konservativen von Chur ernannten am 11. März 1908 Dedual und Schmid zu ihren Kandidaten. Der uns bereits bekannte Trunser Arzt Nay, ein enger politischer Weggefährte Vielis, wagte an diesem Tag eine Prognose: «Der ‹Grossmogul› von Chur [Schmid] hat gesprochen – deutlich gesprochen.» Wenn die Liberalen

---

370 Ebda., Prot. DV KDP, sub 9.2.1907. Die Splügenfrage mit den damit verbundenen personellen Fragen stand auch im Zentrum der Delegiertenversammlung der Liberalen in Davos vom 16.4.1907. Dabei wünschte das ZK die Besetzung des Finanzdepartements mit einem Liberalen. Der nach seiner Wahl in den Ständerat zu ersetzende Friedrich Brügger konnte tatsächlich mit dem Liberalen Paul Raschein anstelle des Konservativen Joseph Dedual besetzt werden. Die *Davoser Zeitung* berichtete von heftigem konservativem Wahlgeschrei. DZ, Nr. 51, 30.4.1907.
371 A SP III/8e 10, Demont, Bf. an J. S. Rusch, 5.7.1952. Rusch war Redaktor der *Republikanischen Blätter*. Der behauptete «politische Protestantismus» von Calonder wäre im Hinblick auf den politischen Katholizismus und den verspäteten Kulturkampf der 1940er-Jahre gewiss eine Untersuchung wert. Für eine solche ist hier allerdings kein Platz.

Balthasar (Balzer Antoni) Vieli (1848–1926) | Als wilder Kandidat setzte er sich gegen den offiziellen Kandidaten der Föderal-demokratischen Partei durch, was den Anstoss zur Gründung der Konservativ-demokratischen Partei gab.
B. Vieli-Foto A Sp III/11 I VII 44, Bildbeilage FR Oktober 1926.

sich für Schmid entscheiden, «ist unsere Sache verloren; strafen die Herren aber die Worte Schmids Lügen, so ist unser Spiel gewonnen. Gegenwärtig ist es an uns, Stimmen für Vieli zu gewinnen für die Versammlung in Ilanz. [...] Ich hoffe, dass das präpotente Vorgehen der Churer Versammlung nicht zu sehr imponiert – es könnte im Gegenteil vielleicht von Nutzen sein, indem das Land sich nicht gern von Chur aus regieren lässt». In Trun habe es «einige feste Vielianer».[372]

Christian Georg Cavegn von Ruschein meinte in seinem Brief an den Sohn von Vieli, «Papa» Vieli sollte besser nicht an der Ilanzer Versammlung teilnehmen. «Dr. Schnutzer» – d.i. Alois Steinhauser – habe es wiederum verstanden, die Ilanzer Versammlung «nach seiner Nase» so zu arrangieren, dass Vieli bei einer Abstimmung gegen ihn und Dedual nur verlieren könne.[373]

Am 15. März 1908 trafen sich 76 Delegierte der KDP in Ilanz. «Der Ausgang stand im Zeichen der Eintracht, neuer Kraft und zielbewussten Schaffens.» Raus aus dem «Tiefstand der letzten Jahre», hiess die Parole. Ein Vorschlag, Vieli (wie üblich) seine neun Jahre ausdienen zu lassen, wurde abgelehnt. Planta setzte sofort «zur Generalabrechnung» mit Vieli an: Dieser habe vor neun und sechs Jahren der Partei schwere Wunden geschlagen, die noch nicht vernarbt seien. Man habe vor drei Jahren «den Mantel der christlichen Nächstenliebe über die früheren Vorgänge gedeckt, ihm die Hand zum Frieden gereicht» und im Gegenzug erwartet, dass er sich heuer zurückziehe. Stattdessen schicke er sich an, die Partei abermals «an den Abgrund hinzuführen». Nun müsse Tacheles geredet und in der Partei Ordnung geschaffen werden.[374]

Damit war das Schicksal von Vieli besiegelt. Nur 16 Stimmen fielen auf ihn. Als offizielle Kandidaten schwangen Julius Dedual und Alois Steinhauser obenaus.[375]

Eine Woche später teilte Calonder Vieli seine «Überzeugung» mit, dass «eine junge, frische Kraft mit grösserer Initiative die Leitung des Finanzdepartements übernehmen sollte». Vielis Kandidatur habe bei den Delegierten der Liberalen keine Aussicht auf Erfolg, ausser er werde von der KDP vorgeschlagen.[376]

Vieli erkannte daraufhin die Aussichtslosigkeit einer erneuten Kandidatur und gab am 21. März mit einer persönlichen Erklärung seinen Verzicht auf eine Wiederwahl bekannt. Er erwähnt eingangs, dass ihm «Unzulänglichkeiten» vorgeworfen würden und alle Parteiblätter einen «gehässigen Feldzug» gegen seine Person eröffnet hätten. «Nun aber kam dazu noch der Jammer der konservativen Parteileitung, dass ohne meinen Rücktritt die Partei in die Brüche ginge.» Das könne er zwar nicht nachvollziehen. «Wenn es nun andere besser wissen und

---

372 FamA Vieli, A Sp III/11 I VII, Nr. 27, Dr. Nay an B. Vieli, 11.3.1908.
373 Ebda., Cavegn an Vieli-Weinzapf, 13.3.1908.
374 BT, Nr. 65, 18.3.1908. Die Delegierten aus der Mesolcina mussten wegen des schneebedeckten San Bernardinopasses via Gotthard-Zürich anreisen!
375 Ebda.
376 FamA Vieli, A Sp III/11 I VII, Nr. 26, F. Calonder an Regierungsrat B. Vieli, 17.2.1908. Calonder scheint zu diesem Zeitpunkt das Ergebnis von Ilanz noch nicht zu kennen (schwer vorstellbar!).

die ausgesprochene Befürchtung wirklich hegen, so bin ich schon so patriotisch, durch meine Person das Hindernis aus dem Wege zu räumen und die Furcht zu beseitigen.»[377]

Das wurde nicht überall goutiert. Cajacob, ein Trunser Wirt, schrieb zehn Tage später an Vieli, er bedaure den Rücktritt, da Vieli gewiss wieder «mit grosser Mehrheit» gewählt worden wäre und sich in diesem Fall an der «schönen konservativen Delegiertenversammlung von Ilanz» hätte rächen können. «Dann hätte Planta nur seinem gehässigen Gerede zuschreiben können, dass die konserv[ative] Partei in die Brüche gegangen sei», da er [Vieli] im Oberland viele gewichtige Fürsprecher habe.[378]

Die in diesem Fall gewichtigste Stimme hatte Nationalrat Planta als Vertreter des reformierten Parts, und dieser hat Vieli in Ilanz den politischen Todesstoss verpasst. Vielis Anhänger hielten weiterhin an ihm fest, und ein anonymes Initiativkomitee rührte mächtig die Trommel für ihn.[379] Von der SP wurde er gar als offizieller Kandidat neben deren Parteipräsidenten Georg Gamser portiert.[380] Vielis Bürgergemeinde Rhäzüns liegt an der Splügenachse, und die konservativen Anhänger der Splügenbahn rechneten deshalb auch mit massiver liberaler Hilfe für Vieli aus dem Domleschg und dem Hinterrhein. Diese Hoffnung war durchaus berechtigt, da die Liberalen mit der Unterstützung des Bündner Oberländers Steinhauser zögerten; sie konnten nicht vergessen, dass er «bis vor Kurzem der bündnerische Greinaführer war».[381]

Die liberale Delegiertenversammlung feierte am 22. März die glücklich verlaufene Ostalpenbahnabstimmung. Dann wurde auf Antrag des Parteipräsidiums beschlossen, den Konservativen wieder zwei Sitze zu überlassen. An sich beanspruche die LP 8 der total 12 Sitze im Regierungs-, National- und Ständerat, verzichte aber «aus Rücksichten höherer Politik» auf Erhöhung dieser Quote, denn «der Kanton soll, wenn in Bern die Splügenfrage zu entscheiden ist, zeigen, dass er einig und geschlossen ist». Es wurde eine gemeinsame Liste mit den Liberalen Ganzoni, Laely und Raschein sowie den Konservativen Steinhauser und Dedual beschlossen. Calonder sprach sich entschieden dafür aus. Steinhauser habe, so der *Rätier*, «auf Befragen die Erklärung abgegeben, dass er wegen des Tödiprojekts die Greina=Idee habe fallen lassen und in der Regierung entschieden für die Verwirklichung des Splügenprojekts einstehen werde».[382]

Die Kompromissliste wurde vorbehaltlos angenommen, was den Spielraum für wilde liberale Kandidaturen eingeschränkte und Vieli mattsetzte. Georg Fromm, einer der vielen liberalen Kandidaten, verzichtete am 24. März ebenfalls auf eine Kandidatur, nicht ohne «die Einflüsse gewisser Diktatoren» zu bekla-

---

377 Zit. nach NBZ, Nr. 69, 21.3.1908. Handschriftliche Vorlage dazu in A Sp III/11 I VII, Nr. 34.
378 FamA Vieli, A Sp III/11 I VII, Nr. 26, Cajacob an B. Vieli, 31.3.1908.
379 BT, Nr. 81, 4.4.1908.
380 Ebda., Nr. 86, 10.4.1908. Zu Gamser (1875–1941) s. e-LIR.
381 FR, Nr. 83, 7.4.1908 (S.2). Steinhauser war Bürger von Sagens/Sagogn.
382 Ebda., Nr. 71, 24.3.1908.

gen.³⁸³ Ein «Eingesandt» sekundierte: «Jeder rechte Demokrat hätte eine eventuelle Niederlage der HH. Fromm und Vieli durch die Volksabstimmung viel lieber gesehen als den allerdings anerkennenswerten Rückzug aus Parteidisziplin. [...] Ob der Volkswille immer identisch ist mit demjenigen der verschiedenen Delegiertenversammlungen ist jedenfalls höchst zweifelhaft.»³⁸⁴

Der Wahlkampf im *Rätier* verrät einiges Unbehagen wegen der Kandidatenwahl. «Einzelne freisinnige Parteigenossen wollen, wie es scheint, nicht verstehen, warum die freisinnige Partei die beiden offiziellen konservativen Kandidaten auf die Liste genommen hat, da der eine in früheren Wahlen bekämpft worden [sc. Dedual] und der andere Greinaführer gewesen ist [sc. Steinhauser]. Andere wunderten sich, warum die konservative Partei Herrn Vieli fallen gelassen, und warum ihn nicht die freisinnige Partei auf die Liste genommen habe. Da müssen wir nun zunächst konstatieren, dass Hr. Vieli bei seiner Partei nicht deshalb in Ungnade fiel, weil er in der Regierung zu wenig konservativ gewesen wäre, sondern weil er punkto Arbeitsleistung nicht den Wünschen der Partei entsprach. Da kann es doch nicht Sache der Freisinnigen sein, diese Kandidatur durchzudrücken.»³⁸⁵

Ein Blick zurück auf das Verhalten der Liberalen bei den beiden Wahlen von 1902 und 1905 offenbart die Notlüge. Der Hass der Leader der KDP auf Vieli hatte andere Gründe als seine (vorgeblich oder real) mangelnde Leistung. Er kam ihnen 1899 und 1902 in die Quere und wurde danach als Paria behandelt. Tatsache ist auch, dass Vieli nur dank starker offener und verdeckter liberaler Unterstützung die Wahl und die Wiederwahl schaffte. Von mangelnder Leistung war dabei keine Rede. Hingegen wurde Dedual als zu lahme Ente von den Liberalen abgelehnt. Der *Rätier* weiter: «Es ist richtig, dass Hr. Dedual früher von freisinniger Seite bekämpft worden ist, weil man ihm zu wenig Energie zutraute. Aber die Fähigkeit hat man ihm nie abgesprochen und heute darf man annehmen, dass die frühere Bekämpfung Herrn Dedual gezeigt hat, was man nun von ihm erwartet, wenn man ihn akzeptiert und dass er sich danach richten wird.» Steinhauser betreffend hält der Schreiber fest, dieser habe wesentlich dazu beigetragen, die Oberländer von der Greina zum Splügen umzustimmen, «und Steinhauser selber erklärt, er werde in der Regierung für den Splügen wirken».³⁸⁶

Die *Neue Bündner* stand Steinhauser bei und warnte eindringlich vor Querschlägen: Die Liberalen sollten sich hüten, diesmal eine Kandidatur durchzudrücken, welche die Konservativen nicht wollten, wie die beiden letzten Male mit Vieli contra Dedual geschehen. «Vor sechs Jahren war die Partei frei, jetzt begeht sie einen Vertragsbruch, wenn sie am Kompromiss nicht festhält.»³⁸⁷

---

383   Ebda., Nr. 73, 26.3.1908.
384   Ebda.
385   Ebda., Nr. 77, 31.3.1908.
386   FR, Nr. 77, 31.3.1908. 1905 habe man Dedual bekämpft, um Raschein das Baufach zu sichern.
387   NBZ, Nr. 78, 1.4.1908. Dedual «wurde von den Liberalen zweimal mehr oder weniger bekämpft», einmal zugunsten von Vieli, dann, um Raschein ins Bauamt zu bringen.

Personelle Flurbereinigung

Die Wahl war ein Erfolg für den Wahlkompromiss. Aber «in beiden Parteien haben sich gewisse Gegenströmungen bemerklich gemacht, solche innert den Parteien und solche, die sich aus einer Partei in die andere hinüberzogen». Gewählt wurden – «doch nicht gerade glanzvoll» – die Listenkandidaten: die Liberalen Rudolf Anton Ganzoni, Andreas Laely und Paul Raschein sowie die Konservativen Dedual und Steinhauser.[388]

Die *Neue Bündner* war nicht glücklich über diesen Ausgang, aber froh, «dass der Rummel wieder vorüber ist».[389]

Der *Rätier* atmete auf: «Ende gut, alles gut!», wies den Vorwurf der Diktatur zurück und verteidigte die Nominationsstrategie der Liberalen. Gemeinsame Listen mit den Konservativen dienten der Einigkeit und würden wilden Kandidaten «weniger Spielraum» bieten.[390] Anhänger Vielis hatten auf abermalige liberale Hilfe gegen den ehemaligen «Greinaführer» Steinhauser gehofft, die ihnen auch «in ziemlichem Masse» zuteil geworden sei. Deduals Ergebnis sei wie erwartet ausgefallen, da er früher von den Liberalen bekämpft und nur ungern auf die gemeinsame Liste genommen worden sei. Die wilden liberalen Kandidaturen von Fopp und Fromm hätten Dedual viele Stimmen gekostet.[391]

Das klare Ziel der KDP war, mittels der verbindlichen Kompromissliste Vieli endlich loszuwerden. Dank strammer Wahldisziplin wurde es diesmal erreicht. Dass der konservative Steinhauser doch noch die Unterstützung der Liberalen bekommen hatte, verdankte er seiner wiederholten Erklärung zugunsten der Splügenbahn. Dieses Umschwenken entsprach der (inzwischen) offiziellen Haltung der Konservativen.

Im Prättigau, dem Einflussgebiet der *Davoser Zeitung*, rang neben Fopp und Fromm auch der Sozialdemokrat Gamser um Stimmen. Alle blieben erfolglos, gefährdeten aber die Wahl der liberalen Listenkandidaten. Die *Davoser Zeitung* sang ein Lob auf die Konservativen: Aus Erfahrung unerfreulicher Art klug geworden, hätten diese durch ihre Geschlossenheit diesmal ihre beiden offiziellen Kandidaten durchgebracht und durch ihre Stimmdisziplin sogar die offiziellen Kandidaten der innerlich zersplitterten LP gerettet.[392]

Das *Tagblatt* deutet das auch für die KDP sehr erfreuliche Resultat als Beweis, dass Vieli mit seinen bloss 1100 konservativen von insgesamt 6103 Stimmern nicht mehr als Vertrauensmann des Volkes angesehen werden könne.[393] Nach Vielis Nichtwahl sah die KDP das Volk wieder bei sich selbst angekommen, einig und erfolgreich.

---

388 FR, Nr. 83, 74.1908.
389 NBZ, Nr. 83, 7.4.1908.
390 FR, Nr. 85, 9.4.1908.
391 Ebda., Nr. 83, 7.4.1908.
392 NBZ, Nr. 86, 10.4.1908.
393 BT, Nr. 86, 10.4.1908.

Nur: Vieli war diesmal gar nicht zur Wahl angetreten. Deshalb lässt die hohe Zahl an Stimmen durchaus andere Deutungen zu, sofern man unter «Volk» mehr subsumieren darf als das konservative Wahlvolk. Aber es ging dem *Tagblatt* wohl darum, mit seinem Kommentar die für die KDP ärgerliche Personalie Vieli ad acta legen zu können. Diese Wahl befreite die konservative Führung von einem nur widerwillig ertragenen Ärgernis und legte eine solide Basis für die künftigen Wahlallianzen, dank derer die offiziellen Kandidaten im zweiten Jahrzehnt auf allen Stufen ohne nennenswerte personelle Turbulenzen durchgebracht werden konnten.

Die anschliessenden Nationalratswahlen gaben jedenfalls «zu keinen weiteren Betrachtungen Anlass. Sie stehen im Zeichen eines erfreulichen Friedens, den man im Interesse einer fruchtbaren Arbeit zum Wohl des gesamten Volkes nur begrüssen kann». Ihrer (vorläufigen) Stimmenstärke entsprechend begnügte sich die konservative Partei mit zwei (Planta-Reichenau und Schmid) bei drei freisinnigen Vertretern im Nationalrat (Walser, Vital und Caflisch).[394]

2. Ein neuer Mitbewerber: die Sozialdemokratische Partei 1906

Die Vorläufer der SP in Bünden waren seit 1819 in Handwerker- und Arbeitervereinen und ab 1848 im Grütliverein von Chur organisiert. Dazu gesellten sich allmählich auch die Gewerbezentren Landquart und Thusis. Gegen Ende des Jahrhunderts stiessen die Tourismuszentren Davos, Arosa und St. Moritz dazu. Weil sich in Bünden keine nennenswerte Industrie entwickelte, fehlte für eine schlagkräftige Partei die proletarische Massenbasis. Die Grütlianer fanden Anklang bei Eisenbahnern und Hotelangestellten, konnten aber trotz der Gründung des kantonalen Verbandes der Grütlivereine 1886 als lokal beschränkte sozial und politisch engagierte Sammlungen keine wirkmächtige parteipolitische Rolle spielen. Sie unterstützten je nach Sachfrage – als jungdemokratische Organisation – das liberale oder das konservative Lager.[395]

1905 kam es in Chur zu einem kleineren, sozialistisch angehauchten Maurerstreik.[396] Am 27. Mai 1906 vereinigten sich die Arbeiter- und Grütlivereine zur Sozialdemokratischen Partei.[397] Diese Gründung brachte die beiden Platzhirsche LP und KDP nicht in Bedrängnis, aber sie war von grundsätzlicher Bedeutung. Bis

---

394 NBZ, Nr. 250, 23.10.1908. StAGR A SP III/8e Demont, Arcana politica 13, S. 26, zeichnet ein Charakterbild des gewählten Dr. Johann Schmid von Vals, in Chur sesshaft, und bemerkt u. a. «[e]r hat nie surselvische Politik betrieben» und sei kein Freund seines Konkurrenten Steinhauser. Das dürfte wohl der Grund sein, weshalb die katholisch-konservativen Oberländer ihn nie als ihren Vertreter anerkannt haben.
395 NBZ, Nr. 76, 30.3.1905.
396 Gegen den grösseren Maurer- und Erdarbeiterstreik im Oberengadin im Mai 1907 wurde sofort das Militär aufgeboten. Bundi, Arbeiterbewegung, 1981, S. 46–47.
397 Die SP richtete 1910 ein Arbeitersekretariat in Chur ein und lancierte am 6.1.1911 mit der *Bündner Volkswacht* (BVW) die erste sozialdemokratische Zeitung Graubündens. Diese verstand sich als Parteiorgan und insbesondere als «Stimme des armen Mannes». Bundi, Arbeiterbewegung, S. 39. Die Gegner verspotteten sie als «rotes Hetzblättli». Sie bestand bis 1930 und wurde danach von der St. Galler *Volksstimme* abgelöst. Ebda., S. 42.

anhin ging es in der exklusiv bürgerlichen und (klein-)bäuerlichen Parteipolitik um das Mass an Anbindung an den liberalen Bundesstaat, um die Ausgestaltung der Volksrechte und der Verwaltung und um die Militärorganisation. Die SP als nichtbürgerliche Partei bot sich nun als substanzielle Alternative an, vor allem in der von den Bürgerlichen vernachlässigten Sozialpolitik.

Bei der Regierungsratswahl von 1908 blieb die SP erwartungsgemäss erfolglos. Dass sie Vieli offiziell unterstützte, brachte ihr nichts ein. Es bestand also beim Freisinn und den Konservativen kein Grund zur Besorgnis. «Um in der kantonalen Politik mitreden zu können, muss diese Partei andere Wege einschlagen als die jetzt beliebten. Mit der in kindlichem Trotz beschlossenen Aufstellung eigener und der Unterstützung wilder Kandidaturen kommt sie nicht weit.»[398]

Einen schnellen Aufschwung durfte die junge Partei im industrielosen Bündner Umfeld nicht erwarten. Ihre schmale Wählerschaft war verstreut, und das Majorzsystem auf allen Ebenen verurteilte sie ausser in Chur zur Erfolglosigkeit. Zudem brauchte sie zwei Jahrzehnte, um sich ideologisch zu sortieren, ihre Marschrichtung als eine nichtrevolutionäre Partei zu definieren und glaubwürdig propagieren zu können.

Graubünden bekommt sechs Nationalräte

Die Nationalratswahlen von 1911 gaben wegen einer unbestrittenen Kompromissliste von LP und KDP nicht viel zu reden und zu schreiben. Die einzige Frage war, wem der nach der neuesten eidgenössischen Volkszählung zugesprochene sechste Sitz zufallen sollte. Die 86 Delegierten der KDP beschlossen am 1. Oktober in Ilanz, diesen Sitz, ohne Präjudiz für künftige Wahlen, den Liberalen zu überlassen.[399]

Die Sozialdemokraten traten erstmals selbständig zu den Nationalratswahlen an und meldeten ihren Anspruch auf diesen Sitz an. Noch herrschte Majorz und die Stimmen, die sie 1908 für Gamser als Regierungsratskandidaten geholt hatten, boten den Bürgerlichen auch bei sechs Vertretern keinen hinreichenden Grund für einen freiwilligen Verzicht.[400]

Für die *Neue Bündner* war das Wahlresultat eigentlich «vorgezeichnet». Sollte der SP aber ein bedeutender Sprung im Vergleich zu 1908 gelingen, «haben die anderen Parteien die moralische Pflicht, daraus die notwendigen Schlüsse zu

---

398 FR, Nr. 83, 7.4.1908.
399 GR, Nr. 43, 26.10.1911. NB: Die Bündner Bevölkerung wuchs innert zehn Jahren von 104 520 auf 117 069 Einwohnerinnen und Einwohner.
400 FR, Nr. 252, 26.10.1911 und GR, Nr. 43, 26.10.1911; StAGR A SP III/8e 3 Demont, Prot. DV KDP, S. 35, 1.10.1911: Parteipräsident Bossi erläuterte, warum die KDP das neue Mandat nicht beanspruche. In der Diskussion wurde festgehalten, dass die KDP mit einem Ständerat und zwei Nationalräten am absoluten Minimum vertreten sei und deshalb Gegenrecht erwarte. Und weiter: Planta nahm seinen Rücktritt zurück und wurde zusammen mit Schmid einstimmig zum Kandidaten der KDP erkoren. Der Antrag auf eine gebrochene Liste wurde zugunsten einer gemeinsamen mit der LP abgelehnt.

ziehen».[401] Die offiziellen Kandidaten wurden alle mit etwa 400 Stimmen Unterschied gewählt. Die Sozialdemokraten errangen einen beachtlichen Erfolg, da Gamsers Stimmenanteil im Vergleich mit den gewählten Bürgerlichen immerhin ein Drittel betrug.

Zwei Aspekte dieser Wahl verdienen unsere Aufmerksamkeit. Die SP habe, so die *Neue Bündner*, dank früher Vorbereitung mit 3193 Stimmen einen schönen Erfolg erzielt. Viele Stimmen stammten sogar aus den katholischen Gemeinden Disentis, Sumvitg, Peiden, Bonaduz, Ems und Cazis. Dank den verbleibenden etwa 2500 ‹eigenen› Stimmen könne die SP inskünftig Anspruch auf einen Sitz anmelden. Erfolg könne sie «auf lange Jahre hinaus» aber nur in einer Koalition haben. Voraussetzung dafür sei, dass die SP die Verlästerung alles Freisinnigen unterlasse.[402]

Der *Rätier* erhob entschiedenen Widerspruch: Die SP habe höchstens 1500 bis 1600 eigene Stimmen gemacht, und das reiche nicht für eine Konzession. Das Wahlresultat müsse als eine Demonstration, auch der katholischen Basis, gegen die freiwillige Abtretung des sechsten Sitzes an die Liberalen gesehen werden.[403]

Ein zweites wichtiges Ergebnis der Wahl ist das Auftauchen eines propagandistischen Arguments gegen die Linke.

Boykottieren oder konkurrenzieren?

Der *Rätier* warnte im Zusammenhang dieser Wahl vor der sozialistischen Wirtschaft: Das «Konsumvereinswesen, das sich immer mehr ausbreitet, ist gewissermassen eine Vorbereitung und eine Vorschule für das sozialistische Denken».[404]

Die *Gasetta* machte ebenfalls darauf aufmerksam und schlug in dieselbe Kerbe. Die Profite dieser Vereine würden für rote Propaganda und Komitees verwendet. Wer bei den Sozis einkaufe, trage mit oder ohne Wissen zu deren finanzieller Alimentierung bei. Als Alternative empfahl die *Gasetta* die ‹Consumgenossenschaft Concordia› der Christlichsozialen. Es seien nicht alle Ideen der Sozialisten per se des Teufels, aber die guten davon würden von den Christlichsozialen «auf dem Fundament einer Enzyklika» vertreten.[405]

Dem katholischen Volk wurde spätestens seit der päpstlichen Enzyklika *Rerum novarum* (1891) soziales Denken innerhalb dieser Vorgaben als einzige gottgefällige Waffe gegen den als gottlos verschrienen Sozialismus gepredigt. Aus dieser Warte erschien Decurtins bekanntlich als unsicherer Kantonist, von dem man vergebens eine explizite Abgrenzung von den Sozialisten und deren Orga-

---

401 NBZ, Nr. 256, 31.10.1911.
402 Ebda. In Sumvitg überflügelte Gamser mit 110 Stimmen sogar bei weitem alle andern Kandidaten ausser Schmid (123). Im Kreis Disentis machte Gamser insgesamt 429 Stimmen. In Ems rangierte er hinter Planta und Schmid auf dem 3. Platz!
403 FR, Nr. 256, 31.10.1911. Gegen eine freiwillige Konzession an die SP erklärten sich auch die Konservativen.
404 Ebda.
405 GR, Nr. 52, 27.12.1819. Eine Enzyklika ist ein päpstliches Rundschreiben an alle Bischöfe.

nisationen forderte, um eine rein katholische, päpstlich abgesegte Sozialpolitik betreiben zu können.[406]

Hier stossen wir erstmals auf zwei Elemente, die in der künftigen politischen Auseinandersetzung eine zentrale Rolle spielen werden: die konfessionelle Straffung des konservativen Lagers und die heftige ideologische Propaganda von KDP und LP zur Abwehr des sozialistischen Gedankenguts zunächst der SP und ab 1920 der Demokraten, die ebenfalls als rote Brut stigmatisiert wurden.

3. Burgfrieden während der Kriegsjahre – aber viel innerparteiliche Bewegung

Während der Kriegsjahre 1914–1918 wurden die Wahlen von den Liberalen und Konservativen erfolgreich mit gemeinsamen Listen bestritten. Diese seien, so der *Rätier*, ein bewährtes und sicheres Mittel zur Sicherung der beiden Hauptparteien gegen «Seitenströmungen». Sie würden aber teils von der Basis als (politisch) «sittenwidrig» kritisiert, weil sie die Stimmabgabe auch für den politischen Gegner fordern und «jede Aktion ausserhalb des Parteibodens illusorisch machen», was das demokratische Spiel einenge. Die Redaktion beurteilte diese Einengung als nicht gravierend. Regierungsräte seinen Verwalter, nicht Gesetzgeber. Die andere Partei als solche anerkennen heisse nicht, auch deren Prinzipien zu teilen. Ausgleich der Repräsentanz sei alter Bündner Usus. Gemeinsame Listen seien wohl einschläfernd, aber auch Ausdruck des politischen Friedens und der Stabilität. Der Souverän müsse zwischen realpolitischen Forderungen, notwendigen Konzessionen und dem Kampf um «politische Endziele» abwägen.[407] Als realpolitisch notwendig erachteten Liberale wie Konservative, die Sozialisten jeglicher Couleur zu bekämpfen. Die wahltaktische Kooperation diente der Durchsetzung ihres exklusiven Machtanspruchs und der Verteidigung der eingespielten Paritäten.

Warum keine Partei für die reformierten Konservativen und Föderalisten?

Vor den Nationalratswahlen von 1914 herrschte Nervosität bei den Konservativen. Planta wollte nach seinem Jahr als Nationalratspräsident abtreten. Die Partei mochte aber wegen des Krieges keine Nachfolgekämpfe riskieren. Solche waren zu erwarten, da in der Surselva gegen ihn agitiert wurde. Seit Jahren schon kursierte dort der Wunsch, Planta möge eine eigene reformiert-konservative Partei gründen. Diesen Wunsch äusserten auch mehrere Teilnehmer in der Sitzung des Zentralkomitees vom 27. September 1914 in der Hofkellerei in Chur. Parteipräsident Brügger bemerkte dazu, eine solche Parteigründung wäre in Bünden sehr schwierig und im Augenblick nicht wünschenswert. Schmid und

---
406 Siehe S. 30 und 70.
407 FR, Nr. 80, 4.4.1914.

Steinhauser wurden im Namen der Delegierten zu Planta geschickt. Dieser stellte sich für weitere drei Jahre (nur) als Nationalrat der KDP zur Verfügung.[408]

Der Souverän goutierte die Kompromissliste, und bei dieser reinen Bestätigungswahl ohne SP-Kandidaturen stimmten alle wie gewünscht.[409]

Zu Beginn des Jahres 1915 stellte sich aber bereits die Nachfolgefrage. Planta war zum eidgenössischen Gesandten nach Rom gewählt worden und musste darum ersetzt werden. Er war der letzte reformiert-konservative Bündner Nationalrat. Um seine Nachfolge setzte an der Ilanzer Delegiertenversammlung vom 21. Februar ein lebhaftes und wenig erbauliches Ringen ein, das von Egoismen und Cliquen-Geist geprägt war. Den Oberländern wurde der Vorwurf des Separatismus gemacht. Darauf angesprochen, äusserte Parteipräsiden Johann Bossi gegenüber Redaktor Demont vom *Tagblatt*, in Mittelbünden herrsche einiger Unwille darüber, dass die Oberländer «so etwas wie ein[en] Staat im Staate der Partei» bildeten und die Mittelbündner Konservativen deshalb auf kantonaler Ebene untervertreten seien. Die Delegierten der Surselva portierten Steinhauser, die Oberhalbsteiner den Savogniner Dedual. Dieser verzichtete aber zugunsten von Steinhauser, der mit 78 von 93 Stimmen zum offiziellen Nachfolger gekürt und anschliessend auch vom Volk gewählt wurde.[410]

Diese Wahl erforderte einen weiteren Urnengang. Steinhauser musste als Nationalrat aus der Bündner Regierung scheiden, weil mit Paul Raschein bereits ein amtierender Regierungsrat im Nationalrat sass. Nachfolger von Steinhauser im Grauen Haus zu Chur wurde Parteipräsident Johann Bossi.[411]

Die SP im Spannungsfeld von proletarischer Revolution und bürgerlicher Demokratie

Ende 1913 war die SP noch keine ernst zu nehmende politische Kraft. Sie besass ausserhalb von Chur erst je eine Sektion in Davos (viele Angestellte im Tourismus) und Landquart (Werkstätten der Rhätischen Bahn), war auch in den unteren Behörden kaum und in der kantonalen Legislative nur mit drei Vertretern präsent. Ein Blick ins Innere der SP offenbart zu diesem Zeitpunkt einen hohen Grad an ideologischer Fragmentierung. In der Hauptstadt formierte sich 1913 die Arbeiter-Union Chur (auch Arbeiterbund genannt). Darin fanden sich zwei Gruppen: die eigentlichen Arbeitervereine (Gewerkschaften) auf der einen und die politischen Vereine (Grütli-, Arbeiterbildungs- und Arbeiterinnenvereine) auf der anderen Seite. Die Gruppe um Parteipräsident Gamser und Pfarrer Martig lehnte die Diktatur des Proletariats ab und kämpfte für die Beibehaltung der Grütlivereine.

---

408 KDP Prot. CC, S. 54–56, 27.9.1914.
409 FR, Nr. 252, 27.10.1914.
410 StAGR A SP III/8e, Arcana politica 1913, S. 49–57 – private Bemerkungen zur Delegiertenversammlung in Ilanz vom 21.2.1915. Zitat S. 55.
411 1874–1956. Biogr. s. HLS.

Albert Hitz-Bay[412], Moses Silberroth[413] und ihr «grösserer Anhang» wollten die völlige Verschmelzung der Grütlivereine mit der Partei, lehnten die militärische Landesverteidigung ab und bekannten sich zur Diktatur des Proletariats.[414]

Wegen der Burgfriedenspolitik fielen die ideologischen Spannungen und Unverträglichkeiten äusserlich noch nicht ins Gewicht. Aber die Fronten der Nachkriegszeit wurden bereits sichtbar, vor allem die stärkere Konfessionalisierung. Giusep Demont, ein absoluter Insider, leitet eine persönliche Betrachtung zur damaligen politischen Lage mit einem Verweis auf Goethe ein: Der heftigste Kampf sei der zwischen Glauben und Unglauben. Und Demont fährt fort: «Schliesslich wird es auch für uns einen Kampf der Weltanschauung gegen Weltanschauung geben. Wir werden sowohl gegen die Liberalen, als gegen die Sozialisten kämpfen müssen. [...] Solange uns die Sozialdemokraten nicht aufgeschreckt hatten, hielten wir die Politik lediglich für angewandtes Staatsrecht. Jetzt erscheint aber das Staatsrecht bloss als die Formellehre der Politik. Ihr gegenüber steht die Lehre von den politischen Stoffen, die ‹Wissenschaft vom Volke›». Dem Bündner Volk fehle allgemein die Schulung; Unterweisung tue not. Das Gebot der Stunde: «Lernen wir katholisch fühlen, und k[atholisch] denken und k[atholisch] leben!»[415]

4. Nachholbedarf am Ende des Krieges

Die – im Gegensatz zum II. Weltkrieg – fehlende kriegswirtschaftliche Sozialpolitik stürzte die Massen der Arbeiter und Angestellten in Gewerbe und Hotellerie in materielle Not. Deren Umschlag auf die Politik veränderte das parteipolitische Gesicht der Schweiz grundlegend. Am Ende des Krieges geriet auch das politische Gefüge Graubündens in Bewegung. 1917 trat eine Faktion (Grütlianer) als ‹Sozialdemokratische Volkspartei› getrennt von der SP zur Wahl des Churer Stadtparlaments an und war 1919 bis 1922 mit drei, die SP mit sieben Vertretern darin präsent.[416] Auf höherer Ebene reüssierten die Grütlianer nie.

1917 schied Dedual nach neun Jahren aus dem Regierungsrat. Im Vorfeld muss gegen die Überlassung des frei werdenden Sitzes an einen Oberländer intrigiert worden sein. Die *Gasetta* berichtet nämlich von der bei der konservativen Wahlversammlung der Lugnezer laut gewordenen Kritik an einem beleidigenden Manöver, welches die Surselva ausgetrickst habe. Trotz der «ungünstigen Wahlsituation» habe die Versammlung beschlossen, die Interessen der Surselva zu verteidigen. Die Lugnezer würden «im Prinzip» immer eine surselvische Kandidatur unterstützen. Sie portierten darum Gion Darms[417] aus Falera.[418]

---

412 1883–1954. Damals Redaktor der *Bündner Volkswacht*. Biogr. s. HLS.
413 1888–1965. Biogr. s. HLS.
414 Bundi, Arbeiterbewegung, S. 43.
415 StAGR A SP III/8e, Arcana politica 1913, S. 9 und 13.
416 Bundi, Arbeiterbewegung, S. 60.
417 1896–1976. Biogr. s. HLS.
418 GR, Nr. 11, 15.3.1917 («Supplement»).

Das Kandidatenproblem, dessen Details uns unbekannt sind, konnte nach etlichen Kreisversammlungen offenbar gelöst werden.[419] Dem Rapport der *Gasetta* zur Delegiertenversammlung der KDP in der Hofkellerei zu Chur entnehmen wir, dass diese mit 94 präsenten und 40 vertretenen Stimmen fast vollzählig war. Es scheine dabei (wider Erwarten?) alles in Minne verlaufen zu sein. Bossi war gesetzt und wurde mit 125 Stimmen als Kandidat bestätigt. Auf Wilhelm Plattner (Sohn des Dissidenten Placidus) entfielen 79 Stimmen, Darms machte deren 26 und Nay 12. Man einigte sich auf Bossi und Plattner.[420]

Die Aufstellung von Plattner kam beim Freisinn nicht gut an. Ihr Parteitag rang sich nach langen Diskussionen nur zu einer gebrochenen Liste durch. Darauf setzte die LP nur ihre drei Kandidaten Olgiati, Vonmoos und Walser, nicht aber die Namen der beiden konservativen Bewerber. Die im freisinnigen Lager spürbare Opposition gegen den auch bei vielen Konservativen unbeliebten, zum Erzkatholiken gestempelten Plattner erleichterte diese Entscheidung. Der Parität zuliebe wolle man aber stillhalten und die Konservativen nicht mit eigenen Kandidaten unter Druck setzen.[421]

Nach Klagen aus der KDP wegen der gebrochenen Liste versuchte der FR die Aufregung zu dämpfen. Die Parole des Freisinns sei folgendermassen zu verstehen: «Stimmt nur den freisinnigen Kandidaten, stimmt nicht den konservativen, aber auch nicht den parteilosen Kandidaten!» Der Grund: Man gestehe den Konservativen vorbehaltlos zwei Sitze zu, aber diese müssten ihre beiden diesmal alleine durchbringen. Die Sozialdemokraten würden zwar auf eine offizielle Kandidatur verzichten, hätten aber Lust auf eine wilde. Diese gelte es zu verhindern.[422]

Hier wird der Pferdefuss der bürgerlichen Kompromisslisten sichtbar: Man spannte zusammen, um einen Dritten von der Macht fernzuhalten, war sich ideologisch aber spinnefeind. Und das konfessionelle Element gewann immer mehr an Gewicht. Dass die beiden Parteien mit ihren Listen Erfolg hatten, beruhte vor 1919 auf der faktisch fehlenden Alternative und den eingespielten Paritäten. Die SP war vorerst nicht zu fürchten, zwang aber beide bürgerlichen Parteien zur Schärfung des ideologischen Profils und zu klaren Abgrenzungen.

Die Wahlresultate vom Frühjahr 1917 beruhigten vorerst die Gemüter. Bossi und Plattner machten das Rennen als konservative Regierungsräte trotz Wahlmanöver in den eigenen Reihen und liberalem Angriff mit einem wilden Kandidaten auf Plattner. «Solche geschlossene Kampfkolonnen wie in Falera, Wohnort des nicht berücksichtigten Darms, sind stets die Ehrengarden der konservativen Fahne.» Zu tadeln seien Breil/Brigels, Trun und Disentis wegen der vielen Stimmen für die Liberalen.[423]

---

419 FR, Nr. 71, 25.3.1917.
420 GR, Nr. 12, 22.3.1917.
421 FR, Nr. 72, 26.3.1917.
422 Ebda., Nr. 77, 1.4.1917.
423 BT, Nr. 78, 3.4.1917. Falera ‹verschenkte› nur 5 Stimmen an den liberalen Vonmoos, Trun 167, Breil/Brigels 78 und Disentis 142.

Diese Wahl war ein gelungener Probelauf auf dem Weg zur «Schwarzen Dampfwalze/Lawine» ab den 1920er-Jahren. Die Disziplinierung des Parteivolkes war bis auf wenige Ausreisser bereits erfolgreich.

Zufriedenheit mit dem Wahlresultat äusserte auch das freisinnige Lager.[424] Aber dort gärte es unter dem Deckel gewaltig. Die Spannungen zwischen den Flügeln entluden sich ein halbes Jahr später bei der Vorbereitung der Nationalratswahlen. Mehrere hundert Delegierte hatten sich zu einer offenen Aussprache in Chur eingefunden, als man um die Einheit der Partei bangen musste. Nach dem kriegsbedingten Verzicht auf harte Bandagen meldeten nun die verschiedenen Elemente der Partei ihren Anspruch auf Vertretung im Nationalrat an. Andrea Vital[425] wurde «von Jungfreisinnigen und der Hotellerie» vorgeschlagen, die Jungfreisinnigen von Davos und Chur forderten für sich einen Sitz und brachten Andreas Kuoni ins Spiel. Damit wollten sie sicherstellen, dass die Jungfreisinnigen und «Fixbesoldeten» bei der Partei blieben. Armin Bächtold, Redaktor der *Davoser Zeitung*, stellte klar: Die Jungfreisinnigen bilden «einen Bestandteil des linken Flügels der Partei». Sie sind die Jugend, das frische Blut, verzichten auf Machtpolitik, kämpfen für liberale Grundsätzlichkeit und sozialen Fortschritt. Das entspreche «dem neuen Zug der Zeit nach links, der aus der Not der Zeit entstanden ist.» Dieser Realität müsse sich der Freisinn stellen, wenn die LP eine Volkspartei bleiben wolle. Der Unterschied der Jungfreisinnigen zur Gesamtpartei liege in der Methode und im Tempo. Emil Thoma (St. Moritz) machte sich für die vom Krieg ruinierte Hotellerie stark. Der Staat müsse ihr beistehen. Um den dafür notwendigen Druck aufzubauen, müsse man ihr eine eigene Vertretung zugestehen. Die Valli (Italienischbünden) wiederum wollten die Italianità durch Oreste Olgiati[426] repräsentiert wissen. Georg Hartmann lehnte alle diese Begehren und Sonderwünsche rundweg ab; die freisinnige Partei sei eine Einheit, und diese gestatte keine solchen Faktionsansprüche. Auch die Jungfreisinnigen hätten das Basisprogramm der Partei angenommen. Eine unüberhörbare Drohung mit Spaltung schwang mit, als Bächtold zum Schluss ein rascheres Reformtempo forderte und feststellte, dass der Jungfreisinn in der nationalen Partei als eigene Organisation bereits anerkannt sei.[427] Die Jungen forderten eine Verjüngung der Partei, eine fortschrittliche Sozialpolitik und einen der vier liberalen Nationalratssitze. Die Mehrheit der Partei lehnte dies alles rundweg ab.[428] Auf die drei Linksliberalen Kuoni, Olgiati und Töndury fielen nur 43 bis 68 Stimmen im Vergleich zu den 274 bis 354 für Walser, Raschein, Vital und Caflisch als offizielle Kandidaten.[429]

Daraus lässt sich die quantitative Stärke des linken Flügels ableiten. Aus einem Gespräch mit Sigrist, dem ehemaligen Redaktor der *Neuen Bündner* erfuhr

---

424 FR, Nr. 78, 2.4.1917.
425 1855–1943. Biogr. s. HLS.
426 1869–1920. Biogr. s. HLS.
427 FR, Nr. 248, 23.10.1917.
428 Backes, FDP, S. 8.
429 NBZ, Nr. 248, 23.10.1917. Zur inneren Entwicklung des Freisinns in den 1910er-Jahren s. Schmid, S. 127–147.

Giusep Demont von der grossen Unzufriedenheit in der LP mit dem *Rätier* «e sia suita»/«und seiner Gefolgschaft». Vor allem die Intervention von Bundesrat Calonder habe die Lage beruhigen und die Unzufriedenheit unterdrücken können. Aber nun könne es passieren, dass die LP zerfalle.[430]

Das *Tagblatt* verkündete das absehbare Ende des kriegsbedingten Burgfriedens. In der ganzen Schweiz sei nun Kampf der Parteien angesagt, und dieser Kampf des Bürgerblocks gegen die Sozialisten werde zuerst in den Städten des Mittellandes entbrennen. Der nationale Wahltag vom 28. Oktober 1917 werde im Unterland in Erwartung grosser Erfolge für die SP bereits «roter Sonntag» genannt. In Bünden dürften dank der Listenverbindung Überraschungen «ausgeschlossen» sein. Das könne sich ändern, aber auch Bünden dürfe sich freuen, wenn die Majorzsonne für immer untergehe.[431]

Die Wahlen selbst verliefen in Graubünden wie offiziell vorgespurt. Die liberale Mitte spielte ihren aufsässigen Flügel mithilfe einer gemeinsamen Liste mit der KDP aus. Von der «starken» sozialdemokratischen Agitation seien, so das *Tagblatt*, nur – aber immerhin – alle grösseren Orte betroffen gewesen. Im Gegensatz zu 1914 hätten das Oberland, das Albulatal und das Oberhalbstein fast keine Stimmen für den Kandidaten der Sozialdemokraten Albert Hitz-Bay abgegeben. Der Bezirk Imboden sei ein Fingerzeig, aber «unsere Partei besitzt gottlob in der christlich-sozialen Organisation ein Mittel, um der Abwanderung ins sozialistische Lager – und diese Tendenz lässt sich nicht in Abrede stellen – einen Damm zu setzen». Die «starke Bewegung nach links» müsse auch dem Freisinn Sorge bereiten. Die SP habe hingegen guten Grund, mit dem Ergebnis zufrieden zu sein.[432] Im Jahre 1911 hatte ihr Präsident Gamser etwa 1000 Stimmen aus rein katholischen Gemeinden erhalten, diesmal zwar nur etwa 400, aber «der Ersatz hierfür kam [...] in der Hauptsache aus den Kreisen des Verkehrspersonals, insbesondere desjenigen der Rhätischen Bahn, das mit Sack und Pack ins rote Lager übergegangen zu sein scheint».[433]

Proporz oder Majorz?

Diese Frage wurde schon seit Jahrzehnten auf Sparflamme diskutiert. Der Majorz bevorteilt bekanntlich die dominanten Parteien, weshalb diese sich aus Angst vor (absehbaren) Verlusten in der Regel gegen den Proporz sperren und den historisch verankerten freiwilligen Proporz preisen. Den kleineren Parteien verschafft der gesetzliche Proporz hingegen die Möglichkeit, notorische Majorisierungen zu beenden.

---

430 StAGR A SP III/8e, Arcana politica 1913, S. 5–6.
431 BT, Nr. 250, 26.10.1917.
432 Ebda., Nr. 253, 30.10.1917. Im Vergleich zu den null bis neun Stimmen für Hitz-Bay in den katholischen Gemeinden waren die 39 in Bonaduz, 85 in Ems und 25 in Rhäzüns beachtlich.
433 FR, Nr. 258, 3.11.1917.

Die eidgenössische Vorlage zur Proporzwahl des Nationalrates vom 4. November 1900 sah die LP als einen Versuch, «die freisinnige Partei der Schweiz zu zertrümmern». Deren Ablehnung und die am gleichen Tag erfolgte Rückweisung der Volkswahl des Bundesrates feierte sie als einen schönen Sieg über die vereint kämpfenden Sozialisten und Konservativen.[434]

Zehn Jahre später schossen die Liberalen wiederum heftiges Sperrfeuer dagegen.[435] Die Delegierten der KDP stimmten hingegen einhellig dafür[436], und das Zentralkomitee wandte sich vor der Abstimmung mit einem entsprechenden Appell an das konservative Volk.[437]

In den 1910er-Jahren hatten sich die Parteistärken in der Schweiz und in Bünden verändert. Vor der Proporzabstimmung vom 13. Oktober 1918 hatte der SP-Mann Hitz-Bay bei der KDP wegen einer gemeinsamen Kampagne sondiert. Bis anhin war diese immer für den Proporz gewesen. Aber nun glaubte sie, in Bünden wie in Bern daraus keinen oder wenig Profit zu ziehen. Sie befürchtete, dass die Sozialisten die grossen Profiteure des Proporzes sein könnten. Trotz der «gemischten Gefühle» änderte die Parteiführung ihre Meinung nicht, bat aber die konservative Presse, «einen gemässigten Ton zu führen», d.h. für den Proporz zu werben, aber nicht zu heftig. Im Weiteren hiess es: «Besonders erwünscht scheint auch eine Abklärung unseres Verhältnisses zur sozialdemokratischen Partei. Vor zehn Jahren wurde dieses Verhältnis anders beurteilt als heute.»[438] Damit waren Ton und Richtung der konservativen Presse vorgegeben.

Die *Gasetta* richtete sich an alle «Freunde der Wahlgerechtigkeit». Die Liberalen seien den Problemen der Zeit nicht mehr gewachsen. Die Zeit des freiwilligen Proporzes sei vorbei, und nur der gesetzliche Proporz könne die im Lande aufgestauten Spannungen lösen.[439] Redaktor Condrau bezeichnete die Fama, dass die Sozialisten die grössten Profiteure sein könnten, als propagandistisches Schreckgespenst («baubau») der Radikalen.[440] Er hatte diesbezüglich offensichtlich weniger Bedenken als das konservative Zentralkomitee. Das sollte sich aber schnell ändern!

Der freisinnige Nationalrat Raschein liess die Leser des *Rätiers* und der *Neuen Bündner* wissen, der Proporz verfehle in seiner konkreten Ausgestaltung sein Ziel. Er scheute keine Mühe, an ausgewählten Beispielen (vor allem aus Bern) den Beweis dafür zu führen, und kam zum Schluss: «Er führt zu noch grösserer Zersplitterung und, was das schlimmste ist, zu kleinen Interessengruppen, zu scharfer Parteiausscheidung, wenn der Wähler noch etwas gelten will.

---

434 Ebda., Nr. 261, 7.11.1900. Die beiden Initiativen wurden mit je knapp 60% abgelehnt.
435 Dazu Schmid, Davorn, S. 113–114. Sie wurde insgesamt mit 52%, in Graubünden mit 53% verworfen.
436 Prot. ZK KDP, S. 25–28, sub 18.2.1909.
437 GR, Nr. 42, 20.10.1910. Begleitet wird dieser Aufruf von einer ganzen Seite Erläuterungen und Argumentation pro Proporz. Am Ende steht die Aufforderung zu einem «ferm ed energic Gie!»/«ein starkes und energisches Ja!»
438 Prot. ZK KDP, S. 86–88, sub 14.9.1918.
439 GR, Nr. 39, 26.9.1918.
440 Ebda., Nr. 41, 10.10.1918.

Alle die vorgeschlagenen Vorkehrungen dagegen: Panaschieren, Cumulieren, können viel besser als zur Verbesserung der Proporznachteile zu schlau berechneter nachteiliger Einwirkung auf gegnerische Parteien ausgenützt werden.» Die Minderheiten sollten gewiss berücksichtigt werden, und der «Gerechtigkeitssinn des Volkes, besonders in Graubünden, wird immer dafür sorgen». Dazu brauche es den Proporz nicht, und ein Freisinniger müsse ihn deshalb entschieden ablehnen.[441]

Der Proporz zeitigte genau diese Folgen: Zersplitterung, Verlangen von Interessengruppen nach regionaler, personeller und wirtschaftlicher Repräsentanz. Aber erst dadurch wurde ein wirklich demokratisches Spiel der Kräfte möglich.

Das Ergebnis der Volksabstimmung von 1918 war schweizweit eindeutig: 66,8% stimmten für den Proporz. Graubünden nahm ihn mit mageren 51,3% an. Die Annahme durch die Konservativen war dabei ebenso entschieden wie die Ablehnung durch die liberalen Kreise. Die *Gasetta* feiert den Sieg als Befreiung von der Willkür der Radikalen.[442]

Der *Rätier* war sich der Geschichtsträchtigkeit des Entscheids bewusst: Dieser bedeute «die schwerste Erschütterung der freisinnigen Mehrheit, die seit der Schaffung des neuen Bundes von 1848 das Steuer geführt hat». Er tröstet sich damit, dass die anderen Parteien ohne die Freisinnigen trotz deren massiver Verluste im Bundesparlament «überhaupt nichts» würden schaffen können. Und er stellte sich sofort die Frage: «Wird nun auch der kantonale Proporz kommen?»[443]

Das Ergebnis sei, so die *Neue Bündner*, ein geschichtlicher «Meilenstein. Möge der Proporz das halten, was er verspricht, und mögen seine Schwächen durch die Ausführungsbestimmungen möglichst gemildert werden». Die Frustration und die Bedenken sind unüberhörbar.

Der Generalstreik – propagandistische Munition für die Bürgerlichen

Das Ende des Krieges machte die bisherige, im Namen der Einheit in schwerer Zeit geübte Zurückhaltung hinfällig. Die Aufkündigung der Burgfriedenspolitik brachte sowohl die sozialen als auch die innerparteilichen Spannungen an die Oberfläche. Veränderungen kündigten sich an, und der Ruf nach Reformen wurde laut. Die Sozialisten und die sozialpolitisch profilierten Linksbürgerlichen fühlten sich von den Konservativen und Liberalen nicht vertreten. Der Proporz sollte die neuen politischen, wirtschaftlichen und sozialen Realitäten abbilden.

---

441 FR, Nr. 237, 9.10.1918. Der betreffende Artikel wurde ebenfalls in der NBZ, Nr. 236, 8.10.1918 abgedruckt.
442 GR, Nr. 42, 17.10.1819.
443 FR, Nr. 242, 15.10.1918. Für die Proporzwahl brauchte es neun Anläufe in 103 Jahren und am Ende bundesgerichtlichen Zwang.

Der kaum ein Monat nach der Proporzabstimmung ausgelöste landesweite Streik lieferte einen Beweis für die Gefährlichkeit der aufgestauten Spannungen. Chur erlebte Mitte November einen kurzen Schreckmoment, der aber nur sehr punktuell hohe Wellen warf. Es fehlte im industriearmen Kanton die proletarische Massenbasis. Nennenswerte Demonstrationen beschränkten sich deshalb auf Landquart (RhB-Werkstätten), Chur (Arbeiter, Angestellte, Typographen) und Davos (Hotelangestellte). Die Sozialisten verfügten über keine breit gestreute Presse, und von den bürgerlichen Blättern aller Couleurs und Sprachen wurden sie unisono als Provokateure und rote Revolutionäre stigmatisiert. Über die Vorgänge im weit entfernten Zürich und anderen Zentren konnte die Bündner Bevölkerung wegen der damals sehr eingeschränkten Kommunikationsmöglichkeiten nur um mehrere Tage verzögert – oder gar erst post festum – via einheimische Zeitungen informiert werden. Für die Peripherie wichtige Medien wie die *Gasetta*, der *Fögl Ladin* oder das *Echo vom S. Bernardino* erschienen nur ein- oder zweimal pro Woche, also gegenüber dem Geschehen um mehrere Tage verzögert.

Die linksrevolutionäre Gruppe um Hitz-Bay (Chur) und Silberroth (Davos) bildete die Speerspitze des Landesstreiks in Graubünden. Am 12. November bot die Bündner Regierung die Landsturmkompanie II/18 auf, und zwei Tage später forderte der Grosse Rat die Streikenden zur Heimkehr auf. Die bekannten Sozialisten Hitz-Bay, Silberroth und der Arbeitersekretär Ernst Ottinger wurden ins Churer Gefängnis Sennhof gesteckt. Nach massiven Protesten der Arbeiterschaft wurden sie noch am selben Abend freigelassen. Der Versuch, den reformierten Stadtpfarrer Paul Martig aus seinem Amt zu entfernen, scheiterte. Dieser sympathisierte mit den Anliegen der Arbeiter, hatte sie aber zu Gewaltverzicht aufgerufen. Hingegen verloren mehrere Arbeiter ihren Arbeitsplatz.[444]

Metz bemerkt zutreffend, dass der Streik «keinen tiefen Eindruck» im zivilen Leben hinterlassen habe.[445] Die Nachbearbeitung des Landesstreiks beschränkte sich in der Bündner Presse auf sehr kurz gefasste landesweite Presseschauen. Ihre Meinung zu Revolutionsgelüsten hatten alle bürgerlichen Zeitungen bereits im Vorfeld kundgetan. Die sofortige ideologisch-propagandistische Abrechnung mit dem Sozialismus, seinen Anliegen und Streikstrategien war den Redaktoren und Behörden wichtiger als die schwierige (Nach-)Lieferung von Erlebnisberichten zu einem – in ihren Augen – sozialrevolutionären Schurkenstück, das man als glücklicherweise gescheitert betrachtete. Die *Gasetta* vom 28. November kam in einer «Resonanza» auf den Generalstreik zu sprechen. Sie fand bemerkenswert, dass das katholische Freiburger Militär in Bern und das nicht minder katholische luzernische in Zürich für Ruhe und Ordnung gesorgt hätten! Dies bedeute, dass

---
444 M. Bundi, Arbeiterbewegung, S. 48–52; Aerne, Landesstreik, in: BM, 2007, S. 39–57.
445 Metz, III, S. 32–33.

sich die Katholiken als die wahren Schweizer Patrioten gegen die rote Flut betrachten dürften.[446]

Am 12. Dezember lobte auch die *Gasetta* – wie inzwischen alle wichtigen Zeitungen Bündens – die positiven sozialen Forderungen aus den Reihen der Sozialisten und sprach von «Hunderten von berechtigten Vorwürfen an die Adresse des Liberalstaates». Aber der sozialistische Weg zu Sozialreformen sei falsch. Der Weg der Bürgerlichen dazu musste erst noch formuliert – oder deren Worte in die Praxis umgesetzt werden. Das geschah im Anschluss an den Streik auf Seiten der Christlichsozialen und Linksdemokraten. Ihnen fehlte aber das machtpolitische Potenzial zur Durchsetzung von echten Sozialreformen. Dadurch verzögerte sich die Einführung wichtiger Sozialversicherungen auf Bundesebene um Jahrzehnte.[447]

Braucht Graubünden eine Bauernpartei?

Im Jahre 1844 wurde in Chur der Graubündner Landwirtschaftliche Verein (GLV) gegründet. Dieser bestand bis 1850 und konstituierte sich 1858 erneut als Vermittler zwischen der Bauernschaft und den kantonalen Behörden. Bei der Gründung des Schweizerischen Bauernverbandes (SBV) 1897 waren bäuerlich-freisinnige Nationalräte und Agrarpolitiker wie der katholisch-konservative Nationalrat Caspar Decurtins führend.[448] Ab 1877 erschien ein *Volkswirtschaftliches Blatt für den Kanton Graubünden*, das 1912 vom *Bündner Bauernblatt/Die Graue* abgelöst wurde.

Die Bauernschaft war im agrarisch dominierten und kaum industrialisierten Kanton Graubünden mit fast 50% Anteil[449] die stimmenmässig dominante Gruppe, gegen die keine erfolgreiche Politik möglich war. Sie war wie selbstverständlich in den beiden grossen Parteien eingebunden, und die Gründung einer eigenen Partei wurde zwar diskutiert, aber nie als vordringliches Thema.

Während der Kriegsjahre verhielt sich die Bauernschaft still. Am Ende des Krieges herrschte allgemeine soziale Missstimmung, und der Proporz bot den verschiedenen Berufsständen erstmals die Möglichkeit, durch organisatorischen Zusammenschluss auf hoher Stufe wirksame Standespolitik zu betreiben. Dessen wurden sich nicht nur die Bauern bewusst. Vor allem erkannte man das berufsständische Drohpotenzial gegen die etablierten Parteien. Und dieses spielten die Bauern aus. Die Handwerker und Gewerbetreibenden erklärten ihren Verzicht auf eine eigene Partei, solange die Bürgerlichen und der Staat ihre Anliegen ernst nähmen. Konkret forderten sie «mehr Interesse, Sympathie und Unterstützung»

---

446 Dieses Narrativ wurde immer wieder präsentiert, z. B. auch im BT, Nr. 247, 22.10.1923. Dagegen schrieb der FR, Nr. 250, 24.10.1923 an: «Das bürgerliche Rückgrat, nicht das katholische und nicht das protestantische, hat das Schweizerland vor der Revolution gerettet und wird auch künftig den Bestand unseres Vaterlandes sichern.»
447 Dazu s. HLS, «Sozialversicherungen» (Bernard Degen, 2015).
448 Dazu s. HLS, «Schweizerischer Bauernverband» (SBV) (Werner Baumann, 2015).
449 FR, Nr. 252, 25.10.1919.

von Seiten der Behörden und die sukzessive Ausstattung der Berufs- und Fachorganisationen mit Kompetenzen.[450] Andere Gruppen klagten, dass der Staat seine Angestellten nicht mehr von Existenzsorgen befreien könne. Die Notleidenden könnten dem Bauch nachgeben und gegen ihre Überzeugung zu den Sozialisten abdriften.

Im Bewusstsein ihres entscheidenden Stimmenpotenzials drohten die Bauern mit Sezession, um ihre Standesinteressen mit echten Standesgenossen in den Führungsgremien zur Geltung zu bringen. Dort sassen fast nur Akademiker. Die Sozialdemokraten forderten mit ihrem sozialpolitischen Angebot die in dieser Hinsicht schwach positionierten KDP und LP heraus, und die Jungdemokraten streckten ihre Arme explizit nach den in ihrer Existenz bedrohten Kleinbauern aus. Redaktor Demont hatte bereits 1914 notiert: «Eine konservative Politik, die Bestand haben will, muss sich auf die Bauern stützen.» Nun ging es erstmals darum, diese nicht zu verlieren. Die KDP praktizierte in globo «Idealpolitik», um den Druck der Interessengruppen abzumildern, während die LP weiterhin vornehmlich die Interessen der dominanten Wirtschaftskreise bediente. Diese Ausrichtung bestimmte auch die Auswahl des politischen Personals. Hier setzte die Kritik der verschiedenen Verbände und anderer Interessengruppen an.

Im März 1919 hielt der Konservative Joseph Christian Vieli an der Delegiertenversammlung des kantonalen landwirtschaftlichen Vereins ein Referat, das die Bündner Bauernfrage auf den Punkt brachte.[451] Der Bauer geniesse kein Sozialprestige, führte er aus, und die fehlende Rentabilität bäuerlicher Produktion habe zu massiver Abwanderung aus dem Beruf geführt. Bund und Kantone hätten in den letzten Jahrzehnten zwar viel für die Kräftigung des Bauernstandes getan – «wurde aber dadurch das Leiden, an dem der gesamte Bauernstand krankte, beseitigt? Nein, das Übel wuchert weiter und wird erst durch die Herstellung möglichster Einheit in der gesamten Volkswirtschaft des Staates behoben werden. [...] Der Bauernstand wird nicht zu erwarten haben, dass ihm künftig viel mehr geholfen werde, als dies bisher der Fall war. Erste und unbedingte Voraussetzung wird es daher sein, dass er seine ganze Kraft sammelt und zunächst sich selbst hilft. Die grosse Aufgabe des Bauernstandes wird inskünftig sein, wieder gesund und kräftig zu werden als der Jungbrunnen der gesamten Nation. Er wird ein starker Wall sein müssen gegen die staatsgefährlichen und umstürzlerischen Bewegungen der modernen Zeit.» Zwei grosse Aufgaben seien zu bewältigen: «1. Schutz der Landwirtschaft und Hebung und Erhaltung des Bauernstandes und 2. Schutz des Staates vor Revolution und Zerfall.»[452] Zur Bewältigung dieser Aufgaben sei mehr Bauernvertretung in Bern notwendig. Erreichbar sei dies aber nur durch eine möglichst grosse Wahlbeteiligung des Landvolkes, selbständige Wahllisten einer Bauern- und Landpartei und stärkere Einflussnahme auf

---
450 NBZ, Nr. 262, 8.11.1918.
451 *Bündner Bauernblatt*, Nr. 5, 15.3.1919
452 Ebda., Nr. 5, 15.3.1919, S. 59–61.

die historischen Parteien. Vieli gab aber zu bedenken: «Wollte sich die Bauernschaft zu einer selbständigen Partei konstituieren, [...] so wäre die Folge, dass der Boden für die bestehenden Parteien entzogen würde. Die Bauernsame Graubündens hat jedoch keinen Grund, sich zu beklagen, dass sie auf dem Boden der kantonalen Politik hintangesetzt worden wäre. [...] Eine Loslösung von den jetzigen Parteien nur um standespolitische Parteien zu gründen würde zweifellos zu einer Politik des Klassenkampfes führen und zwar zum Schaden des Einzelnen wie der Gesamtheit. Vielleicht, dass die noch etwas düstere Zukunft uns zu einer neuen Parteigruppierung zwingt.»[453]

In derselben Nummer wird rapportiert, dass Andrea Joos, Lehrer an der landwirtschaftlichen Schule Plantahof (Landquart), im Bauernverein Herrschaft und Fünf Dörfer die Notwendigkeit einer Bauernpartei damit begründet habe, dass die Kapitalisten und Sozialisten das Land dem sicheren Verderben ausliefern würden. Die Bauern als «die Grundpfeiler eines sittlichen und moralischen Schweizervolkes» dürften dies nicht zulassen.

Die Notwendigkeit eines neuen Ansatzes bei der Bauernpolitik im Umfeld der verschiedenen Gesellschafts- und Berufsgruppen, die sich seit Ende des Krieges fordernd zu Wort meldeten, vertrat auch Vielis Parteigenosse, Regierungsrat Dedual. Es müsse aber die Fragmentierung der Gesellschaft und deren Aufsplitterung in Standes- und Klassenparteien verhindert werden. Die Interessen der verschiedenen Erwerbsklassen müssten solidarisch ausgeglichen werden, aber spezifische Bauern- und andere Standesparteien seien dazu nicht notwendig.[454]

Die Bauernfrage wurde in allen Vereinen heftig und sehr konträr diskutiert. Die Delegierten als Repräsentanten der 5000 Mitglieder des Kantonalen Landwirtschaftlichen Vereins setzten einen vorläufigen Schlusspunkt. Der amtierende liberale Regierungsrat Jon Vonmoos äusserte in aller Entschiedenheit: «Die Bauernschaft bildet den Grundstock der historischen Parteien, welche auch von jeher bestrebt waren, der in schweren Existenzkämpfen stehenden Bündner Bauernsame zu helfen. In Anbetracht dessen rechtfertigt sich [...] eine Loslösung von den alten Parteien vorläufig in unserem Kanton nicht.» Die Delegierten folgten seiner Argumentation.[455] Der Vorbehalt «vorläufig nicht» klang in den nächsten Jahren in den Ohren der Parteienlenker als Drohung nach. Die erfolgreiche Gründung der Zürcher (1917) und Berner (1918) Bauernpartei musste ernst genommen werden.

Nach Ansicht des Vorstandes des Kantonalen Landwirtschaftlichen Vereins war die Wahl von mindestens zwei Freisinnigen und einem konservativen Bauernvertreter in den Nationalrat angebracht. Er forderte für die anstehenden Herbst-

---

453   Ebda., Nr. 6, 31.3.1919, S. 73–74.
454   BT, Nr. 70, 23.3.1919.
455   *Bündner Bauernblatt*, Nr. 10, 31.5.1919, S. 140.

wahlen, dass Johann Anton Caflisch[456] und Jon Vonmoos[457] zusammen mit dem konservativen Mathias Fryberg auf eine gemeinsame Liste gesetzt würden.[458] Direkt an die Adresse der Delegiertenversammlungen von LP und KDP vom 1919 gerichtet verlangte der linksliberale Bauer und Redaktor Corrado Tugnum im *Bündner Bauer* eine starke Vertretung in Bern. Dort würden proporzbedingt mehr bauernfeindlich Gesinnte Einzug halten. Und dann die Warnung: Die Bauernsame Bündens habe von einer selbständigen Partei und Bauernliste abgesehen, um die historischen Parteien «nicht zu gefährden», erwarte aber im Gegenzug zu bekommen, was ihr zustehe![459]

Ein «Eingesandt» schob später nach: Die erneute Frage nach Bauernparteien hänge vom Ausgang der Nationalratswahl ab! Die Konservativen wollten wegen ihrer «Idealpolitik» keinen ihrer drei Vertreter explizit als Bauernpolitiker bezeichnen lassen, aber Bossi könne wie Caflisch und Vonmoos auch als Bauernvertreter betrachtet werden. Diese drei müssten von den Bauern kumuliert werden.[460] Alle drei wurden tatsächlich gewählt, und damit war das Bauernproblem vorerst vom Tisch. Wie sich zeigen sollte, stand die Gründung einer Bauernpartei inskünftig nur als effiziente Drohung im (Wahl-)Raum, aber die starke bäuerliche Unterstützung der Demokraten liess die LP und KDP von Wahl zu Wahl zittern.

In einem Rückblick auf die Jahre um 1920 schrieb die demokratische *Neue Bündner* 15 Jahre später: «Die Bauern wurden nicht gewahr, dass sich die freisinnige Partei allmählich zur Herrenpartei ausgewachsen hatte und dass sie gut genug waren, den Herren ihre Sitze zu versichern. Der Kleinbauer, wie er im Kanton die Regel bildet, kam immer zu kurz. Dies aufgedeckt zu haben, ist vor allem das Verdienst von T. C. Tugnum in Paspels, der mit seiner bekannten Offenheit in die Machenschaften des Freisinns hineingezündet hat. Die Gründung des ‹Bündner Bauer› hat da wohltuend gewirkt gegenüber der in den Händen weniger Herren befindlichen freisinnigen Systempresse (Rätier, Davoser Zeitung, Prättigauer Zeitung, Engadiner Post), die es verstanden hat, ihr unangenehme Bewegungen zu verschweigen. Tugnum hat die Bündner Bauern darüber aufgeklärt, dass die demokratische Bewegung eine gutbürgerliche, echt bündnerische ist, der man, um sie zu diskreditieren, den roten Mantel umwarf, obschon man gut genug wusste, sich damit einer Unwahrheit schuldig zu machen.»[461]

Tugnum wurde von seinen Gegnern als ‹Bauernbolschewik› verfemt, und schliesslich, so die *Neue Bündner*, sei er von denselben liberalen Herren, die auch das Buch von Gadient hatten verbieten lassen, aus der Redaktion «herausgeekelt» worden.[462]

---

456 1860–1925 Biogr. s. HLS.
457 1873–1956. Biogr. s. HLS.
458 *Bündner Bauer*, Nr. 12, 9.9.1919. Der BB erschien ab Juni 1919 als Nachfolgeblatt des *Bündner Bauernblatts*.
459 Ebda., Nr. 13, 26.9.1919.
460 Ebda., Nr. 17, 24.10.1919. Bossi war mit Vonmoos befreundet.
461 NBZ, Nr. 27, 27.2.1935.
462 Ebda., Nr. 253, 27.10.1922. Zu Gadient s. S. 195.

5. 1919 – Das Jahr der Weichenstellungen

Das erste Nachkriegsjahr war von parteipolitischen Flurbereinigungen gekennzeichnet. Die linksrevolutionäre Gruppe um Hitz-Bay und Silberroth dominierte von 1917–21 die Parteiversammlungen der Sozialisten. Die Liberalen und Konservativen sahen im von diesen beiden angeführten Streik in Chur etwas wie einen revolutionären Probelauf, gegen den man sich rechtzeitig in Stellung bringen musste. Dies führte umgehend zu einer Verstärkung der bürgerlichen Propaganda gegen sozialistisches Gedankengut. Für diesen Kampf mobilisierte die KDP auch die sozialpolitisch engagierteren katholischen Organisationen, allen voran die Christlichsozialen und den Piusverein.

Die Christlichsozialen

Die Bewegung hat ihren Ursprung in der Sozialenzyklika *Rerum novarum* von Papst Leo XIII. (1891), bei deren Vorbereitung auch Caspar Decurtins konsultiert wurde. Dieser machte zwar mächtig viel Wahlwirbel mit seinem päpstlichen Dankesschreiben, zeigte aber kein Interesse an einer religiös-konfessionellen Reduktion seiner Sozialpolitik, die geradezu demonstrativ überkonfessionell, überparteilich und supranational angelegt war. Auf nationaler Ebene wurde sie katholischerseits von Decurtins, Ernst Feigenwinter und vom Freiburger Theologieprofessor Josef Beck vertreten.[463] Ihnen fehlte aber, der radikalen Züge wegen, die Volksbasis. Ihr Konzept war den sehr katholisch gestimmten Dissidenten um Plattner und Dedual zuwider, und diese sparten nicht mit entsprechender Kritik. In einem Bericht über den von Decurtins mitorganisierten Internationalen Arbeiterschutzkongress in Zürich vom August 1897 zitierte Dedual im *Anzeiger* den englischen Sozialdemokraten Burow: «Der Unterschied zwischen den Christlich-Sozialen beider Konfessionen und den Sozialdemokraten besteht darin, dass die erstern die soziale Reform und die letztern den sozialen Umsturz wollen, und das ist die unüberbrückbare Kluft.» Dedual dazu: «Das hätte man schon lange wissen können!» Ein deutlicher Seitenhieb auf Decurtins. Der *Anzeiger* schrieb gegen ausbeuterischen Kapitalismus und materialistischen Sozialismus an und forderte im Einklang mit «Rerum novarum» eine rein christlich fundierte Sozialpolitik für alle Stände.[464]

1899 gründet Kanonikus Johann Baptist Jung in Sankt Gallen die ersten rein katholischen Arbeiter-, Arbeiterinnen und Hausangestelltenvereine. Dieses Beispiel stiess in Graubünden auf ideologisch gut vorbereiteten Boden. In Chur wurden 1904 die erste christliche Gewerkschaft und 1905 der erste katholische

---

463 Bruggmann, Christlichsoziale, S. 3. Zu Ernst Feigenwinter (1853–1919), Redaktor des *Basler Volksblatts*, und Joseph Beck (1858–1843) s. HLS.; Beck, Feigenwinter und Caspar Decurtins waren als das ultramontane «soziale Triumvirat» bekannt.
464 GAA, Nr. 36, 3.9.1897.

Arbeiterverein gegründet. Die Aufmerksamkeit dieser sozialen Organisationen galt besonders den deutschen Hotelangestellten und ausländischen Arbeitskräften im Baugewerbe, allen voran den sehr zahlreichen Italienern im Eisenbahn- und Strassenbau. Diese Organisationen entwickelten sich gemäss Bruggmann bis zum Ersten Weltkrieg «recht gut», bis der Wegzug der Ausländer ihre Reihen ausblutete. Während der Kriegsjahre herrschte wenig Aktivität, und die Zusammenfassung der Sektionen zur Bündelung der Kräfte misslang. Das hatte auch damit zu tun, dass die KDP sozialpolitische Regungen in ihrer Domäne als parteispalterisch bekämpfte.[465] Sie schlug sich nach 1903 mit zwei Problemen herum: Wie lange und in welchem Ausmass sind Konzessionen an den reformiert-konservativen Flügel um Planta notwendig? Und wie kann die christlichsoziale Bewegung an die Kandare genommen werden? Im ersten Fall ging es um die Wahrung der Ämterparitäten mit den Liberalen. Diese wären durch zu massive Abwanderung der Reformierten – so die Befürchtung – gefährdet worden. Im zweiten Fall ging es um die politische Repräsentation der Christlichsozialen. Diese wurde umfassend von der KDP beansprucht.

Nach 1918 versuchten die christlichsozialen Organisationen, ihre Vorkriegsarbeit mit neuen Vereinen und Sektionen fortzusetzen.

Eine eigene politische Organisation?

In einem «Il socialist en Surselva» betitelten Artikel vom Dezember 1918 gab ein nachmals sehr prominenter «Ch. C.» einen Überblick über die rote Ideologie und was gegen ihren Einfluss unternommen werden müsse. Mit dem Bau der Eisenbahn seien auch neue Aktivisten für den Sozialismus in die Surselva gekommen. «Die Sympathien für richtige Ideen und gut begründete Verbesserungen, die von den Sozialisten vertreten werden, ist an sich verständlich; schlimm ist aber, dass diese dazu führen, dass das *ganze* sozialistische System geschluckt wird, wodurch das gesamte Denken der betreffenden Person Schritt für Schritt verändert wird. Unsere katholischen Leute sollten darum schauen, ob es für den Kampf für die Interessen ihres Berufstandes nicht einen anderen Weg gibt, als Arm in Arm mit den Sozialisten, diesen Trägern einer Häresie, zu marschieren.» Man könne sich etwa in einer christlich-sozialen Partei organisieren. Die Konservativen wünschten sich solche Organisationen als Verteidiger der Rechte der Arbeiter auf katholischer Basis. Im zweiten Teil des Artikels kritisiert unser Schreiber die propagandistische Passivität der Wahlkomitees in der Surselva und zeigt sich besorgt darüber, dass viele Gemeinden zweistellige «rote Zahlen» aufwiesen. *«Alle diejenigen, die unter der roten Fahne landen, helfen bei der Realisierung des Programms, das den Privatbesitz, religiöse Schulen, die Kirche, die Moral und die Fami-*

---

465 Bruggmann, Christlichsoziale, S. 25.

lie vernichten will.»[466] Abschliessend stellt er klar: «Der Kampf des sozialistischen Systems ist eine Realität und wird einige Jahrzehnte andauern, aber viele Katholiken schlafen weiter, und die konservative Partei scheint zu murren, wenn die Christlich-Sozialen sie auffordern, katholische Arbeitervereine zu gründen und sich für die sozialen Probleme der Arbeiter zu interessieren.»[467]

Die Delegiertenversammlung der christlichsozialen Arbeiterorganisationen vom 22. März 1919 in Davos unter Vorsitz von Alois Horat nahm den Tätigkeitsbericht der vergangenen zwei Jahre zur Kenntnis. Es sei tüchtig gearbeitet worden, aber der Kampfgeist dürfe nicht erlahmen. Zur Koordination der erforderlichen Anstrengungen wurde die Schaffung eines Sekretariats beschlossen. Redaktor Dr. Poltera teilte der Versammlung mit, dass die *Rhätische Volkszeitung* ab dato den Titel «Organ der Konservativen Davos und der Christlich=Sozialen des Kantons Graubünden» tragen werde.[468]

Die Anliegen der Christlichsozialen wurden auf Bundesebene von einem politischen Komitee des Verbandes der katholischen Arbeitervereine wahrgenommen. An dessen Stelle trat am 22. Februar 1919 der Christlichsoziale Arbeiterbund als Dachorganisation aller christlichsozialen Verbände und Institutionen.[469]

Konservative «Idealpolitik» gegen Sonderinteressen

An der Delegiertenversammlung der KDP vom 19. September 1919 wurde über die Marschrichtung unter den neuen Voraussetzungen diskutiert. Parteipräsident Brügger erklärte, der Proporz erfordere eine «grundsätzliche Politik», um der Zersplitterung zu entgehen. Politische Grundsätze, nicht materielle Interessen sollten die konservative Politik bestimmen. «Wir müssen vor allem unsere Weltanschauung vertreten, ferner die aus unserer politischen und Staatsauffassung sich ergebenden Grundsätze. [...] Unsere Partei geht nicht auf eine einseitige Verfechtung wirtschaftlicher Interessen aus; sie will einen gerechten sozialen und wirtschaftlichen Ausgleich im Sinne einer christlichen Lebensauffassung und Weltanschauung. In diesem Sinn sind wir alle christlichsozial und dürfen uns als Brüder fühlen.» Die Christlichsozialen verzichteten zugunsten der Einheit auf eine eigene Kandidatur für den Nationalrat, forderten aber im Falle eines Dreiervorschlages einen Vertreter für sich. Es entstand eine lebhafte und lange Diskussion über ein Dreierticket von Grundsatzpolitikern oder freie Konkurrenz der Wirtschaftsgruppen. Hug als Präsident des Gewerbeverbandes Davos befür-

---

466 GR, Nr. 51, 19.12.1918. Hervorhebungen gemäss Vorlage. Es handelt es sich bei Ch.C. um den nachmaligen Churer Bischof Cristianus Caminada (1876–1962) von Vrin. Er war ab 1912 Pfarrer in Trun und wurde sozialpolitisch von Caspar Decurtins nachhaltig beeinflusst. 1919 wurde er Domdekan. Er ist ab diesem Zeitpunkt als Korrespondent im *Tagblatt* und in der *Gasetta* sehr präsent. 1941 wurde er zum Bischof geweiht. Weiteres s. HLS.
467 GR, Nr. 52, 27.12.1918.
468 BT, Nr. 71, 25.3.1919.
469 Bruggmann, Christlichsoziale, S. 5.

wortete Letzteres – im Parlament brauche es Praktiker im Kampf gegen den Sozialismus. Brügger plädierte für die Aufstellung von Idealpolitikern anstelle von Gruppenvertretern und wurde dabei von Grünenfelder (Davos) unterstützt. Dieser befürchtete, dass die Christlichsozialen als Gruppenvertreter im Falle einer Nichtberücksichtigung eine eigene Partei gründen könnten.[470]

Das taten sie nicht, beanspruchten aber formale Unabhängigkeit von der Partei.[471]

Die KDP wollte alle sozialen und wirtschaftlichen Organisationen der Katholiken ihrer Kontrolle unterstellen, um die eigenen Strukturen zu stärken und sich als alleiniger politischer Arm der Katholiken zu etablieren. Ohne eigene personelle Präsenz auf der grossen Bühne, so das Kalkül, wären die christlichsozialen Organisationen politisch gelähmt und müssten sich den Vorstellungen und Vorgaben der Partei fügen.

Ein sehr erfolgreiches Rezept, wie sich bereits nach wenigen Jahren zeigte. Am 19. Oktober 1919 gab sich der «Verband Christlich-sozialer Organisationen des Kantons Graubünden» neue Statuten und richtete ein hauptamtliches Sekretariat für Rechtsauskunft und -beistand ein. Dieser Kantonalverband betreute 1922 13 Arbeitervereine, einen Arbeiterinnenverein in Chur, je einen Verein für Haus- und Hotelangestellte in Davos und St. Moritz, 11 Sektionen der christlichsozialen Krankenkasse und 20 Gewerkschaftssektionen. Davon gingen einige ein, neue entstanden. Ab dem 3. Januar 1925 besass der Kantonalverband mit der *Bündner Hochwacht* (BHW) ein eigenes Publikationsorgan. Auf kantonaler Ebene äusserte sich der Kantonalverband ab 1920 gelegentlich zu sozialpolitischen Anliegen. Die Entwicklung war aber bis um 1930 rückläufig. Bruggmann machte ein «ländlich-gewerbliches Klima» und das Fehlen eines eigenen politischen Arms dafür verantwortlich.[472] Das Kalkül der KDP war aufgegangen.

So nicht! Die Gründung der Demokratischen Partei

Während es der KDP gelungen ist, zugunsten der «Idealpolitik» die Christlichsozialen und Sonderwünsche zu neutralisieren, hat die Liberale Partei die Abspaltung ihrer Linken geradezu provoziert.

Wir sind den Jungliberalen bereits in den letzten Jahrzehnten des 19. Jahrhunderts als ungezähmter Sammlung von Linksliberalen begegnet, die sich im Dezember 1890 als Radikal-demokratische Union von Chur konstituierte und sich

---

470 Prot. DV KDP, sub 28.9.1919.
471 BT, Nr. 247, 20.10.1919, Rapport der Delegiertenversammlung der christlichsozialen Organisationen vom 19.10.1919 in der Hofkellerei Chur. Erwähnt wird auch die DV von 22.3.1919 in Davos, wo nach Revision der Statuten gerufen wurde. Präsident Horat vom Kantonalkomitee legte einen Entwurf betreffend Statutenrevision und Sekretariatsfrage vor.
472 Bruggmann, Christlichsoziale, S. 5–6. Die *Bündner Hochwacht* erschien dreimal pro Woche, mit einer Beilage «Arbeiter am Samstag». Sie bestand bis 1958. Den Erstickungstod in den Armen der Mutterpartei mussten die Christlichsozialen mehrmals sterben, zuletzt um 1990.

im Januar 1891 der soeben gegründeten LP als linker Flügel anschloss. Im Laufe der Jahre wurden sie von den dominanten liberalen Tonmeistern um Felix Calonder überspielt und 1906 durch die Gründung der SP personell weiter geschwächt. Eine junge Garde machte sich auf, dies zu ändern, neue politische Akzente zu setzen und eine linksbürgerliche Sozialpolitik zu entwickeln.

Auf Initiative[473] des Taminsers Felix Koch, Berner Postbeamter und 1914–1918 Generalsekretär der Freisinnigen Partei der Schweiz, bildete sich 1915 in Davos eine Jungliberale Gruppe unter Führung des Juristen Armin Bächtold und des Redaktors der *Davoser Zeitung* Erhard Branger. Von einem Referat von Koch im Juni 1916 in Chur angeregt, in dem dieser die Demokratisierung des politischen Lebens und der Wirtschaft forderte, hielt die Jungfreisinnige Gruppe Chur am 6. Oktober 1917 im «Calanda» ihre erste Sitzung ab. Sie forderte einen der vier liberalen Nationalratssitze für sich und drohte der LP bei Ablehnung mit der Bildung einer eigenen Partei. Die Davoser Jungfreisinnige Vereinigung versprach dem jungfreisinnigen Kandidaten Andreas Kuoni[474] ihre Unterstützung, lehnte aber eine Separation ab. Im Engadin bildete sich während des Krieges ebenfalls eine jungfreisinnige Gruppe. Diese sagte dem Engadiner «Geld-, Hotel- und Familienadel» den Kampf an.[475]

Zu Beginn des Jahres 1918 referierte Andreas Kuoni im Hotel Lukmanier in Chur über Demokratisierung der Wirtschaft und die Notwendigkeit, die Vorherrschaft des Geldes, der Dorf- und Hotelkönige zu brechen, um der Arbeiterschaft die Teilhabe am Fortschritt zu ermöglichen. Weitere Forderungen waren das Frauenstimmrecht, das Proporzwahlrecht, die Demokratisierung der Armee (Volksheer), eine direkte Bundessteuer sowie die Verstaatlichung der Rhätischen Bahn und der Wasserkraft.[476]

Der Redner erfuhr lebhafte Zustimmung aus LP-Kreisen, und dies führte am 26. März 1918 zur formalen Gründung der «Jungfreisinnigen Vereinigung Chur». Diese forderte von der Mutterpartei eine gründliche Reform ihrer Sozial- und Wirtschaftspolitik, Aktionsfreiheit für sich und die Möglichkeit eigener Stellungnahmen zu Partei- und Tagesfragen. Der im Februar 1919 konstituierte «Demokratische Verein Oberengadin» gewann bei den Grossratswahlen im Mai zwei Mandate auf Kosten von offiziellen Kandidaten der LP. Nach diesem Fanal erhöhten die Jungliberalen den Druck und forderten ultimativ Nationalratsmandate

---

473   Zum Ganzen siehe Mani, Demokratische Partei, S. 6–13; Schmid, Davorn, 127–147; Collenberg, 100 Jahre Demokraten, S. 6–9.
474   1871–1963. Biogr. s. HLS.
475   Schmid, Davorn, S. 135.
476   NBZ, Nr. 62, 14.3.1918: Referat von Kuoni bei der Jungfreisinnigen Vereinigung Chur; NBZ, Nr. 71, 24.3.1918; Schmid, Davon, S. 131. Gleichsam zur Einstimmung ins neue Vereinsjahr und Standortbestimmung hatte der Freisinnige Verein Chur Nationalrat Felix Koch per 1. Februar zu einem Vortrag über Ziele und Zwecke des Freisinns eingeladen. Auf diesem Hintergrund sind die gesteigerten Aktivitäten von 1918 zu sehen. Koch forderte die Stärkung der Bundesgewalten, Vermehrung der kantonalen Souveränität, Demokratisierung des Wirtschaftslebens, Stärkung des Mitspracherechts und der Mitverantwortung im Staate und engeren Kontakt mit der Arbeiterschaft (Arbeitsrecht und Arbeitsschutz). Ebda., Nr. 60, 12.3.1918.

für sich, mehr Mitbestimmung und die Aufkündigung der Wahlallianzen mit den Konservativen. Sie drohten mit Abspaltung, falls ihre Anliegen nicht ernst genommen würden.

Die jungfreisinnige Sezession

Am 7. September 1919 traf sich der freisinnige Zentralvorstand (15 Liberale und 5 Jungfreisinnige) zu einer Besprechung der Nationalratswahl. Die Mehrheit wollte mit den vier Bisherigen und zwei Konservativen gegen die Sozialisten antreten. Das wollten die Jungfreisinnigen nicht hinnehmen und drohten mit der Aufstellung einer eigenen Liste mit drei Liberalen, einem Jungfreisinnigen und zwei Konservativen. Sie erblickten ihre Aufgabe darin, «den Freisinn auf sein ursprüngliches Prinzip des Fortschritts und des gleichen Rechts für alle zurückzuführen». Dafür bräuchten sie Bewegungsfreiheit.[477] Im Zentrum ihrer Politik stehe der Kampf gegen «die Erdrückung des schaffenden Mittelstandes zwischen Kapitalismus und Syndikalismus».[478]

Am 14. September trafen sich 52 Jungfreisinnige in Filisur zu ihrem ersten kantonalen Parteitag. Bächtold übernahm den Vorsitz, Albert Lardelli (Chur) präsentierte das «Minimalprogramm» zur Abgrenzung von der Mutterpartei. Um keinen Graben zur Arbeiterschaft aufzuwerfen, wurde eine bürgerliche Blockbildung abgelehnt, aber eine Listenverbindung mit der LP befürwortet. Der Statutenentwurf von Andreas Kuoni für die Neuorganisation der Partei wurde genehmigt und die jungfreisinnige Kandidatenliste (mit zwei Jungdemokraten) für die anstehende Wahl an die LP weitergeleitet. Dass es deswegen zum Bruch mit der LP kommen könnte, wurde nicht ausgeschlossen.[479]

Am 16. September publizierte die NBZ eine Ergänzung zur Berichterstattung des Vortages. Darin lesen wir: «Der Jungfreisinn hält eine Politik, wie sie vom Zentralvorstand der freisinnigen Partei in Vorschlag gebracht wird, für das Vaterland wie für die Partei gleich bedenklich aus folgenden Gründen: Mit Recht tadelt die freisinnige Partei den Klassenkampfcharakter der Sozialdemokratie. [...] Nicht Kampf darf die Parole sein, sondern politische Verständigung. [...] Wenn wir verlangen, dass die Arbeiterschaft vom Irrsinn der Revolution zur Demokratie zurückkehre, dann dürfen wir ihr den demokratischen Weg nicht selber durch den geplanten Ausschluss aus dem Parlament versperren. [...] Unser gemeinsamer Gegner ist der übermächtige Kapitalismus, wie er in der Zusammenballung von Kartellen, Trusten und Syndikaten zum Zwecke der Volksausbeutung zum Ausdruck kommt. [...] Zur Klarstellung unserer oft verkannten Stellung zur Sozialdemokratie folgendes: Der Jungfreisinn reicht den demokratischen Ar-

---

477 Ebda., Nr. 213, 10.9.1919.
478 Ebda., Nr. 214, 11.9.1919.
479 Ebda., Nr. 217 15.9.1919. Chur war Vorort der Partei und unter dem Präsidium von Lardelli mit vier Mitgliedern vertreten. Der Parteiausschuss zählte acht Mitglieder.

beitern die Bruderhand und will sie tatkräftig unterstützen bei der Überführung der sozialen Postulate in die Tat. Einen dicken Trennungsstrich aber machen wir gegen die revolutionären Arbeiter. Der Jungfreisinn ist vaterländisch und demokratisch gesinnt und am demokratischen Wesen muss die Welt genesen.»[480]

Diese ergänzende Klarstellung ist im Hinblick auf die propagandistische Behandlung der Demokraten durch die Konservativen und Liberalen sehr wichtig. Die Kapitalismuskritik der Jungen traf die Liberalen viel stärker als die Konservativen, die in diesem Punkt den Linksliberalen und Sozialisten – allerdings aus religiös-sozialen Gründen – näherstanden. Diese Überschneidungen erforderten in den nachfolgenden Jahren erheblichen propagandistischen Aufwand für die gegenseitigen ideologischen und sachpolitischen Abgrenzungen und zur Rechtfertigung der Wahlallianzen von KDP und LP. Die Jungdemokraten boten sich als diejenigen an, welche kraft ihres Programms die Arbeiterschaft vor dem Abdriften in die Revolution bewahren könnten. Sie wurden aber selbst als sozialistisch oder als «Steigbügelhalter des Sozialismus» verfemt und in denselben roten Sack gesteckt wie die SP.

Die Jungliberalen betrachteten Listenverbindungen unter Majorzbedingungen als «notwendiges Übel» für Minderheiten, aber als dem Geist des Proporzes nicht entsprechend. Sie schlossen solche mit der KDP kategorisch aus, nicht aber, wie in Davos praktiziert, sachpolitische Kooperation. Die LP/KDP-Allianz sei angesichts der konfessionellen und weltanschaulichen Unvereinbarkeiten widersinnig, zumal noch mehrere kulturkämpferische Freimaurer in den Führungsgremien der Liberalen zu finden seien. Befremdlich fänden sie die Ablehnung einer weltanschaulich natürlichen Allianz der Freisinnigen durch die LP. Die Angst des Bürgerblocks vor der Sozialdemokratie treibe sonderbare Blüten.[481] Aber die Freisinnigen «dürfen nicht aus Furcht vor dem Bolschewismus unterlassen, die Grenzen nach rechts bestimmt abzustecken.» Nachgiebigkeit gegenüber den Konservativen gefährde die kulturpolitischen Ideale des Freisinns. Dessen Feind stehe «zu äusserst links, der nicht minder gefährliche Gegner rechts». Als Freisinnige seien die Jungliberalen von der Revolution gleich weit entfernt wie von der Reaktion, und darum gelte: «schärfste Offensive gegen die Vertreter der III. Internationale, gegen die ultramontanen Konservativen die bestimmte (offensive) Defensive».[482]

Die Ideen und Forderungen der Jungen fanden bei der LP kein Gehör. Wie bereits 1917 wurde alles entschieden zurückgewiesen. Damit waren die Würfel gefallen: Die Jungen verkündeten am 28. September 1919 vorerst die Trennung von der Mutterpartei. Tags darauf fanden sich die Freisinnigen zum Parteitag

---

480   Ebda., Nr. 218 16.9.1919. Derselbe Wortlaut findet sich im Schreiben des Vorstandes der Jungfreisinnigen Graubünden vom 19.9. an den Zentralvorstand der freisinnig-demokratischen Partei Graubünden zuhanden der Delegiertenversammlung vom 28.9.1919. Das Originalschreiben findet sich im Archiv Dr. A. Lardelli im StAGR.
481   NBZ, Nr. 219 17.9.1919.
482   Ebda., Nr. 225, 24.9.1919.

ein. Er fand ohne die Jungfreisinnigen statt, weil das Verhältnis der LP zu den Jungfreisinnigen erst vom Parteitag des 7. Dezember geklärt werden sollte. Die Listenverbindung mit der KDP wurde «einstimmig» gutgeheissen.[483]

An besagtem 7. Dezember 1919 versammelten sich die Delegierten, wie vorgesehen, zu einer Aussprache. Parteipräsident Andreas Laely[484] teilte der Versammlung mit, «nachdem sich die jungfreisinnige Gruppe als demokratische Partei konstituiert habe, sei eine friedlich-schiedliche [sic!] Trennung dem bestehenden unhaltbaren Verhältnis vorzuziehen».[485] Man beschloss die Trennung von den Demokraten und schloss demonstrativ auch künftige Listenverbindungen mit den Konservativen nicht aus.

Tags darauf erfolgte die formale Konstituierung der Jungdemokraten als Demokratische Partei. Die *Neue Bündner* schrieb: «Die demokratische Partei ist gegründet». Sie wolle «die Partei der Versöhnung» auf dem Boden reiner Demokratie sein, die «Partei der Gleichberechtigten» über alle Differenzen hinweg. Deshalb müsse sie die Partei «vornehmlich des kleinen Mannes sein, [...] des bis dahin Vernachlässigten», der politisch bevormundet werde. Er müsse wirtschaftlich unabhängig gemacht und geschützt werden. Der Parteiname erscheine «darum ohne politischen, sozialen, konfessionellen Zusatz».[486]

Die Demokratische Partei betrachtete sich vorerst als eine Bewegung, d.h. sie agierte nicht als programmatisch umfassend oder konfessionell definierte Partei, sondern als eine nach allen Seiten offene, sachpolitisch orientierte freisinnige Sammelbewegung. Redaktor Hans Enderlin hat die *Neue Bündner Zeitung* sofort in den Dienst dieser Bewegung gestellt und ab 1920 wesentlich zum Erfolg der Demokraten beigetragen.[487] Lokale Sektionen unterhielt die DP nur in den Zentren Davos, Landquart, Chur, Arosa und Oberengadin. In einigen Tälern bearbeiteten lokale Vertrauensmänner das politische Feld.[488]

In Chur und Davos besassen die Demokraten je einen gut eingespielten Verein mit politisch begabten jungen Köpfen, die sich furchtlos in den Wahlkampf stürzten. Als «Jungdemokraten» traten sie mit einer eigenen Liste an: Andreas Kuoni, Christian Michel, Erhard Branger und Oreste Olgiati.

---

483   Ebda., Nr. 229, 29.9.1919.
484   1864–1955. Biogr. s. HLS.
485   NBZ, Nr. 289, 8.12.1919.
486   Ebda., Nr. 290, 9.12.1919. Sig. A.M.Z. (Arnoldo Marcelliano Zendralli).
487   Hans Enderlin (1888–1971) von Maienfeld.
488   Zum Ganzen eingehend Mani, S. 6–9; Schmid, Davorn, S. 125–143; Metz III, S. 131–141; zusammenfassend in: Collenberg, Demokraten, S. 6–9.

TEIL 3
EINE ZUKUNFT MIT VIER PARTEIEN

1. Unklare Ausgangslage

Wegen der dramatischen Entwicklung im freisinnigen Lager gestalteten sich die Vorbereitungen zu den Nationalratswahlen viel komplizierter als bisher. Die Auswirkungen des Proporzes liessen sich zu diesem Zeitpunkt nur erahnen. Die KDP und die LP mussten der SP Beachtung schenken, denn diese war erstmals nicht chancenlos. Das Wählerpotenzial der Jungdemokraten war schwer einschätzbar, die Christlichsozialen strukturell nicht in der KDP eingebunden und die LP erheblich geschwächt. Das wog umso schwerer, als den Bauern und Angestellten – auf die beide existenziell angewiesen waren – erstmals zwei echte Alternativen offenstanden, ihre standespolitischen Interessen ausserhalb der beiden übermächtigen Parteien wahrzunehmen.

Position beziehen und sich abgrenzen

Diese Ausgangslage setzte die KDP und die LP erstmals unter echten Druck, ihren Verteilschlüssel zu verteidigen. Das zeigte sich beispielhaft bei der konservativen Delegiertenversammlung vom 28. September 1919 zur Kür der Kandidaten. Zunächst ging es darum, ob die Partei mit einer Fünferliste antreten wollte. Gegen eine solche argumentierten Bossi, Schmid und weitere Delegierte. Sie wollten sich auf 2–3 «Idealpolitiker» beschränken, um auf Sonderwünsche von Regionen, Verbänden und weiteren Gruppierungen nicht eingehen zu müssen. Solche wurden sofort angemeldet. Kreispräsident Johann Bieler als Vertreter der Landwirtschaft forderte im Falle einer Fünferliste einen echten Bauernvertreter auf der Liste und erklärte, die Bauern würden nur bei einer gebührenden Vertretung in den Behörden auf die Bildung einer eigenen Partei verzichten. Die italienischsprachigen Täler[489] meldeten regionale Ansprüche an. Die Christlichsozialen verzichteten im Namen der konservativen Einheit auf eine Kandidatur, wünschten aber im Falle einer Dreierliste einen Kandidaten mit «ausgesprochen christlichsozialer Färbung». Grossrat Georg Willi erläuterte die Wirkungsweise des Proporzes und schloss: Das Proporzgesetz «ist das Schwert für eine jede Partei. Wir führen diese Waffe mit dem starken Arm unserer Grundsätze». Schliesslich wurde zur Vermeidung unseligen Streits eine Liste mit den drei «Idealpolitikern» Bossi, Dedual und dem von den Sursilvans aufgestellten Rechtsprofessor Pieder Tuor beschlossen. Zur Beruhigung der Bauern wurden diese explizit dem amtierenden Regierungsrat Bossi ans Herz gelegt. Heftige Debatten löste die Listenverbindung mit

---
489 Misox, Calanca, Bergell und Puschlav.

den Liberalen aus. Dafür sprachen deren lange, erfolgreiche Tradition und der Wunsch nach einem vereinten bürgerlichen Kampf gegen die Sozialisten als eine «Partei des Umsturzes, der Vaterlands- und Religionsfeindlichkeit». Die Christlichsozialen sprachen sich «entschieden» dagegen aus: eine Listenverbindung widerspreche dem Grundgedanken des Proporzes. Zudem seien die zu bekämpfenden Sozialdemokraten «im Parlament weniger gefährlich als auf der Strasse». Bei der Abstimmung sprachen sich 69 für, 16 gegen eine gemeinsame Liste mit der LP aus. Diese müsse aber – so die Anweisung an die Presse – ausdrücklich mit dem vaterländischen Argument begründet werden.[490] Ausgedeutscht hiess das, die Gegner müssten propagandistisch wirksam als Feinde der Religion, des Vaterlandes und des Friedens hingestellt werden.

Die beiden grossen Parteien waren sich einig hinsichtlich der Notwendigkeit einer gemeinsamen bürgerlichen Abwehr gegen links und schlossen deshalb Allianzen mit den Sozialisten und Jungdemokraten prinzipiell aus. Die Konservativen predigten ihrem Volk zwar unablässig die Unvereinbarkeit von Liberalismus und Katholizismus, aber es galt, die Mandatsteilungen zu beiderseitigem Vorteil durch Listenverbindungen gegen die beiden linken Bewerber zu sichern und diesen den erfolgreichen Griff nach einem allfälligen Restmandat zu verwehren. Diese Argumentation wurde in den 1920er-Jahren zur Legitimierung von Wahlallianzen mit der LP trotz der scharfen ideologischen Abgrenzung stets wiederholt. Vor 1919 hatten gemeinsame Listen lediglich der Vermeidung von Parteikämpfen und zur Absicherung der Paritäten vor dem launischen Wahlvolk gedient.

Der Proporz erforderte hohe Mobilisierung und Einbindung der eigenen Wählerschaft. Dementsprechend instruierten alle ihre Anhänger, ja keine Stimme zu verschenken. Die allgemeine Ansage lautete: Nehmt nur die Liste unserer Partei in die Hand, verschenkt keine Stimme!

Das *Tagblatt* erläuterte: «Besonderer Zweck einer formalen Allianz muss der entschiedene gemeinsame Kampf der bürgerlichen Parteien gegen den revolutionären bolschewistischen Sozialismus sein, den augenblicklichen Hauptfeind des Bürgertums, der Heimat und der ganzen Welt. In unserem Kanton schicken die Sozialisten Dr. Hitz-Bay als Hauptkandidaten ins Rennen. Er ist ein Mann der III. Internationale, und das sollte für unsere Entscheidung genügen.»[491] Die *Gasetta* rechnete mit dem Gewinn von drei Sitzen, falls alle Konservativen «ihre ernste und heilige Pflicht erfüllen, Mann für Mann stimmen gehen und die konservative Liste mit den drei offiziellen Kandidaten Dr. Dedual, Dr. Bossi und Dr. Tuor einlegen».[492]

---

490 Prot. DV KDP 1907, beiliegende Protokollsbozzi, sub 28.9.1919. Zitate S. 3, 6, 7, 20 und 21. Bezeichnenderweise wurde nicht der vom *Bündner Bauer* gewünschte Brigelser Bauernpolitiker Friberg genommen.
491 GR, Nr. 40, 2.10.1919 (Schluss des Zitats wörtlich: «e quei di avunda per nies secontener»).
492 Ebda., Nr. 43, 23.10.1919. Damit ja niemand sich im Wahlzettel vergreife, sondern ihn wunschgemäss ausfülle, druckte die GR, Nr. 42, 16.10.1919 den konservativen mit den drei kumulierten Kandidaten der KDP ab.

In einem besonderen Aufruf erklärte die *Gasetta* die bevorstehende Wahl zu einem «Prinzipienkampf wie noch nie». Es gehe dabei vor allem darum, die eigenen christlichen Werte zu verteidigen und die «sozis, ils umens della revoluziun» und grössten Feinde des Vaterlandes und der Religion zu Boden zu schlagen.[493] Dieser Tonfall prägte auch die Wahlpropaganda des *Tagblatts*. Dieses freute sich über den voraussehbaren «Zusammenbruch der freisinnigen Systemherrschaft» der Schweiz. Wie die Schweiz sollte aber auch Bünden nicht in die Hände der Linken fallen. Darum rief das *Tagblatt* seine Klientel zur «Generalmobilmachung» gegen die Jungdemokraten und Sozialisten auf, die sich über den «Zug nach links» freuen würden. Dieser Weg führe aber zu Atheismus, Staatskult, Zentralismus und Bevormundung.[494]

Die *Gasetta* fuhr eine polarisierende Propaganda: «Der Proporz wird die Pforten des Parlaments für eine grosse Zahl roter Sozis» öffnen, «socis cotschens», die den Untergang der Schweizer Heimat betreiben. «Um diesen *Feinden der Religion, der Heimat, der Familie und der ganzen sozialen Ordnung* standhalten zu können, braucht es [in Bern] Männer mit reinem, heiligem Idealismus, Männer, welche die Religion und die Heimat, Recht und Gerechtigkeit mehr schätzen als materielle Güter. [...] Freunde unserer Bauern und Handwerker sind diejenigen, die dafür sorgen, *dass das Kruzifix im Schulzimmer, der Priester in der Kirche und die Mönche im Kloster bleiben können.*»[495]

Der *Rätier* schoss sich auf die SP und die eigenen Sezessionisten ein. Der Moskauer Internationalist Hitz-Bay sei Kandidat der SP, und allein die freisinnige Partei könne verhindern, dass die Schweiz «eine russische Trümmerstätte werde». Als nach der Filisurer Septembertagung der Jungdemokraten ruchbar wurde, dass ihr Nationalratskandidat Erhard Branger gar eine linksliberale Partei gründen wolle, warnte der *Rätier* alle liberalen Parteigenossen «dringend vor der neuen Partei, die zur Zersplitterung der freisinnig-demokratischen Partei führt».[496]

Das liberale Parteiblatt setzte alle Energie ein, die Jungliberalen als linken Spaltpilz zu diskreditieren, um deren potenzielle Wählerschaft – Festbesoldete und Kleinbauern – abzuschrecken. In seinem «Letzte[n] Appell an das Bündner Volk» vor den Wahlen schoss es nochmals eine volle Breitseite auf die SP und die Jungfreisinnigen ab. Der Niedergang der freisinnigen Partei würde den Verlust der «starke[n] Hand für die Ökonomie» bedeuten und den Sozialdemokraten in die Hand spielen. «Mit unglaublichen Entstellungen und Verleumdungen wollen

---

493 Ebda., Nr. 43, 23.10.1919.
494 BT, Nr. 245, 18.10.1919.
495 GR, Nr. 42 16.10.1919. Kursiv gemäss Vorlage. Die Sursilvans hatten ausnahmsweise den Oberhalbsteinern zwei Vertreter zugestanden, und nun forderte die *Gasetta* die Oberhalbsteiner auf, nicht nur für Dedual und Bossi zu stimmen, sondern auch für den Oberländer Tuor, den grossen Freund des Bündner Volkes und der romanischen Sprache. Und an die Oberländer gerichtet: «Sursilvans, unterstützt die Sursetter Kandidaten, toleriert aber nicht, dass die ganze Surselva ohne Repräsentanz in Bern sei.»
496 FR, Nr. 249, 22.10.1919.

Sozialdemokratische Partei des Kt. Graubünden.

Nationalratswahlen 1919.

Referentenliste für die nachstehenden öffentlichen Versammlungen.

Thema:
Die wirtschaftliche Notlage der Arbeiterschaft und die Nationalratswahlen.

Chur: Donnerstag, den 23. Oktober 1919, abends 8 Uhr im Hotel „Drei Königen". Referent: Gen. Dr. Hitz-Bay, Redaktor, Zürich.

Samaden: Samstag, den 18. Oktobr 1919, abends 8 Uhr im Hotel „Des Alpes". Referent: Gen. Paul Meinen, Redaktor, Chur.

Davos: Samstag, den 18. Oktober 1919, abends 8 Uhr in der „Eintracht". Referent: Gen. J. Braunwalder, Stadtrat, Chur.

Klosters, Samstag, den 18. Oktober, abends 8 Uhr im Institut Rätia. Referent: Gen. Hans Meng, Kreisrichter, Malans.

St. Moritz: Sonntag, den 19. Oktober, Gasthof „Steinbock". Referenten: Gen. Paul Meinen, Redaktor und Gen. Hans Meng, a. Gemeinderat.

Ems: Sonntag, den 19. Oktober, abends 8 Uhr. Lokal wird noch bestimmt. Referent: Gen. Friedr. Balzer, Redaktor Chur.

Ilanz: Samstag, den 18. Oktober, abends 8 Uhr im Hotel „Rätia". Referent: Gen. Dr. G. Canova, Rechtsanwalt, Chur.

Bonaduz: Sonntag, den 19. Oktober, nachmittags 2 Uhr im Hotel „Oberalp". Referent: Gen. Dr. G. Canova, Rechtsanwalt, Chur.

Filisur: Samstag, den 18. Oktober, abends 8 Uhr im „Weißen Kreuz". Referent: Gen. J. Weilenmann, Konsumverwalter, Samaden.

Bergün: Sonntag, den 19. Oktober, nachmittags 2 Uhr im Gemeindesaal. Referent: Gen. J. Weilnmann, Konsumverwalter, Samaden.

Landquart: Samstag, den 18. Oktober, abends 8 Uhr im „Rütli". Referent: Gen. M. Silberroth, Rechtsanwalt, Davos.

Arosa: Freitag, den 17. Oktober, abends 8¼ Uhr im „Schweizerhofsaal". Referent: Gen. M. Silberroth, Rechtsanwalt, Davos.

Malans: Sonntag, den 19. Oktober, nachmittags 1½ Uhr, im „Rathaus". Referent: Gen. Müller, Stadtrat, Chur.

Maienfeld: Sonntag, den 19. Oktober, abends 8 Uhr im Schulhaus. Referent: Genosse Chr. Mettier, Lehrer, Chur.

Maladers: Sonntag den 19. Okt., nachmittags 2 Uhr, im Restaurant Schöneck. Referent: Gen. Jos. Müller, Chur.

Tamins: Samstag den 25. Okt., abends 8 Uhr, im Hotel Krone. Referent: Gen. Dr. Canova, Rechtsanwalt, Chur.

Arbeiter, Parteigenossen! Sorget für einen Massenbesuch auf diese Versammlungen hin! Vor allem ist notwendig, daß Unorganisierte in großer Zahl teilnehmen. Allfällige Abänderungen vonseite der Sektionen sind dem Aktionskomitee und den Referenten sofort mitzuteilen.

Chur, 15. Oktober 1919.

Für das kantonale Aktionskomitee:
E. Ottinger, Arbeitersekr.

Referenten der SP für Wahlkampfveranstaltungen 1919 | Diese interessante Referentenliste vermittelt pars pro toto einen Einblick in die Aktivitäten (wohl nicht nur) der SP vor wichtigen Wahlgängen in Zeiten, da die Wählerschaft noch nicht durch Radio, Fernsehen, Plakataktionen und andere Medien mobilisiert werden konnte.

Bündner Volkswacht, 24.10.1919.

☛ Alle Mann zur Urne! ☚

Stellvertretung und Einsendung der Zettel per Post **nicht** gestattet! **Nur handschriftliche** Aenderungen und Zusätze zu den amtlichen gedruckten Listen erlaubt!

Kantonalverband der demokratischen und jungfreisinnigen Vereinigungen Graubündens.

NBZ Nr. 249, 22.10.1919.

Compartisans conservativs!

☛ Votei domengia ils 26 d' Oct. um per um cun il zedel official stampau de partida, che secloma:

Elecziun dils cussegliers nazionals dils 26 Oct. 1919.
Glesta Nr. II. Partida conservativ-democratica.
1. Dr. Julius **Dedual**, cussiglier naz.
2. Dr. Julius **Dedual**, cussiglier naz.
3. Dr. Johann **Bossi**, cussiglier guv.
4. Dr. Johann **Bossi**, cussiglier guv.
5. Dr. Peter **Tuor**, prof. d' universitat.
6. Dr. Peter **Tuor**, prof. d' universitat.

☛ Mei tuts a votar! Scadin sto ir sez tier l' urna! Fagei neginas midadas vid il zedel stampau de partida; mettei en el sco el ei e mo quel! Gidei neginas autras partidas cun vuschs; ils liberals ed auters vegnan schon sez tier il lur!
Mo unitat e disciplina porta success!

GR, Nr. 43, 23.10.1919.

Wahlinserate zu den Nationalratswahlen 1919 | Der beschwörende Zeigefinger wurde zum Merkmal der Kampagnen aller Parteien.

Liste Nr. 1 ist die gerechteste und beste!

FR, Nr. 252, 25.10.1919.

☛ Ein letztes Wort zur Nationalratswahl ☚

BVW, Nr. 141, 25.10.1919.

die roten Vaterlandsfeinde unsere Partei diskreditieren. [...] Alle blauen Wunder, welche die Sozialisten vormalen, sind Trugbilder. [...] Terror, Mord, Raub, Zerstörung und neronische Grausamkeiten kennzeichnen den blutigen Weg, den sie gehen. [...] Bürgerliche, gebt keine Stimme dieser sterilen Partei, die alles niederreisst, aber nicht imstande ist, aufzubauen! Doch auch keine Stimme den anderen Parteien, denn diese sorgen schon für sich, und der Freisinnigen Partei lassen sie keine Stimme zufliessen. [...] Hand weg vom Panaschieren, [...] Sollen die Sozialdemokraten als stärkste Partei nach Bern ziehen und die russischen Experimente auf Schweizerboden verlegen?»[497]

Die *Neue Bündner* präsentierte sich im Wahlherbst 1919 neu als Organ der Demokraten und monierte, es werde versucht, durch Sozialismushetze auch gegen die Jungfreisinnigen zu mobilisieren. Diese seien aber eine mittelständische Partei, die sich für soziale Reformen stark mache und sich darum auch für Kleinbauern einsetze. Ihr Ziel sei nicht die linke Revolution, sondern «einen neuen starken Mittelstand» zu schaffen. Darum legte sie dem Souverän nahe, die Hände von Liste 3 der Sozialdemokraten zu lassen.[498]

In einer weiteren Ausgabe brachte sie ihre redaktionelle Sicht der Ausgangslage auf den Punkt: «Bei den heurigen Wahlkämpfen muss immer wieder auffallen, dass die Hauptfront der freisinnigen angriffsweisen Verteidigung gegen den Jungfreisinn gerichtet ist, denn gegen diesen ist jetzt stets auch das gröbste Geschütz aufgefahren worden, während der Kampf gegen die Sozialdemokratie über eine Art Nebenkriegsschauplatz nicht hinauswuchs und gegen die Konservativen durch die heilige Allianz von allem Anfange an völlig erstickt ist. [...] Mit der Separation des Jungfreisinns hat die alte Partei ihre beste Sturmtruppe verloren.» Das werde für deren Zukunft «von grösster Bedeutung sein».[499] Wie wahr!

Arnoldo Marcelliano Zendralli forderte in der *Neuen Bündner* für die italienischsprachigen Täler einen Vertreter, und die Redaktion unterstützte einen solchen, von welcher Partei er auch immer kommen möge.[500]

Die SP publizierte eine Liste mit den Daten ihrer total 16 öffentlichen Veranstaltungen zwischen dem 17. und 25. Oktober zum Thema «Die wirtschaftliche Notlage der Arbeiterschaft und die Nationalratswahlen».[501] Der Tenor der *Bündner Volkswacht* war revolutionär gestimmt: «Nieder mit Kapitalismus und Volksausbeutung». Die Sozialisten würden von den Bürgerlichen mit Hass und Hochmut traktiert. Die Kapitalisten, «das fette Gesindel am vollen Futtertrog», würden

---

497 Ebda., Nr. 252, 25.10.1919.
498 NBZ, Nr. 247, 20.10.1919.
499 Ebda., Nr. 249, 22.10.1919.
500 Ebda., Nr. 228, 27.9.1919.
501 BVW, Nr. 132, 15.10.1919. In Chur (Hitz-Bay), Samedan (Paul Meinen, Redaktor), Davos (J. Braunwalder, Stadtrat), Klosters (Hans Meng, Posthalter), St. Moritz (Paul Meinen, Redaktor), Ems (Friedrich Balzer, Redaktor), Ilanz, Bonaduz, Tamins (Gaudenz Canova), Filisur und Bergün (J. Weilenmann, Kosumverwalter) Landquart und Arosa (M. Silberroth), Malans und Maladers (Jos. Müller, Stadtrat von Chur), Maienfeld (Chr. Mettier, Lehrer, Chur).

sich an der Not des Volkes mästen. «Die Überwindung des Kapitalismus selbst ist das Ziel des Ringens, die Wahlen ein Mittel, um dieses Ziel zu erreichen», d.h. die Eroberung der politischen Macht durch die Arbeiterklasse. Mit den Peinigern müsse abgerechnet werden, denn «sie kämpfen mit den gefährlichsten Waffen, mit dem Geld, mit der Macht, mit der Kirche». Die sozialistische Idee müsse an die Stelle des Geldes und der Kanzel treten, das «morsche Bollwerk des Freisinns» zum Einsturz gebracht werden. «Liste 3 zum Zahltag! Das Aktionskomitee.»[502]

2. Das so nicht erwartete Resultat der ersten Proporzwahl

Die LP verlor völlig unerwartet einen Sitz an die Sozialdemokraten, die ihren ersten bedeutenden Wahlerfolg feiern konnten.

Dieser Ausgang der Wahl und ihr äusserst knapp verpasstes drittes Mandat (Tuor) bestärkte die KDP darin, «dass der Entscheidungskampf gegen die Sozialdemokratie nur unter der Fahne Christi erfolgreich geschlagen werden kann. Auch die Schlüssel zu Lösung der sozialen Frage liegen hier».[503] Das *Tagblatt* freute sich über die Rekordbeteiligung der konservativen Wählerschaft, dank der zumindest die bisherigen zwei Sitze verteidigt werden konnten. Die katholischen Bauern seien der KDP treu geblieben, und es sei der Kurs der «Idealpolitik», d.h. der «reinen politischen Grundsätzlichkeit», bekräftigt worden. «Das Oberhalbstein glänzt wieder als fast undurchdringliche Front gegen den Sozialismus», während man überall in der Surselva vereinzelte Stimmen für die Sozialisten finde. Das Gesamtresultat sei aber nicht ganz wie erwartet ausgefallen, weil das Restmandat an die Sozialisten und nicht an die Demokraten gegangen sei.[504] Bitter für die KDP war, dass Tuor wegen gerade einmal etwa 240 Stimmen Unterschied zugunsten des Sozialisten Hans Meng[505] nicht reüssierte.[506]

Die *Gasetta* konnte ihre Frustration über den Ausgang der Wahlen insgesamt nicht verbergen. Man habe in Graubünden wahrlich nicht erwartet, dass die Liberalen den Sitz von Paul Raschein an den Sozialisten Meng verlieren und die Konservativen ein drittes Mandat so knapp nicht gewinnen würden. Das sozialistische Mandat sei für einen bäuerlich geprägten Gebirgskanton «bedauernswert und unverständlich».[507]

Alles in allem betrachtete die konservative Presse trotzdem den für die KDP erstrebten Idealzustand als quasi erreicht, weil die konservative Wählerschaft ungeachtet der Regionen, Berufsgruppen und beruflichen Profile ihrer Kandidaten oder der ideologischen Varietäten innerhalb der Partei ihre «Idealpolitik» mit geschlossenen Reihen vergolten hatte.

---

502 Ebda., Nr. 139, 23.10.1919.
503 BT, Nr. 255, 30.10.1919.
504 Ebda., Nr. 256, 31.10.1919.
505 1884–1976. Biogr. s. HLS.
506 Ebda., Nr. 255, 30.10.1919. Meng (1884–1976). Er war bis 1918 Mitglied der FDP, trat dann zur SP über. Biogr. s. HLS.
507 GR, Nr. 44, 30.10.1919.

Elecziuns dils cussegliers naziunals

dils 29 d' October 1922.

Resultats el Grischun.

Vuschs de scadina glesta ne partida en las vischnauncas.

(Las „vuschs de partida" compeglian il total dellas vuschs dils singuls candidats d' ina partida e las vuschs aggiuntivas, ch' ein las lingias vitas — ne strihadas — dallas 6 d' in zedel de partida.)

	Giesta Nr. I. Socialists	Giesta Nr. II. Conservativs	Giesta Nr. III. Liberals	Giesta Nr. IV. Gluven-radic.
Cuera	6054	2855	4893	2427
Cadi.				
Tujetsch	6	1372	14	—
Medel	—	1059	3	—
Mustér	78	2326	30	85
Sumvitg	25	1932	35	18
Trun	54	1687	11	12
Schlans	—	276	22	8
Breil	66	1390	69	34
Rueun.				
Andiast	1	437	5	1
Sursaissa	6	1011	7	4
Pigniu	15	132	5	4
Rueun	14	517	22	59
Siat	—	373	17	—
Uors	9	—	460	79
Glion.				
Falera	—	570	—	—
Flond	6	—	329	43
Glion	170	733	218	204
Castrisch	45	38	180	109
Laax	2	434	2	—
Ladir	10	158	—	—
Luven	6	3	356	49
Pitasch	6	12	169	11
Riein	6	2	162	16
Ruschein	2	496	3	3
Sagogn	59	371	287	45
Schluein	42	477	7	2
Schnaus	1	30	103	22
Sevgein	—	258	54	—
Strada	6	6	66	6
Valendau	36	—	552	48
Versomi	33	10	387	59
Lumnezia.				
Camuns	—	150	6	—
Cumbel	14	458	—	2
Duin	—	—	141	9
Uors	—	108	—	—
Degen	—	354	—	—
Lumbrein	—	916	2	—
Morissen	—	318	—	—
Surquolm	—	96	—	—
Surcasti	—	300	—	—
Peiden	—	223	11	6
S. Martin	—	150	—	—
Tersnaus	—	156	—	—
Val	13	1226	2	7
Vignogn	16	242	6	—
Vella	12	472	—	14
Vrin	1	550	—	1

	Giesta Nr. I. Socialists	Giesta Nr. II. Conservativs	Giesta Nr. III. Liberals	Giesta Nr. IV. Gluven-radic.
Trin.				
Favugn	203	5	233	86
Flem	41	64	691	148
Tumein	211	26	283	154
Trin	80	6	429	175
Razen.				
Bonaduz	186	750	59	32
Domat	398	1786	106	102
Razen	116	852	9	72
Alvaschein.				
Alvaschein	22	222	—	8
Mons	12	194	—	—
Mutten	—	—	186	—
Vazsu	62	1476	31	22
Stierva	—	270	—	⊢
Casti	6	246	30	12
Belfort.				
Alvegni	6	438	17	1
Brinzeuls	—	263	—	1
Lonsch	6	546	12	12
Schmitten	12	216	—	—
Surava	8	230	8	10
Surses.				
Bivio	21	63	124	10
Conters	—	—	—	—
Marmorera	1	146	3	—
Mulins	12	168	1	17
Persons	—	216	—	—
Riom	—	366	—	6
Rofina	—	108	—	—
Salux	24	339	3	—
Savognin	—	576	2	—
Sur	—	—	—	—
Tinezun	9	454	15	2

Singuls resultats:

Mesanc	100	248	643	24
Tavau Plaz e vitg	1937	971	2470	918
Majenfeld	464	90	590	587
Churwalden	81	276	292	91
Vaz-sut	186	643	243	64
Puschlav	216	1908	864	180
Cazis	177	518	123	92
Roveredo	307	330	311	43
Tarasp	18	244	72	31
Mustair	—	841	4	7
Termin	104	545	241	94
Pasqual	14	229	57	12
Tumegl	—	280	74	6
Samnaun	—	369	56	—
Zezras	321	623	442	89
Klosters	810	228	1758	417

Total: I. glesta 20,104; II. glesta 47,427; III. glesta 51,249; IV. glesta 15,137.

Definitivamein elegi ein:

Conservativs: **Dr. Dedual** cun **10,134** vuschs
 Dr. Bossi cun **10,810** „
Liberals: **Walser** cun **10,836** „
 Vonmoos cun **10,829** „
 Caflisch cun **9,692** „
Socialist: **Dr. Canova** cun **3652** „

Resultate der Nationalratswahl 1922 | So steckt die *Gasetta* im Jahr 1922 das katholisch-konservative Kerngebiet ab. Diese Statistik ist eine Demonstration der geschlossenen Reihen – und ein Pranger für die unzuverlässigen Kantonisten! Hier sind auch die de facto paritätischen Gemeinden Sagogn, Ilanz und Sevgein aufgeführt.

Das machte die bisherigen bitteren Erfahrungen mit wilden Kandidaturen (man denke etwa an Vieli) vergessen und neutralisierte unerwünschte Begehrlichkeiten. Mit hermetisch geschlossenen Reihen konnte man sich auch im Alleingang im neuen Bündner Umfeld mit vier Parteien als politische Grossmacht behaupten. Das war die wichtigste Erkenntnis für die Zukunft der Konservativen! Mit dieser Wahl begann der Siegeszug des katholischen Monoliths, der bei Wahlen und Abstimmungen zunächst als ‹Schwarze Dampfwalze›, später als ‹Schwarze Lawine› wahrgenommen wurde, gegen die schwer anzukommen war und mit der vieles möglich wurde.[508]

Der *Rätier* versuchte, den Erfolg der Demokraten kleinzuschreiben: Ihre 14 900 Stimmen seien nicht wirkliche Parteistimmen gewesen. Ohne ihre beiden angesehenen Kandidaten Oreste Olgiati und Christian Michel hätten sie ein klägliches Resultat eingefahren.[509] Daran seien sie selber schuld, weil sie bereits zehn Tage vor der Delegiertenversammlung der Liberalen die Aufstellung einer eigenen Liste beschlossen und sich damit selbst vor die Türe der Partei gesetzt hätten.[510]

Die *Neue Bündner* konnte ihre Schadenfreude über den Ausgang der Wahlen nicht verbergen. Die Jungdemokraten hätten keinen Sitz erwarten können, sie hätten aber im Trommelfeuer von LP und KDP die Feuerprobe bestanden. Die Mutterpartei habe gemeinsame Sache mit den Konservativen gemacht, anstatt ihrem linken (jungliberalen) Flügel rechtzeitig die zwei geforderten Sitze abzutreten. Nun habe sie diese sträfliche Sturheit mit dem Verlust vieler Stimmen und eines Mandates an die Sozialisten bezahlen müssen.[511]

3. Eine neue agitatorische Dimension

Die erste Proporzwahl hat das bürgerliche Machtmonopol der KDP und LP durchbrochen und zwei neue Kräfte auf die politische Bühne gebracht: die ihren ersten Erfolg feiernde sozialistische Linke und die bürgerliche Linke der Demokraten, die bereits eine bemerkenswerte Präsenz zeigten. Diese beiden neuen Mitstreiter auf der politischen Bühne boten den Arbeitern und Angestellten, die sich von den beiden historischen Parteien vernachlässigt oder nicht hinreichend vertreten fühlten, eine sozialpolitisch geprägte Alternative. Und dann waren da noch die Bauern, das Stammvolk der Konservativen und wichtiges Stimmenpotenzial auch der Liberalen. Die Novemberwahlen von 1919 hatten noch keine bedrohliche Abwanderung angezeigt, aber eine solche war nicht auszuschliessen und schreckte die beiden Platzhirsche auf, die sich erstmals einer ernst zu nehmenden Konkurrenz stellen mussten.

---

508 Mehr dazu im Exkurs.
509 FR, Nr. 258, 1.11.1919. Michel wurde in Frühjahr 1920 Regierungsrat gegen den LP-Wirtschaftsanwalt Anton Meuli.
510 Ebda., Nr. 260, 4.11.1919.
511 NBZ, Nr. 256, 30.10.1919.

Bereits im Frühjahr 1920 standen die Regierungsratswahlen an. Diesmal konnten sich KDP und LP nicht auf den Erfolg der traditionellen Mandatsverteilung via Listenverbindung verlassen. Es war für beide nicht mehr möglich, die Konkurrenz und allfällige interne Opponenten einfach mittels Kompromisslisten und festgelegten Paritäten auszuspielen. Ihre Agitation gegen die SP und gegen die als noch gefährlichere Konkurrenz eingestufte DP erreichte nach 1920 eine völlig neue Dimension. Die Ausgangslage war trotz der Majorzwahl mit Unsicherheiten behaftet, und es war ein Kampf aller gegen alle zu erwarten. Das erforderte klare Abgrenzungen von den Gegnern, da es neuerdings zu den bisherigen konservativen und liberalen Selbstverständlichkeiten ernst zu nehmende und deutlich kommunizierte linksbürgerliche und sozialistische Angebote gab. Im Kampf um die Stimmen einer an der überregionalen Politik wenig interessierten und mehrheitlich einseitig unterrichteten Wählerschaft waren griffige Schlagworte wichtiger als lange Exkurse über Ideologien und Programme. Es kam darauf an, der Gefolgschaft mitzuteilen, wer als ‹zu uns› gehörig zu betrachten und wer auszuschliessen war.

Die Propaganda der Liberalen bestand nun darin, die Demokraten wegen ihrer Kapitalismuskritik unablässig als «maskierte Sozialisten» zu brandmarken. Hierbei wurden sie von den Konservativen uneingeschränkt unterstützt. Für diese waren die Demokraten gottlose «Steigbügelhalter des Sozialismus». Hinter der aggressiven Abgrenzungsstrategie der LP und der KDP steckte deren Angst, ihre Bauernschaft an die Demokraten zu verlieren, die mit dem als «Bauern-Bolschewik» verschrienen Corrado Tugnum einen sehr populären Bauernpolitiker in ihren Reihen hatten. Die Frage «Braucht Graubünden Bauernparteien?» wurde denn auch sehr häufig von der LP und der KDP thematisiert, in Vorträgen beschwörend abgelehnt und in ihrer Presse breitgeschlagen. Die implizite Botschaft der antisozialistischen Totschlagformeln lautete etwa: Sozialisten, echte wie getarnte, rauben euch Hab und Gut und zerstören eure Kirchen.

Von Bedeutung war nun der Umgang mit potenziellen Allianzpartnern geworden. LP und KDP mussten sich überlegen, ob sie ihre bewährte Listenverbindung weiterhin eingehen oder den Alleingang riskieren sollten. Eine Liaison mit den Linken kam für beide nicht infrage. Gegen diese mussten sie sich also scharf abgrenzen. Viel mehr an Gemeinsamkeiten als die Ablehnung des Sozialismus und den Willen, ihre Übermacht gegen die beiden neuen Konkurrenten zu verteidigen, teilten sie nicht. Aus katholischer Sicht durfte die prinzipielle Unvereinbarkeit von Katholizismus und Liberalismus nicht verwischt werden. So schrieb die *Gasetta:* «Die Bauern, die im Augenblick über die Gründung von Bauernparteien nachdenken, müssen darauf achten, nicht ganz unter die liberale Fuchtel zu geraten; der Liberalismus ist der legitime Vater des roten sozialistischen Kindes.»[512]

---

512   GR, Nr. 52, 27.12.1919. Gezeichnet «Ch. C.»

Angesichts einer solchen Aussage über den einzig möglichen Partner erkennt man unschwer den Zweck von Wahlallianzen der KDP: Machterhalt. Ihre neuerdings pointiert religiöse Positionierung und die neue Konkurrenzierung durch die sozial gestimmten Demokraten brachten die Liberalen in eine unangenehme Stellung. Ihnen wurde bewusst, dass ihre jahrzehntelange dominante Stellung nur durch Wahlgemeinschaft mit der erstarkten KDP verteidigt werden konnte.

Beide schluckten diese Kröte, aber nur die LP erstickte schliesslich daran.

Der Prügelknabe – der Demokrat

Die Demokraten konnten als, ihrem Selbstverständnis nach, bürgerliche Partei nicht mit der SP paktieren, ohne den Sozialismus-Vorwurf zu bestätigen. Fuss fassen konnten sie zunächst nur in den Tourismuszentren Davos, Arosa und Oberengadin sowie in den gewerblichen und industriellen Hotspots Chur und Landquart (RhB-Werkstätten). Dort waren sie mit Sektionen präsent. Sie wurden von den Liberalen und Konservativen in die propagandistische Schandecke von Sozialismus und Atheismus gestellt, betonten aber unablässig, eine mittelständische Partei mit christlicher Weltanschauung zu sein. Sie lehnten die revolutionäre sozialistische Ideologie entschieden ab und forderten eine reformliberale, sozial engagierte Politik gegen die Auswüchse des Grosskapitals, das sich nicht um die Nöte der einfachen Leute kümmern würde. Die neue Partei sah sich als Vermittlerin im Parteienspiel: christlich und bürgerlich fundiert, sozial engagiert. Ihre Botschaft an die Wählerschaft lautete: Die Bauern, Arbeiter und Angestellten müssen keine sozialistische Enteignung von Privateigentum befürchten, und sie müssen ihre Heiligtümer auch nicht vor atheistischen Stürmern schützen. Ganz im Gegenteil!

Der Aussätzige – der Sozialist

Die Sozialisten wurden unter Hinweis auf die Russische Revolution und auf den Streik vom November 1918 von den Bürgerlichen zum revolutionären Schreckgespenst aufgebaut. Dabei spielte es keine Rolle, dass sich die Parteibasis der SP im September 1919 mit Zweidrittelsmehrheit gegen den Anschluss an die von Lenin angeführte marxistisch-revolutionäre III. Internationale ausgesprochen hatte. Die innerparteiliche ideologische Spaltung führte nach 1920 zu Parteiaustritten oder Ausschlüssen der revolutionär Gestimmten, nachdem die Sektionen von Chur und Davos jegliche kommunistische Agitation verboten hatten. Im Dezember 1925 lösten sich die letzten Grütlivereine auf und schlossen sich, wie die Mehrheit ihrer Mitglieder, der SP an.[513]

---

513 Bundi, Arbeiterbewegung, S. 60–61. NBZ, Nr. 256, 31.10.1925 (interne Abstimmungsvorlage).

Die konfessionelle Positionierung der KDP

Seit den 1890er-Jahren goutierte ein Teil der Katholisch-Konservativen unter Einfluss der Dissidenten Plattner und Dedual nur widerwillig die Konzessionen an den reformierten Teil der damaligen föderaldemokratischen Allianz. Und die KDP musste auch nach deren Auflösung die Reformiert-Konservativen berücksichtigen, die in der Person des sehr einflussreichen Nationalrates Planta präsent waren. Dieser hatte sich bekanntlich stets geweigert, mit seinen Glaubensgenossen eine gesonderte konservative Partei zu gründen.

Interessant ist in diesem Zusammenhang eine Notiz des Redaktors Demont zur Delegiertenversammlung der KDP im Vorfeld der Regierungsratswahlen von 1920. Der reformiert-konservative Flügel war in der KDP offensichtlich noch präsent und mit valablem Personal besetzt. Demont wusste deshalb zunächst nicht, ob er einem reformierten oder dem katholischen Kandidaten die Stimme geben wolle. Nach einem Gespräch mit Georg Willi, dem katholischen Regierungsratskandidaten des Kreises Imboden, notierte er: «Ich bin zur Überzeugung gelangt, dass das katholische Volk nicht mehr geschlossen für einen Protestanten, wenngleich konservativ, stimmen wird. Seine Parole lautet sowohl puncto Presse wie Politik: katholisch! Das ist positiv. Es ist, als spüre das Volk bereits die künftigen Prinzipienkämpfe.»[514]

Zu diesen künftigen Kämpfen, die unweigerlich auch gegen die liberalstaatliche Ideologie ausgefochten werden mussten, passten die wiederholten Listenverbindungen mit den Liberalen mehr schlecht als recht. Sie waren nur als Verstärkung des eigenen Kampfes gegen die Demokraten und Sozialisten akzeptabel und gegenüber dem katholischen Wähler begründbar.

Die Regierungsratswahlen von 1920 als Testfeld

In Zeiten fundamentaler Auseinandersetzungen sind gebetsmühlenartig wiederholte, griffige Vereinfachungen politisch wirksamer als gelehrte Differenzierungen. Schwarz-Weiss-Malerei erleichtert dem Souverän die Entscheidung an der Urne. Nach diesem Muster war die politische Propaganda der 1920er-Jahre gestrickt

Am 11. April 1920 wurden die Regierung für die Jahre 1921 bis 1923 sowie der Ersatzmann für den per 1. Mai 1920 zurücktretenden Regierungsrat Oreste Olgiati gewählt. Bei dieser Majorzwahl konnten die Strategien im neuen parteipolitischen Umfeld und die Wirkung der propagandistischen Schlagworte einer ernsthaften Prüfung unterzogen werden. Man würde auf diese Weise auch etwas über die Auswirkungen der letzten Nationalratswahl auf die regierungsrätliche Majorzwahl erfahren.

---

514   Prot. DV KDP, Beilagen 1919, 1920, sub 14.1.1919.

Die Demokraten klärten zunächst ab, ob die LP bereit wäre, ihnen einvernehmlich den frei werdenden Sitz von Olgiati zu überlassen[515], und präsentierten Christian Michel, den reformierten Pfarrer von Samedan, als ihren Kandidaten.[516] Diese war dazu nicht bereit, und der *Rätier* nannte den Grund: Sie würde dadurch ihre Mehrheit in der Exekutive verlieren, und der Demokrat hätte bei Gleichstand die entscheidende Stimme.[517] Mit einer gemeinsamen Liste kämpften die LP und die KDP deshalb um diesen Sitz und schickten Anton Meuli[518] ins Rennen. Die Demokraten empfanden diese Personalie als blanke Provokation. Meuli sei ein Mann der Hochfinanz, und gegen diese führte die DP ihren sachpolitischen Kampf.[519] Sie warfen der LP vor, Beschlüsse des Zentralkomitees der Freisinnigen Partei der Schweiz zu missachten; diese habe die Bündner Demokraten als erneuernde Kraft anerkannt und in ihrer Familie willkommen geheissen.[520] Die DP hielt an Michel als Nachfolger von Olgiati fest.[521]

Das *Tagblatt* vernahm aus Einsendungen an die *Neue Bündner*, dass mehrere Oberländer mit der Listenverbindung und mit der innerparteilichen Diktatur der KDP unzufrieden seien und deshalb der DP beitreten würden. Das Parteiblatt stellte daraufhin klar, dass diese gottlose Partei kein Hort für Katholiken sei.[522] Unter Hinweis auf die vergangene Nationalratswahl lehnten die Konservativen deren Anspruch auf einen Sitz ab und befürworteten bis auf weiteres im Sinne eines freiwilligen Proporzes die Listenverbindung mit der LP. Meuli unterstützten sie nur, weil es Sache der Liberalen sei, ihre Kandidaten aufzustellen.[523]

Da schwingt einiges Unbehagen mit, aber die KDP hoffte wohl, bei ungeliebten eigenen Kandidaten künftig Gegenrecht einfordern zu können – falls die konservativen Wähler Meuli den Sieg über Michel ermöglichen sollten. Das Wahlergebnis zeigte, dass dies nicht der Fall war – der Demokrat Michel zog mit etwa 3000 Stimmen mehr als sein Konkurrent ins Graue Haus zu Chur ein. Mit ihm als Nachfolger von Olgiati sei, so das *Tagblatt*, in der neuen Exekutive wohl in machen Fragen eine freisinnige Mehrheit möglich, «jedoch keine Mehrheit des freisinnigen Systems», das bisher am Werk gewesen sei.[524]

Der *Rätier* berichtete von einer noch nie gekannten Wahlagitation und warf der DP eine «geschmacklose Hetze» gegen Meuli vor. Michel habe mit Hilfe der Sozialisten und, entgegen dem SP-Beschluss, auch der Grütlianer obsiegt. Überall hätte sich die Lehrerschaft für ihn eingesetzt. Das Prättigau habe Meulis Ableh-

---

515 FR, Nr. 75, 29.3.1920.
516 Mani, DemP, S. 13. Christian Michel (1864–1950). Biogr. s. HLS.
517 FR, Nr. 75, 29.3.1920.
518 1878–1943. Biogr. s. HLS.
519 NBZ, Nr. 75, 29.3.1920.
520 Ebda., Nr. 83, 9.4.1920.
521 Ebda., Nr. 73, 26.3.1920.
522 BT, Nr. 83, 9.4.1920.
523 Ebda., Nr. 84, 10.4.1920. Auch die Delegierten der LP traten auf die Forderung der SP nicht ein und beschlossen, «unter Wahrung des bisherigen Besitzstandes» [sc. 4 LP : 2 KDP] eine Listenverbindung einzugehen.
524 Ebda., Nr. 85, 12.4.1920. Michel (1864–1950). Biogr. s. HLS.

nung der Staatskontrolle über die Bündner Kraftwerke abgestraft, und die Engadiner hätten ihm wegen des Silserseeprojekts ihre Stimme entzogen. Auffallend seien die grossen Mehrheiten für Michel in der Surselva – Trun setzte ihn mit 226 Stimmen sogar an die Spitze aller Kandidaten! Michel habe auch bei den Gegnern des Automobils im Churer Rheintal gepunktet (Herrschaft und Fünf Dörfer: Meuli 298, Michel 947). Michels Wahl sei trotz allem nicht von prinzipieller parteipolitischer Bedeutung, da er von überall her Stimmen erhalten habe. Das prädestiniere ihn für die Übernahme des Erziehungsdepartementes.[525]

Die Liberalen verloren die Regierungsmehrheit, und der Graben zwischen ihnen und den Demokraten vertiefte sich weiter. Mani resümiert zutreffend: «Diese politische *Ausmarchung* war *bestimmend* für die Politik der nächsten Jahrzehnte, die durch den Riss im nichtkatholischen bürgerlichen Teil der Bevölkerung gekennzeichnet ist, von dem in erster Linie die Konservativen profitierten.»[526]

Trotz dieses wichtigen Sieges musste die DP im ersten Jahrzehnt ihrer Existenz permanente Frustrationen aushalten. Das hatte sie den wiederholt erfolgreichen Wahlallianzen von LP/KDP zu verdanken.

Ein Sozialist nach Bern, ein Demokrat nach Chur – vorerst!

Hintergrund des Wahlkampfes vom Oktober 1922 bildeten die steigende Arbeitslosigkeit, die noch sehr labile parteipolitische Lage und die Angst vor linkem Umsturz.[527] Nach Bereinigung der internen Richtungsstreitigkeiten hatte Gaudenz Canova die SP auf Vordermann gebracht. Nach der Erfahrung von 1919, als panaschierte Listen zu überraschenden Ergebnissen geführt hatten, appellierten alle Parteien noch eindringlicher, nur die eigene Parteiliste in die Urne zu legen, um ja keine Parteistimmen zu verschenken.

In dramatischer Manier richtete sich die *Gasetta* an ihre Getreuen. Die eignen Kandidaten zu wählen sei, so stehe es im Wahlmanifest der KDP der Schweiz, eine «religiös-politische Pflicht». Das Wahlmanifest forderte eine **«Rückkehr zu den Prinzipien des Christentums»**, die **«Beibehaltung der föderalistischen Grundlage der Schweiz»** und die **«Förderung der Sozialreform».**[528] Mit dieser Rückendeckung ausgestattet, schwor die *Gasetta* ihre Kohorten ein: «Der freie Mann kann seine Stimme vor den Menschen frei abgeben, nicht aber *vor Gott*. [...] Auf in den Kampf! [...] Nächsten Sonntag messen sich vor allem die Parteien. Mit welcher wollt ihr marschieren? Mit der konservativen! Gut, dann dürft ihr alle eure Stimmen **nur** dieser Partei geben. Entweder konservativ bis ins Mark, oder nichts! Entweder warm oder kalt! [...] Konservative Männer, verratet eure

---

525   FR, Nr. 85, 12.4.1920.
526   Mani, S. 14. Hervorhebung gemäss Vorlage.
527   Metz III, S. 146.
528   GR, Nr. 43, 26.10.1922. Hervorhebungen gemäss Vorlage. Beim Fettgedruckten handelt es sich um Abschnittstitel.

Partei nicht!» Diese brauche alle Parteistimmen. Durch Geschlossenheit könne die KDP vielleicht sogar das 1919 so knapp verpasste dritte Mandat erobern.[529]

In einem «Supplement» zur Wahl wird der Emser Gaudenz Canova als Konkurrent um das Restmandat persönlich attackiert. Dieser sei Kandidat der Sozialisten, Redaktor der roten *Bündner Volkswacht*, ein Katholik zwar, der aber seine angestammte Konfession desavouiert, «den glorreichen Papst Pius X. selig» als «Schwächling» bezeichnet, die Religion angeschwärzt und die Katholiken lächerlich gemacht habe.[530]

Die *Neue Bündner* empfahl die Kumulierung von Regierungsrat Michel und Landammann Andreas Kuoni, besetzte die fünfte Zeile mit dem Baumeister Benedikt Caprez und liess die sechste leer. Die «demokratische Bewegung» präsentierte sich «als Sammlung und Hort freier, unabhängiger Persönlichkeiten». Im Aufruf an die Votanten («In der Stunde der Entscheidung») wurden diese aufgefordert: «Wählt keine Klassenliste! – Stimmt mit Liste 4, die das Volksganze vertritt!»[531] Diese Wortwahl betont nochmals, dass sich die DP (immer noch) als eine bürgerliche «Bewegung» jenseits von KDP als konfessioneller Bastion, der LP als Hort des Grosskapitals und der SP als revolutionärer Arbeiterklasse verstand.

Der *Rätier* präsentierte die liberale Kandidatenliste als im Dienste von Landwirtschaft, Gewerbe, Handel und Hotellerie stehend und bereit zur «Verteidigung des bürgerlichen Mittelstands und der Bekämpfung alles dessen, was den Staat im Sturm und Drang der krisenvollen Nachkriegszeit zum Versuchsfeld unabgeklärter Ideen machen möchte». Wer das befürworte, müsse an die Urne und Liste 3 einlegen. Zur Kritik der *Neuen Bündner* an der Listenverbindung mit der KDP bemerkte die Redaktion, das sei kein Zeichen von Grundsatzlosigkeit, sondern ein geeignetes Mittel im Kampf um das sechste Mandat. Die beiden bürgerlichen Parteien fänden es «nicht angemessen, dass ein bündnerisches Nationalratsmandat ausgerechnet von einem Kommunisten ausgeübt werde».[532]

Canova war kein Kommunist.

Die *Bündner Volkswacht*, das Parteiblatt der SP, fand es «rührend, wie auf den 26. Oktober hin die bürgerlichen Parteien sich um die Gunst der Bauern bemühten. Ja, lieber Feldmann, der Honig ist nicht für dich, der gehört den Grossen». Ein Teil der sozialdemokratischen Propaganda zielte auch auf die Kleinbauern, die wegen geringer Rentabilität ihrer Betriebe von Armut betroffen waren. Staatlich geförderte Güterzusammenlegungen (Meliorationen) und Genossenschaftsbetriebe sollten ihre Lage verbessern. Direkt angesprochen wurden auch die Fixbesoldeten: «Jeder Fixbesoldete, der es mit sich und den Seinen gut meint, legt die reine gedruckte sozialdemokratische Wahlliste in die Urne; weil er erkannt hat,

---

529 Ebda., Hervorhebung gemäss Vorlage.
530 Ebda., «Supplement».
531 NBZ, Nr. 253, 27.10.1922.
532 FR, Nr. 250, 24.10.1922.

Mobilisierung für die AHV | Die Arbeiter werden aufgerufen, «mit dem Stimmzettel gegen die liederliche und unverantwortliche Verschleppung der Altersversicherung» zu protestieren. *Volkswacht*, Nr. 252, 27.10.1922: «Ein letztes Wort».

dass die Sozialdemokratische Partei die Interessen der Arbeitenden und damit auch der Fixbesoldeten zu jeder Zeit vertritt.»[533] Und weiter: «Jeder Arbeiter sei Agitator! Jeder werbe für die sozialdemokratische Parteiliste!»[534] Die Grütlianer verzichteten auf eine eigene Liste und sicherten der SP die Unterstützung von Canova zu.[535]

Rote Consumvereine – eine politische Bedrohung?

Wie gross die Angst der Konservativen vor sozialistischer Infiltration und Abspaltung der Bauernschaft war, verraten die Diskussionen im Zentralkomitee der KDP. Vom Lande, lesen wir im Protokoll vom 21. Januar 1922, kommen Klagen wegen der Einrichtung von Konsumvereinen in den Dörfern. Diese würden den freien Handel zerstören und Bauern und Arbeiter scheiden. Arbeitersekretär Wilhelm habe an verschiedenen Orten Arbeiter- und Bauernvereine gegründet, «um der in freisinnigen Kreisen in Gang befindlichen Bewegung zur Bildung von Bauernparteien zu steuern. Die christlichsozialen Arbeiter- und Bauernvereine sind wohl konfessionell, jedoch nicht politisch». Die Konservativen müssten, forderte Wilhelm, eigene Konsumvereine gründen, sonst «kommt der rote Basler Consum und setzt sich in unseren Gegenden fest wie es in manchen katholischen Gemeinden bereits der Fall ist». Das Volk sei dafür, und die Konservativen müssten solche Läden einrichten. Bis jetzt seien welche in Schmitten, Surava und Alvaneu gegründet worden. Davor hätten diese drei Gemeinden «im Basler Consum in Filisur» eingekauft. Den Katholiken müssten die von den Christlichsozialen getragenen Concordia-Läden empfohlen werden. Regierungsrat Willi fand diese Idee gut und von Bedeutung für die Parteistrategie, äusserte aber Bedenken «gegenüber dem Gedanken der katholischen Bauernpartei» wegen der zu befürchtenden Verwirrung und Spaltung des katholischen Volkes. Peter Stähli hielt dagegen: Die Gründungen der Christlichsozialen seien nicht politisch, sondern katholische, politisch neutrale Standesorganisationen und Vereine. Man habe die Wahl zwischen diesen und den sozialistischen Vereinen. Im Wallis und Tessin habe man die «Rettung der katholischen Interessen» in der Gründung von katholischen Bauern- und Arbeitervereinen erblickt. Diese bildeten zugleich eine Front gegen die freisinnigen Organisationen. Wilhelm insistierte, man müsse die eigenen Leute grundsätzlich dafür schulen, christlichsoziale Krankenkassen, Altersversorgung u. a. m. einzurichten und eine Raiffeisenkasse für den Bauernstand zu gründen. Redaktor Sep (Josef) Condrau bezeichnete die «Concordia» als «Form der Konsumgenossenschaft auf katholischer Grundlage», die man auch in die Surselva holen müsse, aber ohne den freien Handel zu torpedieren. Willi mahnte zur Vorsicht bei der Namenswahl für christlichsoziale Vereine. Strikte zu unterlassen sei ins-

---
533 BVW, Nr. 241, 24.10.1922.
534 Ebda., Nr. 251, 26.10.1922.
535 Ebda.

besondere die Rede von «katholischen» Bauernvereinen, was «verhängnisvolle Zersplitterung zur Folge haben könnte». Redaktor Hilfiker vom *Tagblatt* sah diesbezüglich die viel grössere Gefahr von Seiten des Bauernführers Ernst Laur.[536] Der von diesem geführte Schweizerische Bauernverband sei die Klassenkampforganisation par excellence. Es sei wichtig, durch Konfessionalisierung der Bauernorganisationen den Einfluss von Laur zu «paralysieren», was die eigentliche Aufgabe des diesbezüglich versagenden Schweizerischen Volksvereins gewesen wäre.[537]

Canova gewinnt das Rennen gegen die Demokraten

Das Ergebnis der Wahl wies massive Stimmenverluste für die KDP und die LP aus. Diese behielten aber ihre zwei respektive drei Stammsitze. Die SP eroberte mit Canova dank guter Wahldisziplin und Zuzug von Unzufriedenen sogar ein Direktmandat. Sie konnte in Chur stark punkten und im von Skandalen der Bündner Kraftwerke erschütterten Prättigau. Das Restmandat ging als dritter Sitz an die Liberalen.[538]

Die Demokraten gingen leer aus, und die *Neue Bündner* meinte, ein Sitz sei nicht zu erwarten gewesen, aber doch «etwas mehr» Stimmen. Ihr Kommentator war erstaunt, dass «die grossen Zentren unheimliche sozialistische Wählerhaufen aufweisen», und er war sich sicher: «Ohne das stark konservativ angehauchte Prättigau, das die Hochburg des heutigen ‹Freisinns› bildet, wäre es um das System nicht mehr glänzend bestellt.» Die Verluste der LP in Chur und im Engadin wurden von den Prättigauern ausgeglichen.[539]

Das konservative *Tagblatt* zeigte sich sehr überrascht, dass die Demokraten trotz ihres Spitzenkandidaten Michel wiederum leer ausgegangen waren. Deren Hoffnung, man könne die Kleinbauern gegen die anderen Standesgenossen ausspielen, habe sich offensichtlich nicht erfüllt: «Die Bauern, ob kleiner oder grösser, sind hier eine geschlossene Volksgruppe, die sich eins fühlt.»[540]

---

536 1871–1964. Biogr. s. HLS.
537 Prot. ZK KDP, 30.10.1906–1909, 1913–1918, Beilagen, sub 21.1.1922.
538 Das in der NBZ, Nr. 259, 3.11.1922 publizierte «Definitive Ergebnis» weist im Vergleich zu 1919 für die KDP einen Verlust von gut 4000 Stimmen aus, für die LP 10 600, für die DP einen Gewinn von 1000 und für die SP einen solchen von gut 200. Im Nationalrat gab es insgesamt nur geringe Verschiebungen. Diese Ergebnisse quittierte die NBZ, Nr. 256, 31.10.1922 mit einem lauten Stöhnen und sah eine «uralte Erfahrung» bestätigt: «Die Bündner und Schweizer sind in Personenfragen unglaublich konservativ. […] Wer in unserer guten Republik einmal sitzt, der sitzt gut.»
539 NBZ, Nr. 256, 31.10.1922.
540 BT, Nr. 256, 1.11.1922.

Die Regierungsratswahlen von 1923 – die Gemüter beruhigen als Gebot der Stunde

Der anhaltende Erfolg der SP und der sich wiederholende Misserfolg der DP verunsicherten die Bürgerlichen angesichts ihrer eigenen Verluste. Die LP und KDP erachteten eine Wahlallianz als unnötig, da die LP auf einen Kampf um den Sitz der Demokraten verzichtete, die KDP diesen nicht anstrebte und die SP wegen des Majorzes nicht zu fürchten war.[541] Die Konservativen traten mit ihren Bisherigen Georg Willi und Wilhelm Plattner an und verzichteten auf eine konfessionell aufgeladene Kampagne mit Kampfrhetorik.[542] Sie und die LP riefen ihre Wählerschaft lediglich auf, die sozialistischen Sprengversuche mit ihrem Kandidaten Ernst Ottinger abzuwehren.[543]

Die Bisherigen wurden gewählt, und die Zeitungen erblickten in diesem Resultat den Wunsch des wahlmüden Volkes nach Ruhe und Stabilität. Der abermalige – und fortdauernde – Erfolg der Demokraten bei Regierungsratswahlen kompensierte gleichsam denjenigen der Sozialisten bei Nationalratswahlen. So blieb die Kirche vorerst im Dorf.

1925: Neues Personal für die Konservativen

Dem permanenten Druck der Bauern konnte die auf «Idealpolitik» eingeschworene KDP nicht länger standhalten. Ihre Grundsatzpolitik sollte die katholisch-konservativen Prinzipien zur Geltung bringen, Begehrlichkeiten der Regionen und Wirtschaftsgruppen dämpfen und alle unter dem Banner des weltanschaulichen Kampfes gegen Freisinn und Sozialismus vereinen. Diese Strategie zielte darauf ab, das Wahlverhalten der konservativen Wähler gänzlich von der Person der Kandidaten loszulösen. Diese mussten sich nach dem Abgang von Planta und der für die KDP numerisch nahezu bedeutungslos gewordenen Reformiert-Konservativen nurmehr als prinzipienfeste Katholiken ausweisen können. Damit wollte die wahlentscheidende Bauernschaft sich aber nicht länger abfinden und verlangte echte Standesgenossen als ihre Vertreter anstelle der vornehmlich in Chur wohnenden Akademiker, die ihnen permanent vor die Nase gesetzt wurden.

Das brachte den Lugnezer Christian Foppa[544], Bauernpolitiker und Posthalter von Vignogn, auf die grosse politische Bühne. Er stand bereits 1922, damals nur als bäuerlicher Stimmenfänger, auf dem konservativen Wahlzettel. Im Oktober 1925 schrieb Giusep Demont an ihn: «Die Interessen der Bauern müssen von einem Bauern vertreten werden.» Die Uniun purila sursilvana müsse in die Arena

---
541 FR, Nr. 82, 9.4.1923.
542 GR, Nr. 14, 5.4.1923.
543 Ebda., NBZ, Nr. 52, 2.3.1923 und Nr. 78, 4.4.1923, FR, Nr. 77, 3.4.1923.
544 1880–1973. Biogr. s. HLS.

treten «und die Eingebungen, die von Chur aus verkündet werden, nicht zu sehr beachten». Und weiter: «Zurzeit wird häufig nach der Position der Christlichsozialen gefragt [...] weil sie sehr an Kredit gewonnen haben, da sie doch über eine beachtliche Anzahl Stimmen verfügen, und damit vielleicht über grösseren Einfluss als bisher. Ich weiss, dass man sich von verschiedenen Seiten an diese herangemacht hat.» Die Katholiken sollten mindestens ein klein wenig Interesse an deren Ideen zeigen, damit die Kirche im Dorf bleibe. In letzter Zeit sei mehr denn je über die Gründung einer Bauernpartei gemunkelt worden. «Eine solche wäre für uns nicht wünschbar, aber das Vorhandensein der Christlichsozialen gereicht uns zum Vorteil. Sie bekennen sich zu unseren katholischen Prinzipien, marschieren mit uns in der eidgenössischen und kantonalen Politik, und können die Unzufriedenen oder von der Partei Ausgegrenzten auffangen. Dadurch gehen sie uns zumindest nicht verloren. Dass unsere Führer in Chur dies dennoch nicht eingesehen haben, beweist ihre Blindheit und dass sie weniger die Interessen der Partei verfolgen als ihre eigenen. Auf dem Lande schaut man noch häufig mit Verachtung auf diese Leute [sc. die Christlichsozialen], aber ihr Sieg in Chur, richtig ausgenutzt, sichert ihnen auch im übrigen Kanton eine Zukunft.»[545]

Das Signal scheint von der Parteileitung nur mit mässiger Begeisterung aufgenommen worden zu sein, denn Foppa wurde erst auf Platz 5 ihrer Liste platziert – nach drei promovierten Juristen und im Sandwich zweier Advokaten. Aber er wurde der Mann der Stunde. Das *Tagblatt* erklärte den 25. Oktober zum Kampftag gegen die Sozialdemokratie, die Partei der revolutionären Enteigner, die der freien Wirtschaft den Garaus geschworen habe und den bürgerlichen Staat durch die Diktatur des Proletariats ersetzen wolle. Kein Wort der Differenzierung innerhalb des sozialistischen Lagers – aber auch keine Erwähnung der Demokraten.[546] Die *Gasetta* orchestrierte die Wahl wie inzwischen gewohnt: Sie wiederholte die Schlagworte – christliche Überzeugung, Verteidigung der religiösen Interessen von Familie und Schule, konservative Prinzipien, Föderalismus, Abwehr der «stermentusa bova cotschna»/«schrecklichen roten Flut». Die Beteiligung an der Wahl sei eine religiös-politische Pflicht im Kampf gegen das sozialistische Mandat des «Gotteslästerers und Apostaten» Canova und seine «Partei der modernen Arianer».[547]

Nach dieser propagandistisch gekonnten Exekution des populären ‹Juristen des kleinen Mannes› (wie man ihn nannte), der die Bauern abspenstig zu machen

---

545 StAGR A SP III/8e, 10 05, Korrespondenzen, 8.10.1925. Demont war Foppa als Pate eines seiner Söhne familiär verbunden.
546 BT, Nr. 244, 20.10.1925 und Nr. 246, 22.10.1925.
547 GR, Nr. 42, 25.10.1925. Arianer: Eine frühchristliche Gruppe in Opposition zur Trinitätslehre des Konzils von Nicäa (325). In einer Empfehlung – wohl aus dem Oberhalbstein – für Dedual und Bossi heisst es, «[h]ütet euch vor allem vor der Liste der Sozialisten die sich nicht schämen, dem christlichen Volk einen Mann zu empfehlen, der von einem liberalen Gericht wegen Gotteslästerung bestraft werden musste». Weiteres zu Canova s. S. 228.

drohte, erging der Aufruf an die Oberländer Bauern: «Landammann Foppa ist euer Mann!»[548]

Die Demokraten führten ihren Wahlkampf im Zeichen des Skandals um die Bündner Kraftwerke, welche dem Kanton Millionenverluste beschert hatten. Die Hauptschuld liege bei den Liberalen und ihren konservativen Helfershelfern – und bei den Vertuschern in der Redaktion des *Rätiers*. Sie alle sässen in den Verwaltungs- und Ausschussräten dieser Kraftwerke, aber keine Demokraten! Der Steuerzahler, auf dessen Kosten das Desaster angerichtet worden sei, bekomme die Möglichkeit, den Wahltag zum Zahltag zu machen.[549]

Die Delegiertenversammlung der Liberalen wies erwartungsgemäss jede Schuld der Partei am Kraftwerkdebakel weit von sich. Die Demokraten machten es zu einer Vorbedingung für eine Listenverbindung der drei bürgerlichen Parteien, dass ihnen unabhängig vom Wahlausgang ein Sitz überlassen werde. Die LP und die KDP lehnten dies jedoch zugunsten der traditionellen Listenverbindung ab.[550]

Konfessionelle Töne bei den Liberalen

Drei Nummern später, am 23. Oktober 1925, analysierte der *Rätier* die Entwicklung der Nationalratswahlen seit 1919. Er wies den Demokraten die Schuld am Erfolg der Sozialisten zu und warf der *Neuen Bündner* Hetze «nicht etwa gegen die Sozialdemokraten und Konservativen» vor, sondern gegen die freisinnige Partei! Diese solle «untergraben und vernichtet werden». Es bestehe die Gefahr, dass die freisinnige Spaltung die Protestanten in die Minderheit versetze und den Katholiken drei Nationalratsmandate zuschanze. «Für den, dem die Worte ‹Protestantismus› und ‹Liberalismus› keinen Inhalt haben, wird es gleichgültig sein, wer am 25. Oktober als Sieger aus dem Kampfe hervorgeht, dem ist es auch gleich, ob der protestantisch-liberale Einfluss infolge innerer Zerwürfnisse immer noch zurückgeht.» Die liberale Liste sei als «Liste des liberalen Protestantismus» das «Bollwerk gegen rechts und links» und «Schutzwerk der protestantisch-liberalen Anschauung in der Politik».[551]

Konfessionelle Töne im Wahlkampf waren von da an nicht mehr das Monopol der katholischen Medien.

---

548 GR, Nr. 42, 25.10.1925. Dieser Artikel enthält einige Finessen: Foppa hatte sich als Präsident des Bauernverbandes und des Bündner Grossen Rates offensichtlich nicht als grosser Redner profiliert. Der «Corr.[espondent]» hielt das nicht für gravierend. «In Bern braucht es nicht sosehr Beredsamkeit als vielmehr gesunden Menschenverstand und Gewissen.» Foppa sei «der wahre Typ des *pur suveran* [des freien Bauern] mit gesundem Urteilsvermögen und Verständnis für die Bedürfnisse des Landes». Das *Tagblatt* sekundierte: Der 25. Oktober stehe im Zeichen eines Kampfes «gegen die Sozialdemokratie».
549 NBZ, Nr. 245, 19.10.1925 und Nr. 247, 23.10.1925.
550 FR, Nr. 246, 20.10.1925.
551 Ebda., Nr. 249, 23.10.1925.

Proteſtanten Graubündens

Gestern ist ein abstossender „**Aufruf an das protestantische Bündnervolk**" zugunsten der demokratischen Liste erschienen. Nicht genug, dass die Demokraten **Protestantisch-Graubünden auseinandergerissen** haben und mit ihrer Hetze gegen die Freisinnigen und ihrem Liebäugeln nach links den Graben zwischen Demokraten und Freisinnigen immer tiefer gestalten, muss nun auch noch die **Religion** in den politischen Kampf gezogen werden und der Wahlagitation dienen. Die **Religion** wird da **ausgeschlachtet** zugunsten einer Liste, deren Spitzenkandidat Dr. Gadient s. Zt. in Bern den Eid verweigerte! · Welch erbärmliches Pharisäertum spricht aus diesem Aufruf, der jedem aufrechten Volksgenossen und protestantischen Glaubensbruder die Schamröte ins Gesicht treiben muss. So **skrupellos** der Kampf von demokratischer Seite geführt wird, dieser Aufruf zugunsten der demokr. Liste ist **das** Verwerflichste, was wir je in den Wahlkämpfen erlebt haben.

Protestanten! Gebt die rechte Antwort darauf, indem Ihr **geschlossen** die **Liste IV** einlegt!

Aufruf zur konfessionellen Sammlung der Reformierten, 1935 | Auf die erfolgreiche konfessionelle Mobilisierung der Katholiken antwortet die Liberale Partei mit einem entsprechenden Aufruf an die Reformierten. Die Instrumentalisierung der Konfession zu parteipolitischem Zweck war von diesem Moment an keine katholisch-konservative Exklusivität mehr. FR, Nr. 252, 26.10.1935.

Die *Neue Bündner* wetterte gegen diese «Sesselallianzen» und höhnte, nun gehe der Freisinn sogar noch mit dem Protestantismus betteln und setzte einen katholischen Hotelier (Hans Bon) auf seine Liste! Ihr Bauernführer Raschein ecke bei der Clique um den *Rätier* an und werde deshalb zugunsten des Finanzmanns Meuli abserviert. Das sei unverständlich bei einer Partei, die existenziell auf die Bauernmassen angewiesen sei.[552] Sie prophezeite den Gewinn eines Sitzes durch die Demokraten auf Kosten der LP[553] und rechnete vor: Allein bekommt die LP keinen dritten Sitz, und es wackelt sogar ihr zweiter! Mit uns wären zwei Sitze für sie und zwei für uns möglich![554]

Das Wahlergebnis – ein zweiter Nackenschlag für die Liberalen

Die LP fiel von 51 000 Listenstimmen im Jahr 1922 auf bloss noch 39 000 zurück und verlor – wie von der *Neuen Bündner* prognostiziert – einen Sitz an die von 15 000 auf 29 700 emporgeschnellten Demokraten. Die SP verlor 4000 Stimmen, vornehmlich an die Demokraten, verteidigte aber mit Canova ihren Sitz.

Die Demokraten konnten Andreas Gadient nach Bern schicken, und die Konservativen holten zu ihren zwei (sicheren) Sitzen dank der Listenverbindung mit der LP noch das Restmandat. Dieses ging an den Lugnezer Bauern und Posthalter Foppa.

---

552 NBZ, Nr. 248, 22.10.1925; NBZ, Nr. 249, 23.10.1925: Um den Katholiken der konservativen Liste scharen sich freisinnige Grössen des Oberengadins.
553 Ebda., Nr. 249, 23.10.1925, «Unsere Kandidaten»: Michel, Kuoni, Dorta, Gadient, Lardelli, Schmid.
554 Ebda., Nr. 252, 26.10.1925, ebda., Nr. 249, 23.10.1925.

Andreas Gadient (1892–1976) von Trimmis wirkte zunächst als Lehrer an der Sekundar- und Gewerbeschule in Chur und ab 1921 als Lehrer und Bauer in Serneus. Als engagierter linksbürgerlicher Sozialpolitiker vertrat er die Berg- und Kleinbauern. In seiner wirtschaftlichen Dissertation über das Prättigau übte er harte Kritik am «Unterländer Grosskapital» und an der Dominanz der «Offizierskaste» in allen Entscheidungsgremien. Das machte ihn zum Prügelknaben der Liberalen, die ihn mit Verleumdungsklagen fertigmachen wollten. Was nicht gelang – im Gegenteil! Der berüchtigte Skandal der Bündner Kraftwerke AG gab ihm Recht, indem er dem Kanton, der Kantonalbank und den Gemeinden über 9 Millionen Franken Verluste bescherte. Er konnte den grossfürstlich entlöhnten liberalen Verwaltungsräten angelastet werden, woraufhin viele Liberale zur DP wechselten. Fadri Ramming resümiert den Skandal folgendermassen: Eitelkeiten, Machthunger und Missgunst einzelner Protagonisten sowie die technische Inkompetenz, Konzept- und Hilflosigkeit der damaligen Regierung hätten dem Kanton die Misere eingebrockt.[555]

Der *Rätier* erhob bittere Klage: Alles Üble in Politik und Wirtschaft Bündens sei den Liberalen in die Schuhe geschoben worden. Ihre Kandidaten Meuli und Johann Peter Schmid seien Opfer der Ausschlachtung der Kraftwerkaffäre geworden. Draussen im Lande sei man der Meinung gewesen, die Liberalen seien «an allem Schuld und verdienten das Gottesgericht».[556]

Die skandalträchtige Kraftwerkpolitik der Liberalen trieb den Demokraten tatsächlich massenhaft neue freisinnige Wähler vor allem aus dem Kraftwerkstandort Prättigau zu. Der aktive Lehrer und Bauer Gadient erhielt aber auch viele Stimmen von der katholischen Bauernschaft. Dem *Rätier* fiel nur Häme ein: «Herr Dr. Gadient hat den Vorzug, als aktiver Politiker nie hervorgetreten zu sein u[nd] in keiner Behörde und in keinem Parlament etwas geleistet zu haben.»[557]

Hätte der *Rätier* die Zukunft lesen können: Dieser Mann wurde als politische Urgewalt zum Totengräber der LP.

---

555 Unter Strom, S. 32.
556 FR, Nr. 251, 25.10.1925.
557 Ebda.

Für den wegen seiner pointierten Stellungnahmen im Kraftwerkskandal von den liberalen Strippenziehern mit Prozessen verfolgten Gadient kam seine glänzende Wahl einer Rehabilitierung durch das Volk gleich. Am Ende dieses Weges konnte er sich als Sieger feiern lassen, und die Demokraten strotzten vor Selbstbewusstsein: «Die demokratische Partei, welche bewusst bricht mit der starren, engherzigen Parteipolitik, und für das gesamte unorganisierte Volk arbeiten will, ist nun in Rätien ein Faktor geworden, mit welchem Freund und Gegner rechnen müssen, ein Faktor, der nicht ungestraft vernachlässigt werden darf.» Der Versuch von KDP und LP, sie zu marginalisieren sei gescheitert, ihre Allianz abgestraft worden. Besonders freute sich die *Neue Bündner* über das Churer und Engadiner Resultat. «Wie tief die geistige Abkehr von der unseligen Parteiwirtschaft ist, geht klar daraus hervor, dass der verfemte und mit Prozessen drangsalierte Schulmeister und Kleinbauer von Serneus selbst in der rätischen Kapitale mehr Stimmen macht als freisinnige Sterne erster Grösse. […] Die Rehabilitierung Gadient's durch den Richter Volk gehört für uns zum Erfreulichsten der gestrigen Entscheidung.» Die demokratische Bewegung sei nun «im Volke fest verankert».[558]

Der freisinnige Kommentator beurteilte den Sitzverlust nicht als gravierend: «Das Mandat an die Konservativen ist leicht wieder zurück zu erobern, wenn in drei Jahren im liberalen Lager Einigkeit herrscht oder auf dem Wege der Listenverbindung eine geschlossene Aktion einsetzen kann.» Bei den Demokraten habe der Michel-Bonus nicht gestochen – sein Licht verblasse, und dank häufigen Panaschierens im Prättigau habe der homo novus Gadient das Rennen gemacht. Den Liberalen wäre Michel lieber gewesen, da er in Bern der freisinnigen Fraktion angehöre, während Gadient dort als Fraktionsloser agiere. Man habe Michels «vieljährige eifrige Arbeit im Dienste einer liberalen Dissidentengruppe und Oppositionspartei schlecht belohnt».[559]

Das *Tagblatt* konnte einen fulminanten Sieg der Konservativen und insbesondere ihres surselvischen Bauernführers Foppa als Eroberer des dritten Mandates feiern. Die katholische Bauernsame war dank ihm erfolgreich bei der Stange gehalten worden. Mitten in den wilden Umschichtungen von Wählern habe sich die konservative Partei als «fester Turm» bewährt. «Ihre unverrückbaren religiösen und sittlichen Grundlagen, verbunden mit einer heißen Liebe und Treue zum Vaterland haben ihr wieder zum Siege verholfen […] Nur in der Heimatgemeinde des sozialistischen Spitzenkandidaten hat der Sirenenruf 110 Wähler betört. Schade um das Emser Resultat! S'nächste Mal besser machen, nicht wahr?»[560]

---

558 NBZ, Nr. 251, 25.10.1925. Der Artikel ist mit (h.e.), sprich Redaktor Hans Enderlin, gekennzeichnet. In Chur machten die Demokraten 4233 Parteistimmen, die LP nur 4146.
559 FR, Nr. 251, 26.10.1925.
560 BT, Nr. 250, 27.10.1925.

Diese «heisse Liebe und Treue zum Vaterland» wurde propagandistisch stets gegen die «vaterlandslosen Sozialisten» ausgespielt. Die KDP wurde in besagtem Jahr 1925 zur wählerstärksten Partei. Die Wahl Foppas, eines reinen Bauernpolitikers, hatte aber die Abkehr von der bisher gegen alle Seitenströmungen propagierten «Idealpolitik» eingeläutet und den konservativen religiös-bäuerlichen Monolith unangreifbar gemacht.

Die Demokraten proben den Grossangriff

Ende 1925 kam eine neue Dynamik ins Spiel der Parteien. Die starke Konfessionalisierung des katholischen Lagers und dessen inzwischen bestätigte Fähigkeit, ohne Allianzpartner seine traditionellen Basismandate auf Kantonsebene und in Bern zu verteidigen und gar das Restmandat zu erobern, führten im reformierten Lager zu konfessionell geprägter Gegenwehr.

Die ideologische Spaltung der sozialistischen Internationale schlug auch auf Graubünden durch. Die Grütlivereine waren gesamtschweizerisch gar in Auflösung begriffen, und Bünden folgte dieser Entwicklung. Bei den Davoser und Churer Sozialisten herrschte lähmende Zersplitterung.[561] Davon profitiert haben die sozial, aber nicht sozialistisch positionierten Demokraten. Diese spürten Rückenwind und probten den Frontalangriff.

Ihr Parteitag debattierte 1926 darüber, ob man weiterhin bei Ständeratswahlen stillhalten und sich auf die Regierungsratswahlen konzentrieren wolle. Die Verstrickung der Liberalen in den Kraftwerkskandal, so die eine Meinung, rufe nach einem erneuten Volksvotum, das zugunsten der Demokraten ausfallen könnte. Das wäre eine günstige Gelegenheit, eigene Kandidaten gegen Laely, den amtierenden Ständerat und Verwaltungsratspräsidenten der skandalgeschüttelten Bündner Kraftwerke, ins Feld zu führen. Die Engadiner präsentierten sich als «Hochburg des wahren demokratischen Liberalismus» und traten «mit Wucht» für Michel ein. Es sei nicht zu fassen, was die KDP und die LP ihren Leuten an Inkonsequenzen und Widersprüchen zumuteten: zögen einander die Haut ab und schmiedeten dann Wahlallianzen! Das sei «eine politische Groteske», die nur der Sesselsicherung wegen gespielt werde.[562] Dem kann man ohne Vorbehalt zustimmen, aber Allianzen sind nun einmal ein legitimer Teil demokratischer Auseinandersetzung, zu welchem Zweck auch immer.

Die zum Angriff entschlossenen Demokraten bescherten den Bündnern nach 34 Jahren wieder eine Kampfwahl um den Sitz in der kleinen Kammer. Die KDP und die LP portierten gemeinsam die bisherigen Brügger und Laely, beide dannzumal auch Präsidenten ihrer Partei.[563] Die *Neue Bündner* bemerkte dazu: «Sie konnten zusammenkommen, trotz des abgrundtiefen Meeres, das sie in stillen,

---

561 Bundi, SP, S. 60.
562 NBZ, Nr. 50, 1.3.1926.
563 Brügger sass ab 1907, Laely ab 1913 im Ständerat.

wahllosen Zeiten trennt.»[564] In der Surselva wurde mit einer Flugblattaktion Stimmung gemacht. Das mit «KK-Männer» signierte Blatt verurteilte jede katholische Stimme für den «Freimaurer Laely» als Verrat an der konservativen Partei.

Das *Tagblatt* hielt das Ganze für eine Aktion der Demokraten[565], was von deren Präsidenten bestritten wurde.[566]

Laely wurde nur von einem Teil der Konservativen unterstützt, und besonders in der Surselva machte Michel viele Stimmen.[567] Im Prättigau wurde der Kraftwerkskandal gegen ihn ins Feld geführt, und ein Zirkular an die Hoteliers und Hotelangestellten Bündens warb für Michel. Zugunsten von Michel wurde auch explizit an die Jäger und Fischer appelliert, und zu guter Letzt portierte ein «Freies Wahlkomitee» den Liberalen Altnationalrat Raschein als Sprengkandidaten gegen Laely.[568]

Dass die *Gasetta*, der Wahlabsprache entsprechend, neben Brügger auch Laely zur Wahl empfehlen musste, verursachte ihr Bauchschmerzen. Condrau veröffentlichte nebst anderen auch zwei Korrespondenzen, welche seine wahre Befindlichkeit wiedergaben. In der ersten fragte sich der Zusender «aus der Surselva»: «Ist es nicht ein Schlag ins eigene Gesicht, wenn ein Konservativer seine Stimme einem der wichtigsten Freimaurer unseres Kantons gibt? Was nützt der prinzipielle Kampf gegen die Loge, wenn wir daraus keinen praktischen Nutzen ziehen? Nicht ein einziger Konservativer, der noch etwas auf seine Partei und deren Prinzipien gibt, darf am nächsten Sonntag dem Freimaurer Laely seine Stimme geben, ohne sein Gewissen zu beschweren.»

Die zweite «Corr[espondenz]» bot sogleich die Alternative an: Christian Michel! «Wir Katholiken kennen diesen Mann ... als den Katholiken gegenüber sehr loyalen Regierungsrat. [...] Wer glaubt, dass ohne Michel gleich zwei katholische Priester als Professoren und ein Katholik als Konrektor an der Bündner Kantonsschule wirken dürfen? [...] Zeigt, dass ihr als wahre Konservative die Loge zerschmettern könnt, die im Verborgenen unsere katholischen Prinzipien auszurotten trachtet.»[569]

Die in solchen Fällen standardmässig an ihre «obligaziun religius-politica» erinnerte katholische Wählerschaft wusste, wie sie trotz der Wahlallianz im ersten Wahlgang zu wählen hatte.

Das Wahlergebnis fiel denn auch entsprechend aus. Der Katholik Brügger wurde mit 3000 Stimmen Differenz zu seinen Kontrahenten haushoch gewählt. Laely hingegen machte sogar weniger Stimmen als Michel und wurde zusammen mit diesem in einen zweiten Wahlgang geschickt. Raschein landete trotz der Unterstützung durch die Sozialdemokraten weit abgeschlagen auf dem vierten

---

564 NBZ, Nr. 53, 4.3.1926.
565 BT, Nr. 55, 6.3.1926.
566 Ebda., Nr. 58, 10.3.1926.
567 FR, Nr. 56, 8.3.1926.
568 Ebda., Nr. 53, 4.3.1926.
569 GR, Nr. 9, 4.3.1926. Laely war zu dieser Zeit Redaktor des FR.

Resultate der Nationalratswahlen 1925 aus den Kreisen Fünf Dörfer, Ilanz und Schams | Die Resultate spiegeln die je nach Kreis unterschiedlich scharfe Polarisierung der Stimmen wider. Collage aus BT, Nr. 252, 25.10.1925, Listenstimmen.

Platz, aber er hatte Laely die entscheidenden Stimmen für das absolute Mehr abgenommen. Der *Rätier* beklagte die «skrupellose Propaganda» der Gegner, denen es gelungen sei, aus einem wiederholt von Reformierten und Katholiken zum Regierungs- und Ständerat Gewählten innert kurzer Zeit eine Hassfigur zu machen.[570]

Beim (offiziell) unangenehmen Scheitern von Laely war es der *Gasetta* und dem *Tagblatt* nicht ganz wohl – man stand deswegen ja als wenig verlässlicher Allianzpartner da. Die KDP habe, liessen sie verlauten, aus raison politique zugunsten der Liberalen, aber contre coeur für Laely gestimmt.[571]

Die *Neue Bündner* höhnte: «Das *Tagblatt* [die *Gasetta* darf mitgedacht werden], welches sonst in wochenlangen Serienartikeln Pech und Schwefel gegen die Freimaurer schleuderte», führe nun am Kopfe des Blattes den Namen eines bekannten Logenbruders, eines Mitglieds der «Kirche des Satans»! Zwei, die sich sonst wie Feuer und Wasser begegneten, marschierten «Arm in Arm verschlungen», wenn Wahlen anstünden. So werde das Volk an der Nase herumgeführt. Und der *Rätier*, der noch im vergangenen Herbst mit grossem Getöse den «Retter des Protestantismus» gespielt habe, habe nun, da sein Sessel wackle, «viel, viel Wasser in seinen Protestantismus-Wein» gegossen. An seinem Kopfe prange nun der Name eines Verbündeten [sc. Brügger], «der am Katholikentag in Ems eine unerhört scharfe Sprache gegen Liberalismus und Loge führte». Die Allianz sei wegen offenkundigem Opportunismus moralisch «für den ernsten Protestanten wie für den ernsten Katholiken erledigt».[572]

Die nationale Presse zeigte sich erstaunt über den Wahlausgang. Schuld am Scheitern von Laely, so der allgemeine Tenor, sei nicht (nur) die gegnerische Propaganda, sondern in erster Linie das «System» des Bündner Freisinns, die falsche Weichenstellung ihrer «Oberstrategen». Dieses System sei «zur Mumie geworden». Die *Neue Bündner* zitierte in derselben Presseschau den Artikel eines Davoser Korrespondenten in der NZZ. Darin hiess es, ein künftiger Alleingang aller Parteien müsse die verquere Situation klären. Und wörtlich: «Denn ausser Zweifel steht, dass die freisinnig-konservative Allianz, die in ruhigen Zeiten sehr zur Vereinfachung der Wahlen beitrug, sich für die Zukunft als unzweckmässig, weil der Konstellation nicht mehr angepasst erweist und vom Volke nicht mehr verstanden und gebilligt wird.»[573]

Nach solch klugen Analysen durften die Demokraten berechtigte Hoffnungen auf den Sieg von Michel im zweiten Wahlgang hegen. Dies umso mehr, als weite Kreise des konservativen Wahlvolkes das ideologisch unnatürliche Wahlbündnis mit den Freisinnigen erkannt hatten. Und für Katholiken bedeutete der Freimaurer Laely eine gewisse Zumutung. Die Frage war nun, ob diese zur Urne

570 FR, Nr. 56, 8.3.1926.
571 GR, Nr. 10, 11.3.1926 und BT, Nr. 56, 7.3.1926 im gleichen Sinn.
572 NBZ, Nr. 53, 4.3.1926.
573 NBZ, Nr. 57, 9.3.1926.

schreiten und wie viele der 2200 Wähler von Raschein zu Laely umschwenken würden – sofern Letzterer überhaupt zum zweiten Wahlgang antrat. Das *Tagblatt* gab den Liberalen nämlich in sehr diplomatischer Umschreibung zu bedenken, dass sich eine gewisse Abneigung gegen Laely nicht wegdiskutieren lasse. Die KDP überliess aber der LP den personellen Entscheid.

Nun: Raschein verzichtete, Laely trat an, und das konservative Wahlvolk bereitete allen Spekulationen auf Stimmabstinenz und Querschlägerei ein Ende.

An der Delegiertenversammlung der KDP vom 21. März in Ilanz behandelte der frisch gewählte Brügger die Allianzen von KDP und LP. Diese stünden aktuell in der Kritik. Aber allein gegen alle kämpfen könne man nur, wenn man dafür stark genug sei. Das waren und seien die Konservativen aber mit «allerhöchstens» 9000 der insgesamt 29 500 Bündner Wähler nicht! Es würde kein einziges Prinzip geopfert, da man sich ja nicht mit einzelnen Personen, sondern mit Parteien verbinde. Zweck sei, die Repräsentanz der KDP zu sichern. Das habe seit über 30 Jahren funktioniert. Mit wem solle denn die KDP im neuen Parteienumfeld koalieren? «Wohl mit den uns weniger feindlich Gesinnten: *Mit den Altliberalen, zu denen die grosse Masse der reformierten Bauernschaft gehört.* Die Demokraten, Jungradikalen, wollen erklärtermassen nichts von einer Allianz mit den Konservativen wissen», könnten sich aber eine solche mit den Altliberalen vorstellen.[574] Der KDP sehr nahe stünden «die währschaften Kerntruppen der Freisinnigen, vor allem die positiv-protestantische Bauernsame. Sie bildet den rechten Flügel der Liberalen. Mit diesen dürfen wir doch wohl ein Wahlabkommen treffen!». Im zweiten Wahlgang müsse gegenüber den Liberalen das gegebene Wort gehalten werden.[575]

Nun galt es, den zweiten Wahlgang – wie es die Allianz forderte – zugunsten des Freimaurer Laely zu orchestrieren. Dabei lieferte die *Gasetta* ein weiteres propagandistisches Lehrstück ab. Gleich nach den obigen Ausführungen von Brügger liess sie einen Korrespondenten die Frage stellen: «Wem gibst du nächsten Sonntag deine Stimme?» Dieser Nichtgenannte – wohl der Redaktor selbst – erklärte, warum die Konservativen diesmal für Laely stimmen müssten. Die Liberalen hätten im ersten Wahlgang geschlossen für Brügger gestimmt, obwohl «viele Liberale einen weniger schwarzen Konservativen gewünscht hatten. Ohne ihre Hilfe wäre auch dieser nicht gleich gewählt worden, wohlgemerkt! [wörtlich: bein capiu]» Und weiter: «Sind unsere Interessen etwa bei den Demokraten besser aufgehoben, deren Nationalrat Gadient nicht mal den obligaten Eid abgelegt hat, was bisher nur bei den Sozis Usus war? Die Liberalen bringen, wie es scheint, wieder Laely, und das wird für uns Katholiken die Feuerprobe für unsere Zuverlässigkeit als Allianzpartner sein.» Misslinge diese, würden die Liberalen in Zukunft wohl nie mehr mit der KDP zusammenspannen. Dann würde die KDP

---

574   GR, Nr. 12, 24.3.1926. Hervorhebung gemäss Vorlage.
575   BT, Nr. 69, 23.4.1926.

von der Gnade einer Allianz der Liberalen mit den Demokraten leben müssen. «Gewiss wünsche ich mir, Laely wäre kein Freimaurer, aber wir haben nun nicht über Personen zu entscheiden, sondern darüber, *ob wir Wort halten wollen oder nicht!* [...] Vertraue deinen Führern und halte Wort!»

Einem gleich anschliessenden Korrespondenten fiel es zu, Michel zu demontieren – genau den vor dem ersten Wahlgang in der *Gasetta* als akzeptable Alternative zum Freimaurer Laely empfohlenen Förderer katholischer Professoren an der Kantonsschule. Und er bezeichnete nun die Kampagne der NBZ für Michel als einen hinterlistigen Anschlag auf konservative Naivlinge.

Ein dritter Korrespondent – wieder Condrau selbst? – übernahm unter dem Titel «Laely oder Michel?» die Rolle, besonders den Artikel der *Neuen Bündner*: «Ein Mann – ein Wort» als infame Verunglimpfung von Laely zurückzuweisen. Den Demokraten gehe es nur darum, die Liberalen mithilfe der Konservativen [bei Ablehnung von Laely] für ein Bündnis mit der DP reif zu machen, um dann mit den Liberalen zusammen «die Kirschen zu essen. Und dafür sollten wir Konservative die Leiter halten». Wenn man nicht Wort halte, werde genau das passieren, und man verliere dann wohl einen der eigenen National- und Regierungsräte.[576]

Wer noch weiterer Unterweisung bedurfte, konnte solche in der Beilage «Die Demokraten im Kanton Graubünden und ihre wahre Politik» beziehen. Die Demokraten, kann man in diesem «Supplement» lesen, kämpften unter dem falschen Namen des «Demokratismus». Dieser Titel sei aber nur «das geschlossene Visier». Ihr wahres Gesicht sei «die böse Fratze des nackten und brutalen Radikalismus». Der Geist der Opposition in allem sei dessen Prinzip. «So arm an Erfahrung, so inhaltsleer ist der Radikalismus jeglicher Couleur.»[577]

Solche propagandistischen Manöver gehörten zur ebenso bekannten wie erfolgreichen Orchestrierung von strittigen Wahlen in der *Gasetta* – man denke an 1892/93. Sie waren in den Jahrzehnten nach 1920 aber keineswegs ihr Monopol. An manipulativer Meisterschaft konnte indes keine andere Zeitung der *Gasetta* das Wasser reichen. Im Zusammenhang unserer Studie sind solche Spiele mit dem Wähler von grundsätzlichem Interesse. Sie zeigen, in welchen Formen parteipolitische Information und Propaganda die Wählerschaft erreichte. Was wir hier sehen, unterscheidet sich in seiner rohen bis bösartigen Direktheit doch sehr vom aktuellen (öffentlichen) Umgangston unter den Parteien.

Das Resultat des zweiten Wahlganges – Laely siegte im Verhältnis 11:9 über Michel – zeigt, wie weit die konservativen Wähler um diese Zeit bereits im Sinne ihrer Führer diszipliniert waren. Sie stimmten mit wenigen Ausnahmen vehe-

---

576 GR, Nr. 12, 24.3.1926.
577 Ebda., Nr. 12, 24.3.1926 («Supplement»). Dieser Artikel war als «Korrespondenz aus dem Oberland» bereits im BT, Nr. 63, 16.3.1926 publiziert worden.

ment für Laely. Insgesamt ziemlich ausgeglichen stimmten die paritätischen und reformierten Kreise.[578]

Es sei aus ihrer Sicht kein Kampf zwischen dem Freimaurer Laely und dem Prädikanten Michel gewesen, kommentierte die *Gasetta*, sondern eine Auseinandersetzung zwischen Parteien. Das sei von einem grossen Teil der Konservativen verstanden worden, und dafür spende auch das *Vaterland* aus Luzern Lob.[579]

Der *Rätier* zeigte sich nach dem zweiten Wahlgang mit vielen Gemeinden gar nicht zufrieden und gestand «ganz offen», dass Laely nur mithilfe der Konservativen gewonnen habe. Wo sind Chur, Oberengadin, Trin und Maienfeld geblieben? «Überall Zerfahrenheit, Kritik an den bestehenden Verhältnissen und den führenden Persönlichkeiten, Lauheit gegenüber der freisinnigen Sache und Preisgabe von deren Prinzipien. Soll und darf das weitergehen?» Die eigenen Lokalvereine lahmten oder seien gar eingegangen oder nur punktuell aktiv. Es sei notwendig, die Organisation zu straffen, und das Zentralkomitee müsse die Verbindung zu den Lokalsektionen intensivieren, neue Sektionen gründen und die freisinnige Presse breiter streuen.[580]

Zum Wunsch der Demokraten nach Versöhnung von LP und DP auch im Kanton, wo doch beide auf eidgenössischer Ebene derselben Fraktion angehörten, bemerkte der *Rätier*, in Bünden sehe es im Detail anders aus, weshalb die Liberalen über ein Zusammengehen erst unterhandelten, wenn die Demokraten in der LP nicht einen «Staat im Staate» bildeten. Das sei zu befürchten, nachdem erstere bei der letzten Nationalratswahl die inakzeptable Bedingung gestellt hätten, dass ein daraus fliessender Gewinn personell so oder anders ihnen zufallen müsse.[581]

Diese Forderung und der Vorwurf, jüngst «skrupellose Propagandamittel» gegen Laely eingesetzt zu haben, boten keine taugliche Basis für eine gedeihliche Kooperation.

Ein böser Absturz

Bei den gleich anschliessenden Regierungsratswahlen setze sich die heftige Konfrontation im bürgerlichen Lager fort. Die SP verzichtete auf eine eigene Kandidatur, nachdem Christian Mettier und Pfarrer Paul Martig eine solche abgelehnt hatten. Kam noch hinzu, dass sie «kein Geld in der Kasse» hatte. Bei ihr war nach allen internen und medialen Fehden Pazifizierungs- und Aufbauarbeit angesagt. 1926 verpasste sie sich ein neues Programm und zwei Jahre später neue Statuten. Trotzdem stagnierte die Partei – der Druck von Seiten der Arbeitgeber hielt die

---

578   GR, Nr. 13, 1.4.1926. Ausnahmen: Schlans 21:24; Ladir 9:12; Schluein 31:56; Ems 159:195. In Marmorera bekam Michel alle Stimmen (22), in Morissen siegte Laely zu 0 über Michel (48)!
579   Ebda.
580   FR, Nr. 77, 1.4.1926. Es zeichnet «ein alter Politiker».
581   Ebda., Nr. 75, 30.3.1926.

Arbeiter von der SP fern, was dieser einen Grosserfolg unter Majorzbedingungen verunmöglichte.[582]

Die Kandidatenkür der Konservativen lief ohne störende Geräusche ab, und der Trunser Johann Joseph Huonder[583] wurde zusammen mit dem Rhäzünser Josef Christian Vieli aufgestellt. Bemerkenswert ist dabei nur, dass der Versuch der Churer Christlichsozialen, mit Joseph Desax einen der Ihren in die Regierung zu hieven, erfolglos blieb.[584] Die KDP konnte ihren politischen Alleinvertretungsanspruch erfolgreich durchsetzen.

Die Liberalen mussten ihre beiden Regierungsräte Bezzola und Walser ersetzen. Zu ihrer Generalversammlung vom 5. April im Steinbock in Chur fanden sich 450 Männer ein. Die Situation war nicht einfach. Sollen sie wie bisher drei Vertreter beanspruchen oder den Demokraten ihren Sitz überlassen? Der Zentralvorstand wünschte, durch kampflose Überlassung eines Sitzes an die Demokraten einen «Wahlkampf im Zeichen des Friedens» führen zu können. Da die Konservativen mit einer 2:2:1-Verteilung zufrieden seien, könne das liberale Angebot von den Demokraten «als ein erster Schritt zu Versöhnung» betrachtet werden. Wenn die DP aber mehr wolle, dann würde die LP drei Kandidaten aufstellen und kämpfen. Mit nur 43 Gegenstimmen wurde dieser Vorschlag angenommen.[585]

Nun: Die Demokraten wollten mehr und gingen aufs Ganze! Mit dem Argument, es stünden ihnen nach dem grossen Stimmenzuwachs bei den Nationalratswahlen zwei Regierungsräte zu, portierten sie Albert Lardelli und Andreas Gadient.[586]

Eine erneute KDP/LP-Wahlallianz wurde unumgänglich, um Erdrutschwahlen zum eigenen Nachteil zu verhindern.[587] Sie wurde mit Ganzoni, Fromm und Hartmann und den Konservativen Huonder und Vieli angestrebt.

Zuviel gewollt und alles verloren

Das Wahlergebnis war für die Demokraten niederschmetternd: Sie wurden aus der Regierung geworfen. Die *Neue Bündner* titelte: «Abermalige Vergewaltigung der protestantischen Mehrheit durch die Allianz» und fährt weiter: «Das erste, was dem Schreibenden heute morgen auf seinem Wege zum Bureau begegnete, war – die «Schwarze Dampfwalze», welche erbarmungslos alles Grünende zerdrückt, das unter ihre Räder kommt. [...] Sie ist das Symbol der heutigen Politik in Rätien» und hat abermals «das verknöcherte freisinnige System» gerettet und

---

582 Dazu Bundi, SP, S. 61–65.
583 1878–1935. Biogr. s. HLS.
584 GR, Nr. 12, 24.3.1926, DV KDP vom 24.3.1926.
585 FR, Nr. 79, 6.4.1926.
586 NBZ, Nr. 82, 9.4.1926.
587 GR, Nr. 14, 8.4.1926.

ihr zu einem «Pyrrhussieg der Väter über die Söhne» verholfen. Die «fabelhafte Geschlossenheit» der Schwarzen sei «einzig und allein der katholischen Kanzel zu verdanken», denn eine solche Geschlossenheit sei ohne konfessionellen Druck nicht erklärbar. Das freisinnige System lebe nur noch «von klerikalen Gnaden» und stehe bei der KDP bis zum Verlust der Unabhängigkeit in der Kreide. Demzufolge könne die LP nicht mehr als Trägerin der «protestantischen Kulturideale» angesehen werden. Irgendwann werde sie diese innerlich unhaltbare Lage wegen der permanent erforderlichen faulen Kompromisse mit dem «weltanschaulichpolitischen Erzgegner» mit ihrem Untergang bezahlen. Der Schreiber h.e. [Redaktor Hans Enderlin] gab zu, dass die Aufstellung von zwei Kandidaten (trotz Warnungen) «ein taktischer Fehler» gewesen sei. Die kommenden politisch stillen Zeiten müssten «zur Einkehr und zur inneren Konsolidierung der Bewegung» genutzt werden.[588]

Der *Rätier* warf der *Neuen Bündner* vor, trotz der Niederlage eine demokratisch-protestantische Mehrheit zu konstruieren und legte den Gegenbeweis vor: Von den 39 Kreisen, 27 davon mit starker protestantischer Mehrheit, hätten 23 freisinnig gestimmt, vier demokratisch, die 2500 SP-Stimmen von Davos, Igis, Samedan, Chur eingeschlossen. Das Volk habe den «Beutezug» der Demokraten abgeschmettert und durch die Wahl von drei Freisinnigen und zwei Konservativen der bürgerlichen Fünferliste zum Sieg verholfen. Die DP sei für ihren ungerechtfertigten Anspruch auf zwei Sitze gar noch mit Abwahl des ihr 1923 freiwillig überlassenen Sitzes bestraft worden. Seit 1918 spiele nicht die unterschiedliche Weltanschauung von Katholiken und Liberalen die entscheidende Rolle, sondern die Lagerfrage: bürgerlich oder nichtbürgerlich. Die Zeit für linke Parteien als Zünglein an der Waage sei vorläufig vorbei, die Ausscheidung klar nach der bürgerlichen Seite hin vollzogen.[589]

Die christlichsoziale *Bündner Hochwacht* würdigte die Wahl in einem ausgiebigen «Ausklang» mit teils ironischen Kommentaren zum Vergewaltigungsvorwurf der *Neuen Bündner*. Und diese Kommentare enden: «Wenn die Frucht des heissen bündnerischen Wahlkampfes die allgemeine Erkenntnis ist, dass eine vermehrte gegenseitige Rücksichtnahme und grösseres Verständnis notwendig ist, dann wurde er nicht umsonst gekämpft.»[590]

Für die nächsten knapp sechs Jahre herrschten die Konservativen und Liberalen wieder allein im Grauen Haus zu Chur.

---

588 NBZ, Nr. 84, 12.4.1926.
589 FR, Nr. 85, 13.4.1926.
590 *Bündner Hochwacht*, 20., 23. und 24.4.1926 (Zitat).

Ein konfessionelles Zwischenspiel: Katholische Schulbücher
für die katholischen Gymnasiasten

Aus ihrem politisch geschlossenen Monolith heraus lancierten die Konservativen eine Eingabe für konfessionell getrennten Unterricht in den Gesinnungsfächern Geschichte und Pädagogik.[591]

Auf Initiative des Trunser Pfarrers Rest Giusep Caminada (des nachmaligen Bischofs Cristianus) wurde am 24. April 1919 in Bonaduz der Katholische Schulverein Graubünden gegründet. Dessen Ziele: Verteidigung der katholischen Schule und Erziehung (Gesinnungsschule) in klarer Abgrenzung vom Schweizerischen Lehrerverein, dessen Schulpolitik als laizistisch und zentralistisch verworfen wurde. Im Rahmen der Reorganisation des kantonalen Lehrerseminars reichte die Kreislehrerkonferenz Disentis 1920 dem Bündner Lehrerverein folgende Anträge ein: Erteilung von zwei Wochenstunden Religionsunterricht bis in die letzte Klasse des Lehrerseminars[592] und konfessionell getrennter Unterricht in Geschichte und Pädagogik. Diese Anträge wurden von den beiden Bündner Katholikentagen von Tiefencastel (am 5.9.1920) und Disentis (am 8.9.1920) diskutiert und einhellig unterstützt.

KONFESSIONALISIERUNG DER BILDUNG

Im Jahre 1832 gründeten die katholischen Grossräte den «Catholischen Schulverein in Graubünden». Zusammen mit dem Evangelischen Schulverein setzte er sich für den Aufbau eines zeitgemässen Schulwesens ein. Nach der Aufstellung des kantonalen paritätischen Erziehungsrates 1843 verloren beide Vereine an Bedeutung und der katholische Verein löste sich auf. Aus dem Kampf der Katholiken gegen den als heidnisch verworfenen «Robinson» um 1900 gingen fünf katholische Lehrersektionen hervor: Chur und Umgebung, Albulatal, Lugnez, Gruob und Cadi. Ab 1919 umfassten sie das gesamte katholische Graubünden.

Am 1. Juni 1927 übergab das Corpus Catholicum der Regierung die entsprechende Petition. Diese schickte sie zur Vernehmlassung an die gesamte Lehrerschaft des Kantons und erntete von dieser Seite mehrheitliche Ablehnung. Die einen sahen darin einen Angriff auf die Reformierten, andere wollten an dem liberalstaatlichen, konfessionsneutralen Schulsystem festhalten. Im September 1929 gab die Regierung die Ablehnung der katholischen Begehren bekannt. Die Erweiterung

---

591 Zur Vor- und Nachgeschichte Metz III, S. 188–203; Gasser, Bündner Kulturkampf, S. 27–29.
592 Bisher in der vorletzten Klasse eine, im Patentjahr keine.

des Religionsunterrichts am Seminar wurde nachträglich vom Erziehungsdepartement genehmigt. Der Verein katholischer Lehrer und Schulfreunde konnte in diesen Jahren die Zahl seiner Mitglieder vervierfachen und 1928/29 die Gründung von drei neuen Sektionen feiern.[593]

Für uns von Bedeutung ist die Feststellung der gesteigerten konfessionellen Positionierung, der Anspruch auf exklusiv katholische Erziehung und Bildung und die Fähigkeit der Katholiken zur Massenmobilisierung, wie die Katholikentage in Tiefencastel und Disentis mit insgesamt 8000 bis 10 000 Teilnehmern bewiesen hatten. Sie waren der Dampf in der Walze.

Durchschlag auf die Nationalratswahlen von 1928

Die Eingabe war eine zu grosse Belastung für die Wahlallianz und bereitete der LP und DP den Weg zur Versöhnung. Die Demokraten bewiesen dem Bündner Souverän recht schnell, dass sie keine ideologischen Sozialisten waren, sondern eine sozialpolitisch positionierte bürgerliche Partei. Das war für die KDP und die LP, die kein sozialpolitisch konkurrenzfähiges Programm besassen, gefährlich, aber es gelang ihnen, durch aggressive Propaganda und mithilfe von Wahlallianzen den Schaden von sich abzuwenden und die übermütig gewordene DP 1926 gar in den Senkel zu stellen.

Giusep Demont schrieb Anfang März 1928 an Regierungsrat Huonder, die reformierte romanischsprachige *Casa Paterna*[594] arbeite intensiv für eine Allianz der Liberalen und Demokraten – und dies mit gutem Recht. Eine solche wäre für die Konservativen machtpolitisch bedauerlich, aber deren Führer hätten nie verstanden, aus der Spaltung des liberalen Lagers ihren Nutzen zu ziehen. Wäre beispielsweise der Demokrat Michel in der Regierung, dann wäre die Lehrmittelfrage leichter lösbar gewesen. «Vertraulich kann ich dir sagen, dass Dr. Gadient 1920 bis 1922 in der *Neue Bündner* grossartige Artikel zugunsten der Gesinnungsschule publiziert hat. Schade nur, dass er nicht in der Regierung sitzt. Wer hat das nicht gewollt, wer das verhindert? Unsere Partei. Unser Trost: In Zukunft werden wir nur gegen eine anstatt zwei liberale Fronten ankämpfen müssen.» Eine allfällige Fusion LP/DP werde gewiss zu einem noch engeren Zusammenschluss der konservativen Wählerschaft führen, denn «es bestand die Gefahr, dass unsere Leute, besonders gewisse Kreise, zu den Demokraten überlaufen könnten». Die neue Verteidigungsfront werde die «sehr stark zersplitterten Kräfte» der Konservativen wieder bündeln.[595]

---

593 Domleschg, Puschlav und Mesolcina. Der Verein zählte 1920 130 Mitglieder, 1932 999 und ab 1935 etwa 700. Gedenkschrift zum 25-jährigen Bestehen des Katholischen Schulvereins Graubünden 1919–1944, 1945, S. 2, 28–34; zur zeitgenössischen Auseinandersetzung s. Pieth, «Die Eingabe», in: FR, 1928, Nr. 55–57, 71–72 und 112–113; BT, Nr. 62, 65, 71, 104, 114. Lit.: 25 J. KSV; Gasser, Kulturkampf, S. 27–29.
594 Die liberale *Casa Paterna* vertrat die Reformierten am Vor- und Hinterrhein. Sie erschien von Dezember 1920 bis Dezember 1996.
595 StAGR A SP III/8e, Demont an Huonder, 1.3.1928.

Damit ist wohl das breite soziale Spektrum angesprochen, das angesichts der Hintansetzung der Christlichsozialen durch die KDP nicht sachgerecht repräsentiert war. Die widerstrebenden Teile konnten aber immer durch geschickte, konfessionell angereicherte Propaganda zusammengehalten werden. Die geschlossenen Reihen bei von der *Gasetta* zur Gewissensfrage hochstilisierten Wahlen und Abstimmungen beweisen deren Erfolg. Dank der – trotz aller internen Differenzen – geschlossenen Wahl- und Abstimmungsfront konnten die Konservativen nach 1920 den katholischen Monolith erschaffen und gegen alle bedrohlichen inneren Anfechtungen und äusseren Angriffe verteidigen.

Im Jahre 1928 kündigte sich nämlich ein parteipolitischer Paradigmenwechsel an, den es zu überstehen galt. Der *Rätier* vermeldete, dass die LP der DP die Versöhnung angetragen habe, und diese sei akzeptiert worden. Es entspreche der gesinnungspolitischen Logik, dass die Freisinnigen mit der DP statt mit den Konservativen koalierten. Die Freisinnigen hätten die Eingabe der Katholiken zum Anlass genommen, ihre gegen die KDP gerichtete Wahlkoalition zu begründen. Dadurch könne man das dritte konservative Nationalratsmandat zurückholen.[596]

Die *Neue Bündner* jubelte: Endlich sei die morsche Allianz zwischen den weltanschaulichen Gegnern zerbrochen, nun beginne die Zeit der praktischen Durchsetzung echt freisinniger Postulate. Das sei die Wende vom alten bremsenden zum vorwärtsdrängenden jungen demokratischen Liberalismus.[597] Zu Recht gefreut – aber zu früh! Den Demokraten standen noch sehr frustrierende Jahre bevor.

4. Im Alleingang zum Erfolg?

Erstmals musste die KDP den Wahlkampf unter Proporzbedingungen völlig allein bestreiten. Da sie nunmehr ohne Partner gegen alle kämpfen musste, liess ihre Presse alle Hemmungen fallen, die sie sich aus Rücksicht auf den bisherigen liberalen Allianzpartner hatte auferlegen müssen. Nun hiess es für die Katholiken: Hic Rhodus, hic salta! Das *Tagblatt* rief alle Glaubensgenossen auf, der Werbung der anderen Parteien zu widerstehen. Diese stünden nicht auf positiv-christlichem Boden: «Jungkonservative vergesst nicht, dass man nicht katholisch und freisinnig, demokratisch oder sozialistisch sein kann.» Entscheidend und verpflichtend sei der weltanschauliche Standpunkt. Danach und nicht nach Personen sei zu wählen.[598] Durch die neue Allianz sei der *Rätier* zum propagandistischen Trabanten der Demokraten geworden![599]

---

596 FR, Nr. 250, 23.10.1928 Die LP präsentierte sich als die «Freisinnig-demokratische Partei des Kantons Graubünden». Im April hatte sie noch zur «Delegiertenversammlung der freisinnigen Partei» aufgerufen. FR, Nr. 76, 31.3.1926.
597 NBZ, Nr. 250, 23.10.1828.
598 BT, Nr. 250, 24.10.1928; GR 42, 23.10.1928. Die KDP trat mit Dedual, Bossi, Foppa, Willi, Brügger, Nicola an.
599 Ebda., Nr. 251, 25.10.1928.

Beim Wort genommen bedeutet das wohl, dass ihn die Konservativen davor als ihren Trabanten betrachtet hatten. Die *Gasetta* brachte eine ganze Seite über «Liberalismus e libertad religiusa» und empfahl anschliessend, nur die eigenen Leute zu wählen. Mit dem «Supplement» «Tgei vul la partida conservativa Svizzra?»/«Was will die Konservative Partei der Schweiz?» doppelte sie nach. Diese Beilage nahm von der höchsten politischen Ebene aus die Abgrenzung vom religiösen Indifferentismus des Liberalismus und vom materialistischen, antiindividualistischen und gottlosen Sozialismus vor. Im Gegensatz dazu sei die Konservative Partei der Schweiz (KPS) die einzige grosse Schweizer Partei, *«welche die christlichen Prinzipien im öffentlichen Leben konsequent verteidigt»*.[600]

Das ideologische Paket der Konservativen war hiermit geschnürt, und alle guten Bündner Katholiken wussten fortan und bis zu Beginn der 1980er-Jahre, wer als «in dils nos»/«einer von uns» betrachtet werden durfte und wer von der Gemeinschaft «dils nos»/«der Unseren» gemieden werden musste.

Ein Wahlergebnis mit weitreichenden Folgen

Aufgrund der Listenverbindung der FDP mit den Demokraten durfte man eine Wende zum Schaden der Konservativen und den Durchbruch der Demokraten erwarten. Die Wende fand statt, aber im Einzelnen ganz anders als prognostiziert. Die KDP verlor das dritte Mandat, blieb aber wählerstärkste Partei.[601] Die konservative Jungmannschaft, so das *Tagblatt*, sei zum Kampf aufgerufen worden und habe sich glänzend bewährt, was zu einem Gewinn von 6500 Listenstimmen geführt habe. Nur wenig habe zur erfolgreichen Verteidigung des dritten Sitzes von Dedual gefehlt. Dieser Sitz sei aber nicht an das freisinnig-demokratische Lager gegangen, sondern an die SP, die mit Gaudenz Canova nach drei Jahren wieder in den Nationalrat zurückkehre. Schuld daran sei die freisinnige Allianz.[602] Die *Gasetta* fand skandalös, dass diese gegen die gottesfürchtigen Konservativen und nicht gegen die gottlosen Sozialisten gerichtet gewesen sei, und sie bezeichnete den *Rätier* als konfessionell rücksichtslosen Vertreter des Liberalismus! Die demokratische *Neue Bündner* zeige ihre weltanschaulich ebenso schlimme Seite und habe sich politisch zudem noch stärker links profiliert.[603]

Trotz Mandatsverlust hatte die KDP allen Grund zum Feiern. Sie wurde, wie das *Tagblatt* titelte, «aus eigener Kraft» stärkste Partei. Das hiess: Sie war auf keine fremden Wahlhilfen angewiesen, und sie musste niemandem durch Wahlallianzen zudienen, um ihren Basisbestand an Mandaten zu verteidigen. «Beim Durchgehen der Wahlresultate wird einem ganz warm und freudig ums Herz.»

---

600 GR, Nr. 43, 25.10.1928. Hervorhebung gemäss Vorlage.
601 Die KDP mit 53 500 Parteistimmen, LP 39 000, DP 32 000, SP 18 500. Abdruck Listenstimmen in NBZ, Nr. 255, 29.10.1928. Gewählt wurden Christian Foppa und Johann Bossi (KDP), Johann Vonmoos (LP), Andreas Gadient (DP) und Gaudenz Canova (SP).
602 BT, Nr. 255, 30.10.1928.
603 GR, Nr. 45, 8.11.1928.

Sogar die viel gescholtenen Emser hätten «die Scharte [von 1925] ausgewetzt». Der 28. Oktober 1928 sei «ein Ehrentag des konservativen Bündnervolkes».[604]

Die «Schwarze Lawine» hatte ihre Vollendung erfahren. Parteitreue und Parteidisziplin bis zur Selbstverleugnung des Souveräns blieben für die nächsten Jahrzehnte ihr Hauszeichen.[605]

Die Demokraten erlitten einen Rückschlag von 2000 Stimmen, sahen ihre Position aber insgesamt als gefestigt an. Die Listenverbindung mit der LP sei für sie ein taktisches Opfer im Interesse künftiger Zusammenarbeit der fortschrittlichen Elemente gewesen. Das habe aber Mitläufer und Parteileute verwirrt. Die rege Bautätigkeit in Chur, im Engadin und zum Teil in Davos habe viele Arbeiter den Sozialisten zugeführt.[606] Komme hinzu, dass das Gerede des *Rätiers* von der Verschmelzung der Freisinnigen der Sache schade und den realen Unterschieden der beiden freisinnigen Parteien nicht entspreche. Die Wähler wünschten sich eine starke bürgerliche Oppositionspartei und das Ende von Allianzspielchen in Hinterstuben.[607]

Geschlossene katholische Reihen – so präsentierte sich die «Schwarze Lawine» 1928

KREIS	LISTE 1 SP	LISTE 2 KDP	LISTE 3 LP	LISTE 4 DP	KDP : ANDERE (%)
Alvaschein	43	2520	62	49	2520 : 154 (5.76)
Belfort	30	1979	43	64	1979 : 137 (6.47)
Oberhalbstein (ohne Bivio)	30	3239	69	96	3239 : 195 (5.67)
Lugnez (ohne das ref. Duvin)	36	5135	17	8	5135 : 61 (1.15)
Disentis	130	11 611	89	123	11 611 : 342 (2.86)
Ilanz (die 5 kath. Gemeinden)	22	2632	73	21	2632 : 116 (4.22)

Zur landesweiten Parteidisziplin finden wir eine bemerkenswerte Liste im *Rätier*, Nr. 48 vom 26. Februar 1929. Die beste Quote unter den Parteien erreichten schweizweit mit über 95% die Kommunisten und mit etwa 90% die Sozialdemokraten. Die Bürgerlichen würden mit Ausnahme der Katholiken die Parteiparole nicht so streng befolgen. Als Kantone mit bester Disziplin (80 und mehr Prozent unveränderter Listen) könne man ZH (88), NE (87), WD und SZ (84) etc. bezeichnen. «Am Schwanze stehen Graubünden mit 48 und Wallis mit 44 Prozent.» Die etwa 94 bis 99% der Bündner KDP erstrahlen auf diesem Hintergrund in besonderem Glanz.

---

604 BT, Nr. 255, 30.10.1928.
605 Dazu s. Exkurs S. 247–276.
606 NBZ, Nr. 255, 29.10.1928.
607 Ebda., Nr. 256, 30.10.1828.

Der *Rätier* beklagte, dass die LP unter dem Proporz am meisten leide, weil Personen zu deren Nachteil sekundär seien, während die SP und KDP sich systemgerecht verhielten, keine Stimmen verschenkten und dadurch siegreich seien. Das freisinnige, personell getrennte Marschieren verhindere einheitliche Propaganda, und die Wählerschaft bleibe, wie im Prättigau geschehen, daheim. Eine gemeinsame LP/DP-Liste wäre schlagkräftiger gewesen. So aber habe die freisinnige Allianz nicht nur das mögliche vierte Mandat verspielt, sondern gar das dritte konservative Mandat als Restmandat an die Sozialisten verloren.[608]

5. Die Demokraten leiden am Egoismus der Liberalen und an der eigenen Ungeduld

Das freisinnige Lager war sich schon bei der ersten Annäherung in die Haare geraten. Die Wahlallianz hatte nicht den erhofften Erfolg gebracht, sondern die «Schwarze Lawine» nur noch kompakter gemacht und der DP keinen Schub verliehen. Im Gegenteil: Letztere hatte gemäss NBZ sogar Wechselwähler an die SP verloren[609], was von ihr als sozial positionierter bürgerlicher Partei nicht hingenommen werden konnte. Sollte sie sich also auf weitere Listenverbindungen einlassen? Bei den anstehenden Ständeratswahlen wieder auf Konfrontation gehen? Mit der LP ein personelles Arrangement aushandeln, mit dem beide leben konnten?

Die Demokraten versuchten, sich zu arrangieren. Im Vorfeld der Ständeratswahlen von 1926 hatten sie der KDP/LP-Allianz einen «Kampf bis aufs Messer»[610] geliefert. Inzwischen hatte sich doch einiges geändert. Die Position der Demokraten hatte sich trotz allem gefestigt, und sie hatte an Geschlossenheit gewonnen. Ihr Parteitag entschied sich aber 1929, «dem Frieden zuliebe» und als Zeichen des Versöhnungswillens auf eine eigene Kandidatur zu verzichten. Man erwartete dafür grosszügiges Entgegenkommen der LP bei den für die DP «noch wichtigeren» Regierungsratswahlen. «Auf keinen Fall werden wir uns inskünftig nur durch leere Versprechen binden und die oppositionelle Durchschlagskraft schwächen lassen.»[611]

So hören sich Drohungen an.

Trotz des Verzichts wurde der Demokrat Michel als Kandidat ins Spiel gebracht. Man könne ihn unmöglich unbeachtet lassen, lesen wir in einem «Einges. vom Lande». Dazu bemerkte Redaktor Enderlin, die Einsendung stamme von einem Parteilosen.[612] Es sollte ja nicht der Eindruck entstehen, die *Neue Bündner* falle der Partei in den Rücken.

---

608 FR, Nr. 255, 29.10.1928.
609 NBZ, Nr. 255, 29.10.1928.
610 FR, Nr. 51, 1.3.1929.
611 NBZ, Nr. 51, 1.3.1929.
612 Ebda., Nr. 52, 2.3.1929.

Man möchte es glauben. Immerhin hätte ein gutes Abschneiden von Michel den Konzessionsdruck auf die Liberalen erhöht.

Wiedergewählt wurden mit den Stimmen der Katholiken Brügger und Laely, und der *Rätier* warf den Demokraten vor, sie hätten zwar grosszügig auf eine eigene Kandidatur verzichtet, aber gar nichts für den freisinnigen Kandidaten getan, und nichts gegen die wilde Sprengkandidatur Michel.[613]

So schnell wird in der Politik Geschirr zerschlagen!

Bei den nur einen Monat später stattfindenden Regierungsratswahlen erwartete die DP von der LP nichts weniger als die freiwillige Überlassung eines ihrer Sitze. Dazu war diese (noch) nicht bereit. Die Demokraten empfanden dieses Nein als Affront: Drei Regierungsräte allein für die LP seien nach dem Rückschlag der LP bei den Nationalratswahlen ein Unding. Für die Demokraten sei nun die Zeit gekommen, das Graue Haus zu erobern. Mit Andreas Gadient sollte das, ihrer Einschätzung nach, gelingen. Sie appellierten an den Gerechtigkeitssinn der Wählerschaft.[614]

Das *Tagblatt* brachte eine Einsendung aus der Cadi, in welcher die inzwischen eingeschlagene pointiert konfessionelle Strategie erläutert wurde. Die Konservativen würden ihre Kandidaten bewusst nicht in den Vordergrund stellen, denn es gehe ihnen um das christliche Prinzip. Und dieses laute: Als Katholik kann man weltanschaulich nicht sozialistisch sein und auch nicht die Kirche unter (staatliche) Regie des Freisinns stellen wollen. «Christlicher Solidarismus ist unsere Parole, nationale Politik die Losung und weltanschauliche Grundsätzlichkeit oberste Richtlinie unseres Handelns.»[615] Wer auf dieser Linie liege, sei wählbar, was man von ihm als private oder öffentliche Person auch immer halten möge.

Die Demokraten freuten sich über das Ende der alten LP/KDP-Allianz. Aber die Konservativen präsentierten trotzdem nur eine Zweierliste mit den Bisherigen Huonder und Vieli und empfahlen die Wiederwahl von Fromm, Ganzoni und Hartmann. Das entsprach der ehemals zwischen den Konservativen und Liberalen ausgehandelten Parität für den Regierungsrat. Wie man höre, so liest man in der *Gasetta*, werde einer von den dreien 1932 zurücktreten, und dann werde dessen Sitz den Demokraten überlassen. Diese müssten sich also bis dahin gedulden.[616]

Damit war das freisinnige Allianzgeschirr bereits wieder zerschlagen, und der Souverän musste sein Verdikt sprechen.

---

613 FR, Nr. 55, 6.3.1929. In der NBZ, Nr. 47 und 51, war bereits angekündigt worden, die Partei stehe «Gewehr bei Fuss», d.h. sie tue nichts für und nichts wider den freisinnigen Kandidaten.
614 NBZ, Nr. 76, 2.4.1929 und Nr. 77, 3.4.1929.
615 BT, Nr. 247, 22.10.1929.
616 GR, Nr. 14, 4.4.1929.

Gewählt wurden im ersten Wahlgang nur Huonder und Ganzoni[617]. Der *Rätier* stichelte in Richtung der *Neuen Bündner* ironisch, sie könne «stolz sein auf das Fazit ihrer Wühlarbeit», welche das liberale Lager gesprengt habe. «Wir kennen nun diese Methode seit bald zehn Jahren: hetzen, verleumden, das Volk aufpeitschen, darin erkennt die ‹Bündner Zeitung› ihre ‹Kulturaufgabe›.» Zur Wahl selbst meinte er: «Solange drei Parteien gesondert in den Wahlkampf ziehen, kann bei einiger Disziplin der Wähler keine einzige Partei das absolute Mehr erreichen, und das Bündnervolk muss jeweils stets zwei- und dreimal zur Urne schreiten. Ein sehr erbauliches Schauspiel. Vor lauter ‹Demokratie› wissen wir bald nicht mehr, wie wir unsere Behörden bestellen sollen.» Gadient, der die Wahl um rund 1500 Stimmen verfehlte, «hätte sich viele Sympathien in freisinnigen Kreisen sichern können, wenn er mit seinen 36 Jahren noch drei Jahre gewartet hätte, wo ein vakanter Sitz ihm kampflos zugefallen wäre».[618]

Die *Neue Bündner* zürnte: Die FDP und die KDP hätten unter der Decke ein «Alliänzchen» geschmiedet, und Gadient sei dessen Opfer geworden. Trotzdem hätten die Demokraten einen «durchschlagende[n] Achtungserfolg» verbuchen können. Der *Rätier* verspreche nun offiziell, der DP 1932 den dritten freisinnigen Sitz zu überlassen. Auf ein Wort! Der Kampf gegen das Corpus Catholicum (CC) wegen der Schulbücher habe den Liberalen verunmöglicht, mit offenen Karten zu spielen. Nun werde es spannend, da die Regierung den Entscheid in causa Schulbücher noch fällen müsse! Die De-facto-Allianz sei diesmal im Textteil und in Inseraten des *Rätiers* und *Tagblatts* verdeckt kundgetan worden.[619]

Den gescheiterten Demokraten erteilte Dr. H. K. Sonderegger, ehemals Pfarrer in Lavin und Sympathisant der Demokraten, eine Lektion: «Wenn ein Gadient nicht gewählt wird, darf man schon annehmen, dass der Wahlkampf miserabel geführt worden sein muss. Und dies ist tatsächlich der Fall. Mit Jammern und Winseln über schwarzen Undank, über die Bosheit der Gegner und über fehlende Wahlgerechtigkeit wirft man keinen Regierungsrat aus dem Grauen Haus, Ihr Freunde im Bündnerland.»[620]

Gadient trat nicht zum zweiten Wahlgang an. Die Aufrufe der LP und der KDP zur gegenseitigen Unterstützung kamen einer Allianz gleich. Dagegen könne die DP nicht bestehen, schon gar nicht bei einer reinen Bestätigungswahl amtierender und nicht in der Kritik stehender Räte.[621] Erstaunlicherweise machte Gadient auch ohne Kandidatur noch ein Drittel der Stimmen im Vergleich zu den Gewählten, die mit ± 400 Stimmen Unterschied die Wiederwahl schafften.

---

617 1884–1963. Biogr. s. HLS.
618 FR, Nr. 81, 8.4.1929.
619 NBZ, Nr. 81, 8.4.1929. Tatsächlich veröffentlichten das *Tagblatt* und der *Rätier* ein Wahlfenster für Vieli mit Empfehlung der Liberalen Hartmann und Fromm und vice versa im FR, Nr. 84, 11.4.1929.
620 FR, Nr. 84, 11.4.1929.
621 NBZ, Nr. 85, 12.4.1929.

Der *Rätier* lobte in höchsten Tönen das kluge Volk, das sich trotz der «Hetze» nicht «auf den demokratischen Seitenweg» habe locken lassen.[622]
So blieb alles beim Alten.

Eine Zwischenbilanz nach zehn turbulenten Jahren

Bis 1891 finden wir in Graubünden keine kantonal organisierten Parteien, sondern nur lokale, sehr lose gefügte freisinnige und konservative Honoratiorenklubs, die bei Wahlen und wichtigen Abstimmungen die Aktionen lenkten. Deren Stammlokale befanden sich in der Bündner Kapitale Chur, wo sie den kürzesten Zugang zu den Machtträgern, den Presseverlagen und Druckereien hatten. Aus diesen Macht- und Einflusszirkeln gingen zu Beginn der 1890er-Jahre die beiden ersten Kantonalparteien hervor: die Liberale und die überkonfessionelle Föderaldemokratische (konservative) Partei. Sie bestimmten einvernehmlich bis zum Ende des I. Weltkrieges die Bündner Politik. Ein beidseitig respektiertes System von Paritäten sorgte für die Stabilität des Gesamtsystems und dafür, dass dieses durch ideologische und personelle Flügelkämpfe und Dissidenzen innerhalb der beiden Lager nicht substanziell beschädigt wurde. Der fliessende Übergang der Föderaldemokratischen zur Konservativ-demokratischen Partei 1903 und die Gründung der Sozialdemokratischen Partei 1906 änderten daran vorerst nichts, und während des I. Weltkriegs herrschte Burgfriedenspolitik.

Die Proporzwahl für den Nationalrat schuf danach eine völlig neue Lage. Sie verschaffte den Sozialisten die Chance auf eine politische Vertretung, und sie spaltete das freisinnige Lager in eine liberale und eine (linke) bürgerlich-demokratische Partei. Die neue Konstellation mit vier Parteien zwang erstmals alle zu schärferer ideologischer Profilierung und wahlkämpferischer Abgrenzung von der Konkurrenz.

Die KDP entwickelte sich nun zur Partei der Katholiken mit einem einflussreichen reformierten Anhang im Hintergrund. Ihr Konservatismus wurde nie als politische Ideologie propagiert, sondern als eine aus christlichen Prinzipien abgeleitete Form der Praxis und als konfessioneller Schutzwall. Die politische Praxis hatte in Bünden dem Erwerb und der Absicherung der ausschliesslichen Macht im katholischen Milieu zu dienen. Dieses umfasste im Kern die Surselva (mit Lugnez), den Kreis Imboden, das Albulatal (die Kreise Alvaschein und Belfort) und das Oberhalbstein. Die Strategie der KDP erwies sich als sehr erfolgreich und machte sie 1925 zur wählerstärksten Partei von Graubünden. Sie wurde damals als «Schwarze Dampfwalze» resp. «Schwarze Lawine» wahrgenommen und in den folgenden Jahrzehnten ihres – nach aussen hin – geschlossen Auftretens wegen beneidet und gefürchtet. Sie ging wohl wegen ihrer pointierten Konfessionalisierung als einzige unbeschadet, ja sogar gestärkt, aus den parteipolitischen Turbulenzen hervor.

---

622   FR, Nr. 87, 15.4.1829.

Die Liberale Partei machte schwere Jahre durch. Zunächst verschuldete sie durch Unnachgiebigkeit den Bruch mit ihrem linken Flügel, der sich als Demokratische Partei verselbständigte. Dann führte sie einen kontraproduktiven Verleumdungsprozess gegen die Dissertation von Andreas Gadient, die den Bündner Kraftwerkskandal offenlegte, in dem die liberalen Exponenten knietief steckten. Die LP verlor von Wahl zu Wahl an Wählerschaft und sackte bei der Nationalratswahl 1922 von knapp 63 000 auf 51 000, 1925 auf 39 000 Stimmen ab. Trotzdem konnte sie sich dank wiederholter Wahlhilfe der KDP mandatsmässig gut halten.

Die Demokraten gewannen 1920 auf Kosten der LP ihren ersten Sitz im Regierungsrat und 1923 auf Kosten der LP fünf Mandate im Grossen Rat (Legislative). Mit Gadient betrat ein jahrzehntelanger Gestalter der demokratischen Politik die Bühne. Bei der Ständeratswahl 1926 ging man, nach dem Erfolg mit Gadient etwas übermütig geworden, auf direkte, aber mandatsmässig erfolglose Konfrontation mit der LP. Deren offene oder versteckte Allianz mit der KDP hielt dem Angriff stand, und die Liberalen konnten 1926 und 1929 ihre drei Regierungsratssitze verteidigen und der KDP die beiden anderen Sitze überlassen – wie seit 1893 konveniert. Deswegen lag die Mandatsbilanz der Demokraten nach zehn Jahren weit hinter dem zurück, was ihr Stimmenpotenzial hätte erwarten lassen. Das war nicht zuletzt eine Folge des bei kantonalen Wahlen geltenden Majorzsystems, welches die beiden kleinen Parteien trotz beachtlichen substanziellen Zugewinns ins Leere laufen liess. Sie konnten gegen Absprachen und Allianzen von KDP/LP nichts ausrichten und mussten sich mit dem abfinden, was ihnen die Gunst der (Wahl-)Stunde zuspielte: einzelne Mandate, die bei der nächsten Wahl wieder verloren gingen, wenn sich der Wählerwind etwas drehte.

GROSSRATSMANDATE	KDP	LP	SP	DP	CSP	ANDERE	TOTAL
1919	31	46	1		1	10	89
1921	31	49	3		2	9	94
1923	26	56	4	3	1	2	92
1925	27	54	3	4	1	3	92
1927	28	48	2	8	1	5	92
1929	26	47	3	12	1	3	92
1931	29	50	6	12	1	1	99

Der Grosse Rat zählt erst ab 1973 120 Mitglieder.

Die SP startete 1919 mit einem Nationalratsmandat, das sie 1925 an den Demokraten Gadient verlor. Die ideologischen Richtungskämpfe ihrer disparaten Elemente – gemässigte Grütlianer, demokratische Sozialisten und revolutionäre Kommunisten diverser Schattierungen – verhinderten ein Vertrauen erweckendes Auftreten und beraubten sie ihrer Mitgestaltungskraft ausserhalb der nur sehr punktuell industriell und touristisch entwickelten Ortschaften. Sie profitierte vom Charisma ihres Frontmannes Gaudenz Canova, eines Emser Katholiken, der in der Bevölkerung hohes persönliches Ansehen genoss und von den Bürgerlichen wie die Pest gehasst und medial verfemt wurde. Die Konservativen verleumdeten ihn als Apostaten und belegten ihn mit dem religiösen Bann, um ihn als politische Kraft auszuschalten. Ohne den erhofften Erfolg.[623]

6. Der Wahlkampf von 1931 im Zeichen zunehmender Not

Die Auswirkungen der 1929 ausgebrochenen Weltwirtschaftskrise brachten Not und Elend auch über die Schweiz. Die Angst vor sozialen Unruhen bestimmte nun die Politik. Im Vorfeld der Nationalratswahlen von 1931 drängte sich deshalb eine Neujustierung der sozialpolitischen Positionen auf. Die Konservativen mobilisierten ihre Leute mit ihrer üblichen Verdammnis von Sozialismus und Liberalismus. In einem Aufruf distanzierte sich die Konservative Volkspartei der Schweiz vom Klassenkampf, forderte wie alle anderen Parteien soziale Gerechtigkeit bei Lohn und Preis und setzte dabei die christliche Sozialpolitik gegen den kulturbolschewistischen Geist von Sozialismus und Kommunismus.[624]

Im *Tagblatt* erschien ein plakativer Aufruf: «Gegen Krise und Not für Arbeit und Brot. Wählt vaterländisch! <u>Wählt konservativ-demokratisch!</u> Der Sozialismus hat überall versagt!» Die katholische, christliche und bürgerliche Sache stehe auf dem Spiel. Der sozialistische Ansturm auf die Macht im Staate müsse verhindert werden. Eine geschlossen agierende konservative Partei sei die beste Wehr gegen den Atheismus. In einem besonderen Artikel «An die Konservativen auf dem Lande!» werden diese und die Vertrauensleute zum entschlossenen Kampf gegen rote «Betrugspropaganda» aufgerufen.[625]

Die *Gasetta* wies warnend auf Fortschritte des Sozialismus und seiner Prediger in der Schweiz und in Chur hin. Seine Herrschaft wäre gleichbedeutend mit Sklaverei, wie sich in Russland zeige. Falsch seien seine Prinzipien und ebenfalls diejenigen des Liberalismus, dem er entsprungen sei. Beide möchten die Konfession aus den Schulen verbannen, seien der Kirche gegenüber feindlich eingestellt und zielten auf deren Vernichtung. Sie ständen nicht auf dem Boden der christlichen Lehre und Moral. Mit dem Maximum an Disziplin könne es der KDP gelingen, drei Männer nach Bern zu schicken.[626]

---

623 Dazu s. S. 228.
624 BT, 241, 16.10.1931. ebda., Nr. 242, 17.10.1931.
625 Ebda., Nr. 245, 21.10.1931. Unterstreichung gemäss Vorlage. Kandidaten: Bossi, Foppa, Willi, Wilhelm, Condrau, G.B. Niccola. Gewählt: Johann Bossi und Christian Foppa.
626 GR, Nr. 41, 15.10.1931. Diese Behauptungen wurden vom FR, Nr. 247, 21.10.1931 mit Entrüstung zurückgewiesen: «Was für ein zelotischer, dummdreister Geist spricht aus diesen wenigen Zeilen. Man muss sich nur wundern, dass Herr Dr. Condrau eine solche Beleidigung des protestantischen Bündnervolkes, das in seiner erdrückenden Mehheit sich zur liberalen Partei bekennt, durchlässt!» Nun: Der junge Sep Condrau, ab 1923 Redaktor der *Gasetta*, setzte die missionarische Marschroute seiner beiden Vorgänger Placi und Giachen Giusep Condrau propagandistisch nicht nur unbeirrt fort, sondern verschärfte gar den Ton. Er war und blieb bis zu seinem Tod 1974 als «Vies dr. Sep»/«Euer dr. Sep» die massgebliche mediale Stimme der Schwarzen Lawine.

Das *Tagblatt* warf den Demokraten Verhinderung der von den Konservativen gewünschten gemeinsamen bürgerlichen Front gegen «die nationale Gefahr des Sozialismus» vor. Den Demokraten sei ein Sozialist nach Bern halt lieber als ein Konservativer, aber sie würden mit oder ohne gemeinsame Liste Stimmen an die Sozis verlieren! «Das Endergebnis der demokratischen Richtung wird eben sein, bürgerlichen Elementen den Übertritt zu den Sozialdemokraten leicht zu machen. [...] Bauern, keine Stimmen den Sozialisten!»[627]

Das Generalsekretariat der Schweizerischen Konservativen Volkspartei lieferte mit dem Büchlein *Selbstzeugnisse der Gegenparteien. Sozialdemokratie* den eigenen Propagandisten ein umfangreiches und griffiges Argumentarium gegen diesen dämonisierten Gegner.

Die Freisinnige Partei der Schweiz rief dazu auf, die Privatwirtschaft gegen die Planwirtschaft zu verteidigen, die Arbeiter und Bauern versklave. Die grossen Sozialwerke der Vergangenheit seien den Bürgerlichen und nicht den roten Revolutionären zu verdanken.[628]

Der *Rätier* propagierte die Liste 3 der LP mit dem Slogan «Wir kämpfen gegen **rechts** und gegen **links** für **Fortschritt, Freiheit** und **Wohlfahrt**». Er wirft den Konservativen vor, wieder den Kulturkampfgaul zu reiten, indem sie dem Liberalismus Gottlosigkeit und Kirchenfeindlichkeit vorwürfen. Darauf müsse mit dem Stimmzettel eine klare Antwort gegeben werden.[629] Eine Nummer später schiesst auch er gegen die Sozialisten: «Wählt nicht die Generalstreikpartei von 1918, die Diktatur, revolutionäre Brandstifter! Bauer, Handwerker, Gewerbler! Liste 3!»

Die Unfähigkeit des rein bürgerlichen Bundesrates, die Krise wirtschaftspolitisch in den Griff zu bekommen, belebte und steigerte die inzwischen ein gutes Jahrzehnt alte Angst von KDP und LP, die Bauern an die Linke zu verlieren. Die Demokraten, die den von diesen beiden Parteien propagandistisch verwalteten Ruch der «Steigbügelhalter des Sozialismus» noch nicht ganz losgeworden waren, mussten selbstredend dagegenhalten: «Die Demokratische Partei steht auf dem Boden der bürgerlichen Weltanschauung. Sie ist im Boden der Verfassung verankert.» Der Klassenkampf sei kein geeignetes Mittel zur Lösung der waltenden Not. Dazu müsse man in eine «versöhnliche Mitte» zusammenrücken, «um der wirtschaftlich-politischen Übermacht rechtsstehender Reaktionäre auf die Finger zu schlagen».[630]

Die Aufrufe der Demokraten waren nicht weniger prägnant als diejenigen der Konservativen: «An die Front! Schicksals- und Volksgemeinschaft, nicht Klassenkampf!»; «Verständigung auf der mittleren Linie»; «Volkskurs» in Äquidistanz

---

627 BT, Nr. 246, 20.10.1931.
628 FR, Nr. 242, 15.10.1931.
629 Ebda., Nr. 247, 21.10.1931. Hervorhebungen gemäss Vorlage.
630 NBZ, Nr. 248, 22.10.1931; ebda., Nr. 244, 17.10.1931. Kandidaten der DP: Gadient, Michel, Lardelli, Dorta, Buol, Mani.

zu rechts und links, den Bedürfnissen des von der Arbeit lebenden mittelständischen Volkes entsprechend und gegen die roten «Sozialdiktatoren», die mit «Wir verlangen die Macht» den Wahlkampf betreiben.[631]

Die neuerliche Annäherung von KDP und LP wurde von der *Neuen Bündner* mit Unverständnis quittiert: «Der ‹Rätier› lässt sich und den Liberalismus von der ‹Gasetta Romontscha› als den Vater des Bolschewismus und als **unchristlich**, also **heidnisch (!)** beschimpfen, und trotzdem, anstatt das Tischtuch zu zerschneiden, kommt er gestern unbegreiflicherweise noch einmal mit seinem Herzenswunsch nach Listenverbindung mit den Konservativen!»[632]

Man wähnt sich um Jahre zurückversetzt – als hätte die seit 1925 erfolgte Annäherung innerhalb des Freisinns nicht stattgefunden. Als Schocktherapie gegen Stimmabstinenz der eigenen Leute – oder zur Untermauerung des Verdachts auf Unkorrektheiten oder gar Wahlbetrug – publizierte die *Neue Bündner* eine Statistik der Stimmbeteiligung in konservativen Gemeinden. Viele wiesen 95 bis knapp 100% aus im Vergleich mit den nicht einmal 60% in zahlreichen liberalen Gegenden. Von den Konservativen könne man lernen: Sie bringen bei allen Wahlen «ihre letzten Reserven an die Urne. Ihre Leute halten Disziplin und folgen dem Ruf». Auf der Frontseite derselben Ausgabe heisst es: «Wir fordern immer dringlicher eine wirksame Kontrolle zur Sicherung des Wahlgeheimnisses! […] Wahlbeteiligungen in grossen Gemeinden von nahezu 100% erscheinen – bis zur Erbringung des Gegenbeweises! – als verdächtig.» Darum müssten besondere kantonale Funktionäre die Wahlen überwachen.[633] Erfolg durch öffentlich erzwungenen Konformismus? Es blieb beim Verdacht.

Im *Tagblatt* äusserte sich ein (fiktiver?) demokratischer «Einsender» zur Listenverbindung: Die DP habe sich zu einer solchen mit der LP bereit erklärt. Im *Rätier* werde ihr ein Vorwurf daraus gemacht, dass die Demokraten die KDP nicht miteinbeziehen wollten. Aber «müssen wir diese wirklich noch übers bestehende hohe Mass hinaus stärken»? In einer Stellungnahme dazu erklärte die *Tagblatt*-Redaktion, eine solche Dreierkoalition werde in Chur bei Grossratswahlen gegen die Sozialisten geschmiedet, aber nun sei es der DP offensichtlich lieber, das Restmandat einem Sozialisten zufallen zu sehen als einem staatstreuen Konservativen.[634]

Die DP begründete ihre Ablehnung einer bürgerlichen Dreierkoalition mit ihrer Hochachtung des Proporzes: Sie habe die Blockbildung mit den Konservativen verhindert, «weil sie nicht will, dass der Proporz künstlich in einen Majorz

---

631 Ebda., Nr. 250, 24.10.1931.
632 Ebda., Hervorhebungen gemäss Vorlage.
633 Ebda., Nr. 249, 23.10.1931. Zur Erläuterung werden elf katholische Gemeinden mit 98 bis 99,5% Wahlbeteiligung mit acht reformierten Gemeinden verglichen, die es kaum über 50% brachten. (Wohl nicht der reformierte Normalfall.) Die hohen Prozentsätze seien der Beweis, dass die Konservativen ihre letzten Reserven an die Urne brächten. Ob dabei alles mit rechten Dingen zugehe? Das müsse überprüft werden.
634 BT, Nr. 249, 26.10.1931.

umgewandelt werde».[635] War wohl nicht der Hauptgrund, ist aber eine elegante, demokratisch ehrenwerte Begründung.

Die SP befand sich in einer schwierigen Lage. Ihre Wählerschaft litt unter dem hohen Druck der Arbeitgeber auf ‹rote› Arbeiter, die DP im Vormarsch entzog ihr Substanz und die von Canova redigierte sozialdemokratische *Volkswacht* hatte per 1. Januar 1931 ihr Erscheinen einstellen müssen. Sie schloss sich der Ostschweizer *Volksstimme* an.[636] Die Sozialisten sahen sich einer gewaltigen Abwehrfront gegenüber und klagten: «Der ‹Freie Rätier› bedient die ‹weittragende› Feldartillerie in allen grossen und weniger grossen Kaliberr, die ‹Neue Bündner Zeitung› führt die ‹dicke Berta› ins Gefecht, das ‹Bündner Tagblatt› ist bescheidener, begnügt sich vorderhand mit Infanteriefeuer und einigen Gebirgskanönlein. Vorderhand!» Ziel des proletarischen Klassenkampfes sei, so die Volksstimme, die Wohlfahrt und die gesicherte Zukunft des ganzen Volkes, und die wirtschaftliche Demokratie sei das Mittel dazu. Ein solches Programm könnten «freisinnig-demokratische Ausbeuter, Dividendenpicker und Tantiemenjäger nicht wollen».[637]

Die Propaganda feierte in der Krise Urständ. Die KDP war, aus taktischen Gründen, nach wie vor für eine Listenverbindung mit der LP. Diese war angesichts der revolutionären Gefahr dazu bereit, wollte aber die Demokraten, mit denen sie sich inzwischen etwas versöhnt hatte, mit ins Boot holen. Die DP ihrerseits war einer Koalition nicht abgeneigt, wollte aber nichts mit der KDP zu tun haben und betonte wie eh und je ihre bürgerlich-demokratische Gesinnung. Und die Sozialisten wurden wie gewohnt von allen dreien als Aussätzige ausgegrenzt.

Das Ergebnis der Nationalratswahlen löste bei den Konservativen Jubel aus: Ihre Partei entstieg der Wahl wiederum als weitaus stärkste Partei des Kantons.[638] Sie brachte Foppa und Bossi durch, konnte aber das anvisierte dritte Mandat nicht zurückerobern. Dieses blieb weiterhin beim sehr populären Canova und seiner diszipliniert stimmenden SP. Die DP behauptete ihren Sitz mit Gadient, aber das Restmandat ging an die FDP (Georg Hartmann[639]).

Beim *Rätier* machte sich kaum verdeckte Freude breit: Immer hätte er gesagt, der Zug nach links gehe hin «ins rote Lager» mit der DP als Übergangsstation. Für viele sei diese «eine Vorschule» für die rote internationale Universität. Von den vier Parteien habe allein sie verloren, und zwar fast 5000 Parteistimmen, 1000 davon an die LP, den Rest an die SP, die insgesamt ein Plus von 6000 Parteistimmen eingefahren habe. Die Listenverbindung der Liberalen mit den Demokraten hätte nicht gefruchtet, weil die drei Gewinnerparteien alle ihre Mandate aus eigener Kraft erobert hätten.[640]

---

635 NBZ, Nr. 249, 23.10.1931.
636 Bundi, SP, S. 66–67.
637 *Bündner Volksstimme*, Nr. 236, 9.10.1931.
638 Parteistimmen: DKP 55 191, LP 39 157, DP 27 321 und SP 24 531.
639 1873–1932. Biogr. s. HLS.
640 FR, Nr. 251, 26.10.1931.

Auch das *Tagblatt* sah nach dem massiven Stimmenverlust der Demokraten bereits seine Voraussage von deren unvermeidlichem Niedergang erfüllt.[641] Es sollte sich gewaltig täuschen, aber den Schaden mussten nicht die Konservativen tragen!

Die *Neue Bündner* zeigte sich vom Zugewinn der Sozialisten und den Verlusten der Demokraten selbst in den peripheren Gegenden nicht besonders erschüttert: Wie vorauszusehen habe die freisinnige Listenverbindung bei vielen den Absprung zur SP bewirkt, aber diese rote Konjunktur werde kein langes Leben haben.[642] Damit behielt sie Recht, was das Wahlverhalten der Bündner betraf, aber vorerst ging Canova wieder nach Bern. Und was niemand zu diesem Zeitpunkt voraussehen konnte, war, dass ausgerechnet die arg gebeutelte DP bei den Nationalratswahlen von 1935 ihre Schwesterpartei zermalmen würde.

Prozentuale Stärke der Bündner Parteien bei den Nationalratswahlen

	KDP	LP	DP	SP
1919	34,8	42,3	10,0	12,9
1922	35,4	38,3	11,3	15,0
1925	35,7	29,6	22,5	12,2
1928	37,4	27,2	22,5	12,9
1931	37,3	27,0	19,0	16,7

Die Wahlbeteiligung lag in Graubünden 1919 bei 85,1%, in den übrigen Jahren zwischen 77,4 und 79,6%, in der Schweiz zwischen 76,4 und 80,4%.[643]

Ende 1931 zählte die DP-Fraktion erst 11 Grossräte, sie war in der Regierung nicht vertreten und verlor in diesem Jahr bei den Nationalratswahlen 3,5% an die SP. Hatte sie das Ende der Fahnenstange erreicht? Nein, denn sie behielt trotzdem ihr eidgenössisches Mandat und konnte nach dem Rückzug des zum Nationalrat gewählten Freisinnigen Georg Hartmann – wie drei Jahre zuvor mit der LP ausgehandelt – 1932 ihren ersten Regierungsrat stellen. Mit Unterstützung auch der Konservativen wurde Albert Lardelli am 6. Dezember zum ersten DP-Regierungsrat gekürt. Die Demokraten hielten ihrerseits Gegenrecht und empfahlen 1932 offiziell neben Lardelli, Ganzoni und Fromm auch die beiden Konservativen Huonder und Vieli als Regierungsräte. Alle wurden mit ± 1000 Stimmen Unterschied gewählt.[644]

---

641 BT, Nr. 249, 26.10 1931
642 NBZ, Nr. 251, 26.10.1931.
643 BT, Nr. 240, 15.10. 1935.
644 NBZ, Nr. 78, 4.4.1932.

Den Konservativen ist der Kamm gewachsen!

Im „Grigione Italiano" vom 21. Okt. steht geschrieben, daß den Katholisch-Konservativen im Jahre 1928 nur 350 Listen fehlten (2100 Stimmen), dann hätten sie das dritte Mandat erobert. **Auf Kosten der Freisinnigen, natürlich!** Die „Gasetta Romontscha" hat schon am 15. Oktober im gleichen Sinne geschrieben!

Die Konservativen machen gewaltige Anstrengungen! Ihr Ziel ist das dritte Mandat! **Liberales Bündnervolk, willst Du zusehen, wie man Dir ein weiteres Mandat entreißt?** Erscheine geschlossen an der Urne mit der **Liste 3**, um den Ansturm von rechts und von links abzuschlagen!

Liste 3 ist die Parole!

Nr. 250   Chur, Samstag   „Der freie Rätier"   24. Oktober 1931   Seite 5

Liste 3 ist die Liste der Mitte, die Liste des **Mittelstandes**, das starke **Bollwerk** gegen die **Reaktion** von rechts, gegen die **katholisch-konservative Anmaßung** und **Selbstüberhebung**, wie gegen die schwankende, **staatsfeindliche** Politik der Linksparteien. Der Sozialismus ist noch jedem Volke zum Verhängnis geworden!

Bauer, Handwerker und Gewerbler!

Morgen ist Dein Tag! — Wähle

LISTE 3

Wahlwerbung zu den Nationalratswahlen 1931 | Die Liberalen gehen auf Abstand zu ihrem langjährigen konservativen Allianzpartner. FR, Nr. 249, 23.10.1931, FR, Nr. 250, 24.10.1931.

Die Weltwirtschaftskrise offenbarte die verheerenden Folgen eines hemmungslosen Kapitalismus, und angesichts der für alle inzwischen spürbar gewordenen Folgen des Börsenkrachs von 1929 büsste die gegen links gerichtete liberale Agitation ihre Wirkung ein. Die Verschärfung der Krise spielte den sozialpolitisch profilierten Demokraten in die Hände.

Das rein bürgerliche Kollegium im Grauen Haus sorgte für Stabilität in der Regierung, und diese war gefordert: Wirtschaftskrise, Stagnation, Arbeitslosigkeit, fallende Preise und Lohnabbau steigerten die Unzufriedenheit der materiell leidenden Bevölkerung und forderten harte Entscheidungen. Die Liberalen mussten einsehen, dass ihre pointiert bürgerlich-kapitalistisch orientierte Politik für die Härten der Zeit nicht taugte. Die Weichen mussten neu gestellt werden, um nicht vom Souverän bestraft zu werden. Am 3. März 1934 gaben sie sich neue Statuten. Dieser «historische Meilenstein» hätte eine wichtige Marke auf dem Weg zur «geistigen Erneuerung» der Partei bilden sollen. Straffere Organisation und neue Zielsetzungen sollten diese fit für die zu erwartenden Kämpfe mit Demokraten, Sozialisten und Rechtsextremen machen.[645]

Dieser Sinneswandel kam zu spät und musste teuer bezahlt werden.

So kann es nicht weitergehen!

Revolutionäre Spannung lag in der Luft. Dem Tourismus fehlten ab 1931 die ausländischen Gäste. Die Landwirtschaft litt unter Preiszerfall. Die sogenannte Richtlinienbewegung rief 1935 zur Sammlung aller demokratischen Kräfte aus Politik und Wirtschaft auf, um eine bürgerliche Wirtschafts- und Sozialpolitik zu formulieren. Die Bewegung wurde hauptsächlich von Bauern, Angestellten und Arbeitern getragen. Angeführt wurde sie von einem Dutzend politischer und wirtschaftlicher Organisationen. Substanziell ging es dabei um die politische und demokratische Erneuerung der Schweiz von innen heraus. Die inhaltlichen Forderungen lauteten: Beendigung des autoritären eidgenössischen Dringlichkeitsregimes, kein Lohnabbau bei den Arbeitern, kein Preisabbau bei den Bauern, Arbeitsbeschaffung und Exportförderung, Schaffung einer Alters- und Hinterbliebenenversicherung, Arbeitslosenunterstützung, Verteidigung unserer Demokratie gegen extreme Rechte und Kommunisten (geistige Landesverteidigung) und religiöse Toleranz.[646]

Die Bündner Demokraten waren unter Führung von Gadient von Beginn weg in der Richtlinienbewegung engagiert. Gadient agierte in Bern aber ziemlich isoliert, da er bis 1935 keiner Fraktion angehörte. Die Richtlinienbewegung forderte in ihrem Organ, der *Nation*, wirtschaftliche Demokratie, was die Bündner Jungliberalen schon 1917 auf ihre Fahne geschrieben hatten. Gadient wies

---
645 FR, Nr. 54, 5.3.1934; ebda., in Nr. 80, 6.4.1934 findet sich ein Abdruck.
646 Siehe HLS, «Richtlinienbewegung» (Bernard Degen, 2009).

die wirtschaftliche Demokratie unter den waltenden Umständen entschieden zurück und propagierte die Beschaffung von Arbeits- und Existenzmöglichkeit für jeden redlich Strebenden als die bessere Sozialpolitik.

Die Bewegung richtete sich direkt gegen die liberale Wirtschaftspolitik des Bundes und mobilisierte an «Volkstagen» überall in der Schweiz Zehntausende Anhänger. Solche Aufmärsche fanden auch im reformierten Kantonsteil Bündens statt: in Landquart, Thusis, Scuol, Klosters und St. Moritz.[647]

7. Vom ‹Märzsturm› von 1935 zur Neuordnung des freisinnigen Lagers

Die Ständeratswahl brachte die erste Überraschung dieses denkwürdigen Wahljahres. Die Demokraten, die sich seit 1934 Demokratische Volkspartei (DVP) nannten, ritten eine volle Attacke gegen die FDP und ihr Fraternisieren mit den Konservativen. «Es rumort im Volk», meldet die *Neue Bündner*. «Ein freisinniges System, das nur noch von konservativen Gnaden lebt, soll den stolzen Namen ‹Freisinn› ändern und auf Halbmast flaggen!» Es sei geradezu tragisch, mitansehen zu müssen, wie Ehrhard Branger, der Held der jungfreisinnigen Dissidenz von 1919, sich zum Freisinnigen gewandelt habe und für eine Allianz der FDP mit der KDP werbe. An diese beiden gerichtet betonte die *Neue Bündner*, die DVP sei weder unbürgerlich noch unchristlich.[648] Mit Albert Lardelli nahm sie den Kampf gegen Robert Ganzoni und Georg Willi auf, die beiden Kandidaten von FDP und KDP.[649]

Die *Gasetta* führte die rätoromanische Sprache als Wahlargument für den Emser Willi und den Liberalen Ganzoni aus Schlarigna ins Feld – eine äusserste Seltenheit bis anhin. Beide werden als «defensurs e promutors de nies car lungatg romontsch»/«Verteidiger und Förderer unserer lieben romanischen Sprache» gefeiert. Die Verbrüderung von FDP und DVP sei vorbei, und man wolle die altbewährte Allianz gegen die Linke weiterhin pflegen.[650]

Gleichsam zur Bestätigung dieses Willens schoss der *Rätier* einen Pfeil auf Lardelli ab: Man solle keinen den Sozialisten, diesen «Kampfgenossen des Mandatsraubes», verpflichteten Vertreter nach Bern schicken.[651]

---

647 Mani, Demokraten, S. 22–23.
648 NBZ, Nr. 49, 27.2.1935. Der betreffende Artikel «Dr. Branger einst und jetzt» ist eine scharfe Abrechnung mit diesem einstigen Frontmann der DP.
649 1888–1959. Biogr. s. HLS.
650 GR, Nr. 9, 28.2.1935. In diesen Jahren wurde sehr intensiv für die Anerkennung des Rätoromanischen als vierte Landessprache gearbeitet. Diese erfolgte 1938. s. HLS, «Rätoromanisch».
651 FR, Nr. 51, 1.3.1935.

Das Unheil kündigt sich an

Gewählt wurden der Konservative Willi und der Demokrat Lardelli. Der *Rätier* wies die Schuld am Scheitern des Rätoromanen Ganzoni der mangelnden sprachlichen Solidarität der Engadiner und besonders Schlarignas zu, Bürgerort des Gescheiterten. Dieses Versagen und Lardellis rote Gefolgschaft in Chur hätten den Kampf entschieden.[652] Offenbar hatte Gadient mit zahlreichen Vorträgen in den Gemeinden eifrig die Werbetrommel für Lardelli und das demokratische Wirtschaftsprogramm gerührt. Nicht minder fleissig warben die Konservativen für Willi. Hätte das Engadin denselben Eifer für Ganzoni gezeigt, so der *Rätier* weiter, «wären die 480 Stimmen leicht aufzubringen gewesen».[653]

Das kann man auch anders sehen: Der propagandistische Coup mit der romanischen Sprache gelang nicht, weil die Absage an die liberale Krisenpolitik von den Engadiner Romanen höher gewichtet wurde als die Solidarität mit Ganzoni als sprachlich engagiertem Ladiner. Und was sich bereits zwei Monate später zeigte, vorerst aber nur hellseherisch erkennbar war: Diese Ständeratswahl war der Anfang vom Ende der liberalen Vormacht. In der Krise liefen die liberalen Wähler in Massen zu den Demokraten über, die das bessere sozialpolitische Angebot machten.

Das bestätigte indirekt auch die *Gasetta*. Sie meinte, die Liberalen hätten die Gefahr für Ganzoni nicht erkannt und zu stark für Lardelli votiert, der auch viele konservative Stimmen erhalten habe.[654] Die Wahldisziplin der Konservativen half diesmal nicht, Ganzoni wurde vom liberalen Wahlvolk fallen gelassen. Seine Niederlage war die Folge massiver Verluste in bisher liberal stimmenden Gemeinden. Dabei wurde das Muster der Grossrats- und nachfolgenden Nationalratswahlen sichtbar.

Wir erinnern uns: Die *Gasetta* hatte 1932 den Untergang der Demokraten prognostiziert – nun nahmen diese dem liberalen Wahlpartner der KDP sogar den historischen Sitz im Ständerat ab! Die KDP selbst wies inzwischen so fest gefügte Reihen auf, dass sie alle ihre primären Wahlziele auch im Alleingang erreichen konnte. Politische Inhalte und Personen spielten dabei – was sie selbst betrifft – eine irrelevante Rolle. Die Unzufriedenheit mit der bürgerlich-liberalen Wirtschaftspolitik traf Ganzoni und brachte Lardelli die entscheidenden Stimmen, die er nicht nur dem ‹roten› Chur zu verdanken hatte.

Die *Neue Bündner* titelte «Märzstürme»! Einen «Erdrutsch» dieses Ausmasses habe niemand erwartet. Dieser zeuge von einer unaufhaltsamen Welle hin zur Mitte, «in die Richtung der werdenden Front der Arbeit». Lardelli habe vom Arbeiter bis hinauf zum selbständigen Mittelstand Unterstützung erhalten. Das krisengeschüttelte Volk wolle Arbeit und Brot, nicht erstarrte, engstirnige Partei-

---
652 Ebda., Nr. 53, 4.3.1935.
653 Ebda.
654 GR, Nr. 10, 7.3.1935.

politik von Handlangern des Grosskapitals. Es wünsche sich keinen Systempolitiker in Bern, sondern freie Konzepte «für Freiheit und Wirtschaftsdemokratie». Das FDP-Spiel sei zu Ende, und auch bei den Konservativen gäre es unter dem Deckel angesichts einer Allianz wider alle Vernunft. Das Prättigau, die «ehemalige Hochburg des [altfreisinnigen] Systems», sei mit Sack und Pack zu den Demokraten übergelaufen.[655]

Nur ein Strohfeuer?

Die keine zwei Monate später folgenden Regierungsratswahlen mussten es erweisen. Die aufgeschreckten Konservativen und Liberalen traten wieder mit einer gemeinsamen Liste an. Die FDP schickte Peter Liver[656] und Adolf Nadig in die Arena, die Konservativen Luigi Albrecht und Gion Bistgaun Capaul (seit Anfang April bereits als Nachfolger des verstorbenen Huonder im Amt).

Der fünfte Sitz wurde frei gelassen. Um diesen warben die Demokraten mit Albert Lardelli. Die Sozialisten wollten mit Canova die aus ihrer Sicht rein bürgerliche Suppe versalzen und warben mit einem Rundschreiben für den Emser.

Die *Gasetta* nahm Bezug darauf und veröffentlichte eine in ihrer beleidigenden Bösartigkeit und Arroganz nicht zu überbietenden Tirade gegen Canova (siehe S. 228/229).

Im ersten Wahlgang gewählt wurden Luigi Albrecht und Gion Bistgaun Capaul (KDP), Albert Lardelli (DVP) und Peter Liver (FDP). Im Nachgang siegte Nadig (FDP) über Canova (SP). Damit schien alles wieder zugunsten der FDP zurechtgerückt. Oder doch nicht? Das Höchstresultat von Lardelli und Nadigs fehlende Stimmen im ersten Wahlgang erwiesen sich als erneutes Menetekel für die Novemberwahlen.

Die FDP kollabiert

Wie jedes zweite Jahr hielten die Männer zu Anfang Mai 1935 Landsgemeinde und wählten die Kreisbehörden und die Grossräte. Das Ergebnis war für die FDP ein Desaster sondergleichen. Sie verlor auf einen Schlag 14 ihrer 44 Sitze und büsste damit erstmals ihre Mehrheit in der Bündner Legislative ein. Die KDP legte einen Sitz zu und zog mit der FDP gleich. Die Demokraten eroberten zu ihren 17 (1933) weitere zehn Mandate, die SP legte um zwei auf sieben zu.

Die FDP hatte mit Verlusten gerechnet, vor allem im Prättigau, wo das Volk, «das seit Jahr und Tag von Herrn Dr. Gadient unter pädagogischer und seelsorgerischer Assistenz mit schwerer Artillerie bearbeitet – ‹aufgeklärt› – worden ist, manches Mandat den ‹Rettern aus der Not› anvertrauen werde».[657] Aber «der

---

655 NBZ, Nr. 53, 4.3.1935.
656 Zu Liver (1902–1994), Nadig (1877–1960), Albrecht (1889–1955) und Capaul (1891–1980). Biogr. s. HLS.
657 FR, Nr. 106, 7.5.1935.

Traum von einer demokratisch-sozialistischen Mehrheit» im Grossen Rat habe sich nicht erfüllt.[658]

Der Hohn der Verlierer machte deren Ergebnis nicht besser. Programmatische Selbstkritik wäre angebrachter gewesen. Was seit zehn Jahren versäumt und durch aggressive Propaganda gegen die vermeintlich ‹roten› Demokraten ersetzt worden war, wurde nun bitter bestraft. Im Jahre des FDP-Unheils 1935 versagten auch die offenen und verdeckten Allianzen mit den Konservativen. Diese hatten für sich nichts zu befürchten, denn ihre Wahlerfolge hingen nicht von Programmen und Personen ab, sondern wurden durch sozial uniforme, weltanschaulich und konfessionell geschlossene Reihen gesichert. Der katholisch-konservative Monolith widerstand auch in der wirtschaftlichen Not allen Angriffen. Realpolitische Defizite überdeckten ihre medialen Führer durch gekonnte religiös-konfessionelle Propaganda und Diffamierung angeblich gefährlicher Gegner.

Grossratsmandate

	1935		1937		1939	
KDP	30	+1	27	–3	26	–1
FDP	30	–14	29	–1	21	–8
DVP	27	+10	33	+6	40	+7
SP	7	+2	6	–1	9	+3
CSP	1		1		1	
Parteilose	4	+2	3	–1	2	–1

Der Grosse Rat zählte im Vergleichsjahr 1933 98, in den Jahren 1935/37/39 99 Mitglieder (erst ab 1973 durchgehend 120).

Die Demokraten als die grossen Sieger erblickten den Grund darin, dass die Freisinnigen von der seit Jahren heftig kritisierten Wirtschaftspolitik nicht abrücken und «die wachsende Krisennot» nicht sehen wollten. Die Bauernnot sei wegen fallender Preise und Inflation ein zentrales Problem, und die «falsche Weichenstellung» angesichts dieser Not habe die FDP ins Verderben gestürzt.[659]

Unter geistiger und politischer Führung von Gadient unterstützten die Demokraten die populäre, von der Bauernheimatbewegung, den Gewerkschaften und Angestelltenorganisationen lancierte «Kriseninitiative». Diese wurde von den Konservativen heftig bekämpft: Dieser «sozialistische Vorstoss» sei eine «ungeheure Gefährdung aller gemeinnützigen und caritativen Werke».[660]

---

658 Ebda., Nr. 105, 6.5.1935.
659 NBZ, Nr. 107, 8.5.1935.
660 *Neue Ordnung*, Nr. 17, 4.5.1935. Das war 1948 auch ein Kernargument gegen die AHV, welche die jahrhundertealte katholische Tradition aushebele und der staatlichen Fürsorge ausliefere.

Die Initiative wurde zwar am 2. Juni 1935 mit 57,2% abgelehnt, aber angesichts der grossen Minderheit sah sich der Bundesrat zu einem aktiven Arbeitsbeschaffungsprogramm gezwungen.[661] Das Engagement von Gadient zahlte sich im Wahlherbst vollends aus.

Die Demokraten machen den Sack zu

Für die *Gasetta* waren die Nationalratswahlen vom Oktober 1935, wie schon so oft, «von so eminenter Wichtigkeit wie nie zuvor». Es ging diesmal zwar nicht explizit um die Rettung des Christentums, dafür aber gegen die «zentralisierenden Kräfte» als Gefahr für ebendieses. Dutzende Parteien stünden in der Schweiz zur Wahl, und es herrsche Zwietracht. Die Gesellschaft trenne sich immer mehr in eine der «rehuns»/«Geldsäcke» auf der einen und der proletarischen, teils revolutionären Arbeiter auf der anderen Seite. Die Bauern müssten zusammenhalten, um zwischen diesen Fronten den Kampf zu bestehen. Foppa sei ihr Mann, und ihm zugesellt werde Sep Condrau, Redaktor der *Gasetta*, ein junger Politiker mit festen ultramontanen Prinzipien und ein entschiedener Föderalist.[662]

Die konservative Landespartei setzte in ihrem «Weckruf zum 27. Oktober 1935» die christliche Weltanschauung und Volkswohlfahrt gegen Staatsabsolutismus und Zentralismus. Das Volk müsse vom Staat wieder unabhängiger gemacht werden, da der Staat nicht Selbstzweck sei. Sie forderte einen Gesamtplan zur Sanierung der Finanzen anstelle der abgelehnten Kriseninitiative, welche die Grundlagen des Föderalismus zerstört hätte. Die Parole wurde ausgegeben: «Weder Hetze noch billige Versprechungen, sondern für christliche Volkswirtschaft und echte Schweizerfreiheit.»[663]

Da liegt viel inhaltliche Beliebigkeit drin.

---

661 Siehe HLS, «Weltwirtschaftskrise» (Bernard Degen, 2015).
662 GR, Nr. 43, 24.10.1935. Condrau war als Besitzer und Redaktor der GR jahrzehntelang sein eigener Propagandist.
663 BT, Nr. 250, 26.10.1935.

Gaudenz Canova (1887–1962), Dr. iur., von Domat/Ems | Canova wurde 1916 in Chur Regierungssekretär und wirkte ab 1918 als Advokat im Churer Volkshaus. In den 1920er-Jahren war er im Nebenamt Redaktor der sozialdemokratischen *Bündner Volkswacht*. Er war der führende Kopf der Churer und Bündner Sozialdemokratie in der Zwischenkriegszeit. Seine antifaschistische Eröffnungsrede als Standespräsident vom 18.11.1940 blieb auf Druck der Zensurbehörde unveröffentlicht und wurde erst 1980 in der *Bündner Zeitung* und 1997 im Rahmen einer parlamentarischen Anfrage im Bündner Grossen Rat publiziert. Die faktische Rehabilitierung durch Aufnahme der Rede ins offizielle Protokoll wurde 1997 vom Grossen Rat und vom Regierungsrat abgelehnt.

Domat
(Corr.) Ina dellas davosas nrs. della Gas. R. ha purtau la nova ch'in vischin della lud. vischnaunca de Domat vegni proponius dalla fracziun socialista sco dommember dil cussegl guvernativ. El medem rapport san ins leger la pils vischins de Domat meins plascheivla annexa: ,,ins sa buca capir ch'il territori de Domat porta tals fretgets.'' Igl intent de quellas paucas lingias ei de mussar si, che Domat porta pilver la pli pintga cuolpa vid il fatg allegau. Ei il numnau era naschius sin territori de Domat, sche ha quella plontetta strusch pegliau leu pli profundas ragischs, havend el bandunau Domat avon che haver finiu la scola primara ed el sez stuess constatar, ch'el hagi en Domat retschiert ina buna instrucziun ton ded ina exemplarica mumma sco era de buns instructers en scola ed en baselgia. Sche nies bien Gaudenz de lu ei ius suenter tut autras vias ha Domat franc buca la gronda cuolpa ed ei mo de deplorar. Sch'el ei il Gaudenz ded oz ei sia patria ded oz   aschi lunsch sco el auda buca tier quels senza patria, ni che vulan saver nuot de lur patria – bein de schi gronda e pli gronda cuolpa. Basta ei seigi mo inaga per adina constatau, ch'ils de Domat meretan buca quella reproscha.

Tgisa forsa plitost quella pressa dalla quala nies preziau Sur Cadieli scriva en sia famusa translaziun ord il drama Abellino el monolog avon la cavazza de morts: ,,Pia en cheu ei stau la stiva per la pintga, gitta lieunga; (en nies cass della plema bugnada el tissi encunter tut quei ch'ei sogn a nus) e fa lu la damonda:

Ei la stada devoziusa
Ed en quescher valerusa,
Ni murdenta sco la zaunga?
Ha' l'il proxim giu per pavel,
E semnau zerclem dil giavel?
Camerad selegras ti
Sin il giuvenessendi?

Segir deplorescha sper sia buna mumma, ch'ei denton ida vi ella perpetnadad, negin pli fetg che ils biars de Domat, che nies Gaudenz ei ius tiels stigaders e calumniaders encunter tut quei ch'ei stau ad el sez sogn en ses giuvens onns ed ei a nus tuts il pli sogn. Mo constatau seigi aunc inaga che Domat porta la pintga cuolpa de quei deplorabel factum, essend che quella plonta ha strusch pegliau ragischs sin quei territori.

(Rem. red. Nus engraziein al correspondent per quellas lingias. Sco nus capin la correspondenza allegada e sco nus enconuschin il scribent de lezza, leva quel buca far ina reproscha als de Domat. Quei tut che sa, che buca Domat ha entruidau il Canova la via ch'el ei jus; possi el aunc turnar ad uras!)

Domat

(Korr.) Eine der letzten Nummern der Gas[etta] R[omontscha] hat berichtet, dass ein Nachbar der ehr[würdigen] Gemeinde Ems von der sozialistischen Fraktion als Regierungsrat vorgeschlagen werde. Im selben Bericht kann man den für mehrere Emser Nachbarn weniger erfreulichen Zusatz nachlesen: «Man kann nicht verstehen, dass die Emser Gegend solche Früchte hervorbringt.» Die Absicht dieser wenigen Zeilen ist, aufzuzeigen, dass Ems wahrlich die geringste Schuld an dieser Tatsache trägt. Wenngleich der Genannte auf Emser Boden geboren wurde, so hat dieses Bäumchen dort kaum tiefere Wurzeln geschlagen, da besagtes Kind Ems vor Beendigung der Primarschule verlassen hat, und er selbst müsste feststellen, dass er in Ems einen guten Unterricht sowohl durch eine beispielhafte Mutter wie auch von Seiten guter Schullehrer und Pfarrer erhalten hat. Wenn unser guter Gaudenz von damals anschliessend ganz andere Wege eingeschlagen hat, trägt Ems gewiss nicht die grösste Schuld daran und ist zu bedauern. Wenn er der Gaudenz von heute ist, dann trägt seine heutige Heimat – insofern er nicht zu den Heimatlosen oder zu denen gehört, die von ihrer Heimat nichts wissen wollen – wohl eine ebenso grosse und noch grössere Schuld. Item: Es sei nur ein für allemal festgehalten, dass die Emser diesen Vorwurf nicht verdienen.

Vielleicht eher jene Presse, zu der unser geschätzter Pfarrer Cadieli in seiner berühmten Übersetzung des Dramas Abellino im Monolog vor dem Totenschädel schreibt: «Hier drin lag also die Stube für die kleine, spitze Zunge (in unserem Fall die in Gift gegen alles, was uns heilig ist getauchte Feder), um dann die Frage zu stellen:

War sie fromm
Und im Schweigen heldenhaft,
Oder bissig wie die Zange?
Hat sie den Nächsten als Futter betrachtet,
Und des Teufels Samen gesät?
Kamerad, freust du dich
Auf den Jüngsten Tag?

Gewiss bedauert nebst seiner guten Mutter sel. niemand mehr als die meisten Emser, dass unser Gaudenz sich den Hetzern gegen alles und den Verleumdern von allem angeschlossen hat, was ihm in seiner Jugend heilig war, und uns allen heute noch das Allerheiligste ist. Aber nochmals: Ems trägt die geringste Schuld am bedauernswürdigen Faktum, da dieser Baum auf seinem Boden kaum Wurzeln geschlagen hat.»

(Red. Bem. Wir danken dem Korrespondenten für diese Zeilen. So, wie wir diese Korrespondenz interpretieren und deren Verfasser kennen, wollte dieser den Emsern keinen Vorwurf machen. Allen ist bekannt, dass nicht Ems dem Canova den Weg gezeigt hat, auf den er sich begeben hat; möge er noch rechtzeitig umkehren!).»[664]

Diese Bemerkung war kein Ausrutscher im Feuer des Gefechts, sondern entsprach durchaus dem damaligen Geist und Stil der *Gasetta* im Umgang mit politisch dissidenten Glaubensgenossen. Ihr seit Jahrzehnten verfolgtes Erziehungsziel für die bäuerlich-katholische Gesellschaft setzte auf die Marginalisierung und Eliminierung aller unerwünschten Elemente, sei es durch soziale Vernichtung eines Abweichlers oder moralische Haftbarmachung des Kollektivs, welches – wie im vorliegenden Fall – nur von der *Gasetta* oder der Kirche reingewaschen werden konnte. Eine ungeheuerliche Anmassung.[665]

---

664   GR, Nr. 14, 4.4.1935 (Secund fegl/2. Blatt).
665   Bemerkenswert ist das familiäre Umfeld, in dem Gaudenz Canova aufwuchs. Der Vater war mehrere Jahre lang Mitglied des Emser Gemeinderates, und Gaudenz selbst hatte ebenfalls eine Amtsperiode im Gemeinderat begonnen. Sein Bruder, Pater Albert (1883–1940), ging als Missionar (SMB) nach New Mexiko und drei seiner Tanten mütterlicherseits waren Klosterfrauen. (Freundliche Mitteilung von Theo Haas, Domat/Ems).

Ein ebenfalls im *Tagblatt* abgedruckter Artikel aus der *Eidgenössischen Zeitung* sprach den Gegner persönlich an: «Wohin, Herr Gadient?» Seine Idee zur Entschuldung der Landwirtschaft mit dem Geld aus einer progressiven Steuer ab 40 000 Franken sei nicht realisierbar. Sie würde auch den Willen zur Selbsthilfe brechen und die Bauern zu leichtfertiger Schuldenmacherei verführen. «Aber der Herr Gadient ist päpstlicher als der Papst, er fordert mehr als die Interessenvertretung des Bauernverbandes und kennt keines der Bedenken der Praktiker.»[666]

In einem Beitrag «Humoristisches zum Wahlkampf» bezichtigt das *Tagblatt* Gadient der «Verunglimpfungen und Unterschiebungen am laufenden Band». Diese seien «leider die Merkmale jeder gadient'schen Veranstaltung». Gadient, der «Führer», habe den rechten Flügel seiner Partei völlig ausgelöscht und «eine wohl fast hundertprozentige Gleichschaltung erreicht».[667]

Die bereits vollendete Gleichschaltung innerhalb der Schwarzen Lawine wurde hierbei wohl bewusst ausgeblendet.

Die wirtschaftliche Not war auch das propagandistische Leitthema im demokratischen Leitblatt. Bessere Produktpreise, so die *Neue Bündner*, seien nur sinnvoll, wenn auf der Konsumentenseite die Kaufkraft entsprechend erhalten oder erhöht werde! Die reine Deflationspolitik von Grosskapitalisten sei verheerend, und dieser gelte der Kampf der Demokraten.[668] Sie führten, unter wiederholter Berufung auf Professor Ernst Laur, den Wahlkampf gegen «Abbaupolitiker», die den Abbau von Lohn-, Vieh- und Milchpreisen betreiben. «**Im Schlepptau des ‹Bundes vornehmer Herren›** marschieren die altfreisinnigen und konservativen Spitzenkandidaten.»[669] Gleichsam um dem Souverän die Bauern-, Gewerbe- und Arbeiternähe auch der Demokraten zu demonstrieren, setzten sie den praktizierenden Bauern Gadient, den Präsidenten des Bauernvereins von Davos Heldstab und den Landwirt Ruben Lanicca[670] auf ihre Liste und ergänzten diese auf den Plätzen 4 bis 6 mit einem Goldschmied, einem Apotheker und einem Eisenbahner.[671] Ihren inhaltlichen Standort präsentierten sie in den ausführlichen «Richtlinien der Demokratischen Volkspartei».[672]

---

666   BT, Nr. 247, 23.10.1935. Dr. Laur sah die Gesamtschulden der Landwirtschaft bei einer Milliarde.
667   Ebda., Nr. 249, 25.10.1935. Der vom «b.v.p.» verfasste Artikel rechnet mit dem politischen Kurs von Gadient ab.
668   NBZ, Nr. 247, 21.10.1935.
669   Ebda., Nr. 252, 26.10.1935. Hervorhebung gemäss Vorlage. Prof. Laur wurde als Referent an der Bauernversammlung in Schiers auf den ‹Bund für Volk und Heimat› angesprochen. Dieser Bund warb mit zahlreichen Inseraten für die konservativen und freisinnigen Kandidaten. Laurs Antwort: «Ja, ich kenne sie wohl, wenn man ihnen nachgeht, steht am Ende immer ein mehrfacher Millionär. [NB: Solches ist auch dem Nachgeborenen nicht unbekannt, allerdings sind es inzwischen die Milliardäre.] Der *Rätier*, Nr. 81 vom 5.4.1935 dazu: Die Bürgerliche Vereinigung Prättigau habe den Bund für Volk und Heimat (BVH) in einer Volksversammlung zu Wort kommen lassen. Dieser werde wegen seiner liberalen Krisenpolitik vor allem von den Demokraten als Vertreter der Hochfinanz betrachtet und «ins falsche Licht» gestellt, obwohl ein grosser Teil seiner Mitglieder Bauern seien. Der BVH lehne die anstehende Vorlage (die sog. Kriseninitiative) ab.
670   1881–1965. Biogr. s. HLS.
671   NBZ, Nr. 242, 15.10.1935.
672   Ebda., Nr. 239, 11.10.1935 «Richtlinien der Demokratischen Volkspartei».

Politische Grundsätze der DVP: Demokratie, gegen Diktaturen von rechts und links. Die DVP ist «herausgewachsen aus dem Kampf gegen eine veraltete, erstarrte Parteiwirtschaft. Sie verzichtet grundsätzlich auf bindende Beschlüsse.» Für Föderalistische Vielfalt der Kantone und Kulturen. Für einen starken, leistungsfähigen Bund, dem nur die Aufgaben übertragen werden, die allein er erfüllen kann. Gegen kalten und warmen Abbau der Volksrechte (etwa auf Basis der Dringlichkeitsklausel). Ja zur umfassenden Landesverteidigung; ja zum Völkerbund; nein zum privaten Waffenhandel mit dem Ausland; gegen Missbrauch des Asylrechts; Offenlegung der privaten Mandate der Parlamentarier. – Kulturpolitische Grundsätze: christliche Weltanschauung; Toleranz; Schutz der Familie; allgemeine und paritätische Volksschule; Förderung der Weiterbildung für alle. – Wirtschaftliche und soziale Grundsätze: Gesicherte Existenz für Familien; wirtschaftliche Gleichberechtigung aller Erwerbsgruppen; Privateigentum; gegen Verstaatlichungen; Kontrolle des Grosskapitals; Arbeit geht vor Kapital; Währungspolitik im Dienste des arbeitenden Volkes; staatliche Zinsfusspolitik; staatliche Sozialfürsorge; Förderung eines starken Mittelstandes gegen die Überindustrialisierung. «Freiheit im Geistesleben, Gleichheit im Rechtsleben, Brüderlichkeit im Wirtschaftsleben.»

Aus Angst vor den mit einem attraktiven Notzeit-Programm auf ihre Bauern losstürmenden Demokraten schlossen die KDP und die von drei vorangegangenen Wahlen arg gebeutelte FDP eine Wahlallianz. Diesmal drückten nicht nur die Konservativen auf das konfessionelle Pedal, sondern sogar die Demokraten!

Das konnte der *Rätier* wegen des historischen Anspruchs der Liberalen auf Vertretung des Bündner Protestantismus nicht einfach stehen lassen und richtete sich ebenfalls an die «Protestanten Graubündens!». Die Demokraten seien gewillt, kann man darin lesen, die Reformierten zu spalten – ausgerechnet sie, deren Vertreter Gadient in Bern den christlichen Eid auf die Verfassung verweigere, würden sich als Retter des Protestantismus aufspielen. Die FDP-Wählerschaft wurde ermahnt, aufzupassen: Das zweite Mandat sei in Gefahr! Es folgt, unter Berufung auf mehrere professorale Koryphäen, eine ausgiebige Rechtfertigung der freisinnig dominierten schweizerischen Wirtschaftspolitik und deren Verteidigung gegen Gadients Kritik am Bundesrat.[673]

Die FDP war sich nach zwei katastrophal verlaufenen Majorzwahlen ihrer sehr prekären Situation bewusst geworden und warnte vor den **«Tücken des Proporzes»**. Nach eingehender Instruktion über dessen Eigenheiten hielt sie fest: **«Dein Entgegenkommen andern Parteien gegenüber ist ganz unangebracht.**

---

673 FR, Nr. 252, 26.10.1935.

[...] Hüte dich also vor dem Panaschieren und kumuliere nur freisinnige Kandidaten!» Am Ende brüskierte sie noch direkt den jahrzehntelangen Wahlpartner: «**Die Listenverbindung mit den Konservativen** hat mit den **Kandidaten nichts zu tun!** Die Parteien marschieren **vollständig getrennt!** Jede einem Konservativen gegebene Stimme geht unserer Partei verloren, also auch ihnen gegenüber **nicht panaschieren!** Sie geben unseren Kandidaten auch keine Stimme.»[674]

Durch solche Anweisungen versuchten alle Parteien, sich gegen die Konkurrenz abzuschirmen.

Die linksbürgerliche Bewegung übernimmt das liberale Lager

Der Wahlausgang schloss die parteipolitische Umgruppierung ab, die im März mit der Ständeratswahl begonnen und sich bei der Mai-Landsgemeinde verstärkt hatte und jetzt im November zum Abschluss kam. Die Konservativen brachten dank lückenloser Geschlossenheit drei Kandidaten durch (Foppa, Condrau und Bossi). Die SP schied nach der Niederlage von Canova für die nächsten 24 Jahre aus dem Nationalrat. Die FDP wurde von einem vernichtenden Wahlblitz zu Boden geschmettert. Sie brachte nur Vonmoos über die Ziellinie. Die Demokraten machten einen gewaltigen Sprung von 28 200 auf 44 700 Stimmen und nahmen den Liberalen den zweiten Sitz ab. Dieser ging an Ruben Lanicca, der zusammen mit Gadient nach Bern gehen konnte. Damit waren, nebenbei bemerkt, drei der sechs Bündner Nationalräte aktive Bauern (Foppa, Lanicca und Gadient).

In der Redaktionsstube der *Neuen Bündner* brach Jubel aus: Die Demokraten hatten den Altfreisinn erstmals überflügelt! Es gab für sie kein Halten mehr. Nun müsse Schluss gemacht werden mit der notorischen Übervertretung der Liberalen in Räten und Verwaltungen. Nach dem «Volksgericht» über die widersinnige Wahlallianz der FDP mit den Schwarzen müsse der Umschwung akzeptiert, die Konsequenzen daraus gezogen und die Reformen angegangen werden. Das Volk habe mit der Wahl von Gadient für soziale Gerechtigkeit und Wirtschaftsdemokratie gestimmt.[675] Das Prättigau, die ehemalige Hochburg der FDP, und das Engadin seien ins Lager der Demokraten geschwenkt.[676]

Die DVP war nun die wählerstärkste Vertreterin des reformierten Mittelstandes, und die Demokraten konnten spätestens ab 1935 nicht mehr einfach als maskierte Sozialisten und Feinde Gottes abgetan werden. Sie waren immer eine linksbürgerliche Bewegung gewesen und standen sozialpolitisch den Sozialisten und Christlichsozialen näher als der LP und der KDP. Wirtschaftspolitisch bekämpften sie das Grosskapital, nicht aber das kapitalistische Wirtschaftssystem als solches. Die Demokraten genossen fortan als ausgewiesene Anhänger des Privateigentums und sozial engagierte Bürgerliche die Unterstützung (nicht nur)

---
674 Ebda., Nr. 251, 25.10.1935. Hervorhebungen gemäss Vorlage.
675 NBZ, Nr. 253, 28.10.1935.
676 Ebda., Nr. 256, 31.10.1935.

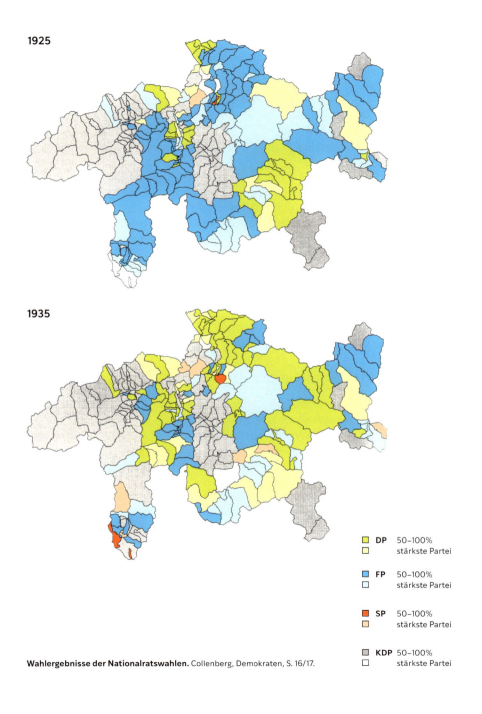

Wahlergebnisse der Nationalratswahlen. Collenberg, Demokraten, S. 16/17.

der reformierten bäuerlichen und gewerblichen Kreise. Zulauf von der linken Wählerschaft erhielten sie dadurch, dass sie sich nicht scheuten, mit den Sozialdemokraten zusammenzuspannen, wie etwa bei der Kriseninitiative und anderen sozialpolitisch wichtigen Fragen. Das machte Gadient endgültig zur Hassfigur der Liberalen, die an ihm zerbrochen waren. Die Konservativen schwafelten weiterhin von christlicher Sozialpolitik und verwehrten gleichzeitig ihren Christlichsozialen die Teilnahme an der die Sozialpolitik gestaltenden Macht. Sie konnten es sich wahlpolitisch gesehen leisten und droschen umso heftiger auf Canova und Gadient ein.

Die Liberalen sahen sich tatsächlich als Prügelknaben von Gadient. Mit ihm seien die Jungbauern marschiert, und der *Rätier* fragte sich, wie lange noch?[677] Diese Frage hat die Gründung der Fraktion der Freien Demokraten aus verschiedenen jungbäuerlichen Vertretern in Bundeshaus beantwortet: Diese bestand 1935 bis 1941, und so lange hielten die Bündner Jungdemokraten deren Fahne hoch.[678]

Das Jahr 1935 war auch für die SP ein Jahr voller folgenreicher Misserfolge und Krisen. Canova misslang sowohl die Wahl zum Regierungsrat als auch die Wiederwahl als Nationalrat. Die Engadiner Sektion lag am Boden, die Churer Sektion war zerstritten und in der Parteikasse herrschte Ebbe. Unter der Anhängerschaft machte sich Resignation breit. Aber die Fahne gegen Faschismus und Nazismus hielten die Sozialisten stets hoch.[679]

Die Christlichsozialen emanzipieren sich

Der Siegeszug der Demokraten brachte auch Bewegung ins konservative Lager, indem die Christlichsozialen zum Befreiungsschlag ansetzen. Seit Januar 1925 erschien dreimal pro Woche die christlichsoziale *Bündner Hochwacht* jeweils mit einer Beilage «Arbeiter am Samstag».[680] Dieses Blatt zählte aber nie mehr als 1300 Abonnenten und wurde von kirchlichen Kreisen als Konkurrenzblatt zum *Tagblatt* angesehen, dessen deutschsprachige Leser zunehmend zur «volksnaheren» *Neuen Bündner* abwanderten.[681] Die Christlichsozialen konnten sich nicht damit abfinden, dass sie von der KDP nur als Stimmenlieferanten betrachtet, bevormundet und von Gestaltungsmacht und Einfluss ferngehalten wurden. 1929 ist in Chur eine erste von der KDP losgelöste christlichsoziale Gruppe präsent. Solche bildeten sich auch in den touristischen Zentren Davos und St. Moritz mit den zahlreichen katholischen Angestellten, die sich, genauso wie die katholischen Arbeiter, von der einseitig agrarisch-gewerblich ausgerichteten Politik der KDP

---

677 FR, Nr. 253, 28.10.1935. Zur Bauernheimat-/Jungbauernbewegung s. HLS, «Bauernheimatbewegung» (Peter Moser, 2004).
678 HLS, «Demokratische Partei» (Markus Bürgi, 2010).
679 Bundi, Arbeiterbewegung, S. 68–74.
680 Bruggmann, CSP, S. 4.
681 Ebda., S. 25–27.

nicht vertreten fühlten. Die von der KDP in Machtlosigkeit gehaltenen Christlichsozialen trafen sich am 15. November 1936 im Hotel Marsöl in Chur und gründeten die «Christlichsoziale politische Gruppe» – sehr zum Missfallen der KDP-Führer, die nicht um Erlaubnis angefragt worden waren. Diese Gruppe wollte die sozialpolitisch engagierten Katholiken von der Rolle des sozialen Feigenblatts der KDP befreien und sich Präsenz auf der politischen Bühne verschaffen.[682]

Ihre Kooperation mit den Konservativen funktionierte mehr schlecht als recht, und das Gesuch vom 27. November 1937 um Fusion mit der KDP und deren Umbenennung in «Konservative und Christlichsoziale Volkspartei» wurde abgelehnt. Auf die weiteren Einigungsverhandlungen reagierte die KDP im Mai 1939 mit einer Statutenänderung. Diese blieb praktisch folgenlos – bis auf die Namensänderung der KDP in Konservative Volkspartei Graubünden (KVP). Am 21. Mai 1939 konstituierte sich die Christlichsoziale politische Gruppe als Christlichsoziale Partei von Graubünden (CSP), um ihre Selbständigkeit zu unterstreichen.[683]

Es bleibt ein Rätsel, warum die Konservativen und Christlichsozialen im 20. Jahrhundert nie richtig zueinander finden konnten. Im Kern ging es wohl darum, dass Letztere eine zeitgemässe und wirksame Sozialpolitik ohne staatliche Beteiligung für unmöglich hielten. Eine solche lehnten die Konservativen aus föderalistischem Reflex heraus rundweg ab und vertraten die vom Klerus vehement vertedigte traditionelle kirchliche Caritas-Idee. Sie weigerten sich grundsätzlich, die Alten, Armen und Bedürftigen «dem Staat» zu übergeben und dadurch die katholische Kirche sozialpolitisch zu entmachten.[684]

Die Ergebnisse von 1935 werden bestätigt

Bei den Wahlen von 1937 verloren die Liberalen noch mehr Substanz und erreichten danach nie mehr eine dominante Stellung. Aus den Kreiswahlen ging die DVP mit 33 Sitzen als stärkste Grossratsfraktion hervor.

Sie und die KDP konnten die Ständeratswahlen von 1938 oppositionslos mit Willi und Lardelli durchziehen. Die FDP, bescheidener geworden, hatte Stimmfreigabe beschlossen und wollte im Gegenzug mit den Demokraten einen Deal einfädeln. Ihr Verzicht auf eine eigene Kandidatur sei «nicht zuletzt mit Rücksicht auf die zurzeit so viel diskutierte vermehrte Zusammenarbeit im Kanton [geschehen]. In schweren Zeiten will die Partei dazu beitragen, die Gegensätze im Volke nicht zu verschärfen und alten Parteihader nicht wieder aufleben zu lassen». Schöne Worte – aber nicht uneigennützige: Die Partei erwarte – in Umkehrung der Situation von 1929 – Gegenrecht bei den Regierungsratswahlen.[685]

---

682 Bruggmann, Christlichsoziale, S. 7–10.
683 Ebda., S. 10–14.
684 Dazu Egloff, Mit dem Rosenkranz gegen die AHV, in: BM 1/2018, S. 39–68.
685 FR, Nr. 52, 3.3.1938.

Diese Wahlen bestritt jede Partei 1938 im Alleingang. Lardelli schied wegen der Amtszeitbeschränkung aus dem Amt, und die DVP schlug an seiner Stelle Gadient vor. Die FDP brachte Nadig und den homo novus Peter Liver, die KDP Capaul und Albrecht. Man erwartete eine ruhige Bestätigungswahl, da keine Partei zunächst an der bestehenden Mandatsverteilung zu rütteln schien.[686] Die SP verzichtete auf einen eigenen Vertreter, empfahl aber die Unterstützung von Gadient. Das alarmierte die *Gasetta*. Wider besseres Wissen schoss sie sofort scharf auf Gadient als Bolschewiken und Marxisten und propagierte leise auch die Kandidaten der Liberalen. Sehr zum Ärger der Demokraten. Diese wetterten gegen die «Abbaupolitiker» und meinten, es sei notwendig, «wieder einmal einen Regierungsrat direkt vom Pfluge herzuholen und ihn in schwerer Zeit auf einen wichtigen Posten zu stellen».[687]

Die Alleingänge bewirkten eine starke Zersplitterung der Stimmen, sodass nur Gadient im ersten Skrutinium die Majorzhürde überwand. Derartiges war bisher noch nie vorgekommen, und ausgerechnet Gadient fiel die erste Krone zu! Die SP hatte ihn wegen seines Kampfes für die Richtlinienpolitik offiziell unterstützt und ihm damit einen glorreichen Sieg beschert. Gadient war, im Vergleich zu anderen Wahlen, in den reformierten Gemeinden teils sehr einseitig zu Ungunsten der Liberalen gewählt worden. Katholischerseits hatten nur Laax, Morissen, Tersnaus und Panix ihm keine einzige Stimme gegeben, während Ems, Rhäzüns und Bonaduz ihm auffällig gnädig gestimmt waren.

Für die *Neue Bündner* war der Wahlausgang eine grosse Genugtuung: Das Volk habe auf die ewige und leidige Polemik gegen den verfemten Gadient eine deutliche Antwort erteilt. Der seit den letzten Nationalratswahlen «unaufhaltsame Vormarsch» der Demokraten berechtige diese, ab dato «eine Zweiervertretung geltend zu machen».[688] Für den zweiten Wahlgang erklärten sie aber Stimmfreigabe.[689]

Der *Rätier* bezeichnete diese Wahl als «kein Ruhmesblatt» der Bündner Wahlgeschichte, sondern ein Abbild der Zerrissenheit des Volkes. «F ü n f unbestrittene Kandidaten standen für f ü n f Sitze in der Wahl, e i n z i g e r entsteigt mit einigen Hundert Stimmen [928] über dem absoluten Mehr der Urne!» In der Schweiz herrsche ein Geist der Erneuerung, und in Graubünden reiche es nicht einmal zu einer gemeinsamen Liste. Die Stimmbeteiligung von etwa 60% sei ungewohnt schwach und die Stimmverteilung völlig einseitig. Gadient verdanke seinen Sieg den Sozialdemokraten. Nun könne der «als scharfer Kritiker und Polemiker» bekannte Politiker seinen Wählern zeigen, was er als verantwortlicher Regent zustande bringe.[690]

Den zweiten Wahlgang überstanden die vier Kandidaten erfolgreich.

---

686 Ebda., Nr. 76, 1.4.1938.
687 GR, Nr. 13, 31.3.1938; NBZ, Nr. 78, 2.4.1938.
688 NBZ, Nr. 79, 4.4.1938.
689 Ebda., Nr. 83, 8.4.1938.
690 FR, Nr. 79, 4.4.1938.

8. Erste Wahl im Zeichen des Krieges

Die Nationalratswahlen von Ende Oktober 1939 leitete die *Gasetta* mit einer für ihre Leserschaft adaptierten Wiedergabe des von Parteipräsident Heinrich Walther präsentierten Rechenschaftsberichts der Konservativen Partei der Schweiz über die vergangenen vier Jahre ein. Dabei hebt sie besonders hervor, dass Walther die parlamentarische Arbeit der demokratischen Fraktion – sieben Mann, «darunter auch Gadient und Lanicca» – als eine Gefahr für die Schweizer Demokratie und die bürgerliche Schweiz bezeichne.[691] Anschliessend beschwor sie wie üblich den christlichen Geist, ermahnte dann zu sozialer Solidarität und plädierte für vernünftigen Fortschritt. Sie bat ihre konservative Wählerschaft um Nachsicht: Die Vielfalt des konservativen Lagers verunmögliche eine gleichzeitige Berücksichtigung aller Regionen, Klassen und Stände. «Insbesondere würden wir unseren italienischsprachigen Mitbürgern, den reformierten [Parteigenossen] und den Christlichsozialen eine Vertretung wünschen. Aber vor allem wollen wir Oberländer bei allem Stolz darüber, der unerschütterliche Wall der konservativen Partei zu sein und von den deutschsprachigen Zeitungen anderer Couleur wiederholt als ‹Schwarze Dampfwalze› bezeichnet zu werden, unseren Mitbürgern des Oberhalbsteins eine Repräsentanz gönnen und eine solche fördern. Die zwischen der Surselva und dem Oberhalbstein waltende [interne] Rivalität [...] soll beiden ein Ansporn sein, niemals ein Grund zu Zwietracht.» Bossi sei für das Surmeir (Albulatal und Oberhalbstein) der richtige Mann, und die Oberländer wurden gebeten, auch ihm ihre Stimme zu geben und nicht alle Mandate für die Surselva zu monopolisieren.[692]

Eine Woche später nahm sich ein «Corr.» (wohl derselbe, d. h. Redaktor und Nationalrat Condrau von Bern aus) das «Paradies der Sozialisten und Demokraten» vor. Diese Oppositionsparteien hätten sich in der Richtlinienbewegung zum gemeinsamen Kampf «vor allem gegen die Stellung und Politik der Katholischkonservativen Partei vereint». Dabei würden sie von Kommunisten und einzelnen Radikalen unterstützt. Ihr Ziel sei die Bolschewisierung der Schweiz. Gadient gehöre in Bern zu den «Jungbauern und Freidemokraten», welche diese Politik unterstützten. Deshalb solle «kein Katholik seine Stimme einem Sozialisten oder Demokraten geben».[693]

Das *Tagblatt* wies darauf hin, dass die Antichristen Hitler und Stalin sich verbündet hätten, und das stelle die christliche Wählerschaft vor die Wahl: «Entweder die Schweiz bleibt christlich oder sie wird untergehen.»[694]

---
691 GR, Nr. 42, 19.10.1939 unter dem Titel «Conservativs e democrats»/«Konservative und Demokraten».
692 Ebda; Bemerkenswert ist, dass die *Gasetta* plötzlich den Christlichsozialen und anderen Gruppen eine Vertretung wünschen und gleichzeitig die Unmöglichkeit der Berücksichtigung verkünden konnte. Dafür bedurfte es des dritten (Schaukel-)Mandats. Die Listenverbindung brachte den Christlichsozialen nichts ein.
693 GR, Nr. 43, 26.10.1939.
694 BT, Nr. 249, 25.10.1939.

Die Liberalen und Konservativen zogen mit einer gemeinsamen Liste in den Wahlkampf. Dabei ging es der FDP offensichtlich darum, durch Anlehnung an die sehr starke KDP ihr Mandat zu sichern und zu verhindern, abermals von den Demokraten überrollt zu werden.

Diese machten erstmals in der Geschichte der Bündner Presse Wahlkampf mit den Portraits von Kandidaten und richtete sich mit der Frage «Warum wähle ich demokratisch?» ausführlich argumentierend gesondert an die Bauern, Arbeiter, Kaufleute, Beamten, Lehrer und Gewerbetreibenden, Hoteliers und Akademiker.[695]

Die neuen Parteienverhältnisse werden zementiert

Die Wahlergebnisse von 1939 prägten die nachfolgenden Jahrzehnte. Die FDP verlor erneut, während die DVP sprunghaft zulegen konnte und mit total 38,3% erstmals wählerstärkste Partei Bündens wurde. Die KDP hielt sich mit etwa 34% schadlos.

Die Liberalen blieben bis 1978 bei einem Sitz. Den Erfolg der Demokraten führten sie auf deren «hemmungslose propagandistische Auswertung der wirtschaftlichen Schwierigkeiten» zurück.[696]

Die Demokraten sprachen von einem, nach 1935, erneuten «Volksgericht» über die sture liberale Allianzpolitik mit den Konservativen trotz der Warnsignale bei den Regierungs- und Grossratswahlen. Nun hätten die Demokaten als grösste Partei und mit drei Nationalräten (Gadient, Lanicca und Rudolf Planta[697]) «das Erbe des wirklichen Freisinns übernommen».[698] Sie konnten den Konservativen äusserst knapp das wackelnde Restmandat (Foppa) abnehmen.

Mit Condrau und Bossi hatte die KDP ihr Basispotenzial erneut ausschöpfen und ihre zwei traditionellen Mandate verteidigen können. 1947 holte sie das Restmandat wieder zurück.

Die SP büsste gut 27% ihrer Stimmen ein. Sie war ab diesem Zeitpunkt wegen interner Differenzen desorientiert und nicht mehr konkurrenzfähig, nachdem ihre Stammwähler – Bahnpersonal und Staatsangestellte – zu den Demokraten übergelaufen waren.[699] Sie kehrte erst 1959 wieder mit Hans Stiffler als Nationalrat und 1963 als Regierungsrat auf die grosse politische Bühne zurück.

---

695 NBZ, 252, 26.10.1939.
696 FR, Nr. 256, 31.10.1939.
697 1888–1965. Biogr. s. HLS.
698 NBZ, Nr. 256, 31.10.1939. Die Demokraten und Sozialisten stellten mit 50 von 99 Grossräten die absolute Mehrheit.
699 Bundi, SP, S. 75. Sie machten nur knapp 16 000 Listenstimmen. Zum Vergleich die FDP (gut 28 600), die KDP (gut 56 000) und die DVP (knapp 65 000). GR, Nr. 44, 2.11.1939.

Eidg. Wahlen in ernster Zeit

Unsere Kandidaten

Wahlkampf für die Nationalratswahlen 1939 | Die Demokraten machten erstmals in der Geschichte der Bündner Presse Wahlkampf mit Fotografien all ihrer Kandidaten. NBZ, Nr. 252, 26.10.1939.

Nationalratsmandate

	KDP	FP/FDP	SP	DP/DVP
1919	2	3	1	
1922	2	3	1	
1925	3	2		1
1928	2	2	1	1
1931	2	2	1	1
1935	3	1		2
1939	2	1		3

Anzahl Regierungsräte

	KDP	FP/FDP	SP	DP/DVP
1920	2	2		1
1923	2	2		1
1926	2	3		
1929	2	3		
1932	2	2		1
1935	2	2		1
1938	2	2		1

Staatskalender GR.

Wähleranteile Nationalratswahlen in %

	1922	1925	1928	1931	1935	1939
Konservative (KDP/KVP)	35,4	35,7	37,4	37,3	35,2	34,0
Freisinnige (LP/LVP)	38,3	29,6	27,2	27,0	22,7	17,4
Demokraten (DP/DVP)	11,3	22,5	22,5	19,0	28,2	38,9
Sozialdemokraten (SP)	15,0	12,2	12,9	16,7	13,8	9,7

Bruggmann, Christlichsoziale, S. 16.

9. Faschismus und Nationalsozialismus – nie ein kantonales Wahlkampfthema in Graubünden

Die faschistischen und nazistischen Bewegungen waren wahlpolitisch irrelevant und sind kaum erforscht, weshalb wir nicht näher auf sie eingehen müssen. Die italienischen Aspirationen auf Schweizer und insbesondere Bündner Gebiet wurden hier von Anbeginn unmissverständlich und entschieden zurückgewiesen. Die Gründung der Sprachorganisationen Pro Grigioni Italiano 1918 und der Lia Rumantscha 1919 waren die Bündner Antwort darauf, und die gesamte Schweiz setzte 1938 ihr nationales Zeichen durch die Anerkennung des Rätoromanischen als vierte Landessprache.[700]

Faschistische Bewegungen finden sich in der Schweiz seit 1925, namentlich die Heimatwehr in Zürich. Ab 1930 hat die Weltwirtschaftskrise bis in die traditionellen Parteien hinein ein bedeutendes Potenzial von Anhängern autoritärer Systeme erzeugt, welche sich die harte Hand eines Mussolinis respektive ab 1933 eines Hitlers zur Lösung der ökonomischen und sozialen Probleme wünschten. Diese Elemente haben sich schweizweit in sogenannten Fronten organisiert.[701]

Sympathien für Diktaturen und ‹Führer› aller Spezies oder zumindest Bewunderung von einzelnen Leistungen wurden auch in Bünden gepflegt. Sie waren Teil des Zeitgeistes, aber ihre organisatorische Zusammenfassung zu schlagkräftigen Parteien oder Bewegungen gelang in Bünden nicht.[702] Genauer untersucht wurde diesbezüglich bisher nur die rätoromanische Publizistik.[703]

Diffusen Anhang rekrutierten rechtsextreme Positionen in nationalistischen und antisozialistischen Kreisen, die für die Blut-und-Boden-Ideologie empfänglich waren. Innerhalb der traditionellen Bündner Parteien fanden sich auch bürgerliche und klerikale Kreise, die sich eine paternalistisch-autoritär gelenkte, nach sozialen Klassen geschichtete Gesellschaft und korporative ökonomische Strukturen wünschten. Solche waren im Bauernkanton Graubünden als histo-

---

700 Valär, Weder Italiener noch Deutsche. Allgemein dazu HLS, «Irredentismus» (Silvano Gilardoni, 2008) und spezifisch zu Graubünden in: e-LIR, «Irredentissem» (Adolf Collenberg); Metz, III, S. 256–260.
701 Zur Geschichte der Fronten s. HLS, «Frontenbewegung» (Walter Wolf, 2006). Um ihren kombattanten Charakter zu unterstreichen, führten mehrere Gruppierungen und politisch aktive Bewegungen der extremen Rechten der 1930–1940er-Jahre den Terminus «Front» in ihrem Namen.
702 Die ‹Neue Front› besass 1933 in Davos eine Bücherei, in der sie ihren Steiner Grenzboten vertrieb. Sie hatte trotz der lokalen Nähe zu den Davoser Nazis um Gustloff keinen nennenswerten Erfolg, da die Mitglieder der NSDAP Reichsbürger sein mussten. Die ‹Nationale Front› mit ihrem Leitblatt Der eiserne Besen hatte ab 1932 eine Sektion in Graubünden und ab 1934 eine sogenannte Gauleitung in Ilanz, welche von dort aus 1938–1939 die drei Basen Ilanz (für Romanischbünden) Maienfeld (für Deutschbünden) und Misox (für Italienischbünden) steuerte. Die drei Basen zählten 1934 insgesamt 25 Mitglieder, 1938 100 (das Maximum) und im Frühjahr 1939 noch 25. Der ‹Eidgenössischen Sammlung›, ihrer Nachfolgeorganisation, gehörten 1943 (dem Jahr ihres Verbots) noch 33 Mitglieder in Chur und Malans an. Zu den Fronten allgemein HLS, «Frontenbewegung» (Walter Wolf, 2006); zu Graubünden s. e-LIR, «Frontissem» (Adolf Collenberg), S. 283.
703 Collenberg, Faschismus, S. 347–363. Was wir da v. a. aus der Feder von Carli Fry vorfinden, verschlägt uns Nachgeborenen den Atem. Bekannt ist, dass er und einige andere aus seiner Entourage nach Mailand fuhren, um den Duce als Redner vor Ort zu erleben. SRF, Svizra Rumantscha, Sendung vom 25.11.1990 (SF 1), «Il flad dil faschissem (Der Atem des Faschismus) - Mussolini». Urheber: Gieri Venzin, Moderator: Ernst Denoth.

risch gewachsene agrarwirtschaftliche Strukturen immer noch allgegenwärtig.
Alle diese Strömungen waren sich einzig in der strikten Ablehnung von Sozialismus und Kommunismus einig, und sie waren als solche integrale Bestandteile
der bürgerlichen Parteien. Diese haben sich frühzeitig in aller Form von den
frontistischen Bewegungen abgegrenzt, und Sympathien für jene waren auf kantonaler Ebene nie wahlpolitisch von Bedeutung oder gar wirksam.

Der offizielle Bericht der Bündner Regierung von 1945 dokumentiert die Fakten
nur sehr summarisch. Nur aus Mangel an Dokumenten? Die Fama wirft mit diversen Namen um sich, liefert aber kaum verwertbare Beweise. Es herrscht diesbezüglich noch viel Forschungsbedarf.[704]

Für die Schweiz und speziell für Romanischbünden wurde der italienische
Faschismus in Form des Irredentismus zu einer ernsthaften politischen und
kulturellen Herausforderung. Die Irredentisten forderten die Vereinigung der
italienischsprachigen Bündner Südtäler und der zu italianisierenden rätoromanischen und ladinischen Gebiete mit dem Tessin und (wünschenwert) mit Italien, vorgeblich, um sie besser gegen die Germanisierung schützen zu können.
Die entschiedene Rückweisung solcher Pläne und die demonstrative Gründung
der Pro Grigioni Italiano 1918 und der Lia Rumantscha 1919 haben klare Zeichen
gesetzt und die Bewegung ins Leere laufen lassen. Den national integrativen
Schlusspunkt hat, wie oben bemerkt, die Anerkennung des Rätoromanischen als
vierte Landessprache 1938 gesetzt.[705] Die Niederlage der Achsenmächte hat auch
die Realisierung von Mussolinis ‹Catena mediana› und von ‹Grossgermanien›
vereitelt.

Der Bestand der Schweiz und des Kantons als deren Teil und beider als
demokratisch geprägter Staatswesen wurden nie ernsthaft infrage gestellt. Aber
die religiöse und geistige Führungsschicht, die real auch die politische Elite darstellte, äusserte sich immer wieder kritisch zum Parlamentarismus und schaute
nach 1925/30 gebannt auf die faschistischen Entwürfe einer autoritär geführten
Gesellschaft. Wie tief solche Entwürfe auch beim gemeinen Mann Resonanz fanden, muss vorläufig Spekulation bleiben. Die Bündner Regierung hat im Mai 2023
eine breite wissenschaftliche Untersuchung zu Präsenz und Wirkung faschistischer und nationalsozialistischer Ideologien in Graubünden beschlossen. Den
Schwerpunkt will sie dabei auf die 1920/30er-Jahre legen.

---

704 Rapport der Bündner Regierung vom 1. September 1945 zuhanden des Grossen Rates. Unsere bisherigen Forschungen beschränken sich vornehmlich auf die *Gasetta Romontscha* (s. Bibliographie).
705 Valär, Weder Italiener noch Deutsche, S. 241–359.

Unser Feldzeichen ist das
weiße Kreuz im roten Feld
Nicht Sichel und Hammer, nicht rote Fahne, nicht Hakenkreuz oder Liktorenbündel!

Unser Vaterland ist von außen und innen bedroht. Jetzt heißt es
Zusammenhalten, Ordnunghalten
Eidgenossen, wählt Männer nationaler Währung, nicht Trabanten land- und volksfremder Prägung!
Legt die unveränderte Liste Nr. II in die Urne!

Inserat der Konservativ-demokratischen Partei zum Wahlkampf 1939 | Die Parteien – im vorliegenden Fall die KDP – haben sich immer wieder offiziell von Faschismus und Nationalsozialismus abgegrenzt. Wie weit solche Sympathien im Wahlvolk vorhanden waren, ist noch nicht vertieft erforscht worden. Die Feuerprobe musste glücklicherweise nicht bestanden werden. BT, Nr. 247, 23.10.1939.

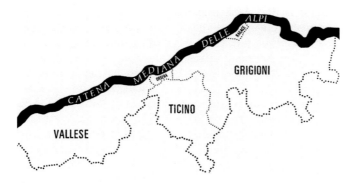

Neue Grenzziehung durch die «Catena mediana» | Nach dem Endsieg der Achsenmächte hätte dieser irredentistisch-faschistische Traum Realität werden können. Adrian Collenberg, «Passstaat» und «catena mediana».[706]

---

706 Istorgia Grischuna, S. 313. Collenberg: «Passstaat» und «catena mediana», S. 125.

10. Ausklang

Die heftigen Wahlkämpfe der Zwischenkriegszeit steigerten sich in den Kriegsjahren zu heftigen Wahlkämpfen aller gegen alle.[707] Diese waren noch zusätzlich mit parteiinternen Querelen und Bauernopfern garniert. Nach der Eroberung von 44 Grossratssitzen 1941, drei Mandaten in Bern und einem zweiten Sitz in der Regierung 1942 zulasten der FDP war die definitive und dauerhafte Dominanz der Demokraten im liberalen Lager vollzogen.

Die FDP verlor nun für die KDP ihre Attraktivität als Allianzpartner, aber es gelang ihr trotzdem, nach einem turbulenten Wahlkampf ihr letztes Berner Mandat vor dem Zugriff der DVP zu retten.

Die unerwünschte Parteigründung der Christlichsozialen am 15. November 1939 brachte die KDP innerparteilich in Bedrängnis. Nachdem die Sozialen 1937 und 1940 mit einer eigenen Liste erfolgreich zu den Churer Stadtratswahlen angetreten waren, forderten sie von der KDP einen Sitz in der Regierung. Diese Mandatsteilung hat die Partei erst nach harten Verhandlungen und dem Versprechen der CSP, sich in die (ab 1942) Konservative Volkspartei (KVP) einzugliedern, zugestimmt. Walter Liesch[708] wurde 1942 als Regierungsrat der erste hohe christlichsoziale Mandatsträger in Graubünden

Kraftlos am Boden lag vorerst die ebenfalls von internen Richtungskämpfen geplagte SP. Sie verlor 1941 drei ihrer neun Grossratsmandate, und in Chur spaltete sich eine kommunistische Faktion im Januar 1945 als (kurzlebige) Partei der Arbeit (PdA) ab. In einer von parteilichen und persönlichen Animositäten vergifteten Atmosphäre schritt man in Graubünden durch die letzten Kriegsjahre. Und den Abschluss bildete ein verspäteter Kulturkampf.[709]

In den 1920er-Jahren fand die umfassende Mobilisierung der Katholiken gegen Liberalismus und Sozialismus statt. Eines ihrer stärksten Instrumente war ab 1922 die Katholische Aktion, ein kämpferisches Laienapostolat. Der politisch-konfessionelle Konflikt wurde vom katholischen Lager und der Demokratischen Partei ausgetragen. Die Freisinnige Partei hielt sich abseits. Sie lehnte die konfessionelle Vereinnahmung ihrer Partei und eine konfessionelle Aufspaltung der Politik ab und beschränkte sich auf ihren prinzipiellen Anspruch auf Vertretung des Bündner Protestantismus. Deshalb scheiterten zu Beginn der 1930er-Jahre die Bemühungen, die Freisinnigen und die Demokraten zu einer evangelischen Partei zu verschmelzen, um der Schwarzen Dampfwalze/Lawine Paroli bieten zu können. Ab den 1930er-Jahren hat sich die evangelische Kirche Bündens vermehrt und sogar mit teilweise sehr pointierten Proklamationen und Parteinahmen zu konfessionellen Themen geäussert. Der kulturkämpferische Funke

---

707 Zum Ganzen s. HbBG, Bd. 2, S. 273–280; Metz III, S. 347–360; Schmid, Davorn, 188–205; Istorgia Grischuna, S. 238–243.
708 1898–1978. Biogr. s. HLS.
709 Dazu s. das grundlegende Werk von Gasser, Kulturkampf.

entzündete sich gegen Ende 1943, als der (katholische) Pfarrer von Cazis seine Schäfchen von der Kanzel herab zum Boykott der Parteiversammlung der Demokraten aufrief. Ein Protest bei Bischof Christianus Caminada blieb erfolglos – dieser stand seinem Priester demonstrativ zur Seite. Die Demokraten erblickten darin eine Kampfansage. Im Oktober 1944 erliess der Evangelische Kirchenrat einen Aufruf zur Feier des Reformationssonntages. Dieser spiegelt die Angst vor der Katholischen Aktion, die «wie ein rotes Tuch auf viele Protestanten wirkte»[710] und als ein organisierter Angriff der römisch-katholischen Kirche auf die liberale staatliche und gesellschaftliche Ordnung wahrgenommen wurde.

Diese konfessionspolitische Publizistik wurde auch von einem Historikerstreit um die Darstellung und Deutung einiger politisch-konfessioneller Phasen der Bündner Geschichte begleitet. Der wissenschaftliche Streit wurde vom Freiburger Professor Oscar Vasella auf katholischer und Friedrich Pieth, Verfasser der «Bündnergeschichte» (1945), auf evangelischer Seite ausgefochten.[711] Er verstärkte kurzzeitig die politische Auseinandersetzung. Nach einem heftigen Schlagabtausch überliessen die involvierten Parteien die Fortsetzung ihren beiden publizistischen Vorkämpfern Paul Schmid-Ammann[712] und Justinus [Benedikt Simeon][713], die sich noch weitere Jahre wortgewaltig duellierten, bevor diese konfliktbeladene Episode sich um 1950 aus den Zeitungsspalten verabschiedete. Die Parteien wollten den vergifteten Ball nicht ewig weiter spielen. Ein Sieg der politischen Vernunft.

Das schuf die Voraussetzung für einen Neuanfang nach dem Krieg. Die Arbeiterlandsgemeinde der SP vom 28. August 1945 im Domleschg läutete den Neuaufbau der Nachkriegspartei ein. 1959 kehrte sie nach Jahrzehnten mit Hans Stiffler wieder in den Nationalrat und 1963 ebenfalls mit Stiffler in die Regierung zurück.

Das Verhältnis der beiden Flügel im konservativen Lager war stets spannungsgeladen, und 1951 wurden die programmatischen Differenzen durch den Namen Konservative und Christlichsoziale Volkspartei (KCSVP) wieder kenntlich gemacht.[714]

Die DVP verlor nach dem Krieg laufend an Anhang, und die FDP konnte ihr etliche Mandate abringen. Sie blieb weiterhin im Schatten der Demokraten, konnte aber im Grossen Rat zu den Konservativen aufschliessen und dadurch die parteipolitische Stabilität wieder herstellen.

In der Folge verloren die ideologischen Auseinandersetzungen ihre verbale Schärfe, und der Ton im Umgang mit dem politischen Gegner mässigte sich.

---

710 Gasser, Kulturkampf, S. 44.
711 Vasella warf Pieth eine unzulässige, einseitig reformiert geprägte Sicht auf die konfessionspolitischen Brennpunkte der Geschichte von Graubünden vor.
712 Der politische Katholizismus, 1945.
713 Katholizismus und Politik. Der politische Katholizismus in katholischer Sicht, 1946.
714 HbBG, Bd. 3, S. 273.

EXKURS
DIE SCHWARZE LAWINE
EINE ANNÄHERUNG

Die «Schwarze Lawine» ist seit Jahrzehnten in Kalendern und an Stammtischen ein beliebtes Thema. Eine vertiefende Betrachtung ihrer Entstehung und Entwicklung hat sie aber noch nicht erfahren. Bei der nachfolgenden Annäherung sind Wiederholungen und chronologische Brüche unvermeidlich.

Im Jahre 1926 kam es erstmals zu einer echten Kampfwahl um den liberalen Sitz im Ständerat. Dabei besiegte Laely, der Kandidat der Wahlallianz von KDP und LP, dank der «fabelhafte[n] Geschlossenheit» der Konservativen den demokratischen Wunschkandidaten Raschein. Schuld daran sei, so die *Neue Bündner*, die «Schwarze Dampfwalze», das «Symbol der heutigen Politik in Rätien».[715] Sie war und blieb bei ihren Gegnern negativ konnotiert, und die Gesellschaft, die dahintersteckte, wurde als rückständig und pfaffenhörig belächelt und als unerschütterliches ‹schwarzes›, sprich: katholisch-konservatives Machtpotenzial gefürchtet.

In jenem Jahr wurde erstmals das Phänomen in einem wahlpolitischen Kontext verbalisiert, das in der später populär gewordenen Version «Lavina nera»/«Schwarze Lawine» die Bündner Politik jahrzehntelang stark geprägt hat. Die «Lavina nera» hat zu einem uns unbekannten Zeitpunkt die «Dampfwalze» in Vergessenheit geraten lassen. Dampfwalzen waren den technikfernen rätoromanischen Bergdorfbewohnern damals wohl weniger bekannt als die sie stets bedrohenden Lawinen.

Die romanische Bezeichnung könnte auch in einem erinnerten Zusammenhang mit der viel beschworenen eidgenössischen Abstimmung des Jahres 1882 stehen. Die *Gasetta* feierte damals die Ablehnung des sogenannten Schulvogts mit einem Siegesgedicht. Dessen Schluss lautet:

«Cur unidas, instruidas	«Wenn unsere wackeren Reihen
Nossas bravas roschas ein,	Instruiert und geschlossen sind,
Cert allura cun bravura	Können wir gewiss glorreich
Nus ils libertins battein.	Die Freisinnigen schlagen.
Cun curascha sco la rascha	Mutig wollen wir
Nus volein units restar;	Wie Harz zusammenhalten;
La lavina po adina	Die Lawine kann [dann] immer
Ils pagauns moderns sfraccar!»	Die modernen Heiden zerschmettern!»[716]

---
715 Nr. 84, 12.4.1926.
716 GR, Nr. 48, 29.11.1882. Das Gedicht trägt den kryptischen Titel «Schentg – Amen»/«Mager – Amen» und umfasst 15 Strophen. Es ist mit * kennzeichnet.

Wir fragen uns nun: Wann entstand sie? Auf welchem Hintergrund? Welches war ihr Territorium? Worin bestand sie? Wie funktionierte sie? Viele Fragen sind zu stellen, viele Ansätze zu prüfen. Wir nehmen uns der wichtigsten an.

1. «Schwarze Dampfwalze»/«Lavina nera» – eine Begriffsbestimmung

Die «Schwarze Dampfwalze» als Kennzeichnung der geschlossenen Reihen der Katholisch-Konservativen stammt aus der Redaktionsstube der *Neuen Bündner*. Damit wurde nicht die Gesellschaft selbst, sondern die politische Erscheinungsform der katholischen Gesellschaft Graubündens bezeichnet: die «fabelhafte Geschlossenheit» bei Wahlen und Abstimmungen und deren Unangreifbarkeit. Man spürt geradezu die Wucht, mit der die Walze von ihren katholischen Höhen am Rhein und an der Albula und Julia auf Chur zurollte, unaufhaltsam alle liberalen, demokratischen und sozialistischen Gegner niederwalzend, die sich ihr in den Weg stellten. Während deren Parteien nach 1919 auf Gedeih und Verderb um Stimmen kämpfen mussten, fielen die katholischen Stimmen geschlossen der KDP zu und machten diese zeitweilig zur wählerstärksten Partei Graubündens. Sie bedurfte als einzige nicht der Hilfe anderer Parteien, um ihre in den 1890er-Jahren mit den Liberalen ausgehandelten Basismandate zu sichern.[717] Diese Erfolge erfüllten die Konservativen mit Stolz und schützten ihren geschlossenen Einflussbereich vor unerwünschter Konkurrenz und liberalstaatlicher Einmischung.[718]

2. Die territoriale Dimension

Die «Schwarze Lawine» umfasste die Katholiken am Vorderrhein (Surselva), der Sutselva (Ems, Rhäzüns, Bonaduz), des Albulatals (Val d'Alvra) und des Oberhalbsteins (Sursés). Diese Stammlande waren zwischen 1870 und 1940 zu 90 bis 93 % rätoromanischer Sprache (Sursilvan, Sutsilvan und Surmiran). In zwei surselvischen Kreisen existierte eine reformierte Minderheit: Waltensburg im Kreis Rueun und Duvin im Kreis Lugnez. Der Kreis Ilanz war konfessionell paritätisch mit reformierter Mehrheit.

Seit dem 16. Jahrhundert hatten sich in den Gerichtsgemeinden Repräsentationsformeln herausgebildet, die auch nach der Kreisreform von 1851 prinzipiell unangetastet blieben. Obwohl man sich konfessionell strikte voneinander abschottete, gab es selten nennenswerte Probleme bei der konfessionellen Verteilung von Behörden in den Kreisen und in den paritätischen Gemeinden. Man wusste den Frieden durch kluge Repräsentanzschlüssel zu wahren. So stand der kleinen und einzigen reformierten Gemeinde des Kreises Lugnez immer ein Geschworener im Kreisgericht zu, und das deutschsprachige Vals war hier stets sei-

---

717 Zur Erinnerung: zwei Regierungsräte, zwei Nationalräte und ein Ständerat.
718 «Aber vor allem wollen wir Oberländer bei allem Stolz darüber, [...] wiederholt als ‹Schwarze Dampfwalze› bezeichnet zu werden [...]. Vgl. S. 237.

ner politischen Bedeutung entsprechend repräsentiert. Die Kunst des konfessionellen und sprachlichen Friedens haben die Bündner Bauern offensichtlich nicht in Rom und nicht an den europäischen Höfen gelernt. Seit 1524/26 bestimmten allein die Gemeinden über die Konfessionszugehörigkeit.

3. Die katholisch-bäuerliche Dorfgemeinschaft als Grundlage der «Schwarzen Lawine»

Wir wollen im Nachfolgenden nicht den geistigen, kulturellen und religiösen Formungsprozess der katholisch-konservativen Gesellschaft in ihren Details untersuchen. Die grundlegenden Arbeiten dazu haben Urs Altermatt für die katholische Schweiz insgesamt und Ivo Berther gleichsam pars pro toto für Katholisch-Bünden im 19. Jahrhundert geleistet.[719] Wir beschränken uns auf das herrschaftspolitische Ergebnis dieser Formungsprozesse. Der katholische Monolith erfuhr nach 1900 lediglich seine politische Straffung und gesamtbündnerische Zusammenfassung. Diese wurde durch konsequente und erfolgreiche Eliminierung unerwünschter ideologischer Elemente und Marginalisierung oppositioneller Kräfte erreicht. Stagnation in Wirtschaft und Politik waren die Folge. Für den technischen Fortschritt fehlten den Bergbauern die materiellen Mittel, und das Gewerbe diente ausschliesslich den Bedürfnissen der regionalen Bauernschaft. Die Förderung von Industrien wurde aus Angst vor dem Einzug einer ‹roten› Arbeiterschaft über das bereits Vorhandene hinaus (Trun[720]) verhindert. Die touristische Entwicklung blieb aus Angst vor Sittenverderbnis bis in die 1960er-Jahre hinein ohne Förderung. Alle vorhandenen Kräfte mussten sich in den Dienst der von der *Gasetta* propagierten ultramontan-katholischen und bäuerlich-konservativen Idealgesellschaft ständischer Prägung stellen. Der diese Gesellschaft seelsorgerisch betreuende Klerus war ab 1910 durch den Antimodernisteneid in streng römischer Orthodoxie eingebunden. An Albula und Julia wirkten seit dem 17. Jahrhundert die missionarisch-kämpferisch gestimmten Kapuziner.

Der durch den Eid hervorgerufene Kampf um den richtigen katholischen Glauben, bei dem Caspar Decurtins eine sehr prominente und unglückliche Rolle spielte, ist für unsere Studie insofern irrelevant, als die anderen Parteien diesen sogenannte Antimodernistenkampf als eine rein katholische Angelegenheit betrachteten und wahlpolitisch nicht instrumentalisierten.[721]

---

719 Altermatt, Katholizismus; Berther, Die Welt steht Kopf.
720 Die 1863 errichtete Schafwollspinnerei und Weberei ging 1868 wieder ein. Auf sie folgte 1875 eine Papierfabrik und 1912 die Tuchfabrik Truns AG (Konkurs 2001) s. e-LIR, «Trun» (Adolf Collenberg).
721 Der Antimodernisteneid wurde am 1. September 1910 von Papst Pius X. eingeführt. Er musste von den katholischen Klerikern abgelegt werden und richtete sich gegen alle bereits 1864 im *Syllabus errorum* des Papstes Pius IX. verurteilten ‹Irrtümer der Zeit›. Erst 1967 schaffte Papst Paul VI. den Antimodernisteneid ab. Lit. Flury, Antimodernismus.

Die Dorfgemeinschaft als Machtbasis der Konservativen

Die uns leitende Frage lautet nun: Wie gelang es den katholischen Eliten, ihre Vorstellungen als allgemein verbindliche Doktrin durchzusetzen und daraus ein schlagkräftiges Machtinstrument zu formen? Wir untersuchen hier, wie bereits gesagt, nicht die mentalen Formungsprozesse der von Ivo Berther bereits beschriebenen «antimodernistischen Gegenwelt»[722], sondern nur deren Umschlag in parteipolitische Aktion. Nach 1892 war die Entwicklung zunächst vom konservativen Richtungskampf bestimmt. Durch Einvernehmen mit den Liberalen sicherte die konservativ-föderalistische (überkonfessionelle) Allianz ihre Mandate ab. Nach 1920 konnte die KDP sie durch geschlossene katholische Reihen und wiederholte Wahlallianzen mit den Liberalen gegen die Sozialisten und Demokraten verteidigen und 1925 sogar einen dritten Sitz im Nationalrat zugewinnen.

Die ab 1920 als unangreifbare politische Einheit auftretende katholische Sondergesellschaft war das politische Ergebnis einer gezielten und intensivierten religiösen, sozialen und ideologischen Erziehung ab den 1870er-Jahren. Und sie wurde erst ab den späten 1960er-Jahren mit öffentlichkeitswirksamer Fundamentalkritik konfrontiert.

> Ende der 1960er-Jahre formierte sich im Innern dieser katholischen Sondergesellschaft eine emanzipatorische Bewegung, die sich zunächst bei den Studierenden bemerkbar machte, sich aber nicht wie anderswo als eine sozialistisch-marxistische manifestierte. Der Einbruch der geistigen und religiösen Moderne in die katholischen Stammlande vollzog sich nach dem II. Vatikanischen Konzil (Synodalenbewegung) und führte zu einer mit harten Bandagen geführten literarischen Auseinandersetzung mit den ‹Schwarzen› bis hin zu Rufmordkampagnen und Prozessen gegen die gesellschaftskritischen Schriftsteller Theo Candina und Ursicin G. G. Derungs. Die wissenschaftliche Aufarbeitung dieser Vorgänge unter Einbezug der *Accents* (einer intellektuellen Quartalszeitung innerhalb der *Gasetta* resp. der *Bündner Zeitung* 1977–1982) ist ein Desideratum der jüngsten Geschichte von Katholisch-Bünden. Sie ist die unabdingbare Voraussetzung, um die Schmelze der Schwarzen Lawine, den geistigen, religiösen und sozialen Wandel und den damit verknüpften Abgesang der *Gasetta* zu verstehen. Für den wirtschaftlichen Wandel und den Ausgang aus der bergbäuerlichen Mangelwirtschaft haben ab den 1960er-Jahren die Subventionen der Eidgenossenschaft und der Tourismus gesorgt.

---

722 Berther, Die Welt steht Kopf. Zitat S. 372.

In ihrem Innern war schliesslich nur zugelassen, was sich mit der streng katholischen Weltsicht vereinbaren liess. Diese stemmte sich gegen alles, was sie als Gefährdung der Seelen und der Kirche betrachtete: politisch die liberalstaatliche Zentralisierungstendenz, religiös und ideologisch die gesinnungsneutrale und paritätische Schule und den Meinungspluralismus. Politische Kompromisse wurden im von uns behandelten Zeitraum nur aus taktischem Kalkül oder praktischer Notwendigkeit eingegangen, z.B. die Allianz mit den reformiert-konservativen Föderalisten und danach die Wahlallianzen mit den Liberalen.

Die soziale, konfessionelle und politische Uniformität konnten durch gezielte persönliche Stigmatisierung und Marginalisierung von Abweichlern aufrechterhalten und die Bildung machtrelevanter ideologischer Konkurrenz bis in die 1970er-Jahre im Ansatz erstickt werden. Dorfpolitik war und blieb auf diese Weise Politik von Priestern und Amtsinhabern zugunsten der katholischen Kirche und der Bauernsame. Alle nichtbäuerlichen Nachbarn waren zahlenmässig zu wenige für politische Selbstorganisation. Dies umso mehr, als die Handwerker Zudiener der Bauern und bis weit in die 1950er-Jahre hinein meist auch Kleinviehbauern waren. Als solche waren sie mentalitätsmässig bäuerlich orientiert. Einfluss genossen diese beruflichen Zwitter nur insofern, als sie auch Bodenbesitzer und als Schaf- und Ziegenhalter Teilhaber am Gemeineigentum der Bürger (v.a. Weideland) und Mitglieder bäuerlicher Korporationen waren. Die dörfliche Macht lag bei Grossviehbauern mit Führungsanspruch und bei Männern mit besonderer beruflicher Bildung und herrschaftlicher Familientradition. Aber selbst diese führten nebenbei meist noch einen landwirtschaftlichen Familienbetrieb. Sie gehörten zusammen mit dem Dorfgeistlichen zur Führungs- oder Einflusselite und waren die Kulturmanager der Gemeinschaft. Diese wenigen Männer führten in der Regel die verschiedenen Vereine: Instrumental ausgebildete Lehrer dirigierten die Chöre und Musikgesellschaften oder leiteten das Dorftheater, andere Dorfgrössen gestalteten als Organisationspräsidenten die speziellen Anlässe und vieles mehr, und der Dorfpfarrer stand dem Schulrat vor. Ihre individuellen Leistungen sind höchst bemerkenswert und von bleibender kultureller Bedeutung. Aber dies hatte seinen Preis: Nichts und niemand konnte sich ausserhalb des von den wenigen massgebenden, sich nahtlos ablösenden Oligarchen der hohen politischen Ebene und von der Kirche gesetzten Einheitsrahmens entwickeln.

In dieser Gemeinschaft galt das Primat des Religiösen und des Kollektiven. Kirchliche Vorgaben und weltliches Tun waren aufeinander abgestimmt und wurden vom Pfarrer und von der Obrigkeit strikte überwacht. Die Kirchenglocke strukturierte den Tagesablauf, die religiösen Pflichten – Messbesuch, Beichte, Rosenkranzgebet und zahlreiche besondere Feiertage und Andachten – strukturierten über Tag und Jahr die Gebets- und Arbeitszeiten für Gross und (besonders) für Klein. Morgenmesse und Rosenkranz rahmten den Schulalltag ein, Messe, Vesper und Abendandacht strukturierten den Sonntag.

Es herrschten ein sehr hoher Konformitätsdruck und hochgradige soziale Kontrolle. Weltanschauliche Uniformität und gleichgerichtetes Handeln waren das Merkmal der (bauern-)dörflichen Einheit. Der Dorfpolitik fehlte mangels Alternativen die explizite ideologische Komponente. Darum bedurften die Dörfer keiner parteipolitischen Organisation. Organisierte Parteien fanden sich nur in den wenigen paritätischen Gemeinden innerhalb des katholischen Monoliths. Alles ging in substanzieller Einheitlichkeit auf, und diese wurde schliesslich zur Selbstverständlichkeit für das autoritär bevormundete und in die uniforme Reihe gestellte Individuum. In der aktuellen rätoromanischen katholischen Memoirenliteratur spiegelt sich diese Realität in der allgemeinen Feststellung: «Nus savevan da nuot auter»/«Etwas anderes kannten wir nicht.»[723]

Man kann zu Recht einwenden, dass solche dörflichen Strukturen keine katholische Besonderheit waren. Wir finden sie unbestreitbar als reformierte Analogien auch in den übrigen Regionen Graubündens (und der Schweiz) dieser Zeit.[724] Der grundlegende Unterschied bestand aber darin, dass die Reformierten in Graubünden nach 1920 im Gegensatz zu den Katholiken auch de facto parteipolitische Alternativen besassen: die LP, DP, SP mit ihren je eigenen Zeitungen und Zeitschriften. Und sie konnten diese nutzen, was sie bis hin zu radikalem Umsturz der parteipolitischen Verhältnisse auch taten. Wir denken besonders an das Wahljahr 1935, wobei die KDP als einzige Partei davon unberührt blieb.[725]

Das I. Vatikanische Konzil stellte um 1870 unmissverständlich klar, was als katholisch zu gelten habe und was als damit unverträglich abzulehnen sei. Das hat den während Jahrzehnten dominierenden Katholisch-Liberalen das Genick gebrochen, indem das Wählen generell und die Annahme oder Ablehnung von als kirchenfeindlich oder unkatholisch abgestempelten Vorlagen nicht dem freien Entscheid des einzelnen Katholiken überlassen, sondern zu einer religiösen Pflicht bis hin zur Gewissensfrage gemacht wurde. Und das bedeutete für den Gläubigen: Für den Stimm- und Wahlzettel musste er in solchen Fällen – das wurde ihm von der *Gasetta* und den Priestern eingetrichtert – vor Gott Rechenschaft ablegen. Solche Appelle an das persönliche Gewissen finden sich an vielen Stellen unserer Studie. Sie waren ein äusserst wirkungsvolles Instrument zur politischen Steuerung des Souveräns.

---

723   Unter diesem Titel publizierte Cornelia Vincens im Jahre 2016 ein sehr eindrückliches «Porträt einer Generation in der Surselva». Darin erzählt eine substanziell repräsentative Anzahl Personen (Geburtsjahrgänge 1917–1934) ihre soziale Biographie in der Surselva ab den 1920er-Jahren. Zu Wort kommen Bauern und Bäuerinnen, Hausfrauen, Lehrer, eine Haushaltslehrerin, ein Förster und ein Geschäftsmann.

724   Zu diesen fehlen, im Gegensatz zu den katholischen Regionen, wissenschaftlich fundierte Studien, wie sie Ivo Berther für die Cadi vorgelegt hat. Darum müssen sich die direkten Vergleiche auf die in diesem Werk analysierte parteipolitische Geschichte beschränken.

725   Die Mandate der Sozialdemokraten beschränkten sich auf Chur. Sie besassen Gewicht im Stadtparlament, im Grossen Rat waren sie mit ihren wenigen Sitzen nicht viel mehr als eine demokratische Zierde.

Strukturelle Grundlagen

Der Kampf gegen die Modernisierung wurde auf zwei Ebenen aufgenommen: konfessionelle Missionierung und geistige Gleichschaltung im Innern, politische Abschirmung nach aussen. Letztere konnte dank Initiative und Referendum zur Verteidigung der überkommenen föderalistischen Strukturen und Autonomien erfolgreich gegen liberalstaatlichen Zugriff aus Bern und Chur eingesetzt werden. Die Landsgemeindedemokratie diente der regionalen Selbstbehauptung, und die konkurrenzlose Dominanz in ihren Gemeinden und Kreisen erlaubte den Katholiken dank ihrer geschlossenen Reihen, sich als Minderheit auch auf kantonaler Ebene erfolgreich zu behaupten und Sonderinteressen zu verteidigen oder durchzusetzen. Wir denken an den Schulbücherstreit von 1900 und den teilweisen Erfolg von 1928. Man darf nicht ausser Acht lassen, dass die Bündner Katholiken – im Gegensatz zur vom Altermatt beschriebenen katholischen Ghetto – nicht in einem konfessionell einheitlichen oder klar geschiedenen Kanton politisieren konnten, sondern in permanentem persönlichem oder wirtschaftlichem Kontakt mit reformierten Standesgenossen standen. Und sie mussten beispielsweise in paritätischen Gemeinden und Kreisen mit den Reformierten und deren Parteien, auch bei eigener Übermacht, Kompromisse eingehen. Sagogn und Duvin sind Beispiele dafür.

4. Wer waren die Schöpfer der «Schwarzen Lawine»?

Fry hat in seiner monumentalen Decurtins-Biographie den Trunser als Schöpfer der politischen Einheit der Katholiken dargestellt. Diese Sicht können wir nicht teilen. Er war nur ein zeitweilig wichtiger Akteur. Decurtins gelang es als Politiker in den 1880er-Jahren zwar, die Katholisch-Liberalen von der grossen politischen Bühne zu fegen, die wesentliche und entscheidende Arbeit hat aber Placi Condrau mit seiner *(Nova) Gasetta Romontscha* und den Publikationen aus der Stamparia Condrau geleistet. Von deren Redaktoren Placi (1857–1902), Giachen Giusep (1903–1922) und Giusep Condrau («Vies dr. Sep», 1923–1974) als Redaktoren der *Gasetta* wurden die katholischen Täler in enger Verbindung mit dem Klerus religiös, geistig und sozial genormt und mithilfe einer kleinen weltlichen Elite in permanentem persönlichem und brieflichem Kontakt mit den dörflichen Vertrauensmännern politisch gesteuert. Bei allen historischen Wechseln und Wendungen war die *Gasetta* die einzige Konstante. Und die drei Redaktoren und Druckereibesitzer aus dem Hause Condrau schuldeten niemandem Rechenschaft – ausser Gott und, unter katholischem Vorbehalt, dem Vaterland!

Giachen Giusep Condrau

Giusep/Sep Condrau

Verlegerdynastie Condrau | Nach über 50 Jahren Placi Condrau[726] übernahm sein Neffe Giachen Giusep Condrau (1864–1922) die Gasetta und die Stamparia. Nach dessen Tod ging sie an seinen Sohn Giusep/Sep Condrau (1894–1974), der bis zu seinem Tod die Redaktion innehatte. Die drei Condrau waren also die eigentlichen Schöpfer, Entwickler und Vollender der «Schwarzen Lawine». Der Verlust des etwa 80 Jahre dauernden faktischen Informationsmonopols der *Gasetta* im katholischen Monolith führte ab den 1960er-Jahren zu dessen Auflösung und schliesslich zum Ende der Stamparia Condrau 1993 und der *Gasetta* 1996. Portrait Giachen Giusep Condrau: *Calender Romontsch,* 1923; Portrait Giusep/Sep Condrau: Ina vusch ord il parlament federal I, 1974, S. VIII.

726   Siehe Portrait auf S. 23.

Die *Gasetta* war ab 1892 die einzige rätoromanische katholische Zeitung, und die Stamparia Condrau besass zumindest am Vorderrhein das Quasimonopol auf rätoromanische Druckschriften.⁷²⁷ Anderssprachiger Lesestoff erreichte nur einen kleinen Kreis von Gebildeten. Das Geld für solchen Luxus war im kinderreichen Bauernhaus nicht vorhanden, und die sprachliche Barriere bot damals zusätzlichen Schutz vor unerwünschtem deutschsprachigen Lesestoff. Selbst das *Bündner Tagblatt* erreichte vor 1945 im katholischen Gebiet bei weitem nicht die Auflagen und die Wirkung der *Gasetta* und der übrigen Druckerzeugnisse der Stamparia Condrau, die teilweise (von uns Kindern) von Tür zu Tür verteilt oder zum Kauf angeboten wurden.

Der Versuch, parteifremde Zeitungen im eigenen Territorium zu verbreiten, wurde von den konservativen Granden als inakzeptable Hinterlist betrachtet, und das Vorhandensein ‹verderblicher Schriften› wurden vom Pfarrer bei seinem jährlichen Hausbesuch gerügt.⁷²⁸

Bei aller Hervorhebung von politisch bedeutenden Gestalten von Katholisch-Bünden darf nicht übersehen werden, dass jede politische Karriere von der wohlwollenden Präsentation der Bewerber in der *Gasetta* abhängig war. Ohne ihre besondere Förderung und Begleitung war eine Karriere nicht möglich. Das galt im Positiven und Negativen für Decurtins und für alle seine Zeitgenossen und Nachfolger. Ironischerweise war es gerade Decurtins, der mit seiner Aktion aus dem Hinterhalt von 1892 Dissidenz, programmatischen Streit und personelle Querelen ins konservative Haus holte und dadurch die Vollendung der Schwarzen Lawine um etwa zwei Jahrzehnte verzögerte.

Im Laufe der Zeit zeigte sich: Wer von der *Gasetta* wie Plattner und Dedual 1893 fallen gelassen wurde, landete im Abseits, und wer von ihr bekämpft wurde, musste, wie Vieli 1908, schliesslich kapitulieren. Wer wie die Christlichsozialen 1920 bis 1940 von ihr nur lau propagiert wurde, kam ausserhalb von Chur gar nicht zum Zug. In unserer Studie finden sich weitere Belege dafür. Und diese Feststellung behält noch bis in die 1970er-Jahre hinein ihre Gültigkeit.

«Pro Deo et Patria»

Unter diesem Leitspruch formte, prägte und steuerte die *Gasetta* während fast eines Jahrhunderts das politische Denken und Handeln des katholischen Milieus. Sie war die weltlich-mediale Kanzel. Und wie die kirchliche predigte auch sie ohne Unterlass dasselbe zum Wohle des Gottesvolkes. Per Ende Dezember 1891 musste der katholisch-liberale *Sursilvan* sein Erscheinen einstellen. Die *Gasetta* fragte sich am Ende jenes Jahres: «Was wollen wir uns für das Jahr 1893 wünschen?

---

727 Mess- und Gebetsbücher, *Pelegrin, Calender Romontsch, Vusch dils Mats, Ischi, Tschespet* u.a.m. Neben ihr existierte noch die kleine katholische Stamparia Maggi in Ilanz.
728 GR, Nr. 12, 12.4.1926 («Supplement»): «Die Demokraten im Kanton Graubünden und ihre Politik, wie sie in Wahrheit ist.»

Wir äussern hier angesichts der heutigen radikalen Tendenzen, den Staat, die Schule und die Familie zu entchristlichen, nur einen einzigen Wunsch: Möge der religiöse Geist sich immer stärker im Schweizer Volk verankern. [...] Die Gasetta Romontscha wird für das romanische Volk geschrieben. Möge dieses das Jahr mit Gott beginnen, fortsetzen und beenden. Ja, alles ‹mit Gott›.»[729]

Der vorletzte Redaktor der *Gasetta* bezeichnete diese 2003 rückblickend als «hervorragende Plattform für die Partei und Kirche. [...] Darin kamen die konservativen Redaktoren, Machthaber und vor allem die Chefideologen – unter ihnen auch einige wortgewaltige Vertreter des Klerus – regelmässig zu Wort mit eindringlichen Ratschlägen und Empfehlungen vor Wahlen und Abstimmungen. Die Namen der Parteikandidaten und die Abstimmungsparolen wurden auffallend gross auf der Frontseite der Gasetta platziert, mit dem Ziel, die konservative Phalanx geschlossen und zahlreich gemäss Parteiparolen an die Urne zu bringen. Dies wurde auch befolgt. Jegliches Abweichen von der Parteilinie galt als schändlich und beinahe verräterisch». Die surselvische Machtdemonstration sei «leicht erklärbar»: Sie habe der politischen und konfessionellen katholischen Minderheit ermöglicht, ihre Anliegen in Chur und Bern durchsetzen.[730] Zu welchem Preis und mit welchen Folgen?

Nebenbei bemerkt: Auch die Liberalen waren sich der Bedeutung und Möglichkeiten der Presse sehr wohl bewusst, wird sie doch im *Freien Rätier* «ein Nährmittel der Partei eines Volkes» genannt.[731]

Katholisch-Bünden als fest gefügte Einheit in sacris et profanis wurde ab 1857 *Gasetta* um *Gasetta* wöchentlich modelliert. Die politische Vollendung als «Schwarze Lawine» wurde nach 1920 Realität. Und diese war eine von der Casa Condrau anvisierte, medial orchestrierte und gelenkte Schöpfung. In den 1970er-Jahren erfuhr sie ihre ersten Anfechtungen und schmolz ab den 1980er-Jahren dahin. Der streng konservative katholische Monolith, der von Placi Condrau während gut 40 Jahren geformt worden war, konnte von seinem Nachfolger Giachen Giusep ab 1902 gefestigt werden und wurde von «Vies dr. Sep» als Redaktor ab 1922 vollendet und in traditionell enger Verbindung mit dem Klerus paternalistisch gelenkt. Die *Gasetta* entwickelte sich zur medialen Sitten- und (auch politischen) Gesinnungspolizei, und der Beichtstuhl leistete die religiöse und psychische Feinarbeit. Im Politischen besass die *Gasetta* ab 1892 die Informations- und Deutungshoheit. Sie war ein Freund ihren Anhängern und bereitete ihren Gegnern Ungemach. Die Stamparia Condrau übte als Druckerei und Verlegerin bis

---

729 GR, Nr. 1, 5.1.1893.
730 Capaul, Schwarze Lawine, S. 92. Capaul war ab 1971 Redaktor und 1974–1990 Chefredaktor der *Gasetta Romontscha*.
731 FR, Nr. 77, 1.4.1926.

in die 1970er-Jahre hinein auch ungeniert literarische Zensur aus.[732] Wieviel vorauseilende Selbstzensur steckt wohl in der rätoromanischen Literatur von ausserhalb des reformierten Engadins? Worüber wurde deswegen nicht geschrieben? Was wurde alles in die Truhe gelegt oder verbrannt? Wie viele Talente konnten sich nicht entwickeln?

5. Kampffelder und Strategien

Die Konservativen um Placi Condrau richteten, bevor sie zu Macht und Einfluss gelangt waren, bereits ein besonderes Augenmerk auf die Volksschule. Über die Notwendigkeit und den Nutzen einer obligatorischen Grundschule war man sich hüben und drüben einig, und mit viel Engagement haben konservative und liberale Laien und Geistliche beider Konfessionen nach 1830 das Grundschulwesen gegen alle lokalen Widerstände aufgebaut. Es stellte sich dabei die Grundsatzfrage, welchen Geistes die Volkschule sein und wem sie dienen sollte. Die katholischen Liberalen forderten eine vom Staat kontrollierte und von praktischer, bürgerlicher Bildung geprägte Grundschule im Dienst eines modernen demokratischen Staates und vor allem des wirtschaftlichen Fortschritts. Der aufgeklärte, fortschrittsfähige und -willige Bauer und Bürger sollte das schulische Ziel sein. Auch der Religionsunterricht sollte in dieser Schule seinen Platz haben, aber es sollte nicht Konfession, sondern Religion unterrichtet werden. Nicht ein konfessionell verblendeter, sondern ein religiös toleranter und vielseitig gebildeter Staatsbürger und Berufsmann sollte hervorgebracht werden.[733]

Diese Vorstellungen standen in scharfem Gegensatz zu den katholisch-konservativen Zielen der Condrau-Presse. Diese forderte eine katholische Schule im Dienst der christlichen Weltanschauung und der Bauernschaft. Als Damm gegen den religiös indifferenten Liberalstaat und dessen individualistisches Prinzip propagierte die *Gasetta* das Ideal einer religiös gefestigten und vom Takt der Kirchenglocken geleiteten bäuerlichen Gemeinschaft. Gegen die laizistische Staatsschule setze sie die konfessionelle Dorfschule, gegen die allgemeinbildende Staatsschule die den bäuerlichen Interessen dienende Dorfschule. Sie bekämpfte im Namen der altbündnerischen Gemeindeautonomie jede Zentralisierungstendenz, um dem Kanton den Zugriff auf Region und Gemeinde zu verunmöglichen oder zumindest zu erschweren – und sie gewann diesen entscheidenden Kampf! Es ist dem von den Liberalen dominierten Kanton zwischen 1840 und

---

732 Ein letztes Beispiel dafür ist Vic Hendry, «La resca d'in'amur fallida», in: *Calender Romontsch*, 1973, S. 49–162 Vgl. dazu die Kritik von Adolf Collenberg in: *Corv e Talina* 31/1974, S. 33–35. Anlässlich der Verleihung des Bündner Kulturpreises an Vic Hendry 2001 hat dieser dem Schreibenden die Richtigkeit seiner damaligen Analyse bestätigt und dazu bemerkt, dass sein Text ohne die geforderten Abänderungen von der Stamparia Condrau nicht publiziert worden wäre. Es handelte sich um eine völlig missglückte Ehe, deren Scheidung – der Erzähllogik nach – eigentlich unvermeidlich war. Aber dies durfte nicht sein, und Hendry musste seinen Text entsprechend verbiegen.
733 Dazu s. Collenberg, Latour, S. 120–126.

Bmo Padre,

L'Avvocato Giuseppe Dedual, della Diocesi di Coira, avendo fatto un regolare corso di studi, a quiete di sua coscienza, umilmente supplica la S. V. affinchè si degni concedergli la facoltà di leggere, e ritenere libri di vietata lezione, della quale non se ne servirà, che ad onesto fine

= Feria Sexta die 13. Novembris 1863 =
Auctoritate SSmi D. N. Pii PP. IX nobis commissa liceat Oratori (si vera sunt exposita) quoadvixerit legere ac retinere, sub custodia tamen ne ad aliorum manus perveniant, libros prohibitos de Iure Civili, Canonico, Criminali – Naturale, et Gentium. Item Grammaticos, Rhetoricos, Poeticos, Philosophicos, Mathematicos, Astronomicos, et Historicos profanos. Exceptis operibus Dupuy, Volney, M. Pighettini, La Religion défendue contre les préjugés, Sigault le Brun, Potter, J. A. Dulaure, Hoff, et Courtigney de la Grève, Novelle del Casti, et aliis operibus de obscænis et contra Religionem ex professo tractantibus. In quorum fidem &

Fr. ....
F. P. C. S. Secret.

Pratis.
CUMQUE TITULO

Päpstliche Post | Nach Abschluss seines juristischen Studiums ersuchte Johann Joseph Dedual 1863 in Rom um die Erlaubnis, verbotene (indexierte) Bücher zur persönlichen Weiterbildung lesen zu dürfen. Das wurde ihm von Papst Pius IX. mit der Auflage erlaubt, dass er diese unter Verschluss halte, damit sie nicht in andere Hände geraten. Es folgt eine präzise Auflistung der betreffenden Bücher.
FamA Dedual, A SP III/13f III/10c.

1860 zwar gelungen, das Schulwesen seiner gesetzlichen Kontrolle zu unterstellen, aber dank der starken Gemeindeautonomie war es möglich, diese Oberaufsicht im Grundschulbereich via Lehrmittel, Lehrerwahl, Zusammensetzung und Kompetenzen der lokalen Schulbehörden inhaltlich zu unterlaufen.

Es gehörte bekanntlich zur Normalität, dass der Ortspfarrer als Präsident des Schulrates amtete. So konnte sich in Katholisch-Bünden eine Grundschule durchsetzen, die konsequent auf die Bildung des Typus ‹katholischer Bauer im Dienst Gottes und des christlichem Vaterlandes› ausgerichtet war. Dessen unbedingte Gefolgschaft wurde gefordert, und am Wahlverhalten liess sich der Erfolg laufend ablesen. Der Schule und den Eltern oblag es, die Kinder zu Gottesfurcht, Demut, Arbeitsamkeit, Sparsamkeit, Dienstbarkeit und Achtung der weltlichen und kirchlichen Autoritäten zu erziehen.

Der Anspruch auf konfessionell und regional geprägte Bildungsinhalte konnte endgültig durch die bekannte Ilanzer Grossdemonstration von 1900 gegen den Kanton durchgesetzt werden. Damals siegte der katholische Missionar *Sigisbert en Rezia* aus der Feder des Disentiser Paters Maurus Carnot über die als heidnisch verworfenen Schullektüren *Robinson* und *Nibelungen*.

Die Katholisch-Konservativen bewiesen damals ihre Entschlossenheit, das Grundschulwesen inhaltlich zu prägen. Ab 1920 wurden die Bündner Katholikentage gleichsam zum religiösen Gesicht der Schwarzen Lawine. Nach Tiefencastel strömten nämlich am 5. September 1920 gut 3000 Gläubige aus Mittelbünden, und drei Tage später erlebte Trun (Maria Licht) gemäss der *Gasetta* sogar den Aufmarsch von etwa 7000 Sursilvanerinnen und Sursilvanern zum ersten Katholikentag der Surselva («Dieta catolica sursilvana»). Dieser wurde, in Begleitung von 13 Blechmusiken, mit dem grösstmöglichen religiösen und weltlichen Pomp gefeiert.[734] Die Forderung des Corpus Catholicum nach konfessionell getrenntem Unterricht in den sogenannten Gesinnungsfächern an der Kantonsschule (1928) konnte aber trotz solcher Machtdemonstrationen nur teilweise durchgesetzt werden. Es ist dabei nicht unwesentlich zu wissen, dass die Liberalen und Demokraten das Erziehungsdepartement erstmals 1968 an einen Sozialdemokraten (Hans Stiffler, SP) und 1987 an einen Katholiken (Joachim Caluori, CVP) abgetreten haben. Das Rektorat der Bündner Kantonsschule in Chur wurde gar erstmals 2006 mit dem Katholiken Gion Lechmann besetzt. Bis dahin wurden die drei Sprachen und zwei Konfessionen durch Vizerektoren repräsentiert. Das Lehrerseminar hatte nie einen katholischen Rektor. Das festzuhalten ist für ein wertendes Urteil über die (Konfessions-)Politik der Schwarzen Lawine nicht unwesentlich!

---

734 Über diese Tage berichtet ausführlich die GR, Nr. 36 und 37 vom 10. und 17.9.1920, Sig. «A.B.». Die Teilnehmerzahlen sind wohl etwas hoch angesetzt. Das tut der Wucht der Manifestation aber keinen Abbruch. Das BT, Nr. 209 und 210, vom 7. und 8.9.1020 berichtet über den ebenso eindrücklichen regionalen Katholikentag in Casti/Tiefencastel mit 3000 Teilnehmerinnen und Teilnehmern. Bündner Katholikentage harren noch einer vertieften Behandlung.

Die Durchsetzung der ultramontan-katholischen Orthodoxie

Im Jahre 1863 wurde die Inländische Mission gegründet, und seit 1867 setzte sich der Piusverein für die Propagierung katholischen Handelns in der Familie und im Staat ein, für die Pflege katholischer Wissenschaft und Kultur, Förderung des Kirchengesangs und Verbreitung katholischer Unterweisungs- und Unterhaltungsliteratur. Die Dachorganisation der *Societad da Pius* wurde von zehn Personen geleitet. Um diese herum hat sich ein ganzes Netz spezifischer Organisationen gebildet, u. a. katholische Schul- und Erziehungsorganisationen. Prominentester Förderer in Graubünden war der bekannte Pater Theodosius Florentini,[735] und der Verein wurde auch von der *Gasetta* sehr publikumswirksam begleitet und unterstützt. Die Aktivitäten der Mission, des Piusvereins und neuer Bruderschaften in der Surselva und in Mittelbünden machten sich ab 1869 zunehmend bemerkbar.[736]

Wichtiges Element der religiösen Volksbildung war die Förderung von Priester- und Nonnenberufungen. Die dazu Berufenen waren die rechtgläubigen Gotteskrieger an vorderster Front gegen liberalen Geist und Irrglauben. Ein gesteigerter Papstkult wurde als propagandistisches Mittel der Ultramontanisierung eingesetzt. Alle diese Elemente wurden durch permanente Berichterstattung in der *Gasetta* gefördert und durch den *Calender Romontsch* ab 1860 sowie religiöse Volksschriften und weitere Erbauungsliteratur aus der Stamparia Condrau popularisiert. Nach 1900 sorgte der als Monatsblatt für die katholische Familie konzipierte *Pelegrin* für spezifisch religiöse Erbauung und Erziehung. Der bereits erwähnte Disentiser Konventuale P. Maurus Carnot war während 23 Jahren dessen Redaktor. Zum *Pelegrin* gesellte sich 1921 der *Tschespet* mit einer jährlichen Ausgabe, die «Erbauung, Unterweisung und Unterhaltung» für die katholische Leserschaft bot.[737] Beide wurden äusserst populär. Den Gebildeten zugedacht war der *Ischi*, und für ein wissenschaftlich interessiertes interromanisches Publikum beider Konfessionen gab es seit 1886 die *Annalas da la Societad Retorumantscha*.

Alles populäre Schrifttum diente einer «kulturkämpferische[n] Aktualisierung der regionalen Kultur» durch Verbindung von Altem und Neuem, Eigenem und Importiertem (in Übersetzung). Kirchliche Feste, Prozessionen und Wallfahrten (zum Placifest in Disentis, nach Ziteil/Salouf, Einsiedeln, Lourdes) wurden dem Frommen ans Herz gelegt, und eine Theologie der Angst sorgte während fast 100 Jahren für religiöse, soziale und politische Disziplinierung.[738]

---

735   1808–1865. Biogr. s. HLS.
736   Dazu s. Berther, Die Welt steht Kopf, S. 418–419. Zu den Bruderschaften exemplarisch Maissen, Cumbel, 1983, S. 106–115. Dieses kleine Lugnezer Bauerndorf zählte im 19./20. Jahrhundert nicht weniger als 14 Bruderschaften und religiöse Männer- und Frauenvereine.
737   Einleitung zur ersten Ausgabe, S. V–VI.
738   Zu den zwei Disziplinierungswellen siehe Altermatt, Katholizismus, S. 65–71. «Die besten Verbündeten eines Königs sind der Tod und die Angst. Lasse den Tod herrschen, dann herrscht die Angst. Und herrscht die Angst, dann kannst auch du König sein.» Derungs, Il sault dils morts, S. 19. Das II. Vatikanischen Konzil beendete diese Epoche.

Vom exkludierenden Geist des *Syllabus* erfüllt und durch die imperativen Dekrete des I. Vatikanischen Konzils gestärkt, fochten die Konservativen 1872 und 1874 und (erst recht) weit darüber hinaus gegen den liberal-radikalen Staat als gottloses Monster, das die Kirche und die religiösen Freiheiten vernichten wolle.

In diesem Zusammenhang sehr aufschlussreich ist das 1932 gehaltene Referat eines Pfarrers Pelican über die Abspaltung der Altkatholiken 1870 und über die damalige katholisch-liberale Politik und Presse. Der Versuch, so Pelican, in Chur eine religiöse Gemeinschaft von Altkatholiken aufzubauen, sei gescheitert. Aber die Katholisch-Liberalen hätten in ihren Zeitungen *Il Grischun*, *Il Patriot* und *Il Sursilvan* «tertignau cun lur liberalissem vinavon»/«weiterhin mit ihrem Liberalismus Schund verbreitet». Sie hätten den Liberalismus in der Surselva gesät und diesen auch unter den Protestanten gefördert. Ohne diese Dreckschleudern, so Pelican weiter, wäre die Position der konservativen Katholiken in der konfessionell durchmischten Gruob (Ilanz und Umgebung) eine viel bessere gewesen. Diesbezüglich habe der alte Anton Steinhauser, der letzte katholisch-liberale National- und Regierungsrat, grossen Schaden angerichtet. Die Bündner Gemeindedemokratie sei direkt und radikal, und in diesem radikalen altrepublikanischen Demokratismus sei der Konservatismus in den Gemeinden und Kreisen verwurzelt. In diesen sei man konservativ gewesen, während die Repräsentanten des Volkes im Parlament liberal oder zum grösseren Teil eher liberal gewesen seien. Instinktiv habe das Volk immer über den Grossen Rat geschimpft, der anders gefühlt und gehandelt habe als es selbst.[739]

Wir wissen es inzwischen besser. Die in der *Gasetta* bis in die 1880er-Jahre hinein nachlesbare Frustration über das nach katholisch-konservativer Meinung völlig arbiträre Wahlverhalten des katholischen Volkes klang noch Jahrzehnte später nach. Die Stigmatisierung der ehemaligen katholisch-liberalen Elite als «liberaluns» und «radicaluns» war inzwischen ein fester und erfolgreicher Bestandteil der ausgrenzenden Propaganda geworden! Diese ‹bösen Worte› ruhten in sich und trafen die so Bezeichneten in ihrer sozialen, politischen und sogar materiellen Existenz. Die Stigmatisierten hatten keinen Platz mehr in den Reihen «dils nos»/«der zu uns Gehörenden» und mussten sich zwischen Anpassung, Marginalisierung oder Abwanderung entscheiden.[740]

---

739 Zitiert nach StAGR A SP III/8e, Demont, Diari 1930–1934, 31.10.1932.
740 Dazu eingehend Collenberg, Die Kennzeichnung von Abweichung.

Maurus Carnot Carli (Karl) Fry

Maurus Carnot (1865–1935), Benediktinerpater in Disentis | Carnot war ein schweizweit bekannter Dichter und volkstheologischer Schriftsteller und eine der einflussreichsten theologischen Stimmen der Zeit in der *Gasetta*. Er genoss bei den (katholischen) Rätoromanen als Verfasser von Theaterstücken für die Schule und die Volksbühnen hohe Verehrung und übte als Mitgründer und Redaktor der sehr beliebten katholischen Familienzeitschrift *Il Pelegrin* (Der Pilger; gegr. 1900) während Jahrzehnten tiefgreifenden Einfluss auf das familiäre und religiöse Denken aus. Biogr. s. HLS. Portrait: Gion Condrau, Disentis – Geschichte und Gegenwart, Disentis 1996, S. 115.

Carli (Karl) Fry (1897–1956), Kanonikus in Trun (Maria Licht) | Kanonikus Fry war als Nachfolger von Carnot bis zu seinem Tod die kirchenpolitische Stimme in der *Gasetta*. Seine bekannteste und erfolgreichste Kampagne war diejenige gegen die Alters- und Hinterlassenenversicherung (AHV) Ende der 1940er-Jahre. Bekannt war er – in der hier untersuchten Zeit – auch durch seinen penetranten Antisemitismus und seine Sympathien für das autoritäre Regime von Mussolini, der das italienische Parlament von Liberalen und Sozialisten gesäubert und das Kreuz wieder in die Schulzimmer gebracht habe. Portrait: Gion Condrau, Disentis – Geschichte und Gegenwart, Disentis 1996, S. 119.

Eliminierung der Katholisch-Liberalen als primäres politisches Ziel

Die restlose Beseitigung der während Jahrzehnten dominierenden inneren Gegner war die unbedingte Voraussetzung für die Sammlung aller Katholiken und den Aufbau eines religiös orthodoxen und politisch mächtigen konservativen Milieus.

Nach dem Tod von Alois Latour 1876 verloren die Katholisch-Liberalen ihre Dominanz. 1877 wurde der 22-jährige Neodoktor Caspar Decurtins überraschend mistral/Landammann der Cadi. Seine Mutter war eine Schwester des als Nationalrat verstorbenen Caspar Latour, dessen früher Tod 1861 den Weg für den gemässigt-konservativen Johann Rudolf Toggenburg freigemacht hatte. Decurtins wurde katholisch-liberal erzogen und machte es sich als politischer Konvertit und orthodoxer Katholik zur Aufgabe, das katholisch-liberale Erbe von Alois und Caspar Latour und Anton Steinhauser[741] mit Kraut und Stiel auszurotten und deren Nachkommen und Nachfolger politisch in Schach zu halten. Das ist ihm gelungen, und dafür machten Pater Maurus Carnot und, in dessen Gefolge, Carli Fry ihn zum Säulenheiligen der Surselva.

Eine besonders wichtige Rolle im Kampf gegen die Liberalen spielten offensichtlich die Mitglieder des Piusvereins. Im katholisch-liberalen *Patriot* berichtet 1878 ein «Einsender» von einer «Reise des Wahlmissionars» des Piusvereins ins Lugnez, von einer solchen vor dem Septembermarkt nach Ilanz, von einer «tumultuösen Wahlversammlung» am Markttag selbst, von einer Missionsreise nach Schluein, Ladir, Ruschein, von den Wahlversammlungen in Degen, Peiden Bad und weiteren Orten. Das Volk habe überall zugehört und sich ein Urteil gebildet. Es habe schliesslich nicht einmal den Pfarrherren und dem Piusverein geglaubt, «diesen beiden wesentlichen Rädern der ultramontanen Wahlmaschinerie».[742]

In jenem Jahr 1878 publizierte die *Gasetta* erstmals nur die Namen der konservativen Nationalratskandidaten. Gewählt wurde mit magerem Ergebnis der bisherige Amtsinhaber Toggenburg – und mit glänzender Stimmenzahl der katholisch-liberale Anton Steinhauser. Dieses Resultat zeigt, dass die Konservativen noch einen schwierigen Weg vor sich hatten.

Im Jahre 1881 verdrängte Decurtins dann seinen Onkel Anton Steinhauser als letzten Katholisch-Liberalen aus dem Nationalrat, und 1887 scheiterte dieser auch als Regierungsratskandidat an der konservativen Allianz. Um 1890 finden wir Katholisch-Liberale nur noch als in Einzelfällen erfolgreiche Bewerber um Ämter an der Landsgemeinde, etwa im Kreis Disentis, wo die Ära Latour noch nachwirkte. Das gegenüber Minderheiten unbarmherzige Majorzsystem schied aber von Wahl zu Wahl die unerwünschten politischen Mitspieler und Konkurrenten zugunsten der Konservativen aus.

---

741   Zu den verwandtschaftlichen Beziehungen von Decurtins s. Genealogie auf S. 72.
742   *Il Patriot*, Nr. 45, 18.11.1878. Wir erinnern uns an das glänzende Resultat des katholisch-liberalen Anton Steinhauser als Nationalrat 1878.

Die parteipolitischen Inputs von ausserhalb des Dorfes gaben bei Wahlen und Abstimmungen die *Gasetta* und die Mitglieder des Landeskomitees durch ihre Vertrauensmänner. Dem Komitee ging es während der beiden schwierigen, von der Dissidenz von Plattner und Dedual und dem oppositionellen Alleingang von Vieli geprägten Jahren 1892–1908 vor allem darum, die parteiparitätische Verteilung der hohen Ämter durch strikte Bündelung der katholischen Stimmen auch numerisch zu legitimieren und mithilfe der Reformiert-Konservativen zu sichern. Bei als wichtig taxierten Wahlen und Abstimmungen wurde nach Bedarf das Narrativ von der «religiun en prighel»/«Religion in Gefahr» evoziert und die Stimmabgabe zur «obligaziun religius-patriotica» hochstilisiert, um eine maximale Mobilisierung und Geschlossenheit zu erreichen. Das wurde nicht zuletzt dadurch erreicht, dass die Wahlurne nach der Sonntagsmesse vor der Kirche aufgestellt wurde. Bei gewöhnlich 90 und mehr Prozent Besuch der Sonntagsmesse und der sozialen Kontrolle war eine entsprechende Stimmbeteiligung garantiert. Für das erwünschte Wahlergebnis sorgten mahnende, an das individuelle Gewissen appellierende Worte von der Kanzel. «Die Parteidisziplin und Prinzipientreue profitierten [...] von der Tatsache, dass selbst im sakralen Raum bei Grundsatzfragen auf Parteidisziplin getrimmt wurde.»[743] Thron und Altar reichten sich – in Anlehnung an den Leitspruch der *Gasetta* – «pro deo et patria» die Hand. Ihre Einheit wurde im Landsgemeinderitual der Cadi vor der klösterlichen Kulisse und mit dem feierlichen Aufzug der Behörden und der initialen Segnung des versammelten Wahlvolkes durch den Abt spektakulär demonstriert. Mit etwas weniger Pomp, aber nicht ohne kirchliche Segnung vor Ort initiierte man die politischen Geschäfte auch in den anderen Kreisen.

Solange zumindest eine publizistische Alternative zur *Gasetta* bestand, konnten sich Gegenmeinungen öffentlich artikulieren. Ab 1892 fiel dieser das Informationsmonopol zu, und sie stand Decurtins ab Herbst 1892 unerschütterlich zur Seite, brach den Stab über seine Gegner, stützte und rettete ihn in entscheidenden Momenten seiner politischen Karriere. Dies gilt besonders für die kritische Phase 1893, als es darum ging, seinen extrem föderalistischen ‹alten Kurs› gegen den ‹neuen Kurs› von Plattner/Dedual durchzusetzen. Die *Gasetta* propagierte nach dem endgültigen Sieg von Decurtins 1893, wie wir aus verschiedenen Artikeln heraushören können, contre coeur die Argumentation von Decurtins gegen eine von Dedual lautstark geforderte rein katholische Partei für Bünden. Die Gründung der Konservativ-demokratischen Partei 1903 ermöglichte dann der *Gasetta*, ihr ausgedientes, arg bedrängtes und aus der politischen Zeit gefallenes Schlachtross in die professorale Karriere nach Freiburg zu verabschieden und sich den neuen Mächtigen anzudienen, um diese anschliessend unter ihre Fittiche zu nehmen.

---

743 Capaul, Schwarze Lawine, S. 92.

Die Eckpunkte der katholisch-konservativen Politik in Bünden um 1900

- Das Christentum ist Richtschnur in allem.
- Der römische Katholizismus ist absolut verbindlicher Angelpunkt der Weltdeutung.
- Der religiös fundierte Konservatismus versteht sich nicht als ideologisches Konzept zu politischem Gebrauch, sondern als eine von fundamentalen Prinzipien geleitete Weltanschauung, die kirchlich verbindlich vorgegeben ist und sich darum nicht politisch legitimieren muss.
- Föderalismus und demokratische Volksrechte dienen der Selbstverteidigung gegen den Liberalstaat und der gesellschaftlichen Abschottung.
- Katholische Politik muss sich am Glauben orientieren. Im Zweifelsfall ist das religiöse Gewissen die entscheidende Instanz, nicht persönliche Präferenzen oder staatspolitische Raison.
- Bei Wahlen ist nicht die Person des katholischen Kandidaten als relevant zu betrachten, sondern allein die Tatsache, dass er die richtigen Prinzipien vertritt.
- Alles Schrifttum, alle Vereine und alle Behörden haben sich in den Dienst der katholischen Weltanschauung zu stellen.

Neben der *Gasetta*, so der Dissident Dedual 1892, werde zu Lebzeiten von Placi Condrau kein weiteres Blatt bestehen können, da die katholischen Romanen «buchstäblich an diese gewöhnt [sind]. Das ist wirklich eine Calamität».[744] Es hiess: Die *Gasetta* muss man nicht mögen – aber man muss sie haben!

6. Katholisch-konservative Weltanschauungspolitik nach 1920

Unser Gewährsmann Demont berichtet von einem Gespräch vom Juli 1917 mit Pfarrer Anton Willi von Ems und dem Disentiser Pater Beda Hophan (dem nachmaligen Abt) im Marsöl zu Chur, einem traditionsreichen Treffpunkt der Churer Katholiken. Er zitiert Pater Beda: «Was nach dem Krieg kommt, wird möglicherweise schlimmer sein als der Krieg selbst. Der politische und geistige Kampf wird alle Völker erfassen. Die demokratische Bewegung muss man mit Vorsicht verfolgen. [...] Nicht alles, was als solche ausgegeben wird, ist es auch. [...] Diese Bewegung ist gleichzeitig auch ein Kampf gegen die Autorität. Viele Phrasen, die weltweit kursieren, sind von der Freimaurerei gestreut. Man muss vorsichtig sein! [...] Ein grosser Mangel bei uns Katholiken ist der Interkonfessionalismus in der Wissenschaft, Literatur, Schule, Politik, Gesellschaft etc. (sic!) Dieser ist oft schuld daran, dass viele vom Glauben abfallen.»[745]

---

744 StAGR, FamA Dedual, Kopialbuch I, S. 393, Bf. an NN, Chur, 23.5.1892.
745 StAGR A SP III/8e, Demont, Diari 1917–1920, sub 16.7.1917.

Aus einer solchen Warte wurden ab Kriegsende 1918 mithilfe griffiger Schlagworte die scharfen Abgrenzungen zum politischen Gebrauch vorgenommen. Damit wurde propagandistisch effizient der Innenraum des Eigenen vom weltanschaulich stigmatisierten Aussenraum aller Anderen abgegrenzt. Dieses Denken war dualistisch und agonal und erlaubte nur taktische Kompromisse mit der Aussenwelt. Die religiös-orthodoxe Programmatik dieser Ab- und Ausgrenzungen wurde im Verlaufe des folgenreichen Jahres 1919 fassbar. Im März 1919 begann gemäss Altermatt «ein eigentlicher katholisch-konservativer Kreuzzug gegen die Linke, an dessen Spitze sich [der Churer] Bischof Georg Schmid von Grüneck stellte».[746] In seinem Fastenmandat verurteilte er den Landesstreik als verbrecherisch und verurteilte den Sozialismus mit scharfen Worten.

Am 9. April 1919 gründete Dekan Rest Giusep Caminada zusammen mit Joseph Desax, Redaktor Horat u. a. im Marsöl in Chur eine Arbeitsgemeinschaft zur Förderung katholischer Weltanschauung und Politik. Demont meinte, dass daraus was werden könne.[747] Daraus wurde tatsächlich sehr viel. Caminada, ein Klosterschüler von P. Maurus Carnot und von Decurtins stark beeinflusster Seelsorger in Trun (ab 1912), wurde am bischöflichen Hof nach 1920 eine wichtige Figur und stand von 1941–1962 dem Bistum Chur vor.[748]

Im von Bischof Georg Schmid von Grüneck verfassten Bettagsmandat von 1920 wird dem Katholiken sozialistisches Denken, Werben und Handeln, die freiwillige Mitgliedschaft in sozialistischen Verbänden und die Lektüre sozialistischer Schriften untersagt, «damit für ihn oder andere keine schweren Gefahren der Seele erwachsen». Die Pfarrer wurden angehalten, diesen Hirtenbrief «behufs wiederholter Vorlesung im Archiv aufzubewahren».[749]

Der politische Katholizismus wurde vom liberal-laizistischen Staat lange im Zaum gehalten, aber nach 1920 vergrösserte sich sein Werte setzender und gestaltender öffentliche Einfluss.[750] Demont, der wie kaum ein anderer den Finger am Puls der Zeit hatte, war kein grosser Freund der Rücksichtnahme auf die konservativen Reformierten, die dank Alt-Nationalrat Planta für die KDP offensichtlich immer noch wahlpolitisches Gewicht besassen. Demont schwankte bei den Nationalratswahlen von 1919 zwischen Planta und Dedual. Nach einem klärenden Gespräch mit dem Regierungsratskandidaten Georg Willi von Domat/Ems notierte er: «Ich bin zur Überzeugung gelangt, dass das katholische Volk nicht mehr geschlossen für einen Protestanten, wenngleich konservativ, stimmen wird. Seine Parole lautet sowohl punkto Presse wie Politik: katholisch! Das ist positiv. Es ist, als spüre das Volk bereits die künftigen Prinzipienkämpfe (combats da prinzipi).»[751]

---

746 Altermatt, K+A, S. 150.
747 StAGR A SP III/8e, Demont, Diari 1917–1921: sub 21.4.1920.
748 Er sei ein Bischof von grossem politischem Einfluss gewesen. Legendär geworden sind seine nach der Sonntagsmesse mit den konservativen Eliten in der Hofkellerei abgehaltenen Treffen. Biogr. s. e-LIR.
749 Ausführlich Bernold, Episkopat, S. 119–159. Zitate S. 133 und 134.
750 Geschichte der Schweiz und der Schweizer, Bd. III. H.U. Jost, 1914–1945, 129ff.
751 StAGR A SP III/8e, Demont, Diari 1917–1920, 14.1.1919.

Zur Nationalratswahl mobilisierte das *Tagblatt* damals die katholisch-konservative Wählerschaft mit einer eindringlichen Warnung: Der Zug nach links führe zu Staatskult, Zentralismus, Bevormundung und Atheismus. Im bevorstehenden Kampf für die katholische Weltanschauung steuere die KDP einen Kurs der «Idealpolitik», der «reinen politischen Grundsätzlichkeit».[752]

Die Gangart wurde laufend schärfer: Die *Gasetta* monierte anlässlich der Nationalratswahlen von 1922: «Entweder konservativ bis ins Mark oder nichts, entweder kalt oder warm».[753] Darum gelte: keine Stimme den Liberalen, den Demokraten und den Sozialisten! Drei Jahre später hiess es im selben Wahlzusammenhang: «Jeder Mann soll nach seinem Gewissen für die Kandidaten stimmen, die er als die Würdigsten betrachtet. Ein konservativer Mann muss es aber vor allem mit seiner Partei halten.»[754] Dieses «aber vor allem» musste ein Konservativer auf der demokratischen Zunge zergehen lassen und hoffen, «die Würdigsten» fänden sich in seiner Partei!

Die anderen drei Parteien waren um Zuspitzungen auch nicht verlegen; sie waren das Merkmal des politischen Kampfes nach 1920. Aber die Parteien bemühten nicht das religiöse Gewissen, und ihr Stimmzettel trug bei Abweichung von der Parteiparole nicht den Stempel der Sünde vor Gott und der Schande eines Fremdgängers. Die damaligen katholisch-konservativen Slogans lauteten: zurück zu den Prinzipien des Christentums, Föderalismus und soziale Reformen im Geiste der päpstlichen Sozialenzyklika von 1891. Das stand im Einklang mit den Verlautbarungen der Schweizer Bischöfe.[755]

Die wachsende materielle Not um 1930 forderte eine entschiedene Abgrenzung vom sozial attraktiven Programm der SP. Und so kämpfte die KDP einmal mehr «für Gott und Vaterland gegen die nationale Gefahr des Sozialismus» und mahnte ihre Bauern, den Sozialisten keine Stimme zu geben. Als Katholik könne man aus weltanschaulicher Sicht nicht Sozialist sein und auch nicht die Kirche unter staatliche Regie des Freisinns stellen wollen. «Christlicher Solidarismus ist unsere Parole, nationale Politik die Losung und weltanschauliche Grundsätzlichkeit oberste Richtlinie unseres Handelns.»[756] Das entsprach der Marschrichtung der Konservativen Partei der Schweiz und wurde im schwarzen Monolith rigoros durchgesetzt. Der christliche Solidarismus taugte in der Praxis zu wenig mehr als zu wiederholter Mobilisierung der Katholiken gegen die staatlichen Sozialversicherungen wie beispielsweise die Alters- und Hinterlassenenversicherung.[757]

---

752 BT, Nr. 256, 31.10.1919.
753 GR, Nr. 43, 26.10.1922.
754 Ebda., Nr. 42, 22.10.1925.
755 Bernold, Patrick, Der schweizerische Episkopat und die Bedrohung der Demokratie 1919–1939, S. 119–148.
756 BT, Nr. 247, 22.10.1929.
757 Die AHV wurde von den Katholiken Graubündens in hohem Bogen verworfen. Dazu s. Egloff, Mit dem Rosenkranz gegen die AHV.

Aufzug und Segen des Disentiser Abtes für das Wahlvolk der Cadi | Die beiden Bilder zeigen die enge Verbindung von Thron und Altar. – Nirgends wurde sie so lange und mit soviel Pomp zelebriert wie im Landsgemeindegarten am Fusse der Abtei Disentis. Die alten und neuen weltlichen Honoratioren waren nach den Wahlen zum Mittagstisch im Kloster gebeten. Auf dem Bild von 1963 ist es Abt Beda Hophan, der dem Wahlvolk den Segen erteilt. Bilder: Gion Condrau, Disentis – Geschichte und Gegenwart, Disentis 1996, S. 61.

Die religiös fundierte Stigmatisierung konkurrierender Ideologien

In all den Jahrzehnten, die unsere Studie ausgeleuchtet hat, begleiteten uns die gebetsmühlenartig wiederholten Aufrufe der *Gasetta* und des *Tagblatts* zum Kampf gegen Zentralisierung, Bureaukratie und Militarismus und gegen den antichristlichen Geist, der sich in der liberalstaatlichen ‹Schule ohne Gott› manifestiere. Diese Reizworte wurden schliesslich zu Slogans, die keiner näheren Erläuterung mehr bedurften.[758] Sie dienten bereits vor 1920 als äusserst wirksame Schlagworte zur inhaltlichen Abgrenzung von den Liberalen. Aber damals fehlte ihnen angesichts eines gemässigt-liberalen Regiments, der überkonfessionellen Allianz und der austarierten Repräsentanzformeln die praktische Schärfe. Es war im paritätisch durchmischten Kanton Graubünden zu offensichtlich, dass die liberalen und die reformierten Nachbarn und Standesgenossen auch Christenmenschen und keine Kirchenstürmer waren. Unbestreitbar war zudem, dass auch die Bündner Liberalen die Gemeindeautonomie hochhielten und keinen Einheitsstaat französischen Zuschnitts wollten. Mit ihnen konnte man sich gut arrangieren und dabei sein eigenes regionales und lokales Süppchen kochen. Und bei Bedarf konnte man leicht einige Tausend Männer und Frauen gegen den Kanton aufmarschieren lassen.

Da zur Integration in den liberal-demokratischen Kanton keine realisierbare Alternative bestand, ging es darum, sich von diesem ideologisch zutiefst verabscheuten Staat möglichst wenig dreinreden zu lassen. Den geschlossenen Reihen verdankte die konservative Partei ihre Stärke nach aussen, und sie ermöglichte die diktatorische Macht im Innern des Monoliths. In diesem wurde eine primär der Kirche verpflichtete und den bäuerlichen Alltag abbildende Kultur entwickelt.

Aus politischem Eigeninteresse nahmen KDP und LP vereint den Kampf gegen die neue Bedrohung auf: die 1906 gegründete SP. Die KDP bekämpfte sie als atheistisches Gespenst, die LP, weil sie ihr die Jungliberalen und Grütlianer abspenstig machte, und beide wegen der ernst zu nehmenden sozialpolitischen Herausforderung. Während des Krieges wurde die kämpferische Auseinandersetzung mit dieser neuen Kraft aufgeschoben, aber im Hintergrund bereitete man sich darauf vor.

Die ersten gewichtigen Wahlerfolge von SP und DP 1919/20 hoben die Auseinandersetzung der KDP mit diesen neuen Konkurrenten schlagartig auf eine ideologisch pointiertere Ebene. Die weltanschauliche Stigmatisierung und persönliche Verunglimpfung der Gegner rückte nun ins Zentrum ihrer Propaganda. Im Namen der katholischen Weltanschauung trat sie gegen die anderen Parteien an.

---

758   Vgl. GR, Nr. 37, 13.9.1894 zur Feier des Eidgenössischen Bettags.

Der Liberalismus und die Freisinnigen

Katholischerseits wurde immer betont, Liberalismus und Katholizismus verhielten sich weltanschaulich zueinander wie Feuer und Wasser. Der Liberalismus wurde von der katholischen Seite wegen seines individualistischen Prinzips, seines religiös indifferenten und seines zweckrationalen und laizistischen Staats- und Gesellschaftsentwurfes abgelehnt. Dem freigeistigen, weltlich geprägten Bildungsideal der aufgeklärten Pädagogik wurde das Primat des Religiösen entgegengestellt. Das Kruzifix in der Schulstube brachte dies zum Ausdruck. Gegen die zentralisierenden Tendenzen des Liberalstaates setzten die Konservativen die föderalistische Zersplitterung, und die konfessionelle Autonomie diente als Schutzschild gegen liberalstaatliche und weltanschauliche Zugriffe auf das katholische Milieu.

Der Liberalismus, so lehrt das Evangelienbuch/*Cudisch dils Evangelis* von 1930, sei kein konsistentes System, sondern ein grosser Strom von verwandten Ideen, die aber je nach Zeit und Ort unterschiedliche Formen annähmen. Seine Parole laute: Freiheit! Er wolle die Trennung von Staat und Kirche, die Schulen dem Staat ausliefern und das Kruzifix aus der Schulstube verbannen. Der liberale Staat wolle die öffentlichen sozialen Institutionen wie Spitäler und Armenhäuser der Kirche entziehen. Auch der gemässigte Liberalismus münde schliesslich in Radikalismus. Die Liberalen führten das grosse Wort von der Freiheit und seien die grössten Tyrannen gegenüber denen, die wirklich frei sein und ihre Pflicht gegenüber Gott erfüllen wollten.[759]

Kanonikus Carli Fry zog nach drei Jahren Faschismus in Italien Bilanz: «Was hat Mussolini bis heute geleistet?» Er habe sich als «Mann mit starker Hand und gutem politischem Verstand gezeigt». Und vor allem habe er Schluss gemacht «mit dem liberalen, garibaldinischen Geist, der die letzten 50 Jahre Italien regiert hat. Schon durch diese Tat allein verdient er, als grosser Mann in der neuesten Geschichte bezeichnet zu werden».[760] Liberale Zeitungen vom eigenen Haus fernzuhalten sei darum «nicht nur eine von der Politik, sondern vor allem von der Religion diktierte Pflicht. […] Eine liberale Zeitung ist eine Feindin der Familie, und wer sich eine solche wöchentlich ins Haus holt, vergiftet damit alle Hausgenossen».[761]

---

759 *Cudisch dils Evangelis*, S. 409–410 («Ils fauls profets»/«Die falschen Propheten»).
760 GR, Nr. 30, 29.7.1926. Fry hatte sozusagen das Ressort Mussolini innerhalb der Gasetta übernommen und diesen mit zahlreichen freundlichen Artikeln bedient. Er nahm später auch General Franco unter seine Fittiche. Er verehrte beide als gottgefällige Vernichter der Gottes- und Kirchenfeinde.
761 *Cudisch dils Evangelis*, S. 278.

CUDISCH DILS EVANGELIS – DAS ‹ROTE BUCH› DER KATHOLIKEN

Was in einzelnen Mess- und Gebetsbüchern und Periodika wie dem *Calender Romontsch* und dem *Pelegrin* unters Volk gebracht wurde, erhielt im *Cudisch dils Evangelis* seine verbindliche Form und Formulierung. Dieses 1930 von Pfarrer Placi Sigisbert Deplazes verfasste Evangelienbuch präsentiert in seinen «Instrucziuns» lehrhaft und kurz gefasst alle wesentlichen familiären, allgemein sozialen, ideologischen und bürgerlich-politischen Verbindlichkeiten seiner Zeit. Der voluminöse, rot eingebundene und darum allgemein «il tgietschen»/«der Rote» genannte *Cudisch* fehlte in keinem Haushalt.[762]

Der *Cudisch dils Evangelis* | Das Evangelienbuch von Placi Sigisbert Deplazes war obligatorische Hauslektüre für gut christliche Eltern und deshalb ein obligates Geschenk an die frisch vermählten Kinder. Er war während zweier Generationen das Fundament gut religiöser und politischer Erziehung schlechthin.

‹Das satanische Dreieck›: Sozialisten, Juden und Freimaurer[763]

Von der katholischen Kirche und ihren Medien wurden diese drei Gruppen allgemein als Inkarnationen der Gottesfeinde und als Botschafter des Teufels mit Acht und Bann belegt. Die kirchliche Hierarchie pflegte offen die antisemitische Auffassung, wonach die Juden mit teuflischer Hinterlist die Weltherrschaft anstrebten. Im liberalen Judentum erblickte sie die Vorhut des Modernismus. Der Illuminismus habe, so wurden in diesem Narrativ die verschiedenen diffamierten Elemente verbunden, die Französische Revolution und deren Erben gezeugt: den Liberalismus und Sozialismus als Instrumente der Juden und Freimaurer zur Eroberung der Weltherrschaft und Vernichtung der christlichen Weltordnung.[764]

---

762 Dazu s. Collenberg, Il ner dalla lavina.
763 S. dazu Altermatt, Antisemitismus; Collenberg, Atem des Faschismus; ders., Gedius; ders., Kennzeichnung.
764 Wir können uns kurz fassen, da dieser Aspekt von uns bereits im *Ischi* 75/2, 1990, S. 104–109 und im BM 6, 1988, S. 347–363 dargestellt wurde.

Der Sozialismus und die Sozialisten

Das Evangelienbuch stellt klar: «Der Sozialismus predigt die Revolte gegen jede göttliche und menschliche Autorität, und darum sind seine Führer und überzeugten Anhänger von der kirchlichen Gemeinschaft ausgeschlossen. Die Sozialisten sind die legitimen Söhne der Liberalen. [...] Sie wollen die modernen Freiheiten nicht nur für die Oberen (la signeria), sondern auch für die Arbeiter. [...] Die Französische Revolution hat ihnen den Weg gezeigt.» Auf den Trümmern der bestehenden Gesellschaft und Staaten sollte der sozialistische Staat von Liberté, Egalité und Fraternité errichtet werden. Der höchste Damm gegen solche Revolutionen sei die Kirche, und «darum muss, wer die waltende soziale Ordnung zerstören will, zunächst die Kirche zerstören. Die Sozialisten behaupten, man könne ein Sozialist und gleichzeitig Katholik sein. Da zeigt sich der Wolf im Schafspelz».[765]

Mit den Sozialisten war keine Kooperation möglich. Der Sozialismus wurde in der *Gasetta* nie anders dargestellt denn als ein atheistisch-revolutionärer Versuch, den Menschen zu einem gottlosen irdischen Souverän zu machen, der die Altäre zerstöre und Gottes Werk dem Satan ausliefere. Da er objektiv gesehen doch einige Elemente enthielt, die dem christlichen Denken heilig waren, wie z.B. das Primat der Communitas vor individuellen Lebensentwürfen und die soziale Verantwortung des Kapitals, so musste er als ein besonders heimtückischer Angriff auf die christliche Welt stigmatisiert werden. Cherchez l'infâme und ihr findet – die Freimaurer und die Juden. Die *Gasetta* präsentierte die Sozialisten immer wieder als «Jünger des Juden Karl Marx» und Anhänger der «jüdischen Schelme Lenin und Trotzki».[766] Sie seien die Räuber am hart erarbeiteten Besitz des gemeinen Mannes. Die von den Sozialisten und Sozialdemokraten geforderte staatliche Unterstützung der Armen und Schwachen bedrohte de facto die von der katholischen Kirche seit jeher für sich beanspruchte Caritas, die mildtätige kirchliche und private Sorge für die armen Kinder Gottes.

Am Schluss des bischöflichen Bettagsmandats von 1920 heisst es diesbezüglich: «Zur Erhaltung des hl. Glaubens und zur Linderung der vielfachen sozialen Not empfehlen wir eurer Mildtätigkeit insbesondere das Werk der Inländischen Mission, das jährliche Caritasopfer, sowie **die christlich-sozialen Werke.**»[767]

---

765 *Cudisch dils Evangelis*, S. 409–411 («Ils fauls profets»/«Die falschen Propheten»).
766 Zit. GR, Nr. 49, 6.122.1923; allgemein: Collenberg, Der Atem des Faschismus.
767 Bernold, Episkopat, S. 133. Hervorhebung gemäss Vorlage.

Die Juden

Wir dürfen ohne weiteres annehmen, dass nur wenige Bündnerinnen und Bündner ausserhalb der wenigen Kurorte mit orthodoxen Jüdinnen und Juden in Kontakt kamen.[768] Das hat der intensiven Pflege der Vorurteile und Verdammung in der Presse und von der Kanzel herab jedoch keinen Abbruch getan. Im Gegenteil: Das Vorurteil kümmert sich nicht um die Realität und empfindet diese grundsätzlich gar als störend.

Auf die Erforschung des Woher können wir an dieser Stelle unter Hinweis auf die Standardwerke von Urs Altermatt verzichten.[769] Sie liefern den Hintergrund für die von uns im Nachfolgenden dargestellte weltanschauliche Propaganda und parteipolitische Verwertung. Das Verdienst von Altermatt besteht darin, dass er ein Koordinatensystem entwarf, das geeignet ist, uns im Thema zurechtzufinden, Standards zu lokalisieren, lokale Varianten zu identifizieren und darzustellen. Der Platz, den er Graubünden widmen konnte, ist selbstredend bescheiden, und das hat seinen guten Grund: Der allergrösste Teil der die Juden betreffenden Urteile und Vorurteile der Bündner finden in Altermatts allgemeiner Darstellung ihre genauen Entsprechungen, inklusive der von ihm beschriebenen Mentalitäten, Ambivalenzen und Kontinuitäten. In unserem Zusammenhang von besonderem Interesse ist, dass Altermatt den Kanonikus Carli Fry, während dreier Jahrzehnte eine wichtige mediale, politisch-klerikale und schriftstellerische Stimme in Katholisch-Bünden, auf der Basis von dessen Beiträgen in der *Gasetta* als Vertreter eines «vulgären Antisemitismus» einstuft, «der nicht nur den nationalsozialistischen ‹Rassen›-Antisemitismus implizit akzeptierte, sondern auch dem Boykott [der jüdischen Geschäfte und Unternehmen] Verständnis entgegenbrachte».[770]

---

768 Zur Präsenz der Juden in Graubünden s. A. Nordmann, Die Juden in GR, in: BM 1924, S. 265–90; Kurt Siegenthaler, Jüdischer Tourismus in Graubünden, 1995, S. 12–14; Metz I, S. 119.

769 Die Katholiken pflegten in der ersten Hälfte des 20. Jahrhunderts ein in sich geschlossenes antisemitisches System, das via Lexika und Handbüchern verbreitet wurde, die den kirchlichen und weltlichen Exponenten wie auch den Publizisten allgemein bekannt waren. Darin wurden offiziell zwei Formen unterschieden: Der ‹gute›, d. h. von der Kirche sanktionierte Antisemitismus und der von dieser als ‹unchristlich› zurückgewiesene. Erlaubt und genehm war derjenige, der den als schädlich bezeichneten jüdischen Einfluss auf die Politik, Gesellschaft, Presse, Literatur und Ökonomie verurteilte. Dieser Einfluss sollte aber mit demokratischen Mitteln bekämpft werden, nicht mit Feuer und Schwert.
Das Fundament des in den 1920/30er-Jahren propagierten Antisemitismus war religiös geprägt und wird als ‹Antijudaismus› bezeichnet, um ihn vom biologischen oder Rassenantisemitismus nationalsozialistischer Prägung zu unterscheiden. Die religiös begründete Abneigung gegenüber den Juden wurde in den Evangelien, von den Kirchenlehrern, von Luther u. a. m. gepflegt und gründete im zentralen Motiv der Juden als Christusmörder. Dieses taucht im Karfreitagsgbet «für die perfiden Juden» auf und wurde u. a. auch durch die beliebten Passionsspiele ins kollektive Gedächtnis gebrannt. «Der katholische Antisemitismus argumentierte gewöhnlich soziokulturell, politisch, wirtschaftlich.» Altermatt, Katholizismus, S. 99–111.

770 Altermatt, Katholizismus, S. 219.

Freimaurer – ‹die geheimen Wühler›

Falsche «Propheten auf dem Gebiet der Moral sind», gemäss dem Evangelienbuch, «das moderne Theater und Kino, wie sich diese bedauerlicherweise in den Städten unter dem Einfluss der Freimaurer und des jüdischen Kapitals entwickelt haben».[771]

Vollkommen unter dem Einfluss und in Abhängigkeit von der Freimaurerei sah Giusep Demont nicht-katholische Hotellerie und Restaurationsbetriebe. Darum werde keine oder wenig Rücksicht auf moralische und religiöse Pflichten der Angestellten genommen.[772] Auf die Gefahren für das Seelenheil der katholischen Abwanderer und Angestellten in den Städten und touristischen Zentren wurde in zahllosen erbaulichen rätoromanischen Schriften hingewiesen, und sie waren auch ein belletristisches Pflichtthema.[773]

Juden und Freimaurer verkörperten für die *Gasetta* das weltbürgerliche, kapitalistische und weltrevolutionäre Denken. Diese Gottesfeinde mussten letztlich hinter allem stecken, was von den Herrschern der Schwarzen Lawine als Bedrohung der christlichen Weltordnung qualifiziert wurde: hinter der laizistischen Politik der Liberalen, hinter dem habgierigen, materialistischen Kapitalismus und hinter den gottlosen sozialistischen Weltverbesserern und deren revolutionärem Impetus, der unweigerlich zu totaler Weltverderbnis führen würde.

7. «Als guter Katholik muss man konservativ sein»!

Ein Artikel von Fry in der *Gasetta* bringt es auf den Punkt: Mussolini habe klarsichtig die Verwandtschaft zwischen dem italienischen Liberalismus, dem Sozialismus und der Freimaurerei erkannt und alle drei mit eiserner Hand zerschmettert. «Mit den Freiheiten des Liberalismus, alles zu sagen und zu tun, zu schreiben und zu glauben und alles Himmlische und Irdische zu kritisieren, hat er Schluss gemacht. Er hat das Parlament selbst angegriffen, diesen Herd der Verwirrung, diese Schwindsucht der heutigen Politik.»[774]

In der deutschsprachigen liberalen Presse Graubündens wurde Mussolini allgemein als Vernichter von Sozialismus und Kommunismus in Italien und als Ordnungsmacher im Sinne von ‹gut für Italien› anerkannt. Sein fundamentaler Angriff auf die liberalen Errungenschaften, für die er in der *Gasetta* gelobt wurde, verbot allerdings weiter gehende liberale Wertschätzung.

---

771 *Cudisch dils Evangelis*, S. 411 («Ils fauls profets»/«Die falschen Propheten»).
772 StAGR A SP III/8e, Demont, Diari 1917-20, sub 28.6.1920.
773 Dazu Deplazes, Rätoromanen, S. 392–444.
774 GR, Nr. 30, 29.7.1926, Nr. 14, 29.3.1928 u. a. m.

Die katholischen Konservativen fochten unter publizistischer Federführung der *Gasetta* Wahlen und Abstimmungen meist als Prinzipienkampf aus, als Verteidigung des christlichen Glaubens und christlicher Politik gegen den gottlosen Staat und seine Exponenten. Dazu finden wir interessante Finessen bei Redaktor Giusep Demont. In seinem Nachruf auf Anton Steinhauser im *Tagblatt* ehrte er diesen als vortrefflichen Richter, Wohltäter der Armen und Diener an der Allgemeinheit. Er unterliess aber jeglichen Hinweis auf dessen etwaige Verdienste als katholisch-liberaler Politiker und Amtsträger. In seiner privaten Bemerkung zu diesem Nekrolog finden wir die Erklärung dafür. Sie bringt eine für Katholiken (damals) gravierende Unvereinbarkeit auf den Punkt: «Er war ein Liberaler, aber praktizierender Katholik. [...] Ich habe im Nekrolog festgehalten, dass er seine Pflicht als Katholik stets erfüllt habe. Das darf man in dem Sinne gelten lassen, als er den Gottesdienst besuchte und Ostern feierte. Zur Pflicht eines Katholiken im engeren Sinn gehört aber auch, eine christliche und nicht antichristliche Politik zu betreiben. Einer, der liberale Politik betreibt, erfüllt seine Pflicht als Katholik nicht richtig.»[775]

Die inkludierende und exkludierende ‹cultura dil nies e dils nos›

Die Kurzformel: ‹Als guter Katholik muss man politisch konservativ sein› war bis in die 1970er-Jahre eine zentrale Erkennungsmarke «dils nos»/«der zu uns Gehörenden». Diese vom Schreibenden so genannte «cultura dils nos» beinhaltet die stets wiederkehrende qualitative Zuordnung von Ideen und Personen durch verbale Zusätze wie: «dil nies»/«von Unserem», «ils nos»/«unsere», «in dils nos»/«einer von uns», «ils nos egl jester»/«die Unseren in der Fremde» u. a. m. Was man als eigenen Bestand anerkannte, wurde stets solcherart kenntlich gemacht. So konnte man sogar bei Meldungen über ordentliche und ausserordentliche Erfolge abgewanderter Bündner Oberländer anhand der Überschrift erkennen, ob der betreffende dem eigenen Bestand noch zugerechnet oder lediglich als erfolgreiches, aber doch verlorenes Schaf betrachtet wurde. Erschien die Belobigung unter der Rubrik «Ils nos egl jester», stand einer eventuellen Rückkehr nichts im Wege, denn der Betreffende wurde als «einer der Unseren in der Fremde» gekennzeichnet. Bei jeder anderen Rubrik wusste der Leser, dass er da einen wohl tüchtigen, aber etwas dubiosen Abgewanderten vor sich hatte, der am besten dort blieb, wo er war, oder, wie man im Lugnez zu sagen pflegte: «dado Porclas»/«ausserhalb von Porclas», dem Eingangstor zum Lugnez. Allfällige weltliche Frauenkarrieren fanden, Nonnen ausgenommen, keine oder höchst selten Erwähnung in der *Gasetta*. Übrigens: Für Kommunikationsforscher ein äusserst interessantes Feld wäre die subtile Kunst der Freund- und Feindmarkierung in dieser ge-

---

775 A SP III/8e 13, Demont, Arcana politica, S. 63. Im hier angesprochenen Nekrolog heisst es: «Wie er in seinem Leben seine religiöse Pflicht als Katholik erfüllte, so bereitete er sich als überzeugter Katholik mit seinem Gott auch auf das Ende vor und liess sich mit den hl. Sakramenten versehen.» BT, Nr. 72, 23.3.1915.

schlossenen Gesellschaft! Die stete Markierung ‹dils nos/dil nies› exkludierte alles Andere als ‹buca dils nos/dil nies›/‹nicht zu uns gehörig› und war eine der wirkungsvollsten propagandistischen Kurzformeln, die keiner weiteren Erläuterung bedurfte, um ihre fördernde oder vernichtende Wirkung zu entfalten.

Im schwarzen Monolith fand mangels eines wirkmächtigen weltanschaulichen und politischen Pluralismus keine wirkliche Demokratie statt. Alternativlose weltanschauliche und politische Gleichschaltung und Bevormundung kennzeichneten den Alltag in der «Schwarzen Lawine». Alle hohen Befehls- und Weisungsbefugten – die «menaders spirituals e seculars»/«geistlichen und weltlichen Führer» – waren dem Stimmvolk namentlich und sehr häufig auch persönlich bekannt. Sie präsentierten sich an Kirchenfesten («perdanonzas»), Priesterweihen, an Gesangs- und Schützenfesten und auf Viehmärkten und gaben sich dabei sehr volksnah, was die meisten von ihnen trotz des magistralen Abstands auch waren. Solche besonderen, sich stets wiederholenden Anlässe konnten übergangslos zu politischen Manifestationen umfunktioniert werden. Als diese wegen des rasanten religiösen, geistigen und wirtschaftlichen Wandels der Gesellschaft an Bedeutung verloren, begann der Abgesang der Schwarzen Lawine, und ihr Ende besiegelte auch das Schicksal ihres medialen Schöpfers: Die *Gasetta Romontscha* musste 1996, nach 140 Jahren, ihr Erscheinen einstellen und wurde durch die parteiunabhängige und interromanische *Quotidiana* ersetzt, und die Stamparia Condrau ging wie diese in fremde Hände über.

| ANHÄNGE

Schweizer Stimmen zur Wahlaffäre von 1892

Aus dem Bündner-Land.
(Korrespondenz.)

In alt Frey-Rhätien machte dieser Tage Frau Zwietracht viel von sich reden. Sie hegt eine gewisse Vorliebe für politische Parteien. Früher hatte sie nicht ohne Erfolg die Liberalen heimgesucht. Dieß Mal ist sie bei den Konservativen eingekehrt und hat willige Aufnahme gefunden. Wie der „Bund" seinen Lesern schadenfroh verkündete, haben nämlich verschiedene Vorgänge bei und nach der Ständerathswahl vom 13. März, die zu Ungunsten der konservativen ausfiel, einen lärmenden Hausstreit derselben zur Folge gehabt. Der Zwist, der schon früher Wurzeln geschlagen, kam nun zum Ausbruch. Den äußeren Anlaß hiezu bot der Umstand, daß die Mehrheit des föderalen Landeskomite die Nothwendigkeit wahrnahm, die Gründe und Verantwortlichkeiten, die zur Niederlage vom 13. März geführt hatten, des Nähern festzustellen und mittelst Circular den Parteigenossen bekannt zu geben. Dasselbe enthielt unter anderm auch einige bittere Wahrheiten, die auf den unterlegenen Ständerathskandidaten Plattner und seinen Freund Dedual Bezug hatten. Die Genannten lehnten sich dagegen auf und suchten durch lange und schroffe Erklärungen in der liberalen und radikalen Presse für ihre Sonderpolitik Reclame zu machen. Sie wollen nämlich, — das ist der innere Grund des Zwistes — eine grundsätzliche Trennung von den föderalen Protestanten herbeiführen und eine katholische Partei mit einer Politik der freien Hand und mit anderm opportunistischen Beiwerk inauguriren.

Nachdem der Streit diesen unerbaulichen Fortgang genommen, sah sich das aus katholischen und protestantischen Mitgliedern bestehende Landeskomite veranlaßt, die katholisch-konservativen Fraktion des Großen Rathes, der gegenwärtig beisammen ist, einen umfassenden Bericht über die Streitfrage zu erstatten und von derselben eine grundsätzliche Entscheidung über die einzuschlagende Politik zu verlangen. In der dießfalls am 20. d. M. abgehaltenen Fraktionsversammlung, zu welcher die beiden Dissidenten und Hr. Dedual, Sohn, nicht erschienen waren, wurde einstimmig beschlossen: „es solle die bisherige Politik auf Grund des föderal-demokratischen Programms und in Verbindung mit den föderalen Protestanten fortgesetzt werden". Nach erfolgter Bekanntmachung dieser unzweideutigen Schlußnahme haben die Herren Plattner und Dedual, Vater und Sohn, ihren Austritt aus der Fraktion erklärt. Damit hat sich der Bruch vollzogen. Nach ihrer neuesten Kundgebung beabsichtigen die Genannten, einen katholisch-konservativen Verein zu gründen und ihre eigenen Wege zu gehen. Da sie im diametralen Widerspruch mit der katholisch-konservativen Fraktion des Großen Rathes stehen, so werden die Häupter ihrer Anhänger bald gezählt sein. Das altbewährte Bündniß zwischen den katholischen und protestantischen Föderalen ist auf Interessengemeinschaft begründet und besteht nach wie vor zu Recht in alter Treue. Es ist durch die Dissidenten nicht erschüttert, sondern befestigt worden und wird auch neben denselben fortdauern in guten und schlimmen Tagen.

Die Ostschweiz.

Nr. 134, 12.6.1892

Eidgenossenschaft.

Umschau. Der Herr Redaktor des „Bündner Tagblatt" widmet der „Ostschweiz" im „Fürstenländer" einen **Graubündner-Brief**, der diesem Blatte eine einseitige Haltung in der dortigen Affaire vorwirft. Dabei verwechselt aber unser Kollega die Dinge in einer ganz bedenklichen Weise, so bedenklich, daß wir lieber nicht annehmen wollen, es geschehe aus Absicht. Das hat doch der „Ostschweiz" nie einfallen können, gegen das Zusammengehen der gemäßigten Protestanten und der konservat. Katholiken in Bünden Front zu machen; denn das, für was sie in St. Gallen ringt, kann sie unmöglich bei Chur bekämpfen. Im Gegentheil findet sie diese Allianz als gegeben, und weit natürlicher als sonst wo in Bünden, weil sie hier nicht nur einen platonischen Charakter besitzen muß, wie sonst mancherorts, sondern weil die Parteien behufs Wahrung ihres Besitzstandes einander brauchen. — Wogegen die „Ostschweiz" sich auflehnte, das war der hochmüthige Ton der Bevormundung, welcher den Katholiken gegenüber in einer Bündner Korrespondenz der „Zür. Freit. Ztg." aus führender protestantischer Feder angeschlagen wurde, wo man deutschheraus sagte: „Entweder Ihr parirt unserer Ordre oder Ihr bekommt Hiebe!" Und wogegen sie sich weiter aussprach, das war zunächst die Art, wie man in der konfidentiellen Broschüre gegen einen konservativen Staatsmann vorging, den man drei Wochen vorher dem Volke als Wägsten und Besten präsentirte. Die „Ostschweiz" würde so sehr aber in Sachen nicht weiter hineingemischt haben, wenn die Campagne nicht eine Form angenommen hätte, die man beim Schopfe nehmen mußte. — Die Art und Weise, wie man den Krieg in die liberale „Davoser Ztg." hineinspielte, wie dort gegen die „Ostschweiz" und dann vor allem gegen Plattner agitirt wurde, wie er, den man in der „Liberté" als Bien-Publicards verdächtigte, dort als Jesuit angemalt wurde, durfte denn doch nicht mehr übergangen werden, umsoweniger, als der Redaktor des „Bündn. Tagbl." sehr genau weiß, daß die „Ostschweiz" in der Lage war, Hintergrund, Coulissen und Akteurs jener Komödie genau zu kennen und über ihren sittlichen Werth sich ein Urtheil zu bilden. Es genügte auch eine einmalige Douche, um eine Repetition jener kläglichen Aufführung zu verhindern. Und wieder lehnten wir uns dagegen auf, als das gleiche grausame Spiel in anderer Nuancirung in der „Liberté" begann, in der die Portraits des Herrn Plattner als Manchestermann und Bien-Publicard herausgehängt wurden. Nebenbei hatten wir dann das „Bündner Tagbl.", als es der „Ostschweiz" gegenüber sich mit seinen Bemühungen für die Wahl des Hrn. Plattner brüstete, auch daran zu erinnern, wie doppelt schlecht es ihm dann anstehe, „kreuziget ihn" gegen den zu rufen, den es dem Volke selber als Wägsten präsentirt hatte und den es heute — wir haben es schon früher gesagt — als Wägsten feierte, wenn er gewählt worden wäre. — — —

Mit einem Worte, die „Ostschweiz" hat ihre Stimme gegen einen Akt unerhörter Parteiwehme gegen zwei achtbare und jahrzehntelange Mitglieder der katholisch-konservativen Partei erhoben, gegen die theilweise ganz abscheulichen und unehrenhaften Mittel, womit diese Vehme ins Scene gesetzt wurde, gegen einen Akt, welcher auf die Meuchelung des ehrlichen politischen Namens eines katholischen Führers hinauslief, den man ein paar Tage vorher für würdig genug erachtete, um als Ständerath vortirt zu werden. Gegen solche Akte, die in keiner Partei, die auf blanke Waffen und auf einen reinen Schild hält, sich einnisten dürfen, werden wir auftreten, ob sie in Bünden passiren oder sonstwo, und hier Herr Bächtiger liegt der wunde Punkt, hier das Faule, das mit der Sonde berührt werden muß, dem man aber von Seite der Confidentiellen sorgfältig ausweicht. Was ihre Allianz mit den konservativen Protestanten anbetrifft, so ist uns die gerade so recht, wie dem Redaktor des „B. Tgl." selbst, so daß wir die Verhältnisse zu würdigen wissen, und wir wünschen nur, daß das Heer der Aliirten ein recht zahlreiches sei. Aber eben, weil man die Punkte, welchen die Kritik der „Ostschweiz" gilt, nicht entkräften kann, so unterschiebt man ihr eine Kritik dort, worin sie mit den Confidentiellen sogut einig geht, wie die Herren Plattner und Dedual.

LA LIBERTÉ

Nous avons déjà dit que le Grand Conseil des Grisons s'est livré, ces derniers temps, à d'importants débats. Ce canton est en voie de modifier les bases mêmes de son organisation politique. Son gouvernement, qui est resté jusqu'à ce jour l'image plus ou moins amoindrie des anciennes Ligues, va prendre une forme plus moderne. Le triumvirat gouvernemental, entouré de la Commission d'Etat, va disparaître pour faire place à un Conseil d'Etat de cinq membres, ayant ses dicastères distincts et perdant ainsi son caractère de collège purement consultatif. Ainsi augmenté dans ses pouvoirs et dans le nombre de ses membres, le Conseil d'Etat grison perdra son antique physionomie, que ne lui rendra pas l'élection populaire. Cependant, la démocratie, cette enfant séculaire des montagnes rhétiennes, survivra aux formes disparues, puisque le peuple sera appelé à élire directement ses premiers magistrats.

Mais, à côté de ces travaux revisionnistes, la politique du canton des Grisons a fait beaucoup parler d'elle, ces derniers temps, pour des motifs d'une nature toute différente.

On se rappelle le fâcheux échec que les conservateurs grisons ont subi lors de l'élection d'un député au Conseil des Etats, en remplacement du regretté M. Peterelli.

Le choix du parti conservateur s'était porté d'abord sur M. le conseiller d'Etat Peterelli, fils du défunt. Malheureusement, quelques intrigants se mirent en travers de cette combinaison et imposèrent comme candidat M. Plattner, qui appartient à une nuance conservatrice modérée et centralisatrice. Devant cette candidature, le camp fédéraliste pur, qui se recrute surtout parmi les conservateurs protestants, se désintéressa de la lutte, et le résultat fut que M. Plattner resta en minorité en face de la candidature radicale de M. le colonel Raschein. Ajoutons toutefois que les catholiques avaient vaillamment donné pour M. Plattner, par esprit de discipline et d'union, bien que ce nom ne suscitât aucun enthousiasme.

Ce fut une pénible surprise pour la Suisse conservatrice que ce déplorable résultat de l'élection du 13 mars. Mais la douleur fut plus grande encore dans le camp des conservateurs grisons. A la suite de cet échec, les chefs conservateurs crurent devoir en expliquer les causes dans une circulaire confidentielle adressée à tous les notables du parti.

Cette circulaire contenait mainte vérité amère à l'adresse de M. Plattner et de son ami M. Dedual, qui représentent, en politique et en économie sociale, l'école manchestérienne. *Arcades ambo*. Ces deux messieurs prirent fort mal la chose et, dans une série d'articles... publiés par la presse radicale, ils donnèrent la riposte à la circulaire, en même temps qu'ils exposaient leur programme politique. Ce programme consisterait à former dans les Grisons un parti catholique modéré se séparant complètement des fédéralistes protestants, pour se rapprocher d'une politique plus centralisatrice.

Les articles de MM. Plattner et Dedual, après avoir fait le plus bel ornement des colonnes de la presse radicale grisonne, furent condensés en une brochure que l'on répandit dans tout le canton, et que nous avons eu l'honneur de recevoir.

Devant la tournure aiguë que prenait le conflit, le Comité conservateur cantonal adressa un mémoire très circonstancié à la fraction conservatrice-catholique du Grand Conseil et lui demanda de trancher en principe la ligne de conduite qu'il y avait à suivre.

Ce groupe de députés s'est réuni le 20 mai dernier. MM. Plattner et Dedual s'abstinrent de paraître à l'assemblée, qui prit à l'unanimité la décision suivante : Maintien de la politique suivie jusqu'à ce jour sur la base du programme démocratique-fédéraliste et en union avec les conservateurs-protestants.

A la suite de cette décision, MM. Plattner et Dedual, père et fils, ont déclaré se retirer du groupe conservateur parlementaire ; ils annoncent qu'ils fonderont une association politique dans leur sens et qu'ils iront leur propre chemin.

La scission est donc définitive, et les éléments qui, jusqu'à présent, jetaient le trouble au sein du parti conservateur grison s'en sont retirés pour suivre une politique divergente. C'est donc une sorte de *Bien public* qui s'est formé là-bas ; il est probable qu'il subira le sort du nôtre et que sa sortie, loin de nuire au parti conservateur, le délivrera d'hommes encombrants, dont les visées ambitieuses sont plus nuisibles qu'utiles.

Il va sans dire que la presse radicale suisse prend parti pour MM. Plattner et Dedual. Ces sympathies louches suffiraient à justifier la défiance des vrais conservateurs à l'endroit de ces deux personnages, dont nous ne contestons, du reste, ni les talents ni les mérites. Mais, en général, ceux que la Confédération élève aux honneurs (M. Dedual a été à plusieurs reprises procureur général de la Confédération) ont gagné cette confiance par d'autres services que ceux rendus à la cause conservatrice.

Quellen

Archivalien

StAGR A SP III 8/e, Nachlass Giusep Demont
StAGR, A SP III/13 f I, FamA Dedual, Kopialbuch I und II und Nachlässe I.
StAGR, A SP III/11 f, FamA Sprecher
StAGR, A SP III/11 l, FamA Vieli

Zeitungen und Zeitschriften

	KÜRZEL	
Anzeiger	GAA	Graubündens Allgemeiner Anzeiger
Bündner Bauer	BB	ab 1919: Bündner Bauernblatt (BBl)
Bündner Bauernblatt	BBl	
Bündner Nachrichten	BN	
Bündner Monatsblatt	BM	
Bündner Volksmann	BVM	
Bündner Hochwacht	BHW	
Bündner Volkswacht	BV	
Davoser Zeitung	DZ	
Eco dal Bernina		
Fögl Ladin		
Gasetta	GR	Nova Gasetta Romonscha (1857–1866), Gasetta Romonscha (– März 1892), dann: G. Romontscha
Ligia Grischa		La Ligia Grischa
Neue Bündner	NBZ	Neue Bündner Zeitung
	NZZ	Neue Zürcher Zeigtung
Ostschweiz	OS	Die Ostschweiz
Patriot		Il Patriot
Quotidiana		La Quotidiana
Rhätier resp. Rätier	FR	Der Freie Rhätier, ab 1892 Der Freie Rätier
Schwyzer Zeitung		
Sursilvan		Il Sursilvan
Il San Bernardino		
Tagblatt	BT	Bündner Tagblatt
Urner Wochenblatt		

Parteienkürzel

CSP	Christlichsoziale Partei
DV resp. DVP	Demokratische Partei (bis 1934), Demokratische Volkspartei (ab 1934)
FödP	Föderal-demokratische Partei
KDP	Konservativ-demokratische Partei (bis 1938)
KVP	Konservative Volkspartei (ab 1938)
LP, auch FP	Liberale Partei/Freisinnige Partei (beide Bezeichnungen gebräuchlich)
SP	Sozialdemokratische Partei

Geographische Nomenklatur

Cadi	Kreis Disentis (obere Surselva)
Gruob	(rom. Foppa), Kreis Ilanz
Surselva	Bündner Oberland (Vorderrheintäler)
Sutselva	Imboden (auch Im Boden): Rhäzüns, Bonaduz, Domat/Ems
Sursés	Oberhalbstein (am Julia-Fluss; oberhalb des Crap Ses)
Surmeir	Val d'Alvra und Oberhalbstein (sur Meir = oberhalb der Schynschlucht)
Val d'Alvra	Albulatal (umfasste bis 2015 die Kreise Alvaschein, Belfort und Bergün)

Literatur

Aerne, Peter, «Eine Hetze gegen die Religiös-Sozialen»? – Der Landesstreik von 1918 in Graubünden und die religiös-sozialen Pfarrer, in: BM 1/2007, S. 39–57.

Altermatt, Urs, Katholizismus und Moderne. Zur Sozial- und Mentalitätsgeschichte der Schweizer Katholiken im 19. und 20. Jahrhundert, Frauenfeld 1989.

— Katholizismus und Antisemitismus. Mentalitäten, Kontinuitäten, Ambivalenzen, Frauenfeld 1999.

— Der Weg der Schweizer Katholiken ins Ghetto. Die Entstehungsgeschichte der nationalen Volksorganisationen im Schweizer Katholizismus 1848–1919, 2. Aufl., Zürich 1991.

Backes, Werner, Die Geschichte der Freisinnig-Demokratischen Partei Graubünden, Ms, o. J. [1991].

Bernold, Patrick, Der schweizerische Episkopat und die Bedrohung der Demokratie 1919–1939: die Stellungnahme der Bischöfe zum modernen Bundesstaat und ihre Auseinandersetzung mit Kommunismus, Sozialismus, Faschismus und Nationalsozialismus, Bern 1995.

Berther, Ivo, «Il mund sutsura – Die Welt steht Kopf». Alpine Peripherie und Moderne am Beispiel der Landsgemeinde Disentis 1790–1900, Quellen und Forschungen zur Bündner Geschichte, Bd. 25, Chur 2011.

— Die «schwarze Lawine» und der Bauch der Frau: Frauenrollen in der katholischen Surselva 1870–1970 und ihr ideologischer Hintergrund, in: FrauenKörper. Beiträge zur Frauen- und Geschlechtergeschichte Graubündens im 19. und 20. Jahrhundert, Bd. 2, Zürich 2005, S. 67–149.

Bollier, Peter, Die NSDAP unter dem Alpenfirn. Geschichte einer existenziellen Herausforderung für Davos, Graubünden und die Schweiz, Chur 2016.

Bruggmann, Paul, Die Christlichsoziale politische Bewegung in Graubünden 1936–1971. Eine Rückschau, Ms, 1990.

Bundi, Martin, Arbeiterbewegung und Sozialdemokratie in Graubünden, Chur 1981.

— Bedrohung, Anpassung und Widerstand. Die Grenzregion Graubünden 1933–1946, Chur 1996.

Caduff, Renzo, Alfons Tuor Poesias, Chur 2015.

Candinas, Theo, Historias da Gion Barlac, Disentis 1977.

Capaul, Giusep, Wie die «schwarze Lawine» aus der Surselva funktionierte. Erinnerungen an einst und jüngst vergangene Zeiten, in: Bündner Kalender, 2003, S. 89–93.

Cathomas, Bernard, Sprachen fallen nicht vom Himmel. Zur Sprachplanung in der Rätoromania, in: G. Wanner, G. Jäger (Hrsg), Geschichte und Gegenwart des Rätoromanischen in Graubünden und im Rheintal, Chur 2012, S. 125–148.

Collenberg, Adolf, Die de Latour von Breil/Brigels in der Bündner Politik des 18. Jahrhunderts, Diss., Freiburg i. Ue. 1982 (MS).

— Der Atem des Faschismus im Spiegel der romanischen Presse 1922–37, in: BM 6/1988, S. 347–363.

— Il ner dalla lavina. Marginalias, in: Ischi 74/1989, S. 48–54.

— Gedius, framassuns e socialists (1918–38), in: Ischi 75/2, 1990, S. 104–109.

— Cun «Sigisbert» cunter «Robinson», in: Istorgia Grischuna, Chur 2003, S. 251–253.

— Partidas e partisans, in: Istorgia Grischuna, Chur 2003, S. 225–243.

— Bewegungen und Parteien, in: HbBG, Bd. III, 2000, S. 259–281.

— Giacubins, liberaluns und andere zweifelhafte Gestalten. Oder: Die Kennzeichnung von Abweichung in einer geschlossenen Gesellschaft, in: ASR, 127/2014, 153–160.

— Altersvorsorge innerhalb der bündnerischen Fürsorgetradition, bis um 1860, in: BM 3/2019, Spezialband zu 100 Jahre Pro Senectute Graubünden, Chur, S. 314–352.

— 100 Jahre Bündner Demokraten: von der DP über die SVP zur BDP, Chur 2019.

Collenberg Adrian, «Passstaat» und «catena mediana»: Zur geografischen und politischen Konstruktion von Grenzen im zentralen und östlichen Alpenraum, in: R. Allgäuer (Hrsg.), Grenzraum Alpenrhein, Zürich 1999, S. 103–136.

Condrau, Gion, Disentis – Geschichte und Gegenwart, Disentis 1996.

Deplazes, Gion, Die Rätoromanen. Ihre Identität in der Literatur, Chur 1991.

Derungs, Ursicin G. G., Il saltar dils morts. Nies Tschespet 54, Mustér 1982.

Egloff, Peter, Mit dem Rosenkranz gegen die AHV, in: BM 1/2018, S. 39–68.

Flury, Johannes, Decurtins Kampf um die Kirche. Antimodernismus im Schweizer Katholizismus, Beiheft Nr. 6 zum BM, Chur 1997.

Foppa, Daniel, Die Geschichte der deutschsprachigen Tagespresse des Kantons Graubünden, in: JHGG, 2002, S. 1–71.

Freiburghaus, Dieter, Buchli, Felix, Die Entwicklung des Föderalismus und der Föderalismusdiskussion in der Schweiz von 1874 bis 1964, in: Schweizerische Zeitschrift für Politikwissenschaft 9(1)/2003, S. 29–56.

Fry, Karl, Kaspar Decurtins: Der Löwe von Truns, 2 Bde., Zürich 1949–1952.

Furter, Reto, 100 Jahre Sozialdemokratische Partei der Schweiz, Chur 2006.

Gasser, Albert, Bündner Kulturkampf. Vor 40 Jahren – Parteien- und Pressekrieg auf konfessionellem Hintergrund, Chur 1987.

Generalsekretariat der Schweizerischen Konservativen Volkspartei (Hrsg.), Nationalratswahlen 1931. Selbstzeugnisse der Gegenparteien: Sozialdemokratie, Luzern 1931.

Gengel, Florian, Aphorismen über demokratisches Staatsrecht von 1864, Chur 1864.
— Die Erweiterung der Volksrechte, Chur 1868.

Gredig, Hansjürg, Willi, Walter, Unter Strom. Wasserkraftwerke und Elektrifizierung in Graubünden 1879–2000, Chur 2006.

Giger-Capeder, Patricia, Hefti, René [Red.], 100 Jahre CVP Graubünden, Festschrift, Ilanz 2003.

Gruner, Erich, Die Wahlen in den schweizerischen Nationalrat 1848–1919, 4 Bde, Bern 1989–1993.

Historisches Lexikon der Schweiz (HLS), 13 Bde., Basel 2003–2014. (HLS.ch)

Istorgia Grischuna, edida da la Lia rumantscha e da la Societad per la perscrutaziun da la cultura grischuna, Chur 2003.

Jost, Hans Ulrich, Bedrohung und Enge (1914–1945), in: Geschichte der Schweiz und der Schweizer, Bd. 3, Basel 1983, S. 101–190

Katholischer Schulverein Graubünden, Gedenkschrift zum 25jährigen Bestehen des Katholischen Schulvereins Graubünden 1919–1944, Chur 1945.

Lexicon Istoric Retic (LIR), 2 Bde., Chur 2010 und 2012. (e-LIR.ch)

Mani, Benedikt, Aus der Geschichte der Demokratischen Partei Graubündens, Ms, 1969.

Metz, Peter, Geschichte des Kantons Graubünden, Chur, Bd. I/1989 (1798–1848), Bd. II/1991 (1848–1914) und III/1993 (seit 1914).

Pieth, Friedrich, Das altbündnerische Referendum, in: BM 5/1958, S. 137–153.

Ramming, Fadri u. a., Unter Strom. Politische, rechtliche und wirtschaftliche Aspekte der hundertjährigen Wasserkraftnutzung in Graubünden, Chur 2006.

Rathgeb, Christian, Die Verfassungsentwicklung Graubündens im 19. Jahrhundert, Diss., Zürich 2003.

Schmid, Hansmartin, «Nichts mehr von dahinten – DAVORN!». Die Geschichte des Liberalismus und des Freisinns in Graubünden, Chur 2007.

[Theus, Arno], Mit der Demokratischen Partei Graubünden in die Zukunft, Chur 1970.

Valär, Rico F., Weder Italiener noch Deutsche! Die rätoromanische Heimatbewegung 1863–1938, Baden 2013.

Vinzens, Cornelia, Etwas anderes kannten wir nicht: Porträt einer Generation in der Surselva / Nus savevan da nuot auter: portret d'ina generaziun en Surselva, Glarus/Chur 2016.

Register

Sachregister

A
Allianz 29, 34f., 38, 66, 73, 78f., 96, 98f., 102–106, 174, 182–184, 196f., 200f., 208–213, 238, 247
Allianzen, Listenverbindungen
Antis 14

B
Bauernstand, Bauernsame 34, 117f., 139, 164, 173, 175, 178f., 181–183, 187, 189, 192–196, 203, 217, 222, 226f., 230–232, 238, 249, 251f., 257, 267
Bauernpartei(en) 161, 192
Bettagsmandat 266, 269, 272
Bolschewik, -ismus 164, 171, 174, 182, 216, 218, 236
Bonaduzer Comité (1902) 127
— Konferenz/Versammlung (1899) 111–113, 117, 131, 136
Bundesverfassung(-srevision) 1872 und 1874 16, 24, 26
Burgfrieden(-spolitik) 152, 154, 159, 214

C
Christlichsozialen, Die 15f., 70, 109, 151, 161, 165–168, 173, 189, 192, 204f., 208, 232, 234f., 237, 244, 255
Christlichsoziale Partei von Graubünden (CSP) s. Christlichsozialen, Die
— Volkspartei 15
Consumgenossenschaft, -verein 151, 189
Corpus Catholicum 206, 213, 259

D
Demokratische P. (DP), Dem. Volkspartei (DVP) 15, 95, 152, 164, 172, 179, 180–186, 190–192, 198, 200f., 204, 207–215, 217–219–223, 224–226, 259, 230–232, 236, 238f., 244f.

E
Evangelischer Schulverein 21

F
Faschismus, -sten 228, 234, 241–243, 270
Föderaldemokraten, Föderalisten, Föderale (s.a. Allianz) 16, 21, 26, 29, 32–35, 37f., 40–43, 44–56, 58f., 61–71, 73–77, 80–83, 85, 86–89, 91–103, 106, 110–112, 114, 116–119, 122, 124f., 128, 130, 133–135, 137, 142f., 152, 214, 235, 250f., 253, 264f.

Föderalismus 21, 76f., 81f., 86f., 108–111, 227, 231, 235, 265, 270
— Intransigenter 16, 26, 30, 40, 44, 54, 70, 76, 84, 86, 89, 96, 99, 105f., 108, 110, 118, 130, 138, 140, 173, 186, 192, 227, 264
Frauenstimmrecht 169
Freimaurer 44, 63, 139–140, 171, 198, 200, 202f., 265, 271f., 274
Freisinnige Partei s. Liberale Partei (LP)
Fronten 241

G
Generalstreik 159f., 217
Greina(-bahn) 142, 146–148
Grütliverein, Grütlianer 16, 21, 29, 34, 45–47, 50, 53, 92, 96, 98, 105, 116, 153, 149, 154, 183, 185, 189, 197, 215, 269

I
Idealpolitik, -er 163f., 167f., 173, 179, 191, 197, 267
Inländische Mission 249, 253, 260, 263, 272

J
Juden 271–274
Jungbauern 234, 237
Jungdemokraten/-freisinnige 16, 29, 34, 39f., 46f., 83, 96 Anm., 161f., 168–173, 174, 202f., 234, 240
Jungliberale, Linksliberale 21, 98, 156, 164, 168, 175, 181, 222, 269

K
Katholikentag(e) 200, 206, 259
Katholische Aktion 244f.
— Partei 44, 49, 80, 96
— Volkspartei 108f.
Katholischer Schulverein 21, 206
Katholisch-Liberal 13, 16, 21–23, 26f., 30, 34, 37, 42, 45, 63, 83, 85, 99, 101, 133, 136f., 141, 214, 252f., 255, 261
Kommunisten (s.a. Bolschewik) 70, 187, 210, 215, 222, 237
Konservativ-demokratische P. (KDP), -demokraten, Konservative 15f., 132, 135, 137, 141, 144, 154f., 214, 216f., 219, 223, 230–234, 264
Konservative und christlichsoziale Volkspartei (KCSVP) 245
Konservative Volkspartei Graubünden (KVP) 126, 135, 138, 198f., 244f.
Konservative Volkspartei der Schweiz (KVS) 216f., 219
Konservativer Verein Chur 40, 42

Konzil, I. Vatikanisches 16, 25, 252, 261
— II. Vatikanisches 250
Kriseninitiative 226f., 230, 234
Kulturkampf 26f., 29, 33, 56, 59, 82, 138, 143, 206f., 217, 244

L

Liberale Partei (LP) 15, 26, 29, 32, 34, 37–41, 44–48, 50f., 53f., 59, 62–65, 67f., 70f., 75, 78f., 80, 83, 89, 90–95, 98, 100, 103–105, 110–114, 116–118, 123f., 126–129, 131f., 136, 141–143, 145–148, 150–152, 154, 156, 158f., 163–166, 170, 178–187, 193–199, 200–205, 207, 210–215, 219f., 222–225, 232–236, 238, 244f., 248, 250f., 256, 267, 269, 272
Listenverbindungen/Wahlallianzen 79, 100, 104, 117, 121, 131f., 142, 146, 148, 150, 152f., 157, 164, 174, 179, 172, 184, 193f., 196, 198, 205, 208 Anm., 209, 210–212, 217–221, 225f., 232, 236, 238

M

Majorz 28, 150, 157, 171, 182, 184, 191, 204, 215, 218, 231, 236, 263

N

Nationalsozialismus, -isten 155, 241, 243, 273

P

Parität(en), Paritätsformel 80, 82, 85, 93f., 100, 104, 118, 124, 130, 132f., 141f., 152, 166, 174, 182, 212, 214
Partei der Arbeit (PdA) 244
Piusverein/Sozietad da Pius 119, 165, 260, 263
Proporz, -wahl 16, 28, 45f., 106, 128, 142, 157f., 160, 164, 167, 169, 171, 173–175, 179, 181, 185, 208, 211, 214, 218, 231

R

Rätoromanen, -romanisch 15–17, 19, 21f., 30, 35, 42, 47, 67f., 75, 80, 84, 92, 114, 122f., 207, 223, 241, 247f., 252, 254–257, 260, 274, 276
Revis 26
Richtlinienbewegung 222, 236f.

S

Schulvogt 35, 48, 247
Sozialdemoktarische Partei (SP), -demokraten 15f., 95, 119, 127, 148–151, 154f., 157f., 162, 165, 170f., 174f., 178f., 187, 189, 192f., 198f., 210, 214f., 217, 219, 229, 240, 259, 272
Sozialisten 15, 70, 77, 89, 96, 151f., , 154, 157–160, 163, 165f., 170, 174f., 178f., 180–185, 191–193, 197, 207, 209, 211, 214, 217, 220, 222, 225, 232–235, 237f., 250, 262, 267, 270, 272
Sozial-demokratische Volkspartei (SDVP) 154
Splügen(-bahn) 126, 142f., 146–148
Statuten
— FödP/KDP 1899–1903 69, 128f., 133–137
— DP/DVP 222 (1934)
Syllabus errorum 24, 42, 249, 261

W

Wahlallianzen s. Listenverbindungen
Wahlkreise, eidgenössische 28 (Abb.), 40, 98, 106, 116, 127f., 131
Weltwirtschaftskrise 216, 222, 227, 241

Personenregister

A

Albrecht, Luigi 225, 236

B

Bächtiger, Joseph 55f., 58, 68
Bächtold, Armin 156, 169f.
Battaglia, Johannes Fidelis (Bischof) 98f., 103
Beck, Joseph 70, 165
Bezzola, Andrea (Sen.) 32, 35, 39 Anm., 45
— Andrea (Jun.) 205
Bieler, Johann 173
Bossi, Johann 150 Anm., 153, 155, 164, 173–175, 193, 208 Anm., 216 Anm., 219, 232, 237f.
Branger, Erhard 169, 172, 175, 223
Brügger, Friedrich 102, 111, 125f., , 142, 152, 208 Anm.
Brügger-Vieli Georg 55
Bruggmann, Paul 166, 168
Bühler, Gion Antoni 42
— Peter Theophil 92, 94, 97f., 104 Anm., 106 Anm., 111, 114–117

C

Caflisch, Johann Anton 46, 111, 114f., 121, 125, 131, 149, 156, 164
Calonder, Felix 39, 119, 121, 129, 142–146, 157, 169
Caminada, Christian 135
Christian(us) / Rest Giusep 69 Anm., 167 Anm., 206, 245, 266
Canova, Gaudenz 13, 178 Anm., 186f., 189f., 192, 194 Anm., 209, 216, 219f., 225, 228f., 232, 234
Capaul, Gion Bistgaun 225, 236

Carigiet, Alois 135
Carnot, Pater Maurus OSB 115, 138f., 259, 260, 262, 266
Casparis Johann Anton (d. Ä) 27, 44, 59-61, 63, 74, 85, 92, 98, 97, 105f., 117
Condrau, Augustin 116, 119f., 134f.
— Giachen Giusep 119, 159, 216 Anm., 227, 237, 253f.
— Giusep/Sep 189, 198, 202, 232, 238, 253-255
— Placi/Placidus 13, 23-25, 26, 42, 44 Anm., 48, 51f., 54, 68, 74, 79-81, 84-88, 92, 110, 114, 125, 139, 253f., 257, 265
Condrau, Stamparia/Druckerei, Verlag 29, 42, 253, 256, 260, 276
Conrad, Franz (Dietegen, von Baldenstein) 96, 117, 132

D
Darms, Gion 133, 154f.,
Decurtins, Caspar 29-31, 33-35, 40, 42, 52-54, 57, 60, 62, 64, 68, 70-74, 76-80, 84, 87 Anm., 94, 96-98, 100, 104 Anm., 108-110, 116f., 120f., 125 Anm., 127-137, 140-143, 151, 161, 165, 167 Anm., 249, 253, 255, 263f., 266
Dedual, Julius 109, 120-122, 124-126, 129, 133, 135, 137, 142, 145, 147f., 153f., 163, 173f., 184, 192, 209, 266
— Johann Joseph 22, 33, 37, 40, 42-44, 49, 51f., 54, 56f., 59-69, 72-75, 76f., 78 Anm., 81-84, 86, 89, 90 Anm., 93, 96-99, 100 Anm., 101, 106, 108f., 113f., 126, 136, 138f., 141, 255, 258, 264f.
Demont, Giusep 15, 103, 143, 153f., 157, 162, 184, 191, 207, 265f., 274f.
Deplazes, Placi Sigisbert 271
Desax, Joseph 204, 267
Disch, Giochen 93, 100f., 120, 137

E
Enderlin, Hans 172, 205, 211

F
Feigenwinter, Ernst 165
Florentini, Pater Theodosius 260
Foppa, Christian 191, 209 Anm., 216 Anm.
Fromm, Georg 146-148, 204, 212, 220
Fry, Carl/Karl 30, 57, 76, 94, 140, 241 Anm., 224, 253, 262f., 270, 27f.
Fryberg, Mathias 164

G
Gadient, Andreas 138, 164, 194-196, 201, 204, 207, 212f., 215, 219, 222, 224, 226, 230-237
Gamser, Georg 146, 148, 150f., 153, 157
Ganzoni, Robert 120, 146, 204, 212f., 220, 223f.
— Rudolf Anton 125, 148
Gengel, Florian 24, 26, 39, 63
Gruner, Erich 28, 105f.

H
Hartmann, Georg 107, 156, 218, 220
Hitler 237, 241
Hitz-Bay, Albert 154, 157f., 160, 165, 174, 178 Anm.
Hophan, Beda 265, 268
Horat, Alois 167, 168 Anm., 266
Huonder Giachen Giusep/Joh. Jos. 204, 207, 212, 220, 225

J
Jung, Johann Baptist 165
Joos, Andrea 163

K
Kloster Disentis 22 Anm., 30, 34, 43, 134, 268
Koch, Felix 169
Kuoni, Andreas 156, 169f., 172, 187, 194 Anm.

L
Laely, Andreas 146, 148, 172, 197-203, 212, 247
Laim, Joseph 135
— Vincenz 67 Anm.
Lanicca, Ruben 230, 232, 237f.
Lardelli, Albert 170, 194 Anm., 204, 217 Anm., 220, 223-225, 235f.
Latour, Alois 21-23, 27, 72, 263
— Caspar 24, 72, 100, 263
— Christian 72, 68, 93f., 120, 133f., 136f.
— Margaretha Catharina 30, 72
Laur, Ernst 190, 23
Liesch, Walter 244
Liver, Peter 225, 236
Leo XIII. 30, 70 Anm., 165

M
Manatschal, Friedrich 39, 117, 123, 127, 131f., 138f.
Maron, NN 114
Martig, Paul 153, 160, 203
Marugg, Thomas 94
Meng, Hans 179 Anm.
Metz, Peter (Sen.) 15, 43 Anm., 76, 94, 105, 160
Meuli, Anton 185f., 194f.

Michel, Christian 172, 181, 186, 194 Anm., 196, 217 Anm.
Mirer, Thomas 135
Monn, Salvator 100

N
Nadig, Adolf
Nay, Giachen Michel 68, 76, 93f., 100f., 113f., , 130, 136, 143, 145 Anm., 155

O
Olgiati, Oreste 155f., 172, 181, 184f.
Ottinger, Ernst 160, 191

P
Peterelli, Franz 44, 52, 55, 60, 67f., 72, 79, 84, 94, 97, 110, 118, 128, 130, 132, 135, 137 Anm.
— Remigius 28, 32f., 37, 40, 43, 47, 48, 51f., 56, 59, 62, 64, 72, 79, 139f.
Pieth, Friedrich 245
Planta-Reichenau, Alfred 106, 116f., 128-133, 137, 145f., 149f., 152f., 166, 184, 191, 143, 266
— Andreas Rudolf (Samedan) 67 Anm., 71, 92, 140
— Rudolf 238
— Peter Conradin 71, 86f., 101
Plattner, Placidus 26, 29, 33, 37, 40, 42-45, 47-57, 58-67, 68, 71 Anm., 73-78, 80-93, 96f., 99, 101, 104f., 108, 110f., 114, 118f., 124, 130-132, 136, 138-141, 155, 165, 184, 255, 264
— Samuel 26
— Wilhelm 191

R
Ramming, Fadri 195
Raschein, Luzius 44, 47f., 50-52, 63, 79f., 82, 88, 90, 92f., 106 Anm., 110, 118f., 139
— Paul 143, 146, 149, 153, 156, 158, 179, 195, 198, 201, 247
Risch, Mathäus 106 Anm.
Robinson 104, 115, 132, 206, 259
Romedi, Peter Conradin 27, 32-34, 36, 43f., 48, 51, 76, 78, 81, 82-86, 88f., 92, 94, 110, 118, 139
Rusch, J. S. 143

S
Schmid, Johann 35, 37, 49f., 55, 60, 62, 68f., 94, 111, 115, 119, 121f., 130, 133f., 137, 145, 149f., 152, 173
— Johann Peter 195
Schmid-Ammann, Paul 245
Schmid von Grüneck, Georgius 266

Schwarz, Caspar 135
Segesser, Franz von 93
Sigisbert, Hl. 115, 259, 271
Silberroth, Moses 154, 160, 165, 178 Anm.
Simeon, Benedikt (alias Justinus) 245
Solèr, (Christian) Anton 119-123, 125f., 134f., 137
Sonderegger, H. K. 213
Sprecher, Hermann (v. Bernegg) 26, 35, 43f., 49, 52-54, 59f., 62, 67-69, 73, 75f., 78f., 85, 89, 92f., 99, 102, 142
— Theophil (v. Bernegg) 44, 60, 67f., 71, 92, 101 Anm., 105, 112, 137, 143
Stalin 237
Steinhauser, Alois 72, 116, 119f., 129f., 134, 136f., 145f., 153
— Anton 26f., 34, 37, 39 Anm., 45, 63, 72, 83 Anm., 84 Anm., 122, 148, 149 Anm., 261, 263, 275
Stiffler, Hans 138, 245, 258

T
Thalparpan, Joseph 135
Thoma, Emil 156
Töndury 156
Tugnum, Corrado 164, 182
Tuor, Alfons 124
— Gion Antoni 94, 68
— Pieder 129, 173, 175, 179
Toggenburg, Johann Rudolf 24, 27, 30, 55, 57, 72, 263

V
Vasella, Oscar 245
Vieli, Balthasar (Anton) 92, 110-117, 120-128, 130, 133-137, 141-150, 181, 255, 264
— Josef Christian 162, 204, 212, 221
— Paul 130
Vincenz, Pieder Antoni 94, 133
Vital, Andrea 94, 104, 111, 114f., 117, 131, 149, 156
Vonmoos, Jon 155, 163f., 209 Anm., 232

W
Walser, Eduard 116f., 149, 155f., 204
Walther, Heinrich 237
Willi, Anton 265
— Benedikt 69
— Georg 121, 173, 189, 191, 216 Anm., 223f., 235
— Thomas 114, 135

Z
Zala, G. D. 55, 89
Zendralli, Arnoldo Marcelliano 172 Anm., 178